Der Autor

Prof. Dr. med. Dr. h.c. Jürg Willi leitete bis 1999 die Psychiatrische Poliklinik des Universitätsspitals Zürich und war Ordinarius für Poliklinische Psychiatrie, Psychotherapie und Psychosomatische Krankheiten. Seit 1999 leitet er das Weiterbildungsinstitut für Ökologisch-systemische Therapie in Zürich (www.psychotherapieausbildung.ch oder persönliche Homepage www.juergwilli.ch). Er ist Autor verschiedener weit verbreiteter Bücher, die in gleicher Weise bei Fachleuten wie Laien auf großes Interesse stoßen und allesamt bei Rowohlt als Taschenbücher vorliegen: Die Zweierbeziehung (Nr. 60509); Therapie der Zweierbeziehung(Nr. 60590); Was hält Paare zusammen? (Nr. 60508); Psychologie der Liebe (Nr. 61634).

Jürg Willi ist für seine therapeutischen Innovationen mit verschiedenen wissenschaftlichen Preisen geehrt worden.

Zu diesem Buch

Mit der ökologischen Psychotherapie wird ein neues Modell in die Psychotherapie eingeführt, welches die Entwicklung der Person in der Wechselwirkung mit der Entwicklung ihrer Lebensumstände bearbeitet. Daraus ergeben sich neuartige Perspektiven für die supportive Psychotherapie, der in der praktischen Psychiatrie am häufigsten angewandten, aber wenig reflektierten Therapieform, sowie für die ökologische Fokaltherapie, die das Auftreten einer Krise oder Symptombildung in Zusammenhang stellt mit wichtigen Veränderungen der Lebensumstände. Diese fordern dem Patienten neue, bisher vermiedene Entwicklungen in der Gestaltung seiner Beziehungen ab, von denen er sich überfordert fühlt. Die ökologische Psychotherapie versucht dem Patienten zu helfen, die neuen Entwicklungsmöglichkeiten zu nutzen und sich eine Beziehungsnische zu schaffen, in welcher er sein Potenzial wirksamer und sinnvoller zu entfalten vermag.

Ökologische Psychotherapie
Wie persönliche Entwicklung und Lebenssituation sich wechselseitig beeinflussen

Von **Jürg Willi**
unter Mitarbeit von Robert Frci, Georg Hänny,
Regula Hotz, Bernhard Limacher, Astrid Riehl-Emde,
Ruth Allamand Mattmann und Christian Wüthrich

Rowohlt Taschenbuch Verlag

Überarbeitete Neuausgabe
Veröffentlicht im Rowohlt Taschenbuch Verlag,
Reinbek bei Hamburg, März 2005
Copyright © 1996 by Hogrefe-Verlag,
Göttingen · Bern · Toronto · Seattle
Umschlaggestaltung ZERO Werbeagentur, München
Satz Minion PostScript (QuarkXPress)
bei KCS GmbH, Buchholz/Hamburg
Druck und Bindung Druckerei Clausen & Bosse, Leck
Printed in Germany
ISBN 3 499 61982 2

Inhalt

Vorwort zur überarbeiteten Neuausgabe	11
Zu diesem Buch und den dabei Mitwirkenden	19
Zusammenfassender Überblick	21

**Teil A:
Theoretische Grundlagen
der ökologischen Psychotherapie**

1 Die Begründung in der Begegnungsphilosophie und in der Verhaltensökologie	**37**
1.1 «Das Ich wird am Du»	38
1.2 Modellvorstellungen der Verhaltensbiologie	42
2 Die Theorie des beantworteten Wirkens und der persönlichen Nische	**48**
2.1 Der Mensch möchte in seinen Wirkungen von der Umwelt beantwortet werden	49
2.2 Die Entwicklung des beantworteten Wirkens zwischen Person und Objekt	54
2.3 Wie bildet sich ein wechselseitiges beantwortetes Wirken zwischen zwei Personen?	57
2.4 Die persönliche Nische	64
2.5 Persönliche Konstrukte und persönliche Nische – die innere und die äußere Struktur der Person	73

2.6 Positives Coping kann sich nur in einer es
ermöglichenden persönlichen Nische entfalten 75
2.7 Der wirkungsgeleitete Lebenslauf 76
2.8 Der theoretische Kontext des ökologischen
Therapiemodells 86

3 Gesunde und gestörte Regulation der Persönlichkeit durch beantwortetes Wirken 101

3.1 Die Bedeutung des beantworteten Wirkens
für die psychische Regulation der Person
und ihre Entwicklung 102
3.2 Unter emotionaler Belastung kommt es zum
Rückzug in Egozentrismus 106
3.3 Der Einsatz von ökologischen Abwehrmaßnahmen
zum Schutz der Nischenbeziehung 110
3.4 Bezugspersonen als teilnehmende Ressource 114
3.5 Persönliche Dilemmas im beantworteten
Wirken 117
3.6 Symptombildung als Sicherung der
Nischenbeziehung bei Vermeidung eines
anstehenden Entwicklungsschrittes 126

4 Die dyadische Koevolution und Kollusion 134

4.1 Was ist Koevolution? 135
4.2 Der Bildung einer Lebensgemeinschaft ist ein
eheartiger Entwurf eigen 137
4.3 Das Verliebtsein als gegenseitiges Erschließen
neuer persönlicher Entwicklungen 139
4.4 Das gegenseitige Unterstützen, Herausfordern
und Begrenzen 142
4.5 Das dyadische Konstruktsystem und die
innere Behausung 145
4.6 Die Bildung einer dyadischen Nische 147
4.7 Das Leiden am Sich-fremd-Bleiben in der Liebe 150

4.8 Asynchronie der persönlichen Entwicklungen
in der dyadischen Koevolution 152
4.9 Kollusionen als pathogene Formen
der Koevolution 156

5 Familiäre Koevolution 175
5.1 Die Verschiebung des Interessenschwerpunktes
von der Familie als System zur Koevolution 177
5.2 Die Familiengeschichte als familiäre Koevolution 179
5.3 Familiäre Belastungen als Thema für die eigene
Lebensentwicklung 186
5.4 Familiäre Kollusionen 187
5.5 Die Koevolution von Geschwistern 189

Teil B:
Praxis der ökologischen Psychotherapie

Einleitung 205

6 Ökologisch-supportive Psychotherapie
schwerer Persönlichkeitsstörungen 211
6.1 Was ist ökologisch-supportive Psychotherapie? 213
6.2 Die Entwicklung von Persönlichkeitsstörungen
als prozesshafte Eskalation destruktiven
beantworteten Wirkens 217
6.3 Der therapeutische Ansatz der ökologisch-
supportiven Psychotherapie schwerer
Persönlichkeitsstörungen 223
6.4 Ökologisch-supportive Therapie von Cluster-A-
Persönlichkeitsstörungen (schizoide Persönlichkeitsstörung, schizotypische Persönlichkeitsstörung,
paranoide Persönlichkeitsstörung) 225

6.5 Ökologisch-unterstützende Psychotherapie von
Cluster-B-Persönlichkeitsstörungen (histrionische,
narzisstische, Borderline-Persönlichkeitsstörung) 249

6.6 Ökologisch-supportive Psychotherapie von
Cluster-C-Persönlichkeitsstörungen (abhängige,
ängstlich-vermeidende und zwanghafte
Persönlichkeiten) 255

6.7 Zur Technik der ökologisch-supportiven
Psychotherapie von Persönlichkeitsstörungen 264

7 Ökologische Fokaltherapie als Einzeltherapie 283

7.1 Was heißt Entwicklung in der Gestaltung der
Beziehungen? 285

7.2 Ökologisches Prozessschema der Psychogenese
psychischer Störungen 287

7.3 Der ökologische Fokus in der Einzeltherapie
und dessen Formulierung 294

7.4 Wie entnimmt der Therapeut den Fokus
aus den ersten Gesprächen? 312

7.5 Weitere technische Besonderheiten
der Fokusformulierung 316

7.6 Weitere Beispiele 319

7.7 Die Behandlung spezifischer Syndrome
mit dem ökologischen Fokus 347

7.8 Indikation zur ökologischen Fokaltherapie 355

7.9 Die therapeutische Beziehung 358

7.10 Therapeutischer Widerstand 366

7.11 Das Arbeiten mit dem Fokus auf den drei
Schwerpunkten innere Situation des Patienten –
innere Situation der Bezugspersonen –
Interaktionssequenzen 371

7.12 Evaluation 373

**8 Koevolutive Fokusformulierung in der Paar-
und Familientherapie und die Arbeit im Einzel-,
Paar- oder Familiensetting**   378

8.1 Koevolutive Fokusformulierung in der Paar-
und Familientherapie   379

8.2 Koevolutiver Fokus und Kollusionskonzept   404

8.3 Koevolutive Arbeit im Einzel- oder Paar-
und Familiensetting   406

Schlusswort   424

Selbstevaluation anhand von 19 Fragen   427

Literatur   433

Autorenverzeichnis   444

Sachwortverzeichnis   446

Vorwort zur überarbeiteten Neuausgabe

Die Entwicklung des ökologischen Konzepts
seit der Erstausgabe 1996

Das 1996 erschienene Buch «Ökologische Psychotherapie» habe
ich in den letzten Jahren meiner Tätigkeit als Leiter der Psychiatrischen Poliklinik am Universitätsspital Zürich geschrieben. Ich war
mehr als 30 Jahre lang an der Psychiatrischen Poliklinik tätig, zuerst
als Assistenzarzt, dann als leitender Arzt der Abteilung für stationäre
Psychotherapie. Danach habe ich die Abteilung für Psychosoziale Medizin und das Unterrichts- und Examensfach Psychosoziale Medizin
aufgebaut, und schließlich stand ich der Psychiatrischen Poliklinik als
Klinikdirektor vor. Das Buch basiert somit auf einer breiten und lang
dauernden Erfahrung mit Patienten aller Volksschichten, inklusive
Migranten und Gastarbeitern, sowie auf der Begegnung mit Patienten, die sämtliche psychischen Störungen und Probleme aufwiesen.
Es ist in intensiver Zusammenarbeit mit den Assistenzärzten entstanden und bezieht sich eng auf die Fragen, die sich im Zuge ihrer praktischen Erfahrungen mit der Psychotherapie während ihrer Ausbildung stellten. Entscheidend mitgewirkt an der Entstehung dieses
Buchs haben ferner die Dozenten und Dozentinnen der Arbeitsgemeinschaft Koevolution.

Das Buch ist zum Lehrbuch für die vierjährige Weiterbildung in
Psychotherapie mit ökologischem Schwerpunkt geworden, wie sie
von unserem Institut für Ökologisch-systemische Therapie angeboten wird. Das von uns angebotene Weiterbildungskonzept hat sich
aus der Paar- und Familientherapie heraus gebildet und hat sich unter den praktischen Erfordernissen der Institutionen mehr in Richtung einer beziehungsorientierten Einzeltherapie verschoben. Die
meisten Patienten, die sich in ambulante Behandlung begeben,
suchen diese als Einzelpersonen auf, aber häufig ist der Anlass ein

konkretes Beziehungsproblem in der Partnerschaft, Familie oder am Arbeitsplatz.

Seit 1996 haben sich einige Neuerungen, Vertiefungen und Weiterentwicklungen in unserem Konzept ergeben, auf die ich im Folgenden kurz hinweisen möchte. Unser Konzept der koevolutiven Paartherapie hat sich zunehmend individualisiert. Nachdem sich in einer eigenen Studie (15), deren Resultate sich mit internationalen Studien decken, ergeben hatte, dass sich ungefähr die Hälfte der Paare trotz – oder gar wegen – Paartherapie trennen, kann die Paartherapie nicht als Prävention von Scheidungen empfohlen werden. Erstaunlicherweise hat unsere Studie ergeben, dass die meisten Klientinnen und Klienten auch gar nicht diese Erwartung hegten und dass sie mehrheitlich bei einer Scheidung trotz Paartherapie der Meinung waren, von der Paartherapie persönlich profitiert zu haben. Die Paartherapie wurde im Falle einer Trennung dennoch von der Mehrzahl der Probanden positiv beurteilt. Das hat uns in der These bestärkt, dass im Erwachsenenalter nichts die persönliche Entwicklung so herausfordert wie eine Liebesbeziehung. Und so gibt es wohl kaum eine Therapie, welche die Klienten so persönlich herausfordert wie eine Paartherapie. In meinem Buch «Psychologie der Liebe» (2002) habe ich mich demzufolge auch mit der Psychologie partnerschaftlicher Vorwürfe befasst. Dabei ist mir aufgefallen, dass das, was die Partner einander inhaltlich vorwerfen, meist genau ins Schwarze trifft. Die Vorwürfe werden allerdings oftmals in einer Form kommuniziert, welche vom Partner abgewehrt wird mittels Verleugnung, Rechtfertigung und Gegenangriff. Ein wesentliches Anliegen der Paartherapie sehen wir demzufolge in der Unterstützung der Partner in ihrer Fähigkeit, die an sie gerichteten Vorwürfe anzuhören und diese für ihre Entwicklung zu nutzen. Aber es sind nicht nur die Partner, welche wichtige entwicklungsfördernde Hinweise geben. In ähnlicher Weise erfährt man auch viel durch die Kritik der eigenen Kinder, Familienangehörigen oder des Arbeitsfelds. Demzufolge scheint es uns ein wichtiges therapeutisches Anliegen, den Patienten in der Bereitschaft zu fördern, auf die Ansprache der Umwelt offener zu reagieren und sich mit dem, was von außen an ihn herangetragen wird, zum eigenen Gewinn auseinander zu setzen.

In den letzten Jahren hat sich auf der Grundlage weiterer Forschungen und Erfahrungen unsere ökologische Theorie erweitert. In diesem Buch wird von der Theorie ausgegangen, dass die persönliche Entwicklung der Person herausgefordert wird durch das Gestalten ihrer persönlichen Nische und dass sich ihre Ich-Funktionen, ihre Realitätsprüfung, ihr Selbstwertgefühl und ihre Identität und Sinnfindung maßgeblich im Beantwortetwerden ihres Wirkens entwickeln. Heute würden wir dem auch eine komplementäre Seite hinzufügen: Die Person entwickelt sich ebenso in ihrer Ansprechbarkeit auf das, was ihre Lebensumstände an sie herantragen und ihr abfordern. Ging es zunächst um das Beantwortetwerden im eigenen Wirken, geht es nun zusätzlich auch um das Antworten auf die Einwirkung der Bezugspersonen und Lebensumstände. Mit welchen Anliegen treten diese an uns heran, was fordern sie einem ab, wo ginge es darum, sensibel zu erspüren, was die Lebenssituation jetzt gerade von einem erfordert und was gerade mit einem geschehen will? Wir haben generell festgestellt, dass wichtige persönliche Entwicklungen oft erst in Gang kommen, wenn die Lebensumstände – gewollt oder schicksalhaft – sich verändern und dadurch eine Notwendigkeit entsteht, bisherige Vermeidungs- und Schonhaltungen aufzugeben und eine anstehende Entwicklung anzunehmen.

Dadurch erweitert sich auch unsere Hypothese, unter welchen Bedingungen es zu einer Symptombildung oder Dekompensation kommt. In diesem Buch wird die Dekompensation vor allem im Zusammenhang mit Stress gesehen, der dadurch entsteht, dass die persönliche Wirksamkeit laufend auf die Bereitschaft der Nische abzustimmen ist, wenn man nicht Gefahr laufen will, in seiner Wirksamkeit danebenzugeraten oder negativ beantwortet zu werden. Leicht gerät man in einen Circulus vitiosus: Wird man im Wirken negativ beantwortet, kann das zu einem gekränkten Rückzug aus der Beziehungsnische führen, womit die Fähigkeit abnimmt, sich in den Gegenüber einzufühlen. Dadurch droht das eigene Wirken noch mehr danebenzugeraten, bis die Belastung durch das misslingende beantwortete Wirken zur Dekompensation führt.

Das therapeutische Ziel besteht darin, dem Patienten Unterstützung in seinem gekränkten Rückzug zu vermitteln und mit ihm in kleinen Schritten eine Verbesserung des beantworteten Wirkens unter genauerer Beachtung der Bereitschaften der Beziehungsumwelt anzustreben. Dies ist ein zentrales Ziel der ökologisch-supportiven Psychotherapie, die für eine Großzahl der Patienten in einer psychiatrischen Ambulanz die Therapie der Wahl ist.

In den letzten Jahren haben wir uns jedoch stärker mit der Beobachtung befasst, dass es oft Veränderungen der Lebensumstände sind, die dem Patienten eine anstehende, bisher vermiedene Entwicklung in der Gestaltung seiner Beziehungen abfordern oder ermöglichen. Der Patient konnte beispielsweise jahrzehntelang in einer Nische leben, die ihn vor altersentsprechenden Anforderungen verschonte und ihm Vermeidungshaltungen zugestand oder gar auferlegte. Gemäß seinem bisherigen Beziehungsleitbild hatte der Patient anstehende Entwicklungen in der Beziehungsgestaltung nicht vollzogen, weil sie sich ihm nicht aufdrängten. Unter den jetzt veränderten Lebensumständen ist die Fortführung dieser Schonhaltung dem Patienten nicht mehr möglich. Er hat sich jetzt halbwegs auf die ihm abgeforderte oder ermöglichte Entwicklung eingelassen, aber er bekommt Angst vor seinem eigenen Mut und blockiert die weitere Entwicklung. Aus dieser Ambivalenz heraus gerät er zunehmend unter Stress. Die Therapie versucht den Patienten zu unterstützen, die blockierte Entwicklung wieder in Gang zu setzen. Diese Sichtweise liegt ganz auf der Linie der in diesem Buch beschriebenen ökologischen Fokaltherapie bzw. auf dem anstehenden Entwicklungsschritt, der im Zentrum der koevolutiven Fokusformulierung steht. Es handelt sich bei der Weiterentwicklung unseres ökologischen Konzepts somit vor allem um eine theoretische Ergänzung von Sachverhalten, die wir in der Praxis der ökologischen Fokaltherapie bereits eingehend behandelt haben.

Diesen Entwicklungen entsprechend würden wir heute ökologische Psychotherapie etwas anders definieren. In der ursprünglichen Version legten wir den Schwerpunkt der ökologischen Psychotherapie auf die Unterstützung des Patienten in der wirksamen Gestaltung seiner Beziehungsnische und seiner Beziehungsprozesse. Heute würden wir Ökologische Psychotherapie offener definieren, nämlich als eine Therapie, die in besonderer Weise die Entwicklung der Person in der Wechselwirkung mit der Entwicklung ihrer Lebensumstände beachtet.

Ich würde den Lesenden empfehlen, bei der Lektüre mit dem praktischen Teil B (S. 203 ff.) zu beginnen, der mit seinen zahlreichen Fallbeispielen die praktische Arbeit mit dem ökologischen Ansatz leicht zugänglich macht und das Interesse zur theoretischen Vertiefung herstellen kann. Die theoretischen Ausführungen vor allem des Kapitels 2 erfordern ein besonderes Interesse an der theoretischen Begründung der ökologischen Psychotherapie.

In der Zwischenzeit sind von mir und meinen Mitarbeitern eine Anzahl von wissenschaftlichen Publikationen über den ökologischen Ansatz der Psychotherapie erschienen. Über die praktische Anwendung des ökologischen Fokus sind das eine klinische Studie über dessen Anwendung in der Behandlung von Depressionen (2), bei Paniksyndrom (3, 4), in der Krisenintervention (11) und über die Gestaltung von Beziehungen unterschiedlicher Schwierigkeitsgrade bei schwer beziehungsbehinderten chronischen Patienten (1).

Besonders eindrücklich sind die Outcome-Studien und Katamnesen der ökologischen Fokaltherapie in einem allgemeinen poliklinischen Krankengut (12) und in einer prospektiven Outcome-and-follow-up-Studie bei Paniksyndrom (7). Die Resultate zeigen nicht nur erstaunlich gute Therapieeffekte, die über mehr als ein Jahr unverändert erhalten blieben, sondern bestätigen anhand eines Beziehungsfragebogens die Beobachtung der Patienten und Therapeuten, dass im zeitlichen Vorfeld des Auftretens des ersten Panikanfalles eine wichtige Veränderungen in den Beziehungen aufgetreten ist, welche jetzt weitere Veränderungen in der Gestaltung der Beziehungen durch den Patienten erfordern.

Andere Studien betreffen die Psychologie der Liebe (17) und die koevolutive Paartherapie (14, 17). Die Katamnesenstudie (15) von 97 Paaren zeigt ein bis acht Jahre nach Therapieende, dass die wichtigste Wirkung der Paartherapie von den Probanden in der Förderung ihrer persönlichen Entwicklung gesehen wurde und weniger in der Verbesserung der Paarbeziehung. Auch von jenen, die sich in der Zwischenzeit getrennt oder geschieden haben, wird die Paartherapie, aber auch die Trennung, überraschend positiv beurteilt.

Erfreulich sind die Übersetzungen mehrerer Publikationen ins Holländische, Französische, Japanische, speziell aber die amerikanische Ausgabe von «Ökologische Psychotherapie» (Ecological Psychotherapy. Developing by Shaping the Personal Niche, 1999) und die japanische Ausgabe (Hosei University Press 2005). Ferner sind einzelne Begriffe der ökologischen Psychotherapie wie «ökologische Psychotherapie», «persönliche Nische», «Koevolution» und «Kollusion» in verschiedene psychologische und psychotherapeutische Wörterbücher (19–21) aufgenommen worden, was darauf hinweist, dass sie sich allmählich in der Fachsprache durchzusetzen vermögen.

Dem Rowohlt Taschenbuch Verlag, insbesondere Frau Martina Behrens möchte ich für die Bereitschaft zu dieser Neuausgabe von «Ökologische Psychotherapie» danken. Ich bin froh, dass dieses Buch als Taschenbuch nun integriert ist in die Herausgabe meiner anderen Bücher.

Jürg Willi, Januar 2005
Institut für Ökologisch-systemische Therapie Zürich

Publikationen zur ökologischen Psychotherapie seit 1996

A. Publikationen zur Praxis der ökologischen Psychotherapie

(1) Willi, J., Toygar-Zurmühle A., Frei, R. (1999): Die Erfassung der persönlichen Nische als Grundlage der supportiven Psychotherapie. Nervenarzt 70, S. 847–854

(2) Willi, J. (1999): Der ökologische Ansatz der Psychotherapie von Depressionen. Schweiz. Arch. Neurol. Psychiat. 150, S. 30–34

(3) Willi, J., Frei R., Günther, E. (2000): Psychotherapy of Panic Syndrome: Focusing on Ecological Aspects of Relationships. American Journal of Psychotherapy, 54, S. 226–242

(4) Willi, J., Frei, R., Günther, E. (2001): Paniksyndrom: Beziehungsökologisch orientierte Psychotherapie von Panikstörungen. Psychotherapeut 46, S. 368–375

(5) Willi, J. (2002): Sich im Alter brauchen lassen. In: Boothe, B., Ugolini, B. (Hrsg.): Lebenshorizont Alter, vdf Hochschulverlag Zürich, S. 91–108

(6) Willi, J. (2002): Die Vermutungsdiagnose «gesunde Pesönlichkeit» in der therapeutischen Praxis. Persönlichkeitsstörungen 6, S. 190–197

B. Publikationen zu theoretischen Aspekten der ökologischen Psychotherapie

(7) Limacher, B., Willi, J. (1998): Unterschiede zwischen ökologisch-koevolutiver und systemisch-konstruktivistischer Therapiekonzeption. Familiendynamik 23, S. 129–155

(8) Willi, J. (1998): Die ökologische Dimension der Psychotherapie. Ein aus der Paartherapie entwickeltes theoretisches Modell. Psychotherapeut 43, S. 69–79

(9) Willi, J. (2004): Die therapeutische Beziehung in systemischer und beziehungsökologischer Sicht. In: W. Rössler (Hrsg.): Die therapeutische Beziehung, Springer, Berlin

(10) Günther, E., Willi, J. (2004): Ökologische Psychotherapie in der Krisenintervention. In: Riecher-Rössler, A., Berger, P., Tarik Yilmaz, A., Stuieglitz, R.-D. (Hrsg.): Psychiatrisch-psychotherapeutische Krisenintervention

C. Publikationen zu Outcome und Follow-up der ökologischen Fokaltherapie

(11) Frei, R., Begemann, E., Willi, J. (2000): Katamnestische Untersuchung der Ökologischen Kurztherapie. Psychother. Psychosom. med. Psychol. 50, S. 335–341

(12) Willi, J., Frei, R., Günther, E. : Psychotherapie von Paniksyndrom mit einem beziehungsökologischen Ansatz: eine prospektive Follow-up-Studie (zur Publikation eingereicht)

D. Publikationen zur Psychologie der Liebe und zur koevolutiven Paartherapie

(13) Willi, J. (1997): The significance of Romantic Love. Family Process 36, S. 171–182

(14) Willi, J. (2000): Koevolutive Aspekte der Paartherapie. Psychotherapie im Dialog 2, S. 29–36

(15) Meier, B., Röskamp, A., Riehl-Emde, A., Willi, J. (2002): Trennung nach Paartherapie im Urteil der PatientInnen. Eine Katamnesenstudie. Familiendynamik 27, S. 161–185

(16) Riehl-Emde, A., Volker, Th., Willi, J. (2003): Love – an important Dimension in Marital Research and Therapy. Family Process 42, S. 253–267

(17) Willi, J. (2002): Psychologie der Liebe. Die Liebesbeziehung als Herausforderung persönlicher Entwicklungen. Klett-Cotta, Stuttgart. Rowohlt Taschenbuch, Reinbek

D. Buchübersetzung

(18) Willi, J. (1999): Ecological Psychotherapy. Developing by Shaping the Personal Niche. Hogrefe, Seattle

(19) Willi, J. (2005): Hosei University Press, Tokio

E. Stichworte der ökologischen Psychotherapie in psychologischen und psychotherapeutischen Wörterbüchern

(20) Simon, F. B., Clement, U., Stierlin, H. (1999): Die Sprache der Famillientherapie. 5. Auflage, Klett-Cotta, Stuttgart: Die Stichworte: Ko-evolution; Kollusion; Nische (persönliche, familiäre, dyadische); ökologische Psychotherapie

(21) Stumm, G., Pritz, A. (2000): Wörterbuch der Psychotherapie, Springer, Wien. Die Stichworte: Ökologische Psychotherapie; Paartherapie, psychoanalytische; Nische, persönliche; Koevolution; Partner-Kollusion

(22) Dorsch (2003): Psychologisches Wörterbuch, Huber, Bern, 14. Auflage. Die Stichworte: Ko-evolution, Kollusion, Ökologische Psychotherapie

Zu diesem Buch und den dabei Mitwirkenden

Leser und Leserinnen mag es erstaunen, dass – nachdem ich mehrere Bücher über die Paarpsychologie und Paartherapie geschrieben habe – hier ein Buch in erster Linie von Einzeltherapie handelt. Anlass dazu war die Übernahme der Leitung der Psychiatrischen Poliklinik am Universitätsspital Zürich und des Lehrstuhls für Poliklinische Psychiatrie, zu welchem auch das Lehrgebiet Psychotherapie gehört. Damit musste ich mich stärker mit allgemeinpsychiatrischen Versorgungsproblemen und mit der Weiterbildung der psychiatrischen Assistenzärzte befassen. Dabei wurde mir deutlich, dass es eine Lücke in der psychiatrischen Psychotherapie gibt und dass der ökologische Ansatz, mit welchem ich mich schon seit mehr als 15 Jahren befasse, sich in besonderer Weise für die psychotherapeutische Arbeit im psychiatrischen Setting eignet. Wir organisierten an unserer Poliklinik eine Kurztherapieausbildung, bei welcher wir die auf Videobändern aufgenommenen Therapien aus logistischen Gründen auf 15 Stunden beschränkten, wobei jede Sitzung der gesamten Therapie in der Gruppensupervision eingehend besprochen wurde. Unser Konzept der ökologischen Fokaltherapie ist stark von meinen Erfahrungen aus der Paar- und Familientherapie beeinflusst. Aus dieser intensiven Supervision der Therapien unserer Assistenzärzte und Assistenzärztinnen bezog ich viele Anregungen, die in dieses Buch eingegangen sind.

Besonders bereichernd ist für mich die Zusammenarbeit mit dem Dozententeam der Arbeitsgemeinschaft Koevolution, deren Mitglieder Robert Frei, Georg Hänny, Regula Hotz, Bernhard Limacher, Astrid Riehl-Emde, Ruth Allamand Mattmann und Christian Wüthrich als Mitwirkende aufgeführt sind. Die Arbeitsgemeinschaft Koevolution bildet den Ort, an welchem ich seit Jahren meine Ideen diskutieren kann und ich ungezählte Anregungen und kritische Korrekturen erhalten habe. Das Buchmanuskript hat sich in den vielen Versionen, die ich geschrieben habe, koevolutiv entwickelt.

Die Manuskriptversion von Oktober 1994 haben freundlicherweise kritisch gelesen: Klaus Grawe, Bern; Edgar Heim, Bern; Jakob Bösch, Liestal; Helena Blancpain, Zürich. Jeder hat mir in seiner Weise wichtige Anregungen zur weiteren Überarbeitung gegeben.

Die Entstehung eines derartigen Buches ist ein Prozess, der aus vielen intensiven Diskussionen und Auseinandersetzungen entsteht. Wenn ich im Text von «wir» spreche, so handelt es sich in der Regel um Meinungen, Gedanken und Erfahrungen, die sich in unserem Team gebildet haben und weitgehend von allen Teammitgliedern geteilt werden.

Zusammenfassender Überblick

Die ökologische Dimension der Psychotherapie wird in ihren Elementen vielen Psychotherapeuten plausibel und vertraut erscheinen, sie ist aber als therapeutischer Ansatz bisher nicht umfassend beschrieben worden. Es geht um die Entwicklung der Person in Wechselwirkung mit ihren Lebensumständen, mit ihrer persönlichen Nische. In einer Zeit der Destabilisierung von Beziehungen in Partnerschaft, Familie und am Arbeitsplatz verschieben sich die therapeutischen Schwerpunkte von Problemen um Autonomie und Befreiung von sozialen Zwängen zur wirksameren Gestaltung von Beziehungsprozessen. Veränderte Zeiten erfordern veränderte Therapieziele und neue Therapiemodelle. Dieser Überblick soll den Lesern und Leserinnen eine erste Orientierung über eine recht komplexe Materie ermöglichen, deren Verständnis dadurch erschwert wird, dass sie viel Bekanntes in neue und ungewohnte Zusammenhänge stellt. Das Buch gliedert sich in einen ersten Teil, in welchem die Theorie der ökologischen Psychotherapie behandelt wird, und einen zweiten, welcher die praktische Anwendung des ökologisch-koevolutiven Ansatzes auf die Einzeltherapie betrifft.

Teil A: Grundlagen des ökologischen Therapiemodells
Die Wirksamkeit in der persönlichen Nische

Die ökologische Psychotherapie *arbeitet eine Dimension der Psychotherapie* besonders heraus, die bisher wenig beachtet worden ist, nämlich die *Beziehung der Person zu der von ihr geschaffenen Umwelt,* zu den von ihr bewirkten Tatsachen als Produkt und Ausgangspunkt des sich weiter entwickelnden Lebenslaufes. Ausgegangen wird von der Grundannahme, dass der Mensch sich nicht aus sich selbst, sondern in den Spannungsfeldern seiner Beziehungen entwickelt, die seine Entfaltung herausfordern, begrenzen und unterstützen.

Diese These, die ich bereits 1985 in meinem Buch «Koevolution – Die Kunst gemeinsamen Wachsens» behandelt habe, gründet einerseits auf der europäischen Begegnungsphilosophie, in Gedanken, die Martin Buber auf die Kurzformel gebracht hat: «Das Ich wird am Du». Andererseits habe ich verschiedene Begriffe der beziehungsökologischen Theorie aus der Verhaltensökologie hergeleitet. Die Befunde der Verhaltensökologie sind zwar nicht direkt auf den Menschen übertragbar, illustrieren aber, wie Organismen sich im aktiven Schaffen ihrer Umwelt entfalten und entwickeln. So wie jedes Lebewesen ist auch die Person ständig daran, Umweltbeziehungen herzustellen, sich eine eigene Umwelt zu schaffen und für sich zu nutzen. Die Person ist bestrebt, in ihrer Umwelt etwas zu bewirken und in diesen Wirkungen beantwortet zu werden. Dieses aktive Gestalten von Umwelt mit Erfahrung eigener Wirksamkeit nennen wir *das beantwortete Wirken*. Das beantwortete Wirken hat in unserem Konzept eine zentrale Bedeutung. Über das beantwortete Wirken ist die Person laufend daran, psychische Gesundheit herzustellen und ihre Fähigkeiten und psychischen Strukturen zu entwickeln, so insbesondere ihre Ich-Funktionen – ihr Wahrnehmen, Denken, Erinnern, Fühlen usw. –, ihre Realitätsprüfung – die Überprüfung ihrer persönlichen Konstrukte durch reale Erfahrungen –, ihr Selbstwertgefühl und ihre Identität. Persönlichkeitsentwicklung ergibt sich so als Nebenprodukt des Prozesses ständigen beantworteten Wirkens.

Die von einer Person geschaffene Beziehungsumwelt oder ihren Beziehungsraum bezeichnen wir als *persönliche Nische*. Damit ist der Umweltausschnitt gemeint, mit welchem sie real in Beziehung steht. Das Beziehungsinventar der persönlichen Nische umfasst die dingliche Umwelt, die Gegenstände, zu denen sie Beziehung hat, die Wohnung, deren Einrichtung, den Arbeitsplatz, die Gegenstände, die ihr lieb sind, die Dinge, die sie bearbeitet, ihre Werke und Produkte, aber auch die Bezugspersonen, ihre Partner und die mitmenschlich-kulturelle Umwelt, mit welcher sie aktuell interagiert. Die persönliche Nische bildet somit eine Ergänzung zum persönlichen Konstruktsystem nach George A. Kelly (1955/1986). Sie ist eine äußere, jenes eine innere

Struktur, welche das Denken und Handeln einer Person in gewisse Bahnen leiten und in vertrautem Rahmen halten. Die persönliche Nische ist eine wichtige persönliche Ressource. Im praktischen Teil wird eingehend gezeigt, wie die Fähigkeit, sich eine reichhaltige Beziehungsnische zu schaffen, unter psychischen Störungen aller Art leidet.

Die Person erfährt sich als wirksam im Umgang mit unbelebten Dingen und mit belebten Wesen. Das beantwortete Wirken mit unbelebten Objekten beruht nicht auf Gegenseitigkeit, die Beantwortung ist meist vorhersehbarer und berechenbar. Tritt die Person aber mit einer anderen Person in Beziehung, treffen zwei aktive Subjekte aufeinander, die in der Beziehung ihre Wirksamkeit entfalten möchten. Das Herstellen einer auf Gegenseitigkeit beruhenden Beziehung ist für beide Seiten besonders stimulierend und befriedigend, aber auch anspruchsvoll und anstrengend. Wechselseitiges beantwortetes Wirken kann nur gelingen im Bereich von intentionaler *Korrespondenz*, im Bereich beidseitiger Ansprechbarkeit auf gemeinsame Themen, die sich als Prozess beidseitigen Wirkens und Beantwortens bilden, Gestalt annehmen und sich entwickeln. Auch in *Koevolution*, d. h. im anhaltenden Miteinander- und Aufeinander-Wirken im Zusammenleben, bleibt die Beziehung auf die Bereiche korrespondierender Entwicklungsbereitschaften beschränkt.

Der wirkungsgeleitete Lebenslauf

Die ökologische Psychotherapie sieht den Lebenslauf einer Person als wirkungsgeleitet an. Was Objekt intensiven beantworteten Wirkens gewesen ist, wandelt sich mit Erreichen des Ziels und wird Ausgangspunkt für den folgenden Zeitraum beantworteten Wirkens. Die durch Handlungen erzielten Wirkungen entwickeln eine Eigendynamik und werden zu Herausforderungen weiteren Handelns. In der aktuellen Nische bleiben die Spuren und Zeugen des früheren Lebens enthalten, insbesondere auch die realen Repräsentanten unabgeschlossener Konflikte. Der Schwerpunkt des Interesses liegt also nicht auf der frühen Kindheit, sondern auf der «vollendeten Gegenwart» (Perfekt), auf dem Zeitraum, der zur jetzigen Situation führte.

Ereignisse verlieren mit zunehmendem zeitlichem Abstand an Bedeutung. Die erzeugten Wirkungen werden zu Strukturen der Nische, sichtbar nicht nur für die Person, sondern auch für die Bezugspersonen. Ob es einer Person gelingt, im familiär-partnerschaftlichen Bereich und im sozialen und beruflichen Bereich koevolutive Prozesse immer wieder stimulierend und befriedigend zu gestalten, ist für die psychische Gesundheit von zentraler Bedeutung. Bei der hierarchischen Gliederung im Berufsbereich wird die Chance mit jeder Karrierestufe geringer. Immer mehr Bewerber konkurrieren um immer weniger Plätze. Kränkungen und Resignation darüber, keinen angemessenen Platz angeboten zu bekommen, begünstigen vorzeitige Pensionierung und Invalidenrenten. Die vermehrte beziehungsökologische Prävention wird damit zu einer dringlichen gesundheitsökonomischen Notwendigkeit.

Dyadische und familiäre Koevolution

Wir sehen die Entwicklung einer Person koevolutiv auf jene anderer Personen bezogen.

Die Korrespondenz des beantworteten Wirkens zweier Personen erreicht im Verliebtsein ihre höchste Verdichtung. Der zündende Funke zum Verliebtsein springt über, wenn in zwei Personen oft schlagartig die Hoffnung aufbricht, mit diesem Menschen in neue Entwicklungsräume eintreten zu können, mit ihm ins Leben hineinzuholen, was man seit langem ersehnt hatte, in diesem Menschen eine Person gefunden zu haben, die einem die Verwirklichung des eigenen Potenzials möglich macht. Genauso attraktiv ist die komplementäre Seite, nämlich die Vision, über Fähigkeiten zu verfügen, dem Partner zur Entwicklung zu verhelfen, den Zugang zu jenen Persönlichkeitsseiten zu finden, die bisher verschlossen geblieben waren, ihn dort zu erreichen, wo noch niemand hingelangt ist, ihm das Vertrauen zur Verwirklichung seines Potenzials zu vermitteln. Der Prozess des Verliebtseins ist nicht nur eine Projektion innerer Bilder auf den Partner, sie löst tatsächlich intensive persönliche Entwicklungen aus. Auch wenn später der Höhenflug des Verliebtseins teilweise in Enttäuschung endet und die Partner wieder mehr auf die eigenen Füße gestellt werden, so wird die persönliche Entwicklung auch später stark von der gegenseitigen Ansprechbarkeit geleitet. Die Partner entwickeln sich im Spannungsfeld des sich gegenseitig Herausforderns, Begrenzens und Unterstützens. Unter *Koevolution* verstehen wir die gegenseitige Beeinflussung der Persönlichkeitsentwicklung von Partnern im Zusammenleben. Die Spannweite der gegenseitigen Verständigung und der intentionalen Korrespondenz von Partnern bleibt immer begrenzt, die gegenseitige Beantwortung des Wirkens ermöglicht dem persönlichen Potenzial innerhalb der Beziehung immer nur eine partnerbezogene Verwirklichung, eine Verwirklichung allerdings, die durch die Beantwortung des Partners bestätigt wird.

Jedes langfristige Zusammenleben und Zusammenwirken hat koevolutive Auswirkungen. In der *familiären Koevolution* hat die Familiengeschichte eine wichtige entwicklungskonstellierende Funktion. Das Kind ist von Geburt an ein aktiver Teilhaber an der Familiengeschichte. Es bildet seine persönlichen Strukturen im beantworteten Wirken seiner familiären Nische, in welcher es sich seinen persönlichen Erfahrungsschatz aneignet und sein persönliches Konstruktsystem entwickelt. Die spätere Berufswahl, Partnerwahl und die Art der Erziehung eigener Kinder lässt sich oft aus der Fortführung der Familiengeschichte verstehen, als Versuch zu entwickeln, was den Eltern versagt geblieben ist, als Versuch zu korrigieren, was den Eltern fehlgelaufen ist, als Versuch weiterzuführen, was die Eltern angelegt haben. Belastende familiäre «Hypotheken» können zu Lebensaufgaben werden, welche das herangewachsene Kind herausfordern, allerdings oft auch überfordern. Manches von dem, was Eltern an Enttäuschungen oder Kränkungen hinnehmen mussten, kann durch die Kinder versöhnt und wieder ins Lot gebracht werden. Diese Dynamik zwischen den Generationen wurde in der Familientherapie zunächst vor allem in ihren pathogenen Möglichkeiten bearbeitet. Wir sehen darin aber auch wichtige Herausforderungen für die Kinder, die ihrem Leben Sinn und Inhalt geben können.

Zusammenfassender Überblick 25

Zwischen Geschwistern bildet sich eine besondere Form familiärer Koevolution. Geschwister müssen sich für ihr beantwortetes Wirken in die begrenzten Ressourcen ihrer Eltern teilen. In der Rivalität um die elterliche Ansprechbarkeit entwickeln sie unterschiedliche Strategien, um in verschiedenen Beziehungsnischen die miteinander geteilten Ressourcen unterschiedlich zu nutzen. Das trägt wohl wesentlich dazu bei, dass Kinder sich charakterlich oft so verschieden voneinander entwickeln. Jede charakterliche Eigenheit kann ihre spezifische Beantwortung erwirken.

Die miteinander geschaffene Welt: die dyadische und familiäre Nische, das dyadische und familiäre Konstruktsystem

Sobald eine Beziehung zur Lebensgemeinschaft wird, kommen neue, im eigentlichen Sinne ökologische Dimensionen ins Spiel. Die Beziehung besteht dann nicht mehr nur in der Korrespondenz des beantworteten Wirkens. Die Partner wollen vielmehr miteinander eine gemeinsame Welt bauen und diese bewohnen, sie schaffen sich eine gemeinsame Nische. Als *dyadische Nische* besteht diese aus dem gemeinsamen Heim, der Wohnungseinrichtung, dem miteinander angeschafften Besitz, eventuell in einem gemeinsam gebauten Haus, im gemeinsamen Beziehungsnetz, den gemeinsamen Freunden, Nachbarn und Bekannten, und im Falle einer Familiengründung in den miteinander aufgezogenen Kindern. Die dyadische Nische kann ergänzt und erweitert werden mit einer *familiären Nische*. Die dyadische und familiäre Nische vermitteln einen vertrauten Umweltbezug, eine beantwortende Umwelt, ein Zuhause. Eine Person kann gleichzeitig in ihrer persönlichen, ihrer dyadischen und familiären Nische leben, die sich in vielem überschneiden, sich aber nicht völlig decken.

Zur miteinander geschaffenen Welt gehört ferner das miteinander ausgehandelte Konstruktsystem, ein System von Werten, Normen und Regeln des Zusammenlebens, in welches die Partner ihre alltäglichen Erlebnisse einordnen und welches sie mit ihren alltäglichen Erfahrungen anreichern. Auch das dyadische Konstruktsystem kann erweitert und ergänzt werden durch ein *familiäres Konstruktsystem*. Das gemeinsame Konstruktsystem und die gemeinsame Nische bilden einen Rahmen, welcher den Partnern die Welt vertraut macht, in welchem die Partner sich beantworten, in welchem sich die Lebensläufe der Partner entwickeln. Dieser Rahmen hält Paare und Familien zusammen, auch wenn die persönliche Korrespondenz der Partner im Argen liegt. Im Falle einer Scheidung wird der Verlust dieses Rahmens oft schmerzlicher erfahren als der Verlust des Partners.

Das koevolutive Modell dyadischer und familiärer Entwicklung unterscheidet sich vom Modell der Familie als ganzheitliches System. Bei der heutigen Pluralität familiärer Lebensformen und der Häufigkeit von Patchworkfamilien im Zusammenhang mit Scheidung und Wiederverheiratung hat die Betrachtung der Familie als Einheit an Gültigkeit verloren. Ein koevolutives Modell wird der Individualisierung des Zusammenlebens eher gerecht und scheint uns eine größere Erklärungskraft zu haben.

Strategien, um sich in Beziehungen vor Kränkung und Verlust zu schützen. Prozesshafte Eskalation psychischer Störungen

Das laufende Herstellen von Umweltbeziehungen im beantworteten Wirken erfordert von der Person ein hohes Maß an Energie, Flexibilität und Frustrationstoleranz, welches bei Dispositionen zu psychischen Störungen eingeschränkt ist. Während psychodynamische und kognitive Therapieansätze sich vor allem mit den inneren Strukturen einer Person als Grundlage der Beziehungsgestaltung befassen, fragt unsere ökologische Sichtweise nach den äußeren, von der Person geschaffenen Strukturen: Welche Rückwirkungen haben die erzielten Wirkungen und deren Beantwortung auf die inneren Prozesse, insbesondere auf die Motivation zu weiterem Wirken? Wir beachten, was eine Person tut, um die intendierte mitmenschliche Beantwortung zu erzielen, wie sie Risiken von Verletzung und Abgewiesenwerden vermeidet, wie sie sich vor negativer Beantwortung schützt und welches die Auswirkungen dieser Schutzmaßnahmen auf ihr Wirken sind. Es interessieren uns die Strategien, welche eine Person einsetzt, um ihr gefährdetes beantwortetes Wirken zu stabilisieren, und wie sie versucht, eine einmal erreichte positive Beantwortung durch Einsatz von beziehungsstabilisierenden Schutzmaßnahmen zu sichern. Das Bestreben, ein einmal erreichtes beantwortetes Wirken zu bewahren, entzieht diesem seine Dynamik, wodurch es erst recht gefährdet wird. Personen stehen oft im Dilemma, eine Beziehung einzugehen mit der Gefahr, negativ beantwortet zu werden, oder diese zu vermeiden und damit unbeantwortet zu bleiben. Durch Rückzug aus Beziehungen kann die Person sich zwar vor Kränkungen bewahren, aber sie verpasst damit auch die zentral wichtigen gesundheitserhaltenden Aspekte der Beantwortung ihres Wirkens. Um sich vor Verletzungen zu schützen, suchen Personen deshalb nach Beziehungsformen mit geringerem Kränkungsrisiko. Eine Form, die wir vor allem in Partnerbeziehungen beobachten konnten, sind die 1975 von mir beschriebenen *Kollusionen*. Partner, die von starken Beziehungsängsten belastet sind, können in einer Kollusion ein Beziehungsarrangement herstellen, das ihnen zunächst Schutz vor Verletzung anbietet. Es stellt eine besondere Nähe und Stabilität der Beziehung damit in Aussicht, dass die Partner einander zur Bewältigung ihrer Beziehungsängste brauchen und somit sich ein jeder für den anderen unentbehrlich fühlen kann. Diese intentionale Korrespondenz der Partner wird jedoch dann zum Problem, wenn das kollusive Arrangement bewahrt werden soll, was nur durch Blockierung jeder weiteren Entwicklung der Beziehung erreichbar ist.

Kollusionen können sich auch in familiären Beziehungen bilden, vor allem da, wo Eltern und Kinder einander in der Vermeidung anstehender Entwicklungsschritte zu Komplizen werden, etwa in der Vermeidung der anstehenden familiären Ablösungsphase.

Die Entwicklung von psychogenen Störungen und Symptomen wird im ökologischen Ansatz in folgendem Prozess gesehen: Wenn die Person unter Disstress gerät oder persönlich gekränkt wird, neigt sie dazu, sich auf sich selbst zurückzuziehen und damit beantwortetes Wirken in der Phantasie auszuleben, eigenes Versagen zu rechtfertigen und zu kompensieren. Doch auch bei Rückzug kann sich die Person nicht nicht-verhalten. Der Rückzug in Egozentrismus und ins Phantasieleben geht mit der Gefahr einher, das Verhalten noch weniger auf die Bereitschaften des Gegenübers abzustimmen, noch inadäquater auf das Gegenüber einzuwirken und dessen negative Beantwortung noch weniger sorgfältig zu beachten, womit sich ein Circulus vitiosus bildet: je inadäquater das Wirken, desto negativer die Beantwortung, desto inadäquater das Wirken …

Symptombildungen können die Funktion haben, den Rückzug aus der Überforderungssituation zu rechtfertigen, ein Moratorium zu schaffen, um über das Kranksein beantwortetes Wirken zu erhalten und den Bezugspersonen verschlüsselt die innere Not mitzuteilen.

Teil B: Praxis der ökologischen Psychotherapie

Bei der Anwendung der vorangestellten Theorie auf die Praxis kann zunächst festgestellt werden, dass die stationäre Psychiatrie und Sozialpsychiatrie schon immer mit einem ökologischen Modell gearbeitet haben, allerdings pragmatisch und ohne dies theoretisch umfassend zu begründen. Es ist eine alte Erfahrung, insbesondere im Umgang mit schizophren Erkrankten, dass sie aktiv aus dem Rückzug in ihre wahnhaft-halluzinatorische Eigenwelt herausgelockt werden müssen, indem versucht wird, einen konkreten Umweltbezug und reales Wirken herzustellen durch Arbeitstherapie, Beschäftigungstherapie, Musiktherapie oder Maltherapie. Es ist eine weitere alte Erfahrung, dass schwer psychisch Kranke überfordert sind, sich in freien Lebensverhältnissen zurechtzufinden und sich ihre eigene Umwelt zu gestalten. Sie benötigen eine geschützte Umwelt, die ihren eingeschränkten Beziehungsmöglichkeiten entgegenkommt. Die Plausibilität der ökologischen Theorie zeigt, dass sie etwas sichtbar macht, was in der Praxis breit abgestützt ist, eigenartigerweise bisher aber wenig theoretisch vertieft wurde.

Dieses Buch befasst sich jedoch nicht mit Behandlungsmöglichkeiten der stationären Psychiatrie und Sozialpsychiatrie, sondern mit dem *ökologisch-koevolutiven Ansatz der Einzelpsychotherapie.* Dazu ist als Erstes die Feststellung wichtig, dass der Schweregrad jeglicher psychischen Störung und Krankheit sich am Schweregrad der Einschränkung des psychosozialen Funktionsniveaus zeigt, was in unserer Sprache den Schweregrad der Beeinträchtigung im beantworteten Wirken und im Herstellen einer umfassenden persönlichen Nische meint. Je schwerer eine psychische Störung ist, desto mehr müssen sich die therapeutischen Bemühungen auf die konkrete Gestaltung der persönlichen Nische konzentrieren, auf die Herstellung der für das praktische Leben notwendigen Beziehungen für selbständiges Wohnen und autonome Lebensführung.

Die ökologisch-supportive Psychotherapie

Die eine Therapieform, die hier eingehend dargestellt wird, ist die *ökologisch supportive Psychotherapie schwerer Persönlichkeitsstörungen.* Die hohe praktische Bedeutung der stützenden Psychotherapie ist unbestritten. Dennoch zeigt sich eine verbreitete Lustlosigkeit, sich mit ihr auseinander zu setzen. Immer wieder wird beklagt, dass ihr eine theoretische Begründung fehle. Das mangelnde Interesse an der stützenden Therapie mag darin liegen, dass es für einen psychodynamischen Therapeuten wenig faszinierend ist, Abwehr zu stützen, auf die Deutung von Unbewusstem zu verzichten, den Widerstand nicht zu schwächen und die Übertragung nicht zu bearbeiten. Er wird also angehalten, alles wegzulassen, womit er als Therapeut identifiziert ist. Mit einer ökologischen Orientierung wird stützende Therapie wesentlich faszinierender. Der Therapeut fragt nach den Mitteln und Wegen, die ein Patient findet, um sich trotz seiner Beziehungsschwierigkeiten eine persönliche Nische zu gestalten und sich den für sein psychisches Überleben notwendigen Beziehungsraum zu schaffen. Unser therapeutisches Interesse zentriert sich mehr auf das, was der Patient tut und kann, und weniger auf seine Defizite. Das gibt uns oft überraschende Einblicke in Lebensbereiche, über welche Patienten mit chronifizierten Störungen meist noch nie befragt worden waren.

Wir haben Patienten mit schweren schizoid-paranoiden Persönlichkeitsstörungen eingehender untersucht. In einer Skala der von diesen Patienten angegebenen Beziehungsmöglichkeiten figuriert als leichteste Beziehungsform das bloße Partizipieren am Umweltgeschehen ohne direkte Interaktion, es folgen Beziehungen zur unbelebten Umwelt oder zu belebten Objekten ohne Gegenseitigkeit, dann flüchtige Kontakte ohne Verbindlichkeit, gefolgt von wechselseitigen Beziehungen mit berechenbarer Beantwortung und Beziehungen ohne ausformulierte persönliche Nähe und Selbstoffenbarung, wie sie sich in Rollenbeziehungen, Gruppenkontakten und Helferbeziehungen ergeben. Am schwierigsten sind für die Patienten lang dauernde Arbeits- und Partnerbeziehungen mit fester Verpflichtung und Verbindlichkeit.

Patienten mit schweren Persönlichkeitsstörungen verstricken sich leicht in einen Circulus vitiosus mit ihren Bezugspersonen. Durch ihr überkompensierendes, sich selbst rechtfertigendes Verhalten, mit welchem sie persönliche Kränkungen lindern möchten, provozieren sie ihre Bezugspersonen zu Ablehnung und pseudopädagogischem Verhalten, welches sie erneut kränkt und ihr überkompensierendes Verhalten verstärkt und fixiert. Patienten nehmen Bezugspersonen nicht nur oft verzerrt wahr, sie konstellieren diese tatsächlich zu feindseligem und destruktivem Agieren. Therapeutisch geht es also darum, Interaktionssequenzen genau anzusehen, sie Schritt für Schritt zu analysieren und sich dabei auch in die Reaktionsweisen des Gegenübers einzufühlen. Das fällt den Patienten wegen des stressbedingten Egozentrismus schwer. Meist lassen sich die Patienten nur auf der Basis einer gut gestalteten therapeutischen Beziehung dazu gewinnen.

Die Art, wie Patienten mit Persönlichkeitsstörungen im Rahmen einer längeren stützenden Begleitung lernen, sich eine Nischenbeziehung auf weniger hohem Anspruchsniveau zu schaffen, zeigt oftmals eine verblüffende Weisheit und realistische Einschätzung der eigenen

Beziehungsmöglichkeiten. Die Therapie wirkt auf die Selbstheilungs-möglichkeiten der Patienten viel stimulierender, wenn der Therapeut danach fragt, wie der Patient seine Beziehungsnische positiv gestaltet, als wenn er sich nur nach dem erkundigt, was der Patient nicht zu be-wältigen vermag, wie es durch die Defizitorientierung des Global Assessment of Functioning GAF als Achse V im DSM-IV nahe gelegt wird. Manchen gelingt es, sich eine Beziehungsnische zu schaffen, die ihnen wesentlich hilft, sich selbst psychisch besser zu regulieren, sich Beziehungen zu schaffen, die herausfordern, aber nicht überfordern, Beziehungen aber auch, die den eigenen regressiven und destruktiven Tendenzen einen Widerstand entgegensetzen.

Die ökologisch-supportive Therapie unterscheidet sich von der kognitiven Therapie schwerer Persönlichkeitsstörungen nach A. T. Beck und A. Freeman et al. (1990/1993), indem sie sich nicht so sehr auf die Bearbeitung verzerrter Kognitionen und handlungsmotivie-render Schemata konzentriert als auf das verbesserte reale Gestalten von Beziehungsumwelt und die damit erwirkten positiveren Beant-wortungen.

Die ökologische Fokaltherapie

Die *zweite Therapieform*, die eingehend dargestellt wird, ist die *ökologische Fokaltherapie*. Sie ist indiziert bei Patienten, die weniger starke Persönlichkeitsstörungen aufweisen, wie sie für die Anwen-dung der ökologisch-supportiven Therapie beschrieben wurden, also bei Patienten, die sich zwar auf koevolutive Beziehungsprozesse ein-lassen, darin aber immer wieder scheitern oder in eine Sackgasse ge-raten oder unter dem Stress der Beziehung dekompensieren. Viele Pa-tienten melden sich zu einer Therapie im Zusammenhang mit dem Auftreten oder einer Verschlimmerung einer psychischen oder kör-perlichen Symptombildung. Geht man in der Therapie der Frage nach, was sich im Zeitraum vor der Dekompensation in ihren Bezie-hungen verändert hat, stößt man regelmäßig auf konflikthafte Ereig-nisse, deren Folgen eine Beziehungsveränderung notwendig machen, die jedoch aus Angst vor deren Rückwirkungen auf die Person selbst oder auf ihre Partner nicht vollzogen worden ist. Im Zentrum der ökologische Fokaltherapie steht eine in ihrem Aufbau standardisierte Fokusformel, die aus fünf Teilen besteht: aus der Formulierung der veränderten Beziehungssituation im Zeitraum vor der Dekompensation als Ausgangslage, aus dem jetzt anstehenden Entwicklungsschritt in der Gestaltung der Beziehungen, aus der Blockierung dieses Entwicklungsschrittes, aus den Ressourcen, welche den Vollzug dieses Schrittes begünstigen, und schließlich aus dem Versuch vorherzusehen, woran konkrete Schritte in der anstehenden Entwicklung in der Therapie sichtbar werden könnten.

Diese Fokusformel hat sich in unserer Fokaltherapieausbildung und Supervision sehr bewährt. Ist der Fokus gut aus den Äußerungen eines Patienten herausgehört worden, zeigt sich immer wieder, dass die Patienten spontan zwischen den Sitzungen Bewegungen in Richtung des formulierten anstehenden Entwicklungsschrittes vollziehen. Auch wenn die Partner nicht direkt in die Gespräche einbezogen werden, hilft die Therapie den Patienten meist, ein besseres koevolutives Spannungsfeld aufzubauen und die stagnierte Entwicklung in Beziehungen wieder in Gang zu setzen. Der ökologische Fokus ist in erster Linie eine Fallkonzeption, die einen Rahmen bildet, innerhalb dessen der Therapeut mit verschiedenen Techniken arbeiten kann. Im Zentrum der Arbeit steht die verbesserte Gestaltung der aktuellen Beziehungen. Zwei Outcome- und Follow-up-Studien zeigen überraschend positive Langzeiteffekte der ökologischen Fokaltherapie.

Wir messen dem Faktum, dass der Patient sich gerade jetzt und nicht ein Jahr früher oder später zur Therapie meldet, große Bedeutung zu. In unserer ökologischen Theorie sehen wir das menschliche Leben als einen Prozess, in welchem die im Wirken geschaffenen erwünschten oder unerwünschten Tatsachen Ausgangspunkt von Träumen und Phantasien sind und damit die Grundlage für das Fortschreiten in weiterem Wirken. So gesehen sind meist nicht die Erfahrungen der frühen Kindheit die wichtigsten, sondern eher jene der letzten Monate und Jahre, in welchen sich die Konstellation bildete, die jetzt zur Stagnation der persönlichen Entwicklung führte.

Die koevolutive Fokusformulierung
der Paar- und Familientherapie

Das Buch, welches sich mit einem ökologischen Ansatz der Einzelpsychotherapie befasst, endet mit einem Brückenschlag zur Paarund Familientherapie, deren Technik in diesem Buch jedoch nicht weiter behandelt wird. Es wird dargestellt, wie die gleiche Fokusformel auf die Paar- und Familientherapie erweitert werden kann. Auch Krisen im Zusammenleben als Paar und Familie lassen sich als blockierte anstehende Entwicklungen verstehen. Sie lassen sich genauso mit unserem ökologischen Ansatz begreifen und mit derselben Fokusformel erfassen. Auch bei Paaren und Familien geht es um einen anstehenden Entwicklungsschritt, der vermieden wird aus Angst vor negativen Auswirkungen auf die Beziehung oder die daran Beteiligten. Der Fokus kann für jeden der Partner individuell formuliert werden oder für das Paar oder die Familie als Ganzes unter Beachtung der individuellen Beiträge zur aktuellen Problemsituation und kollusiven Fixierung. Der ökologische Fokus erweist sich dabei als besonders geeignet, die heutige Pluralität familiärer Lebensformen zu berücksichtigen mit einer Perspektive, in welcher die individuelle Entwicklung im partnerschaftlichen und familiären Beziehungsfeld im Zentrum des Interesses steht.

Dazu ist es wichtig, die besonderen Möglichkeiten der Arbeit im Einzelsetting, Paarsetting oder Familiensetting zu kennen und zu nutzen. Es werden Vor- und Nachteile eines Settingwechsels beschrieben.

Der Ansatz der ökologischen Psychotherapie öffnet ein breites Feld für die theoretische Grundlagenforschung der Persönlichkeitspsychologie, Entwicklungspsychologie und Beziehungspsychologie, aber auch der Psychotherapieforschung.

**Teil A:
Theoretische Grundlagen
der ökologischen Psychotherapie**

Teil A:

1 Die Begründung in der Begegnungs- philosophie und in der Verhaltensökologie

Wurzeln der theoretischen Begründung der ökologischen Psycho- therapie liegen einerseits bei den europäischen Begegnungsphiloso- phen, andererseits in der Verhaltensökologie.

Vor allem Martin Buber verwies mich auf die These, dass das Ich am Du wird, d. h., die Person wird in der Begegnung. Es sind die mit- menschlichen Spannungsfelder, welche die psychischen Kräfte her- vorrufen, strukturieren und bündeln. Die Person findet nicht unab- hängig von andern zu sich selbst. Sie entwickelt sich lebenslänglich in Beziehungen zu andern.

In der Verhaltensökologie faszinierten mich Modelle, die zeigen, wie ein Organismus sich entfaltet, indem er sich in seiner Umwelt seine Nische schafft, die ihm die lebenswichtigen Ressourcen zur Verfü- gung stellt. Dabei steht er in ständigem Wettbewerb mit Konkurren- ten, die ihn zu besserer Anpassung an die Umwelt herausfordern, um damit spezialisierte Strategien zur Nutzung seiner Umwelt zu entwickeln. Die Modelle der Verhaltensbiologie haben nur meta- phorische Bedeutung und sind nicht direkt auf den Menschen über- tragbar. Sie illustrieren aber die These, wie sich der Organismus im aktiven Schaffen seiner Beziehungsumwelt entwickelt.

Als Beziehungsökologie bezeichne ich die Anwendung ökologischer Modellvorstellungen auf die Entfaltung und Entwicklung der menschlichen Psyche.

1.1 «Das Ich wird am Du»

In Wahrheit nämlich steckt die Sprache
nicht im Menschen, sondern der Mensch steht in der Sprache
und redet aus ihr – so alles Wort, so aller Geist.
Geist ist nicht im Ich, sondern zwischen Ich und Du.
Er ist nicht wie das Blut, das in Dir kreist,
sondern wie die Luft in der Du atmest.
Martin Buber

Als ich vor siebzehn Jahren begann, das theoretische Konzept des
ökologischen Ansatzes der Psychotherapie zu entwickeln, fand ich im
deutsch-jüdischen Philosophen Martin Buber, insbesondere in seinem Werk «Ich und Du», das mich Bewegende ausformuliert. Doch
die Übersetzung seiner Gedanken in die psychotherapeutische Arbeit
erwies sich als schwierig. Ein erster Versuch war mein Buch «Koevolution – die Kunst gemeinsamen Wachsens» (1985), in welchem es
mir um die Darstellung einer ökologischen Sicht der Selbstverwirklichung ging. Ich nahm dabei Bezug vor allem auf die deutsche Begegnungsphilosophie, deren Gedanken bisher in der Psychotherapie
recht wenig Beachtung gefunden haben. Für eine vertiefte Auseinandersetzung mit der Thematik verweise ich auf mein Buch von 1985
und fasse hier nur das Wesentlichste zusammen. Schon der griechi-
sche Philosoph Heraklit (6. Jahrhundert v. Chr.) sah alle Entwicklung im Zusammenspiel gegensätzlicher Kräfte. Er schuf damit das
Modell der dialektischen Entwicklungslehre, die mehr als zwei Jahr-
tausende später vor allem von G. W. F. Hegel (1770–1831) weiter ausgearbeitet wurde. J. G. Fichte, ein Vorläufer Hegels, meinte, dass das
Weltganze wie auch das Ich sich nur an einem Widerstand zu entfalten vermögen. Hegel formulierte die Dialektik der Entwicklung des
absoluten Geistes in These–Antithese–Synthese. Ludwig Feuerbach
(1804–1872) übertrug dieses Prinzip auf das Wirkprinzip von Ich–
Du–Wir. Er erkannte, dass der Mensch sich nur am anderen Menschen seiner selbst bewusst wird. Das Ich denkt und empfindet als
Subjekt nur in Beziehung zu einem Du, zu einem Objekt, das wir er-

fahren am Widerstand, den es uns entgegensetzt. Wo kein Du ist, ist kein Ich. Die Einheit, die Partner bilden, sieht Feuerbach nicht in der Verschmelzung, sondern in der Realisierung des Unterschieds. Für das Du wird eine reale Andersheit gefordert, denn begegnen kann ich nicht etwas, das mit mir identisch ist, sondern nur einem anderen. Es wird ein konkretes Du gefordert, das von mir verschieden, jedoch bereit ist, mit mir eine Synthese, eine Wirheit zu bilden. Die Wirheit stützt sich auf die Realität dieses Unterschieds von Ich und Du. Diese Gedanken wurden dann von Martin Buber (1878–1965) weitergeführt: «Das Ich bildet sich am Du» in der Gegenseitigkeit einer konkreten menschlichen Begegnung. Ich und Du sind zusammen in Aktion. Die eigentliche Wirklichkeit liegt zwischen Mir und Dir. Aus diesem Zwischen der Begegnung gehen Ich und Du hervor. Die Zentrierung liegt nicht in einem Ich, das ein Du benutzt, um sich besser wahrzunehmen und verwirklichen zu können. Die Zentrierung liegt aber auch nicht in einem Du, dem sich ein altruistisches Ich mitleidvoll zuwendet. Die Zentrierung liegt im Dazwischen, in dem Bereich, in dem Ich und Du sich ereignen können. «Ich werde am Du; Ich werdend spreche ich Du. Alles wirkliche Leben ist Begegnung.»

Eine unserer wesentlichen Grundannahmen der ökologischen Psychotherapie, welche sich von den deutschen Beziehungsphilosophen herleitet, ist, dass die menschliche Psyche sich nicht aus sich selbst entfaltet, sondern in Beziehungen. Es sind die mitmenschlichen Spannungsfelder, welche die psychischen Kräfte hervorrufen, bündeln, strukturieren, begrenzen und verstärken. Der Mensch kann nicht losgelöst von seiner realen Beziehungsumwelt sich selbst entdecken, er wird nicht unabhängig von anderen sich selbst finden, vielmehr sind es die mitmenschlichen Begegnungen, die ihn spüren und erkennen lassen, wer er ist. Ziel einer ökologisch orientierten Therapie ist es, einen Menschen zu unterstützen, sich eine Umwelt zu schaffen, in welcher er sein Potenzial zu entfalten vermag, die ihn herausfordert, ihn braucht und an ihn Erwartungen stellt, sodass er sich in Beziehungen als wirksames Wesen wahrnehmen kann. Beziehungen sind für das psychische Überleben notwendig, sie sind wie die Nahrung der Seele, wie die Luft, die sie atmet. Außerhalb von Beziehungen entwickelt sich kein psychisches Leben.

Die Gültigkeit dieser Thesen wurde durch die grundlegenden Forschungsarbeiten von René Spitz, John Bowlby, Jean Piaget, Daniel Stern, H. und M. Papousek und vielen anderen belegt. Sie zeigten, wie die Entwicklung des Neugeborenen von seinen Bezugspersonen hervorgerufen und unterstützt werden muss. Das Neugeborene ist dabei jedoch von Anfang an selbst aktiv und veranlasst seine Bezugspersonen, es in seiner Entwicklung mit adäquaten Mitteln zu fördern. Bis ins hohe Alter ist der Mensch in seiner psychischen Entwicklung darauf angewiesen, von seiner Beziehungsumwelt herausgefordert und in seinen Wirkungen beantwortet zu werden. Vielfach bestätigt ist, dass die Vereinsamung und mangelnde Herausforderung in manchen Alters- und Pflegeheimen die psychische Regulation der Betroffenen schwer stört. Sie haben Mühe, sich zu orientieren, sie verlieren ihre Gedächtnisfunktionen und ihr emotionales Gleichgewicht, oft kommt es rasch zu einem geistigen und körperlichen Zerfall mit vorzeitigem Tod.

Nicht nur Kinder, auch Erwachsene sind auf ständige psychische Herausforderung angewiesen. Im Unterschied zum Kleinkind verfügen sie aber unter gesunden Lebensbedingungen über ein komplexeres Beziehungsnetz, sodass sie eine destruktive oder mangelhafte Beziehung ertragen können, wenn sie ausreichende Ressourcen in anderen Beziehungen haben.

Beziehungen sind das Medium, in welchem sich die psychischen Kräfte verwirklichen. Da dies auch für die Bezugspersonen zutrifft, werden sich Menschen nur so weit persönlich entfalten können, wie es ihnen gelingt, andere Menschen mit korrespondierenden Entwicklungsbereitschaften zu finden und mit diesen Interessen zu schaffen (Inter-esse als das Dazwischen-Sein im Sinne des vorangestellten Zitats von Martin Buber). Alle menschlichen Beziehungen und Begegnungen bilden sich auf dem Boden korrespondierender Interessen. Wer Beziehungen eingehen und aufrechterhalten will, muss sich mit den Interessen anderer verbinden. Partner müssen ko-respondieren,

d. h. sich gegenseitig beantworten. Die intensivste Beziehung entsteht, wenn die Entwicklung des einen umfassend mit der Entwicklung des anderen korrespondiert, wenn Partner ko-evolvieren.

Am Verliebtsein lässt sich der entwicklungsstimulierende Effekt von Beziehungen am klarsten darstellen, wie ich es in meinem Buch «Was hält Paare zusammen?» beschrieben habe (Willi, 1991). Der Funke des Verliebtseins springt über, wenn die Vorstellung entsteht, mit der geliebten Person all das ins Leben eintreten lassen zu können, was man in langem Sehnen bereitgestellt hat und was jetzt zur Verwirklichung ansteht. Es ist die Vorstellung: Dies ist die Person, die mir die gewünschte Entwicklung möglich macht, nicht nur weil sie mich liebt, sondern weil auch ich ihr damit Entwicklung ermögliche. Im Zusammenleben mit dieser Person kann ich hoffen, all das bisher Verborgene und Zurückgehaltene ins Leben hineinzuholen und zu verwirklichen. Doch auch die andere Person ist von ähnlichen Vorstellungen fasziniert. Sie fühlt sich in ganz besonderer Weise benötigt, die Entwicklung in der ersten Person auszulösen, aus ihr heraus zu lieben und zu unterstützen, was sinnstiftend und selbstbestätigend auf sie zurückwirkt. Es ist die Vorstellung: Ich und nur ich bin fähig, dieser Person zur Entwicklung zu verhelfen und sie zu verstehen in einer Art und Weise, wie ihr das noch nie widerfahren ist. Im Verliebtsein wird besonders deutlich, wie persönliche Entwicklung sich in Beziehungen, als Koevolution verwirklicht.

Ich sehe den Gewinn der Begegnungsphilosophie für die Psychotherapie vor allem in dem davon abzuleitenden Menschenbild, das in Gegensatz steht zu einem heute oft überindividualisierten Leitbild von Selbstverwirklichung. Wir brauchen für die Psychotherapie Modelle, welche sich in vertiefter Weise mit grundsätzlichen Fragen der menschlichen Psyche befassen. Die menschliche Psyche ist nicht ein Gegenstand, welcher der direkten Beobachtung zugänglich ist. Sie wird fassbar nur durch ihre Wirkungen, insbesondere durch die Sprache. Wir können Hirnzellen untersuchen und Neurotransmitter bestimmen, aber die Seele selbst ist der direkten Beobachtung nicht zugänglich, fassbar immer nur indirekt an ihren Äußerungen. Als

Sprache kann die Person ihren psychischen Prozessen gegenübertreten und sie erfassen. Als Sprache kann sie sich anderen Menschen zeigen und erkennbar machen. Sprache ist, womit ich auf das Eingangszitat von Martin Buber Bezug nehme, nicht etwas, das der Person eigen ist, sondern das zwischen ihr und dem anderen liegt und sich im Dazwischen ereignet. Sprache ist Beziehung. Wir müssen die Seele sprechen lassen, ihr die Möglichkeit geben, sich sprachlich zu äußern, und das heißt, ihr Beziehung anbieten, in der sie sich zeigen und artikulieren kann. Auch Phantasien, Träume oder der Körper haben ihre Sprache, eine verschlüsselte Sprache, die einer besonderen Deutung bedarf, um zugänglich zu werden. Ohne sprachliche Gestalt und deren Wahrnehmung sind Phantasien der bewussten Reflexion nicht zugänglich. Die Beachtung des koevolutiven Aspektes persönlicher Entwicklung kann unsere therapeutische Haltung und Zielsetzung grundlegend beeinflussen. Es wird dadurch hervorgehoben, dass Menschen sich nicht unabhängig voneinander entwickeln, sondern aus Beziehungen heraus. Ihre Persönlichkeit formt sich im gegenseitigen Sich-Beantworten.

Der praktische Gewinn der Begegnungsphilosophie für unsere therapeutische Arbeit wird erschwert durch deren Tendenz, Ich-Du-Beziehungen zu idealisieren. Konkurrenzstreben, Rivalität und Aggressivität sind Bestandteil jeder menschlichen Beziehung. Sie finden in der Begegnungsphilosophie jedoch wenig Beachtung oder werden einseitig negativ gesehen. Die idealistischen Beziehungsvorstellungen lassen sich zudem nur schwer in operationalisierbare Fragestellungen für die Forschung übertragen.

1.2 Modellvorstellungen der Verhaltensbiologie

Ich suchte deshalb nach einer Ergänzung in einem naturwissenschaftlichen Ansatz, der sich als hilfreich erweisen könnte zur Beschreibung von beobachtbaren Beziehungsrealitäten. In der Verhaltensökologie fand ich dann eine wahre Fundgrube von Anregungen (s. Lehrbücher von H. J. Müller, 1984; Begon, Harper & Townsend, 1990/1991; J. R. Krebs & N. B. Davies, 1982/1984 u. a.). Wenn Ökologie die Wissenschaft ist, die sich mit den Wechselwirkungen zwischen Organismen und ihrer Umwelt befasst (Meyers Lexikon der Ökologie, 1987), so müssen einige grundsätzliche Unterschiede zwischen Mensch und anderen Lebewesen beachtet werden. In der Verhaltensökologie der Tiere sind Nahrungsbeschaffung, Schutz vor physikalischen Witterungseinflüssen, Bedrohung durch Feinde und Streben nach Reproduktion die meistbeachteten Einflussgrößen des Verhaltens. Sie haben für den einzelnen Menschen nur im übertragenen Sinn oder in Ausnahmesituationen diese unmittelbare Bedeutung. Der Mensch kann sich unter zivilisierten Lebensbedingungen an jede unter natürlichen Verhältnissen vorkommende Umwelt anpassen. Er muss sich in einer modernen Großstadt in der Regel nicht direkt mit Nahrungsbeschaffung, Schutz vor Witterungseinflüssen oder vor physischer Bedrohung durch Feinde beschäftigen, weil die zivilisatorischen Errungenschaften, die industrialisierten Produktionsverhältnisse und die gesellschaftliche Arbeitsteilung dem Einzelnen viel abnehmen. Die natürlichen klimatischen Bedingungen haben einen relativ geringen Einfluss auf die heutige Lebensweise in städtischen Verhältnissen. Es ist dem Menschen in heutigen Zivilisationsbedingungen zudem meist kein Anliegen, seinen Reproduktionserfolg mit einer möglichst hohen Kinderzahl unter Beweis zu stellen. Dennoch können wir beim Menschen im übertragenen Sinne eine ähnliche Dynamik in der Beziehung zwischen der Person und ihrer Umwelt feststellen. Auch der Mensch muss seine Umwelt zur Beschaffung von psychologischer «Nahrung» nutzen, die er zu seinem psychologischen Überleben braucht, etwa in der Form von Anerkennung, Selbstbestätigung, sozialer Unterstützung und psychischer Anregung. Auch der Mensch kann nur überleben, wenn es ihm gelingt, sich eine ökologische Nische zu schaffen, d. h. ein Funktionsgebilde für die Wechselwirkung zwischen seinem Angebot und den strukturellen Bedingungen und Ansprechbarkeiten seiner Umwelt. Nur wenn zwischen diesen beiden Größen eine Korrespondenz besteht, kann ein Mensch seine Umwelt für jene geistige Nahrung nutzen, die er braucht, und kann in ihr mit seinen Ideen und Handlungsintentionen fruchtbar werden. Je nach Ausmaß und Vielfalt dieser Korrespondenz wird eine reichhaltigere oder beschränktere Wechselwirkung möglich sein. Die Nische ist also für die Person das selbst geschaffene Beziehungsfeld in dem zur Verfügung stehenden Umweltausschnitt.

Nicht alles, was den Organismus umgibt, ist seine Umwelt, sondern nur jener Ausschnitt aus Materie und Energie, der auf ihn wirkt und auf den er wirkt. Für den Mäusebussard sind Raupen von Kleinschmetterlingen, die in Blättern eines Brutbaumes minieren, ohne Belang. Sie gehören zwar in seine Umgebung, aber nicht zu seiner Nische. Für die Blaumeisen dagegen, die im gleichen Baum brüten, stellen diese Raupen Nahrungselemente ihrer Nische dar. Genauso werden Menschen, die in derselben Umgebung wohnen und arbeiten (ihr «Habitat» haben), dieser Umwelt unterschiedliche Bedeutung beimessen, mit ihr unterschiedlich in Beziehung treten und sie als Nahrungsnische nutzen. Auch ein Mensch wird das Nahrungsangebot seiner Umgebung nicht frei und unbehindert nutzen können, vielmehr muss er es mit seinen Konkurrenten teilen. Er muss also Mittel und Wege finden, im Wettbewerb mit seinen Rivalen zu leben. Individuen innerhalb einer Art konkurrieren häufig mit verschiedenen Methoden um die knappen Ressourcen von Futter, Nistplätzen und Partnern. Unterschiedliche Strategien können durch unterschiedliche Umweltbedingungen begünstigt und selektioniert werden. Die Überlegenheit des Konkurrenten kann auf anderem Gebiet wieder ausgeglichen werden, indem der Unterlegene in eine Subnische ausweichen kann. Konkurrenz führt also nicht zu einem Kampf auf Leben und Tod, meist auch nicht zur Ausmerzung der Unterlegenen, sondern begünstigt vielmehr eine kreative und differenzierte Ausnutzung des Beziehungsangebots, sodass der Nachteil im einen Bereich durch Vorteile in anderen Bereichen ausgeglichen werden kann.

Die begrenzten Ressourcen an Nahrung, Partnern und Lebens-

44   Teil A: Theoretische Grundlagen der ökologischen Psychotherapie

raum setzen die Individuen untereinander unter einen Wettbewerb, bei welchem jene den größten Erfolg in der Reproduktion von Nachkommen haben, welche der Umwelt am besten angepasst sind. Für unser Modell der persönlichen Wirksamkeit ist die Analogie zu Darwins Theorie der natürlichen Selektion (1859) besonders wichtig. Auch beim Menschen kommt es im sozialen Umfeld zu einer natürlichen Selektion der Ideen und der angebotenen Produkte. Es werden jene Ideen die besten Überlebenschancen haben, die am ehesten geeignet sind, Partner anzuziehen und mit diesen zu kooperieren, um fruchtbar zu werden und sich Feinden gegenüber zu behaupten. *Das Bestreben des Individuums nach Optimierung seiner Wirksamkeit führt zu einer Auslese des fittesten Verhaltens durch die Umwelt. In der Zeitachse werden sich jene Verhaltensmöglichkeiten am stärksten entwickeln, die dazu beitragen, die persönliche Wirksamkeit zu erhöhen. Im Zusammenleben kommt es zu einem wechselseitigen Selektionsprozess des geeignetsten Verhaltens.*

Das Bestreben, sich Nahrung zu verschaffen, sich vor Feinden zu schützen und mit seinem Potenzial fruchtbar zu werden, ist die Grundlage für die Bildung sozialer Systeme, wobei es dem Menschen in heutigen Zivilisationsbedingungen in erster Linie darum geht, im sozialen Umfeld mit seinen Wirkungen und Werken fruchtbar zu werden und nur bedingt mit dem Auferziehen eigener Kinder. Wettbewerb und Rivalität haben letztlich eine gemeinschaftsbildende Funktion. Eigennützig organisieren sich Organismen dann zu sozialen Systemen, wenn sie damit ihre Überlebenschancen verbessern und ihren Fortpflanzungserfolg erhöhen. Der Mensch kann genau wie jedes Lebewesen nicht allein wirksam, produktiv und fruchtbar werden. Wirkungen und Werke kann er nur erzeugen in Kooperation mit anderen. Er muss andere umwerben, für sich gewinnen und sich mit ihren Bereitschaften verbinden, um ein gemeinsames Interesse, einen gemeinsamen Zwischenbereich zu schaffen, aus welchem Wirkungen und Werke entstehen können. Auch da, wo scheinbar eine harmonische Kooperation vorliegt, zeigen sich bei genauerem Hinsehen Interessenkonflikte zwischen den eigennützigen Individuen.

Koevolution in der Verhaltensbiologie besteht in der Entwicklung von Adaptation der einen Art im Zusammenhang mit der Adaptation der anderen Art, wobei die Gegenseitigkeit zum Vorteil beider Seiten gereicht.

So weit einige Anregungen aus der Verhaltensbiologie. Ich zögere, in den Analogien zu weit zu gehen, da es sich nur um metaphorische Modelle handeln kann und die Gefahr bestehen könnte, aus der Verhaltensbiologie Ergebnisse direkt auf den Menschen zu übertragen in der Meinung, damit nachweisen zu können, wie der Mensch im Grunde, von Natur aus, beschaffen sei. Ökologische Zusammenhänge des Menschen mit seiner mitmenschlichen und dinglichen Umwelt können nur beim Menschen selbst studiert werden.

Der Mensch funktioniert oft komplexer und unberechenbarer als Tiere. Er ist beispielsweise bei der Selektion von Verhalten durch die positive Bewertung der Umwelt nicht auf eine unmittelbare Belohnung angewiesen, sondern kann diese aufschieben. Er kann sich langfristige Ziele setzen und dabei den Anschein machen, ohne persönlichen Vorteil für sein Verhalten Leiden und Entbehrungen auf sich zu nehmen und auf eine positive Beantwortung zu verzichten. So können Anhänger politischer Ideologien etwa jahrelange Gefängnisstrafen oder gar Folterungen erdulden in der Vorstellung, dass ihre politischen Ideen schließlich vom Erfolg gekrönt sein werden. Oder es können Wissenschaftler oder Künstler jahrzehntelang in der Vorstellung arbeiten, von der jetzigen Zeit verkannt und erst posthum in ihrem wahren Wert entdeckt zu werden. Um diese Aufschubfähigkeit zu gewährleisten, benötigt der Einzelne zwar in der Regel die Unterstützung einer persönlichen Nische, die Unterstützung durch Bezugspersonen, die an ihn glauben und ihn zumindest ideell unterstützen, aber ein unmittelbarer Zusammenhang zwischen Verhalten und Anerkennung durch die Umwelt besteht nicht. Ich werde in den einzelnen Kapiteln, vor allem im Kapitel 2 bezüglich der persönlichen Nische und in Kapitel 5 bezüglich der familiären Koevolution, auf Analogiebildungen zur Verhaltensbiologie hinweisen, die mir in besonderer Weise anregend und gewinnbringend erscheinen. Unter

Berücksichtigung aller Vorbehalte scheint mir die Verhaltensökologie viele Modellvorstellungen anzubieten, die unseren Blick für menschliche Verhaltensphänomene schärfen und ganz allgemein für die Entwicklung der menschlichen Psyche erweitern. Die Zugrundelegung dieser Modellvorstellungen hat uns veranlasst, von ökologischer Psychotherapie zu sprechen. Wir verwenden den Begriff «ökologisch» jedoch nicht für die Beziehung des Menschen zu seiner natürlichen Umwelt, sondern *beziehungsökologisch*, für das Beziehungsfeld einer Person und der von ihr gestalteten Nische.

2 Die Theorie des beantworteten Wirkens und der persönlichen Nische

Dieses Kapitel enthält die Beschreibung wichtiger theoretischer Begriffe der ökologischen Psychotherapie. Wem es zu abstrakt erscheint, soll die Lektüre zuerst mit dem praxisbezogenen Teil B beginnen.

So wie jedes Lebewesen ist auch die Person ständig daran, sich intensiv auf die Umwelt zu beziehen und sich in ihr einen eigenen Umweltausschnitt zu schaffen. Sie möchte von der Umwelt in ihren Wirkungen beantwortet werden. Dieses laufende aktive Gestalten von Umwelt zur Erfahrung der eigenen Wirksamkeit nennen wir das beantwortete Wirken. Um im beantworteten Wirken erfolgreich zu sein, müssen die Wirkungen auf die Struktur und Ansprechbarkeit der Objekte abgestimmt sein. Das betrifft sowohl das Einwirken auf unbelebte Dinge wie auf belebte. In einem mitmenschlichen beantworteten Wirken treffen zwei Wesen aufeinander, die in der Beziehung ihre eigene Wirksamkeit erfahren möchten. Das kann nur gelingen im Bereich ihrer intentionalen Korrespondenz, ihrer Ansprechbarkeit auf gemeinsame Themen, die sich im Prozess beidseitigen Wirkens und Beantwortens entfalten. Auch in Koevolution, d. h. im Miteinander- und Aufeinanderwirken im Zusammenleben, bleibt die Beziehung auf die Korrespondenz der Entwicklungsbereitschaften beschränkt. Weitere wichtige Voraussetzungen für das Gelingen einer Beziehung sind die Sprache und die Kompatibilität der persönlichen Konstruktsysteme der Bezugspersonen als Voraussetzung und Rahmen ihrer Verständigung, sowie die freien Lizenzen, die Frage, wieweit Personen und Objekte für eine Beziehung frei sind.

In Übertragung des verhaltensökologischen Begriffs der ökologischen Nische wird der Begriff der persönlichen Nische eingeführt. Damit ist das Beziehungsfeld oder der Beziehungsraum einer Person gemeint, welche die Gesamtheit ihrer realen Beziehungen zur unbelebten und belebten Umwelt enthalten. Das System der persön-

---

48   Teil A: Theoretische Grundlagen der ökologischen Psychotherapie

lichen (inneren) Konstrukte (G. A. Kelly, 1955) wird somit ergänzt durch die persönliche Nische, welche in ähnlicher Weise der Person eine handlungsleitende, äußere Struktur vermittelt, sie aber auch in ihrer Freiheit einschränkt.

Ein weiterer wichtiger Aspekt ist die Zeitstruktur. Der menschliche Lebenslauf wird als wirkungsgeleiteter Lebenslauf gesehen, in welchem die erzeugten Wirkungen und geschaffenen Tatsachen laufend die Tür für die Fortsetzung beantworteten Wirkens in einem nächsten Zeit- und Beziehungsraum öffnen. Aus dieser Sicht wird der Situation, die dem aktuellen Ereignis unmittelbar vorangegangen ist, mehr Bedeutung zugemessen als den Erinnerungen an die frühe Kindheit.

Um die Lesbarkeit dieses theoretisch komplexen Kapitels zu erleichtern, wird die einschlägige Literatur erst am Ende besprochen.

2.1 Der Mensch möchte in seinen Wirkungen von der Umwelt beantwortet werden

Alle Lebewesen und somit auch alle Menschen stehen laufend in aktivem Austausch mit ihrer Umwelt. Dies ist notwendig zum Überleben, für die Nahrungsbeschaffung, für die Gestaltung einer schützenden Behausung, für die Fortpflanzung und das Aufziehen von Nachwuchs. Beim Menschen in unserer Zivilisation muss dieser laufende, tätige Austausch im übertragenen Sinn verstanden werden. Auch Menschen unter Zivilisationsbedingungen sind laufend daran, sich Umwelt zu schaffen, in der sie leben, wohnen und arbeiten und deren Ressourcen sie für ihr Wirken nutzen. Sich in einem wirksamen Austausch von der Umwelt beantwortet zu fühlen, ist für die Entwicklung psychischen Lebens von zentraler Bedeutung. Menschen sind laufend an der Arbeit, sich Umwelt zu gestalten und mit ihrem Wirken von der Umwelt Beantwortung zu erzielen. Diese Beobachtung lässt sich an Menschen aller Kulturen machen. Allerdings kann dieses Bestreben, sich in der Umwelt als wirksam zu erfahren, sehr unterschiedliche Formen annehmen. Manche Psychotherapeuten sind im schweigenden Zuhören besonders wirksam. Man kann sich als besonders wirksam bei der Arbeit erfahren, aber ebenso, wenn es einem gelingt, andere für einen arbeiten zu lassen. Man kann besondere Wirksamkeit in Leistung, Erfolg und Ausüben von Macht erleben, aber ebenso indem man andere in ihrer Wirksamkeit unterstützt und leitet. In manchen Kulturen verbringen Männer den Großteil ihres Lebens mit scheinbar untätigem Herumsitzen und Schwatzen in Cafés oder öffentlichen Plätzen. Aber auch sie sind darauf ausgerichtet, sich als wirksam beantwortet zu fühlen, etwa damit, dass sie den Kollegen gegenüber groß angeben oder sich anderweitig Respekt zu verschaffen wissen. Wirksam kann sich auch jemand erfahren beim Spiel und im Geschichtenerzählen, im Gefallenwollen und Ausstrahlen von Charme, im Beliebtsein, im Unterrichten und Erziehen von anderen, im Vorbild geben und anderen Identifikationsfigur sein.

Das Bestreben, in der Umwelt Wirkungen zu erzielen und durch diese beantwortet zu werden, lässt sich bereits beim Säugling feststellen, wie Jean Piaget, Daniel Stern, Bertrand Cramer, H. und M. Papousek und viele andere «Babyforscher» eindrücklich beschrieben haben. Schon sehr früh will das Kleinkind die Umwelt erobern und gestalten und dabei erfahren, welche Beantwortungen es mit Nahrungsverweigerung, Schreien oder Lächeln bei seinen Eltern zu erwirken vermag. Aber auch Hochbetagte in Alters- und Pflegeheimen, die scheinbar passiv herumsitzen, empfinden Befriedigung, wenn es ihnen gelingt, Aufmerksamkeit auf sich zu ziehen oder kleine Aufgaben zu übernehmen und sich darin zu bestätigen, etwa einem noch Hilfloseren in Kleinigkeiten zu helfen und für diesen nützlich zu sein. Die Einschränkung der persönlichen Wirksamkeit ist die schwerste Strafe für einen Menschen. Im Gefängnis, noch deutlicher in Isolationshaft, ist alles darauf ausgerichtet, persönliches Wirken zu unterbinden. Das provoziert bei den Gefangenen Versuche, diese Einschränkungen zu unterlaufen und mit List Möglichkeiten zu finden, doch noch einen Austausch mit der Außenwelt zu erreichen. Das

Streben nach Wirksamkeit in der Umwelt findet sich in allen sozialen Schichten. Wenn es, wie bei manchen Hilfsarbeitern, im Berufsbereich wenig Möglichkeiten gibt, wird diese eher im Bereich von Freizeitaktivitäten oder sozialen Beziehungen gesucht. Wie Eisenberg (1995) in einem Übersichtsartikel darstellt, wird die Cytoarchitektonik des Gehirns durch psychosoziale Stimulation mitgestaltet. Das Wachstum gewisser Hirnteile, wie etwa die Sehfunktion, ist auf Übung angewiesen. Auch Störungen durch Morbus Alzheimer können durch Training gebremst werden.

Ein Mensch fühlt sich in einer sozialen Umwelt erst zu Hause, wenn er diese zu gestalten vermag, wenn er in ihr fassbare Spuren setzt, durch die er sich selbst und anderen in seinem Wirken sichtbar wird. Der Mensch spürt sich in seinem Wirken, er ver-wirklicht sich im Wirken.

Wie lässt sich die Bedeutung der eigenen Wirksamkeit für die Entwicklung und Entfaltung einer Person begründen? Herstellen von Wirksamkeit heißt letztlich Herstellen einer intensiven Umweltbeziehung. Wer in seinen Wirkungen erfolgreich sein will, dem ist es gelungen, seine Umweltsituation zu nutzen, das in ihr liegende Angebot aufzuspüren und mit geeigneten Mitteln aus ihr herauszuholen und für sich fruchtbar zu machen. In seinem Wirken kann nicht erfolgreich sein, wer sich auf die Umwelt nicht adäquat bezieht, wer keinen Mut und keine Ausdauer aufbringt, wer die Umwelt nicht genau beachtet in ihren Bereitschaften, Strukturen und Gesetzmäßigkeiten.

Wer im Wirken erfolgreich ist, tut damit sich und anderen kund: Ich verstehe meine Situation zu nutzen, darin zu wachsen und groß zu werden. Ich verstehe mich auf das, was mir die Situation anzubieten hat, und fühle mich in meiner Beziehung zu ihr bestätigt. Die Art der Beziehung zeigt sich in einer erotischen Beziehung besonders deutlich. Man möchte von seinem Gegenüber hören: Du hast es verstanden, mich zu gewinnen, mich zu beeindrucken, mich für dich einzunehmen, ich fühl mich von dir verstanden, du weißt mit mir umzugehen, mich zu nehmen. Aber die Art der Beziehung zeigt sich ebenso deutlich in der Kunst des Kochens, wo es darum geht, vom aktuellen Markt das Beste zu finden und daraus neue Kreationen zu schaffen, oder in der Forschung mit der Herausforderung, den Gesetzmäßigkeiten der Natur nachzuspüren, sie zu entdecken und sie für sich nutzbar zu machen.

Man kann dem Anstreben eigener Wirksamkeit einen tieferen Sinn insofern zumessen, als sie den Menschen veranlasst, aus sich herauszutreten in den Zwischenbereich von Beziehungen. Es veranlasst ihn, sich intensiv auf die mitmenschliche und dingliche Umwelt zu beziehen, mit dem Bestreben, sich in Beziehungen zu verwirklichen, Gestalt anzunehmen und sich zu bestätigen.

Jede Person ist bestrebt, sich jene mitmenschliche Umwelt zu schaffen, in die hinein sie sich mit ihren besten Möglichkeiten auszufalten vermag, in welcher sie Gestalt annehmen kann und als solche beantwortet wird.

Wenn wir darauf achten, was gesunde und psychisch kranke Menschen am meisten beschäftigt, so sind es ihre Wirkungen und deren Beantwortung durch die Mitmenschen. Menschen sind erfüllt von Angst und Beunruhigung, ihre Wirkungen könnten als schlecht, falsch oder untauglich beurteilt werden, sie könnten sich durch Fehler blamieren und sich lächerlich machen, sie könnten sich als Versager erweisen und erfolglos sein. Aus Angst vor Misserfolg, Kränkung und Verletzung neigen Menschen dazu, sich aus dem aktiven Wirken zurückzuziehen und Risiken des Scheiterns zu vermeiden.

Ist jemand sehr gehemmt und misserfolgsängstlich, so kann psychotherapeutisch sehr unterschiedlich damit umgegangen werden. Man kann diese Hemmung auf Ursachen untersuchen und dabei etwa finden, dass der Betroffene in einer Rivalität mit dem Vater fixiert ist und es nicht wagt, den Vater zu übertreffen. Man kann von seinen Denkstrukturen ausgehen und seine Schemata untersuchen und dabei finden, dass der Betroffene durch eine generalisierende Erwartung eigenen Misserfolgs diesen selbst herbeiführt. Man kann aber auch davon ausgehen, dass der Betroffene tatsächlich erfolglos ist, nicht weil er sein Verhalten fehlinterpretiert, sondern weil er sich tatsächlich inadäquat verhält. Es geht dann darum, das aktuelle Scheitern genau zu untersuchen. Der tatsächliche Misserfolg kann davon herrühren, dass jemand zu wenig bereit ist, die Bereitschaften und Ansprechbarkeiten seines Gegenübers zu beachten. Er wird dann mit seinem Wirken etwas anbieten wollen, was nicht gefragt ist und wofür er die Ansprechbarkeit der Umwelt nicht vorbereitet hat. Oft wird zu wenig genau hingesehen, wie das Gegenüber das Handeln beantwortet. Das übertrieben gehemmte Verhalten braucht nicht Ausdruck von Bescheidenheit zu sein, sondern kann eine Kompromissbildung sein zwischen übertriebenem Ehrgeiz und inadäquater Hoffnung, das Gegenüber werde einem entgegenkommen und einen in seinen Intentionen unterstützen. Wenn es das therapeutische Ziel ist, dem Betroffenen zu einer befriedigenderen Interaktion mit seinem Gegenüber zu verhelfen, scheint uns die naheliegendste therapeutische Strategie zu sein, sich unmittelbar mit der Art zu beschäftigen, wie der Betroffene auf sein Gegenüber einwirkt, wie das Gegenüber ihn beantwortet und was das Gegenüber zu dieser Antwort bewegt.

Manche Therapeuten vermeiden es, den Schwerpunkt ihrer Arbeit auf die konkrete Bewältigung des aktuellen Beziehungsproblems zu legen, sondern sehen das Ziel der Therapie eher darin, den Patienten aufzufordern, sich mehr auf sich selbst zu zentrieren. Patienten lernen dann, sich von den Erwartungen und Bestätigungen anderer loszusagen, was ihnen aber oft wenig hilft, sich befriedigendere Beziehungen zu ihren Mitmenschen zu schaffen. Oftmals verharren sie in einer defensiven Haltung oder versuchen, sich in inadäquater Weise zu behaupten und durchzusetzen. Sie können sich dann vielleicht freier und unabhängiger fühlen, oft aber um den Preis der Unbezogenheit und Einsamkeit. Mit der ökologischen Psychotherapie streben wir primär eine verbesserte Beziehungsgestaltung an, in der Meinung, dass eine Person im aktiven Austausch in Beziehungen die besten Voraussetzungen findet, sich zu entfalten und zu sich selbst zu finden. Am Ende einer geglückten Therapie sollte der Patient fähig sein, sich wirksamere und befriedigendere Beziehungen zu gestalten, was nicht nur ihm, sondern auch seinen Bezugspersonen zugute kommen sollte.

Im Kapitel 2 möchte ich mich mit den Grundlagen der Beziehungsgestaltung als beantwortetes Wirken befassen, um dann in Kapitel 3 die Bedeutung des beantworteten Wirkens für Gesundheit und Krankheit näher zu beleuchten.

2.2 Die Entwicklung des beantworteten Wirkens zwischen Person und Objekt

Der ökologische Zirkel des beantworteten Wirkens nimmt in der ökologischen Therapie einen zentralen Platz ein. Gesunde Menschen sind laufend aktiv daran, sich Umwelt zu schaffen, auf diese einzuwirken, um von ihr im Wirken beantwortet zu werden. Diesen rückbezüglichen, spiralig in der Zeitachse sich entwickelnden Prozess zwischen Person und Objekt bezeichnen wir als das beantwortete Wirken. Das beantwortete Wirken ist die konkrete Grundlage für die Erfahrung der persönlichen Wirksamkeit.

Objekt des beantworteten Wirkens ist der Gegenstand, auf welchen sich die Intentionen, Beantwortung zu erwirken, richten. Dieser Gegenstand kann ein materielles Objekt sein – ein Auto, das man kaufen will, eine Wohnung, die man einrichten will, ein Blumenstrauß, den man zusammenstellen will – oder eine Aufgabe – ein berufliches Problem, das man zu bewältigen sucht, eine mathematische Aufgabe, die man lösen will, ein Vortrag, den man zu halten beabsichtigt, eine sportliche Leistung, auf die hin man trainiert. Das Entgegenstehende kann auch ein Lebewesen sein, worauf ich im folgenden Absatz noch eingehen werde. Sobald das Gegenüber, auf das hin sich die intentionalen Kräfte konzentrieren, ein Lebewesen ist, lässt es sich von der Person nicht mehr als bloßes Objekt behandeln.

Ein unbelebter Gegenstand aber «antwortet» einfach gemäß seinen Strukturen. Wenn ein Bildhauer einen Stein zu einer Skulptur bearbeitet, läuft bereits in der Vorbereitung sehr vieles ab. Sein Handeln ist eingebettet in ein Umfeld, das ihm überhaupt die Arbeit am Stein

54 Teil A: Theoretische Grundlagen der ökologischen Psychotherapie

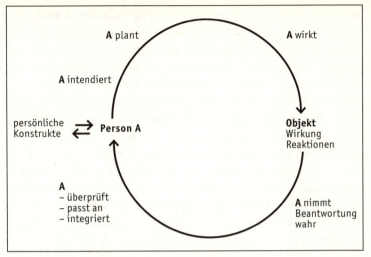

Abb. 1: Der ökologische Zirkel des beantworteten Wirkens
Die Person wirkt auf das Objekt und wird in einem spiralförmig sich entwickelnden Prozess von den wahrgenommenen Wirkungen beeinflusst. Motiviert durch die inneren Konstrukte entwickelt die Person Handlungsintentionen, die über Pläne zum handelnden Einwirken auf das Objekt führen. Das Objekt setzt den Einwirkungen der Person seine eigene Struktur entgegen. Es «reagiert» und «beantwortet» die empfangenen Wirkungen gemäß seinen Strukturen. Die Person nimmt diese «Beantwortung» wahr, vergleicht sie mit ihren Konstrukten und integriert sie in ihre bisherigen Erfahrungen, um daraus Motivationen für weiteres Handeln abzuleiten. Ist das Objekt ein Lebewesen, so wird es nicht nur reagieren, sondern immer auch als Subjekt, als Zentrum eigener Initiative agieren und auf die Person als Objekt einwirken.

ermöglicht. Er muss über ein Atelier oder einen Platz verfügen, wo er den Stein aufstellen kann, er muss einen für die Bearbeitung geeigneten Stein haben und die für die Bearbeitung geeigneten Instrumente. Für die Motivation zu seiner Arbeit braucht er eine Zielvorstellung, wozu er das Werk ausführen wird und was die Folgen seines Gelingens sein könnten. Er muss für die Arbeit eine angemessene Kompetenz mitbringen und sich die Arbeit persönlich zutrauen. Bei der Einschätzung der Voraussetzungen für die Arbeit kann er sich bereits irren. Sind die Voraussetzungen geklärt, hat sich die Intention zur Arbeit gefestigt und haben sich konkretere Pläne gebildet, so wird er an die Arbeit gehen. In dieser Arbeit wird er mit dem Stein ringen. Der Stein setzt ihm einen Widerstand entgegen, er hält einige Überraschungen bereit, der Stein weist einige unerwartete Eigenheiten auf, die Probleme verursachen und dem Bildhauer eventuell Umstellungen in der Arbeit an seiner Skulptur abfordern. Gelingt es dem Bildhauer nicht, mit den strukturellen «Bereitschaften» des Steines adäquat umzugehen, wird seine Arbeit zum Misserfolg. Er muss also den Stein genau ansehen, um mit ihm umgehen zu können, und muss eventuell im Laufe der Arbeit seine Pläne oder seine Instrumente den unerwarteten Widerständen des Steines anpassen. Gelingt ihm aber schließlich die Arbeit, so wird die positive Beantwortung durch sein Werk in sein Konstruktsystem einfließen, sein Selbstbild als Bildhauer bestätigen und festigen und seine Erfahrungen als Bildhauer bereichern.

Es gibt eine sehr umfangreiche empirische Literatur über die Motivations- und Handlungstheorie (s. Lehrbücher von Flammer,

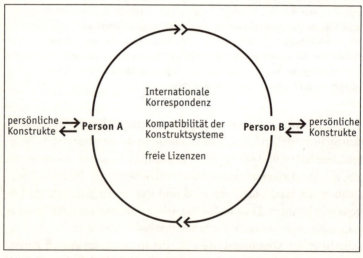

Abb. 2: Das wechselseitige beantwortete Wirken zwischen zwei Personen

1990; Heckhausen, 1989; Weiner, 1988), über Motivation, Selbstwirksamkeit, Intention, Handlungspläne, Ergebniserwartung, Handeln, Volition, Handlungskompetenz, Handlungskontrolle, Wirksamkeit, postaktionale Bewertung, Verwerten von Erfahrung usw. Unser Konzept des beantwortenden Wirkens unterscheidet sich von den Zielsetzungen und der «Philosophie» dieser Forschungen. In der Motivations- und Handlungspsychologie sind die Kontrolle, die Fähigkeit, Ziele zu erreichen und seine Lebensbedingungen im Griff zu haben, sowie Funktionstüchtigkeit und Effizienz von großer Bedeutung. Beim beantworteten Wirken geht es eher um die Frage, ob es einer Person gelingt, sich eine korrespondierende Umwelt als Nische zu schaffen, in welcher ihr Wirken beantwortet wird, wobei Wirksamkeit eher eine Beziehungs- und Befindlichkeitsqualität hat und nicht mit Handlungseffizienz abzudecken ist.

2.3 Wie bildet sich ein wechselseitiges beantwortetes Wirken zwischen zwei Personen?

Der Stein «beantwortet» das Einwirken der Person in seinen Qualitäten als Stein, das Holz als Holz, das Auto als Auto, der Computer als Computer. Sobald das Gegenüber des beantworteten Wirkens ein Lebewesen ist, entsteht eine grundsätzlich andere Situation, denn dieses Lebewesen ist nicht passiv den Einwirkungen der Person ausgesetzt, sondern ist selbst ein Zentrum aktiven Wirkens, das seinerseits Beantwortung anstrebt.

Agieren zwei Personen miteinander, haben wir zwei Zentren der Aktivität des beantworteten Wirkens. B ist nicht nur da, um die Wirkungen von A zu beantworten, B will vielmehr selbst aktiv auf A einwirken und von ihm beantwortet werden. Wie passen nun Wirken und Beantworten von A und B zueinander? Wie kann man sich vorstellen, dass eine Person gleichzeitig agierendes Subjekt wie reagierendes Objekt ist? Das auseinander halten zu wollen kann schwierig sein. In der Therapie gibt es gelegentlich Situationen, in welchen diese Schwierigkeit zum Thema wird, nämlich dann, wenn eine Person sauber trennen möchte zwischen dem, was sie selbst intendiert, und dem, was der Partner in ihr bewirkt. Actio und Reactio lassen sich in einer wechselseitigen Beziehung nicht voneinander trennen. Die Personen A und B lassen sich miteinander in einen Tanz ein, wo scheinbar der eine führt, der andere folgt, wobei aber der Folgende den Führenden lenkt. Während man intentional handelt, antwortet man bereits auf die vom Gegenüber signalisierten Bereitschaften. Während man dem Gegenüber Fragen stellt, hat man die möglichen Antworten des Gegenübers bereits in Rechnung gestellt.

Welches sind nun die Voraussetzungen, damit zwischen zwei Personen ein wechselseitiges beantwortetes Wirken entsteht? Für das Gelingen einer produktiven Interaktion zwischen zwei Personen sind drei Aspekte zu beachten, nämlich die intentionale Korrespondenz, die Kompatibilität der Konstruktsysteme als instrumentelle Voraussetzung für das beantwortete Wirken und die freien Lizenzen als Füreinander-verfügbar-Sein.

a) Die intentionale Korrespondenz

Voraussetzung, um miteinander in eine Beziehung einzutreten, ist eine Korrespondenz, eine intentionale Ansprechbarkeit der Personen aufeinander. Eine Beziehung bildet sich allgemein aus einem Zustand des Sich-selbst-nicht-Genügens. Zu unterscheiden sind dabei persönliche Beziehungen und Arbeitsbeziehungen, obwohl diese Unterscheidung nur akzentmäßig möglich ist. Bei der persönlichen Beziehung sind sich die Personen gegenseitig Zentrum des beantworteten Wirkens, die Beziehung trägt ihren Zweck in sich selbst. Bei einer Arbeitsbeziehung dagegen richten sich die Intentionen meist auf ein Drittes aus, das die Bezugspersonen miteinander zu erwirken suchen.

Eine Beziehung auf persönlicher Ebene bildet sich als Begegnung. Es treffen zwei Menschen in einem Zustand des Sehnens und Suchens aufeinander und werden durch die signalisierte Bereitschaft

58   Teil A: Theoretische Grundlagen der ökologischen Psychotherapie

des anderen, auf dieses Suchen zu antworten, angerührt. Wie ich in meinem Buch «Koevolution – die Kunst gemeinsamen Wachsens» (1985) ausgeführt habe, werden zwei Menschen, die etwa in der Eisenbahn aufeinander treffen, zuerst versuchen, das Feld nach möglichen Themen abzutasten und einen gemeinsamen thematischen Grund herstellen, ausgehend etwa vom Wetter oder einer kleinen Begebenheit der Bahnfahrt, wobei im Sprechen über Belanglosigkeiten so nebenbei wichtige Informationen ausgetauscht werden über sozialen Status, Beruf und berufliche Stellung des Sprechenden, über seinen partnerschaftlichen und familiären Hintergrund und über ihn beschäftigende Themen. Es kann sein, dass das Gespräch bei Themen wie Auto oder Fußball stehen bleibt oder überhaupt bald wieder versiegt. Es kann aber auch sein, dass man auf ein Thema trifft, wo bei beiden Personen eine weiche, noch unfertige Stelle vorliegt, ein Thema, das für einen noch nicht abgeschlossen ist, wo man selbst am Suchen ist, ein Thema, das einen aufregt, entrüstet oder sonst wie bewegt, kurz: ein Thema, wo sich eine thematische Ko-respondenz herstellt (co-respondere [lat.] als gemeinsam beantworten). Es kommt zu einer Auseinander-Setzung über ein beide Seiten bewegendes und beunruhigendes Thema. Es bildet sich dieses Thema als ein Dazwischen im Sinne Martin Bubers, als ein Inter-esse. Voraussetzung für eine Beziehung ist also eine gemeinsame Ansprechbarkeit oder Entwicklungsbereitschaft als Basis eines intensiven, persönlichen, wechselseitigen, beantworteten Wirkens.

Dabei wird Folgendes deutlich: An sich gäbe es eine unendliche Fülle von möglichen Themen des beantworteten Wirkens. In der Realität sind die Themen einer Begegnung aber selektiv. Nur ein kleiner Teil von dem, was eine Person als Potenzial in sich trägt, wird mit einer konkreten Bezugsperson thematisiert werden, nämlich jene Bereiche, auf die bei beiden eine Ansprechbarkeit vorliegt, eine Bereitschaft, miteinander in die Bewegung des beantworteten Wirkens, in einen Dialog einzutreten.

Vertieft sich die Beziehung und nimmt sie verbindlichere Formen an, so kommen Aspekte der Koevolution dazu, Aspekte, in wel-

2 Die Theorie des beantworteten Wirkens ... 59

chen die gegenseitige Beantwortung selektiv gewisse persönliche Entwicklungsbereitschaften stimuliert, andere begrenzt oder unbeachtet lässt. Die Partner werden wechselseitig einerseits persönliche Entwicklung hervorrufen und beantworten, gleichzeitig aber auch kanalisieren und leiten, selbst wenn sie das gar nicht bewusst intendieren, allein schon durch die Selektivität ihrer Ansprechbarkeit. Im Rahmen ihrer Ansprechbarkeit ermöglichen Partner einander gewisse Entwicklungen, weil sie diese für sich selbst brauchen und deshalb besonders intensiv beantworten, weil sie selbst in einer korrespondierenden Entwicklung stehen und deshalb besonders intensive Sympathie (Mit-gefühl, Mit-leid) empfinden, weil sie miteinander und durcheinander sich Tatsachen schaffen, die neue Entwicklungsräume öffnen. Koevolutive Aspekte nehmen alle intensiven und lang dauernden Beziehungen an, nicht nur jene zwischen Lebenspartnern, sondern auch zwischen Mitarbeitern oder zwischen Therapeut und Patient. Besonders in lang dauernden Therapien weiß der Patient meist schon im Voraus, auf welche Themen der Therapeut in besonderer Weise ansprechbar ist und welchen Kommentar er auf gewisse Äußerungen zu erwarten hat. Damit ist keine Aussage über den Wert von Langzeittherapien gemeint. Es zeigt sich lediglich, dass beantwortetes Wirken auch in einer therapeutischen Beziehung ein selektives, gegenseitiges Sich-aufeinander-Einspielen enthält.

Es können sich auch unbewusste Korrespondenzen zwischen zwei Partnern bilden, die dann, wenn es um unbewusste Ängste geht, zu einer unausgesprochenen Komplizenschaft in Sinne von Kollusionen führen können. Darüber schreibe ich mehr in Kapitel 4.

Arbeitsbeziehungen bilden sich aus einer intentionalen Korrespondenz. Die sich zur Kooperation zusammenschließenden Personen koordinieren ihre Wirksamkeit auf ein gemeinsames Ziel, aus der Erkenntnis, dass jeder für sich allein dieses Ziel nicht oder weniger gut erreichen kann. Kooperation kann sich bei gleichgestellten Partnern ergeben, die gemeinsam ihre Wirksamkeit verstärken, sie kann sich aber auch in Spezialfunktionen ausdifferenzieren, die zu einem Ganzen koordiniert werden müssen. Das miteinander intentional ausgerichtete Wirken zielt auf ein gemeinsames Produkt, dessen Gelingen die Beantwortung der gemeinsamen Bemühungen ergibt.

Um die Wirkung der Kooperation zu erhöhen, können sich die daran beteiligten Personen zu sozialen Systemen organisieren.

b) Kompatibilität der Konstruktsysteme

Intentionale Korrespondenz ist Voraussetzung, damit die Motivation zu beantwortetem Wirken entstehen kann. Gelingen kann dies nur, wenn auch eine ausreichende Kompatibilität der Konstruktsysteme vorliegt. Um sich miteinander verständigen zu können, müssen zwei Personen über eine ausreichende sprachliche Verständigungsmöglichkeit verfügen, aber auch über ein ausreichend kompatibles System von Werten, Normen, Einstellungen und sozialen Spielregeln.

Es gibt Grenzen der Kompatibilität, die nicht unterschritten werden können, weil dann die Berührungspunkte für das Zusammenwirken zu gering werden. So sehen wir etwa, dass Ehen von Partnern unterschiedlicher soziokultureller Herkunft eine große gegenseitige Herausforderung bedeuten können, welche die Konstruktsysteme beider Partner erweitert und differenziert. Sie weisen aber auch eine erhöhte Scheidungsrate auf wegen der Überforderung der gegenseitigen Anpassungsfähigkeit. Ein besonderes Problem mangelhafter Kompatibilität der Konstruktsysteme liegt in der Assimilation von Flüchtlingen und Fremdarbeitern an die Kultur des Gastlandes. Oft stehen die Zugewanderten im Dilemma: Entweder bewahre ich das Konstruktsystem meines Herkunftslandes, dann behalte ich meine Identität, bin aber schlecht angepasst und wenig produktionsfähig, oder ich passe mich an, bin dann äußerlich erfolgreich, verliere aber meine Identität.

Die verbale Sprache ist das wichtigste Instrument für den differenzierten Austausch zwischen Personen. Sprache ist aber nicht nur Austausch von Informationen, sondern auch Medium, in welchem Kultur und ihre Werte vermittelt werden. Wer die Sprache nicht kennt, ist im Eingehen von Beziehungen wesentlich behindert. Flüchtlinge, Asylbewerber, aber auch südländische Gastarbeiter sind aufgrund ihrer kulturellen Werte, die in der Regel eine strengere sittliche Moral und engere familiäre Bindungen fordern, in unserer liberaleren und säkularisierten Kultur verunsichert. Es fehlt ihnen das Insiderwissen, um sich effizient entfalten zu können und um die Toleranzbreite zu kennen, in welcher Überschreitungen von Regeln und Normen zulässig sind.

Aber auch bei Angehörigen derselben Kultur kann die Kompatibilität der Konstruktsysteme eingeschränkt sein, oftmals ohne dass sich die Personen dessen bewusst sind. Die persönlichen Konstruktsysteme sind beeinflusst von den Konstruktsystemen der sozialen Schicht, der Religion, der Herkunftsfamilie, aber auch des eigenen Geschlechtes. Ein Mann und eine Frau haben eine unterschiedliche biologische Periodizität, eine unterschiedliche Sozialisation, oft unterschiedliche soziale Rollen und insbesondere eine unterschiedliche familiäre und persönliche Geschichte. Zwei Personen passen nie vollkommen zueinander, weder in ihren Wahrnehmungen und Konstruktsystemen, noch in ihren Intentionen und der Bereitschaft, einander zur Verfügung zu stehen. Wir stehen vor einem erkenntnistheoretisch interessanten Phänomen, dass Partner sehr wohl miteinander kooperieren können, obwohl sie sich nur begrenzt verstehen und das Objekt der Kooperation von ihnen unterschiedlich wahrgenommen und gedeutet wird. Je umfassender, intimer und persönlicher eine Beziehung ist, desto schmerzlicher werden Inkompatibilitäten der Konstruktsysteme spürbar, und desto höher sind die Anforderungen an die Partner betreffend Anpassung und Toleranz.

Zwei Personen müssen lediglich ausreichend zueinander passen, damit Interaktionen möglich sind. Die eine Person wird versuchen, das Verhalten der anderen so weit als möglich an ihre Pläne und Konstruktsysteme zu assimilieren und so wenig wie möglich die eigenen Handlungsintentionen an das ihrige zu akkommodieren. Die Interaktion mit einer anderen Person erfordert eine dauernde, mühsame Anpassungsarbeit und führt trotzdem nie zu einer vollkommenen Übereinstimmung. Aus dieser Erfahrung entstehen Frustration, Enttäuschung, Krankheit, Leiden und Trauer. Das kann so weit führen, dass Beziehungen zu anderen Personen vermieden werden, um sich vor Frustrationen zu schützen. Die Anpassungsarbeit kann jedoch eine wesentliche Stimulation der Entwicklung und Differenzierung der Konstruktsysteme, der Intentionen und des handelnden Wirkens einer Person hervorrufen.

Jede Person kann die andere immer nur auf dem Hintergrund des eigenen Konstruktsystems verstehen und beantworten. Obwohl eng aufeinander bezogen, bleiben zwei Personen letztlich voneinander getrennt durch ihre Struktur und Selbstregulation. Sie stehen zueinander in einem Spannungsverhältnis, das beiden Seiten Leiden verursachen, aber sie auch kreativ herausfordern kann. Ich gehe auf diesen Aspekt in Kapitel 4 bei der Besprechung der dyadischen Koevolution weiter ein.

Insbesondere eine therapeutische Beziehung wird oft in der Illusion eingegangen, der Therapeut müsse doch aufgrund seiner Ausbildung und Erfahrung in der Lage sein, den Patienten vollkommen zu verstehen. Der Patient wird jedoch unausweichlich an die Grenzen der Verständniskapazität des Therapeuten stoßen. Der Patient wird die Erfahrung machen, dass er im Dialog mit dem Therapeuten sich über manches klarer werden kann, auch wenn er sich vom Therapeuten nicht voll verstanden fühlt.

c) Freie Lizenzen

Kompatibilität der Konstruktsysteme und Korrespondenz der intentionalen Ansprechbarkeit sind wichtige Voraussetzungen, damit überhaupt eine Wechselbeziehung entstehen kann. Es muss jedoch auch ein Platz für die Verwirklichung einer Beziehung zur Verfügung stehen. Ist das in Aussicht genommene Objekt schon besetzt, kann sich die Person zurückziehen und ihre Handlungsintentionen aufgeben. Sie kann aber auch beharrlich sein und nach kreativen Möglichkeiten suchen, wie sie trotz Schwierigkeiten und Einschränkungen das beantwortete Wirken mit dem begehrten Objekt doch noch erreichen kann. Ob ihr das gelingt, hängt wesentlich vom Umfeld ab, nämlich davon, ob dieses Alternativen, Kompromisse oder Teilwirkungen bereitstellt und ermöglicht. Das Suchen nach Alternativlösungen ist aus der Verhaltensökologie bekannt. Oft stehen Organismen in einem Konkurrenzverhältnis in der Nutzung ihrer Umwelt. Die direkte Konfrontation wird jedoch möglichst vermieden und nach kreativen Kompromisslösungen gesucht, wie ich es im Rahmen der Geschwisterrivalität auf S. 194 ff. besprechen werde. Ein und dasselbe Objekt kann von unterschiedlichen Individuen unterschiedlich genutzt werden. Es gibt jedoch Situationen, die eine Koexistenz verschiedener Organismen ausschließen, sodass der eine den anderen verdrängen muss und nur einer das angestrebte Wirkungsfeld besetzen kann (Konkurrenzausschlussprinzip des Verhaltensbiologen Gause). Beim Menschen zeigt sich das Konkurrenzausschlussprinzip z. B. im Liebesleben, in welchem in der Regel keine Koexistenz mit einem Rivalen toleriert wird, zum anderen in der wirtschaftlichen, akademischen und politischen Hierarchie, in welcher insbesondere für Spitzenpositionen Doppelbesetzungen oft ausgeschlossen werden. Daneben stimuliert etwa die Konkurrenz im Geschäftsleben, in der Produktion und in der Forschung nicht so sehr das Ausschalten des Konkurrenten, als vielmehr das Erringen eines Vorteils durch Nischenspezialisierung in einem Teilbereich. Arbeitslose sind Menschen, die in der Berufswelt keine Lizenz finden, oft trotz guter Kompatibilität mit den Arbeitsstrukturen und trotz hoher intentionaler Korrespondenz. Beantwortetes Wirken lässt sich oft nur realisieren, wenn die Umwelt den dazu notwendigen Platz (die Lizenz) einräumt.

2.4 Die persönliche Nische

Bisher wurde das beantwortete Wirken der Person zu einem unbelebten Gegenstand und zu einer anderen Person dargestellt. Eine gesunde Person geht jedoch gleichzeitig eine Fülle von Interaktionen mit einer Vielzahl von Objekten (unbelebten Gegenständen, Lebewesen, Menschen) ein, deren Gesamtheit ich als persönliche Nische bezeichne.

Umwelt kann aus der Sicht der Person gegliedert werden in:

– Umwelt: das Gesamt der *vorhandenen* Objekte, unabhängig davon, ob sie von der Person beachtet und erkannt werden. Die Umwelt schließt das Umfeld ein.

– Umfeld: die *im Aktionsraum der Person* vorhandenen Objekte, die von der Person beachtet und erkannt werden. Es schließt die persönliche Nische ein.

– Persönliche Nische: Gesamt der belebten und unbelebten Objekte, *mit denen die Person interagiert* und aktuell in Beziehung steht.

2.4.1 Definition der persönlichen Nische

Die persönliche Nische ist der Beziehungsraum einer Person, die Gesamtheit ihrer realen Beziehungen zu unbelebten und belebten, in der Umgebung konkret vorhandenen Objekten. Die Person wählt sich aus dem Umfeld einen Teil als ihren Beziehungsraum aus und schafft sich die Objekte für ihr beantwortetes Wirken. Sie gestaltet sich diesen Umfeldausschnitt zu ihrer persönlichen Nische. Die Person entnimmt der Nische die für ihr psychisches Gedeihen notwendigen Anregungen, Herausforderungen, Aufgaben und Beantwortungen. Nicht zur Nische gehören bloß vorgestellte oder internalisierte Beziehungen zu real nicht vorhandenen Bezugspersonen oder Objekten.

Anlass zu dieser Begriffsbildung war die therapeutisch wichtige Beobachtung, dass eine der sensibelsten Folgen von psychischen Störungen aller Art die Beeinträchtigung der Fähigkeit ist, sich einen reichhaltigen und dynamischen Beziehungsraum zu schaffen. Chronisch psychisch Kranke verfügen nur über eine defiziente, geschrumpfte persönliche Nische. Wenn wir davon ausgehen, dass Beziehungen das Medium sind, in welchem sich die Psyche entfaltet, fehlt bei einer mangelhaften Nische das wesentliche Umfeld, sich zu verwirklichen, zu entwickeln und sich psychisch zu regulieren. Andererseits ist es eine allgemeine Erfahrung, dass so genannte Objektverluste nach Tod oder Scheidung, aber auch umfassendere Beziehungsverluste bei Arbeitslosigkeit, sozialer Entwurzelung oder Pensionierung das Risiko zu psychischer und körperlicher Erkrankung wesentlich erhöhen.

2.4.2 Unterscheidung zu verwandten Begriffen

Will man einen neuen Begriff einführen, so muss belegt werden, dass er gegenüber bereits bestehenden Begriffen einen relevanten Vorteil bringt, indem er einen Sachverhalt besser erfasst und in ein neues Erklärungsmodell stellt. Es geht um die Erklärungskraft des Begriffs im Kontext einer bestimmten Fragestellung oder eines bestimmten Modells. Der Begriff der persönlichen Nische steht im Kontext mit unserer These, dass es für die Gesundheit und persönliche Entwicklung von hoher Bedeutung ist, ob eine Person in der Lage ist, sich eine antwortende Umwelt herzustellen.

Nachstehend sollen einige Begriffe diskutiert werden, welche jenem der persönlichen Nische nahe stehen.

Weshalb nicht «soziales Netzwerk»?

Soweit es sich um Beziehungen zu Personen handelt, könnte man bei dem bereits bekannten Begriff des sozialen Netzwerks bleiben. Im Rahmen des sozialen Netzwerks wird meist von der sozialen Unterstützung gesprochen, der im Rahmen der Bewältigung von Stress und Life-Events besondere Bedeutung beigemessen wird. Es wird etwa der Zusammenhang von Gesundheitsstörungen in Belastungssituationen mit der Größe des sozialen Netzwerkes und der darin erfahrenen sozialen Unterstützung untersucht (Meyer-Fehr, Suter und Willi, 1991; Bösch, 1991).

Soziale Netzwerke lassen sich auf ihren Umfang und ihre Qualität hin untersuchen. Als wichtige Funktion sozialer Beziehungen wird die Gewährung von sozialer Unterstützung gehalten. Die Größe eines sozialen Netzes kann als grober Indikator für die Mobilisierbarkeit von sozialer Unterstützung verstanden werden. Soziale Netzwerke haben eine wichtige Bedeutung für das gesundheitliche Befinden. So zeigen verschiedene empirische Studien, dass sozial isolierte Menschen von Lebenskrisen gesundheitlich stärker betroffen werden als sozial gut vernetzte Menschen (P. C. Meyer und M. Budowski, 1993, S. 228).

Während ich die Studien der oben genannten Mitarbeiterinnen und Mitarbeiter unserer Psychiatrischen Poliklinik wissenschaftlich begleitete, stellte sich mir zunehmend die Frage, ob soziale Unterstützung nicht in erster Linie auf die Bewältigung akuter Lebensbelastungen beschränkt ist – etwa nach einem schweren Unfall oder Tod eines Angehörigen –, für später jedoch der Begriff der persönlichen Wirksamkeit in der persönlichen Nische zutreffender ist. Für den Betroffenen ist es längerfristig wichtig, sich nicht als passiven Empfänger von Hilfe zu erfahren, sondern sich fähig zu fühlen, soziale Unterstützung zu erwirken. Die Studien der genannten Autoren und Autorinnen ergaben, dass es leichter ist, Hilfe zu geben, als Hilfe zu empfangen. Ein soziales Netzwerk wird nie nur zur sozialen Unterstützung genutzt, sondern immer auch als Beziehungsraum zur Entfaltung eigener Wirksamkeit. Der Begriff «Nische» als Beziehungsraum hat also Bedeutungen, die die Dynamik sozialer Unterstützung in ihrer Wechselseitigkeit zeigen.

Zur persönlichen Nische gehören mehr als die sozialen Beziehungen, nämlich auch die Beziehungen zu materiellen Dinge, zur Wohnung, zur Wohnungseinrichtung, zu Gegenständen, die einem lieb sind, etwa zu Sammlungen, Antiquitäten, Liebhaberobjekten, familiären Erbstücken, Fotos, wichtigen Anschaffungen, etwa zum Auto, alles insoweit, wie die Person zu diesen in realer Beziehung steht. Die Möglichkeit, über eine eigene Wohnung zu verfügen als Privatbereich, wurde in der Psychiatrie lange unterschätzt und wird erst neuerdings in der Rehabilitation von chronisch psychisch Schwerkranken vermehrt beachtet (Kunze, 1995). Zur persönlichen Nische gehören aber auch die eigenen Werke, die Gegenstände, die einem zur Bearbeitung entgegenstehen, die Arbeit, die Aufgaben, die man zu lösen sucht, die eine wichtige persönliche Herausforderung bedeuten.

Weshalb nicht einfach «soziales System»?

Die Objekte der persönlichen Nische bilden zwar von der Person aus gesehen ein Gesamtes, sie stehen untereinander aber nur teilweise in Beziehung. Sie organisieren sich nicht zu einem Ganzen eines sozialen Systems. Hingegen können sich einzelne Teilnischen systemisch organisieren, so etwa die Personen einer Familie oder eines Arbeitsteams. Zur Familie gehören aber nicht nur Familienangehörige, sondern auch die Behausung, die Nachbarn, Freunde und Verwandten. In unserer Fragestellung steht die systemische Organisation von Teilnischen nicht im Vordergrund. Die Gliederung der sozialen Umwelt durch Urie Bronfenbrenner (1979/1981) in Mikro-, Meso-, Exound Makrosysteme zielt auf die sozialen Bedingungen, unter denen Kinder heranwachsen. Unser Nischenbegriff dagegen entstand aus der stützenden Psychotherapie chronisch psychisch Schwerkranker mit der Frage, welche persönlichen Schwierigkeiten und Möglichkeiten diese Patienten haben, sich eine real beantwortende Beziehungsumwelt zu schaffen.

Weshalb nicht einfach «Rollenhaushalt»?

Anhand einer sozialen Rolle kann die Konfiguration einer Teilnische sehr anschaulich dargestellt werden. Der Träger einer Rolle tritt mittels seines Rollenauftrags in reale Beziehungen zu seiner sozialen Umwelt. Der Rollenhaushalt ist die Summe aller Rollen, welche der Betreffende innehat, also z. B. neben der Rolle als Arzt jene als Ehepartner und Familienvater. Der Rollenhaushalt umfasst jedoch nur einen Teil der Beziehungen einer persönlichen Nische, nämlich jenen, der mit der Übernahme von Funktionen gemäß normierten gesellschaftlichen Erwartungen verbunden ist. Daneben gibt es aber eine Fülle informeller Beziehungen, die keinen Rollencharakter haben, für das beantwortete Wirken einer Person aber von wichtiger Bedeutung sind.

Weshalb nicht «soziale Ressource»?

Die persönliche Nische enthält zwar die sozialen Ressourcen einer Person, geht jedoch weit über diese hinaus. Die Person entnimmt ihrer Nische die für ihr psychisches Gedeihen notwendige Anregung, Unterstützung und Möglichkeit zur persönlichen Verwirklichung. Sie bietet ihr somit die notwendige Ressource für ihr seelisches Gedeihen. Die persönliche Nische als Beziehungsraum enthält aber auch die Feinde, Kritiker und Rivalen, mit denen die Person in Beziehung steht, oder jene Personen und Objekte, welche die Person belasten, einengen und überfordern und sie unter Stress setzen.

Weshalb einen Begriff einführen, der durch eine negative Konnotation vorbelastet ist?

In der Umgangssprache und in der Psychiatrie wird der Begriff Nische oft in einem abwertenden Sinne benützt. Man sagt etwa, ein Schizophrener habe sich in einer geschützten Ecke der Gesellschaft seine Nische gebildet. In meiner Verwendung hat der Begriff der persönlichen Nische keine wertende Bedeutung. Jeder Mensch ist laufend daran, sich sein Beziehungsfeld herzustellen und sich von diesem Beantwortung zu erwirken. Kann eine Person sich keine Nische mehr schaffen, ist sie psychisch tot. Da der von der Verhaltensbiologie hergeleitete Nischenbegriff das Gemeinte sehr gut abdeckt, möchte ich trotz der Gefahr einer negativen Belastung diesen Begriff in unser Vokabular einführen.

2.4.3 Der Begriff der ökologischen Nische in der Verhaltensbiologie

Der Begriff der persönlichen Nische lehnt sich an den in der Verhaltensbiologie verwendeten Begriff der ökologischen Nische an (Elton, 1927; Hutchinson, 1959; Levins, 1968; Putnam, 1994). Unter ökologischer Nische versteht die Verhaltensbiologie (Meyers Lexikon der Ökologie, 1987) heute das Wirkungsfeld einer Art im Ökosystem. Da die ökologische Nische einer Art eine kaum erfassbare Fülle von Beziehungen betrifft, beschränkt man sich meist auf die Beschreibung einzelner Dimensionen, also etwa auf die Nahrungsnische. Diese umfasst die Ausnutzung des Nahrungsangebots des Lebensraumes durch die betreffende Art. Meist stehen verschiedene Arten miteinander in Nischenkonkurrenz. Koexistieren können nur Arten, welche das Nahrungsangebot des Lebensraumes in unterschiedlicher Weise nutzen. Die Arten unterscheiden sich dann durch ihre Stellung, Funktion oder «Rolle» im Ökosystem. Ökologische Nischen sind nicht einfach zur Besetzung frei, sie sind nicht einfach der Ort, wo ein Organismus lebt (das wäre sein Habitat), ökologische Nischen werden vielmehr erst in der Wechselwirkung zwischen Organismus und Umwelt geschaffen. In diesem Sinne ist eine Nische nicht einfach eine Qualität des Biotops, sondern ein dynamisches Gebilde. Im Laufe der Besiedlung eines Biotops werden Nischen gebildet. Organismen nutzen ihre ökologischen Nischen, um aus ihnen die zum Überleben notwendigen Ressourcen an Nahrung und Schutz zu entnehmen.

Die Kritik, welche in der Ökologie dem Nischenkonzept gegenüber geäußert wird, betrifft die Schwierigkeit, Nische genau zu definieren. Wir gehen aber primär von einer klinischen Fragestellung aus. Die Beobachtung der eingeschränkten Fähigkeit von psychisch Kranken in der Herstellung eines Beziehungsfeldes ist ein therapeutisch wichtiger Befund. Im Kapitel 6 über die ökologisch-supportive Therapie werde ich die unterschiedlichen Schwierigkeitsgrade von Patienten in der Herstellung von Beziehungen beschreiben. Trotz der Unschärfe des Begriffs ist er für unsere klinische Arbeit ein Gewinn und muss für Fragestellungen der Forschung jeweils genauer umschrieben werden. Die persönliche Nische einer gesunden, kontaktfreudigen, beruflich erfolgreichen und sozial etablierten Person ist schwer auszuloten. Die persönliche Nische eines chronisch schizophren Erkrankten dagegen ist sehr wohl erfassbar. Der Schweregrad einer psychischen Krankheit lässt sich direkt am Schweregrad der Beeinträchtigung der persönlichen Nische erfassen, welche u. a. das psychosoziale Funktionsniveau gemäß der Global Assessment of Functioning Scale GAF enthält, wie sie als Achse V im DSM-III und -IV Verwendung findet.

2.4.4 Präzisierung des Begriffs «persönliche Nische»

Zum Inventar der persönlichen Nische gehören die belebten und unbelebten Objekte, mit denen die Person in einer realen, aktiven Beziehung steht. Nicht zur Nische zählen wir Personen, die im Umfeld einfach vorhanden sind, oder Gegenstände, die da sind, ohne dass die Person zu ihnen in Beziehung steht. Die in der Psychoanalyse stark beachteten Beziehungen zu inneren Objekten sind nicht Bestandteil der persönlichen Nische.

Neben der Anzahl von Beziehungen zu äußeren Objekten ist für die Konfiguration der Nische auch deren Bedeutung für die psychische Entfaltung der Person wichtig. Ein Lebenspartner kann für die Person wichtiger sein als hundert Freundschaften. Ein in der Familie vererbter Silberring kann mehr Bedeutung haben als ein ganzes Vermögen.

Die Nische hat einen subjektiven und einen objektiven Aspekt. Subjektiv daran ist, dass nur die Person bezeichnen kann, zu welchen Objekten sie eine bedeutsame Beziehung hat. Objektiv kann jedoch untersucht werden, welcher Art die Interaktionen sind und wie die Konfiguration der Nische als Ganzes ist.

Die Bedeutung, welche Beziehungen für die Person haben, kann nicht gemessen werden an der bloßen Häufigkeit und an der Dauer der Interaktionen. Insbesondere lang dauernde Beziehungen zu Familienangehörigen und Freunden können für die psychische Entfaltung der Person wichtig sein, auch wenn man nur wenig miteinander spricht. Flüchtige Kontakte, selbst verbunden mit hoher Aufregung, wie sie insbesondere im Straßenverkehr häufig sind, haben andererseits für die persönliche Entfaltung kaum einen nachhaltigen Effekt.

Als *latente Nische* bezeichne ich Beziehungen zu Personen, die zurzeit nicht aktiv sind, bei Bedarf aber reaktiviert werden können. Solche Beziehungen haben als soziale Ressourcen eine hohe Bedeutung. In speziellen Problemlagen oder bei Bedarf nach Unterstützung können sie aus der Latenz gehoben werden. Wie Laireiter 1993 zu Recht betont, sind soziale Netzwerke kein permanent vorhandenes «Polster», kein Fundus, auf den eine Person jederzeit zurückgreifen kann. Das soziale Netzwerk muss vielmehr aktiv gepflegt werden.

Die Aktualität des Nischenkonzepts

Für das Zusammenspiel von Person und Umwelt hat insbesondere die tiefenpsychologische Therapie sehr differenzierte Persönlichkeitsmodelle, aber relativ wenig differenzierte Umweltmodelle entwickelt. Solange man in der Therapie davon ausgehen konnte, dass Patienten in eine bürgerliche Sozialordnung eingebunden sind und Familie, Arbeitsplatz, Heimat und Verankerung in einem festen Wertsystem als gegeben vorausgesetzt werden konnten, war es berechtigt, sich vorwiegend auf die innerpersönlichen Prozesse zu konzentrieren. Heute finden jedoch gewaltige soziale Umbrüche statt, durch welche immer mehr Menschen aus den gesellschaftlichen Maschen fallen und ihre ökologische Verwurzelung in Gemeinschaften verlieren. Immer mehr Menschen verfügen nicht mehr über ein stabiles familiäres Bezugssystem, der Arbeitsplatz ist auch für hoch qualifizierte Fachleute nicht mehr gesichert, immer mehr Menschen verlieren ihre Heimat und ihre angestammte Kultur. Neben dem notwendigen Schutz der natürlichen Umwelt drängt sich der ebenso notwendige Schutz der sozialen Umwelt auf (Willi, 1994). Anpassungsprobleme an eine einengende, entwicklungsbehindernde familiäre und soziale Umwelt erscheinen als Luxusprobleme, wenn sich die grundsätzlichere Frage stellt, ob eine Person sich überhaupt einer sozialen Umwelt zugehörig und in ihr heimisch fühlen kann. Heute geht es nicht mehr so sehr darum, sich von Beziehungen unabhängig und frei zu machen als darum, über die Befähigung und äußere Möglichkeit zu verfügen, sich eine korrespondierende Umweltbeziehung zu schaffen.

2.5 Persönliche Konstrukte und persönliche Nische – die innere und die äußere Struktur der Person

Die Intentionen zu handeln und zu wirken werden von den persönlichen Konstrukten gespeist. Die persönlichen Konstrukte (George Kelly, 1955/1986) sind die geronnenen Erfahrungen einer Person und decken sich in etwa mit dem, was Piaget als Schemata bezeichnet hat. Konstrukte oder Schemata sind die Muster oder Schablonen, durch die wir unsere Welt wahrnehmen und ordnen. Menschen bilden aufgrund von Ereignissen ihre Erfahrungen, indem sie in diesen Ereignissen Wiederholungen feststellen, die sie zu Mustern abstrahieren. Konstrukte ermöglichen es, in sich wiederholenden Ereignissen das Gleichartige vom Speziellen zu unterscheiden, Ereignisse in ihrem Wert und ihrer Bedeutung einzustufen und sie in sinnvolle Zusammenhänge zu stellen. Ereignisse, die als Wiederholungen wahrgenommen werden, stabilisieren sich zum Gewohnten. Sie geben der Welt eine Ordnung und Struktur. Konstrukte haben eine kräfteökonomische Bedeutung. Es spart Kraft und Energie, wenn man sich in einer vertraut gewordenen inneren Welt bewegen kann. Konstrukte erleichtern es, sich in der Welt zurechtzufinden. Sie müssen laufend überprüft und durch neue Erfahrungen bestätigt oder modifiziert werden. Sie passen, solange sie passen, und müssen umformuliert werden, wenn neue Informationen in Widerspruch zu ihnen stehen. Die Wahrnehmung der Wirkung beim beantworteten Wirken hat einen korrigierenden Einfluss auf die Handlungsintentionen.

Die Konstrukte bilden also eine innere Struktur der Person, welche ihr Handeln leitet und Leitplanken aufstellt für den Spielraum ihres Verhaltens und Wirkens.

Mit der ökologischen Sichtweise werden diese inneren Strukturen durch äußere Strukturen ergänzt

Die Person schafft sich äußere Strukturen durch ihre persönliche Nische. Die persönliche Nische gibt der äußeren Umgebung eine Ordnung und Struktur, sie macht die Umgebung vertraut und gibt ein Gefühl der Zugehörigkeit. Die Nische wird zur Schablone, durch die die äußere Welt an die Person herantritt und wahrgenommen wird. Sie erleichtert das beantwortete Wirken, indem sich die Person mit ihren Bezugspersonen einspielt und neuartige Beziehungserfahrungen über die Nische in einen gewohnten Rahmen eingeordnet werden. Ereignisse werden mit dem Kommentar der Nische in ihrem Wert und ihrer Bedeutung eingestuft. Viele Anteile des beantworteten Wirkens werden zur Routine und zum Gewohnten. Es spart Kraft und Energie, wenn man in einer vertraut gewordenen Umwelt wirken kann. Die Erfahrungen des beantworteten Wirkens beeinflussen nicht nur das persönliche Konstruktsystem, sondern auch die persönliche Nische als Rahmenbedingung des weiteren intentionalen Wirkens. Der «Heimvorteil» einer in ihrer Umgebung etablierten Person liegt vor allem in den Ressourcen der Nische, auch der latenten Nische, welche je nach Fragestellung mobilisiert werden kann.

Ein wichtiger Unterschied der persönlichen Konstrukte und der persönlichen Nische liegt im Realitätscharakter. Die persönlichen Konstrukte sind eine private Angelegenheit. Sie werden von der Person in eigener Regie gebildet und können grundsätzlich von ihr selbst verändert werden. Die persönliche Nische dagegen besteht aus äußeren Realitäten, die zumindest teilweise auch Realitäten für andere Menschen sind. Die Person kann nicht beliebig über diese Realitäten verfügen. Sie hat jedoch einen gewissen Freiraum, diesen äußeren Realitäten unterschiedliche Bedeutung zuzumessen. Dennoch gilt: «Real ist, was reale Folgen hat» (Thomas und Thomas, 1928). Die selbst geschaffenen Tatsachen können nicht beliebig gelöscht werden, sondern entwickeln eine Eigendynamik. Innere und äußere Strukturen einer Person decken sich nur bedingt. Die äußeren Strukturen können wichtige Kompensationen beinhalten, etwa für eine Person, die beruflich erfolgreich ist trotz weiter bestehender Selbstwertdefekte. Die äußeren Strukturen der Nische können jedoch auch destabilisierend wirken, wenn sie einerseits gewisse Bedürfnisse einer Person stimulieren, andererseits aber Bereitschaften zu Schuldgefühlen oder Ängsten aktivieren. Die äußerlich geschaffenen Strukturen können einengen und zu Ballast werden, sie können – genauso wie das Konstruktsystem – rigide sein.

2.6 Positives Coping kann sich nur in einer es ermöglichen persönlichen Nische entfalten

Die persönliche Nische kann reichhaltig oder armselig sein, komplex oder einfach, stabil oder labil, einflussreich oder einflussarm, prestigeträchtig oder prestigearm. Eine «einflussreiche» Person verfügt über eine umfassende und vielschichtige persönliche Nische. Die Bedeutung der Nische wird vor allem deutlich an jenen Menschen, die nur über eine schwache oder inkonsistente Nische verfügen, wie beispielsweise Asylbewerber oder andere Migranten, die sich nicht selten sogar von ihren eigenen Landsleuten im Gastland bedroht fühlen und deshalb in völliger Isolation und mit umfassender Ungewissheit über ihre Zukunft dahinleben. Können sich jedoch Einwanderer zu Gruppen zusammenschließen und sich in einer Gesellschaft als Randgruppe oder Subkultur etablieren, so können sie eine sehr starke gemeinsame Nische bilden, welche ein Umfeld anbietet, in welchem der Einzelne eine persönliche Nische schaffen kann. Dies ist etwa der Fall bei den Chinesen in den USA, welche ganze Stadtteile zu eigenen Städten umfunktioniert haben und dort ihre eigene Sprache sprechen und an ihrer Kultur und Denkweise festhalten. Ähnliches sehen wir in Europa mit der Organisation traditioneller Gastarbeiter, die hier ebenfalls ihre Subkulturen bilden.

Aus der Stress- und Copingforschung ist bekannt, dass für die Bewältigung einer schweren psychischen Belastung Lebensqualitäten wie soziokulturelle Einbettung, vertrautes Wertsystem, familiäre Unterstützung oder soziale Vernetzung von Bedeutung sind. Diese Qualitäten bilden psychosoziale Ressourcen, die eine Nische der Person zur Entfaltung persönlicher Wirksamkeit zur Verfügung stellen kann, ähnlich wie die biologische Nische dem Organismus Nahrungsreserven bereitstellt. Eine starke persönliche Nische bietet Schutz und Sicherheit, Geborgenheit und Vertrautheit und das Umfeld für beantwortetes Wirken.

Die Copingforschung (siehe Heim, 1988) hat sich mit geeignetem und ungeeignetem Coping auseinander gesetzt. Als geeignetes Coping gilt ein aktives, konfrontierendes, «agierendes» Verhalten, als ungeeignetes Coping sozialer Rückzug, Vermeidung, Stoizismus und Fatalismus. Aus ökologischer Sicht sind viele positive Bewältigungsformen bei Fehlen einer unterstützenden Nische nicht realisierbar. Ein Asylbewerber etwa kann unter dem Stress, ob ihm Asyl gewährt wird oder nicht, manche der zur Bewältigung der Belastung durch schwere Krankheit empfohlenen aktiven Bewältigungsformen gar nicht anwenden, wie etwa sich in die Arbeit stürzen, Kreativität entfalten, eine Reise machen, sich etwas Gutes gönnen, gestaute Aggressionen ausleben oder sich offen auflehnen. Eine als geeignet bezeichnete individuelle Copingstrategie kann sich nur in einer sie positiv beantwortenden bzw. sie ermöglichenden persönlichen Nische entfalten.

2.7 Der wirkungsgeleitete Lebenslauf

Die persönliche Nische verändert sich laufend in der Zeit. Die Person wählt, gestaltet und schafft sich fortwährend ihre Nische, welche ihrerseits im zeitlichen Ablauf die Leitplanken bildet für die weitere Entwicklung der Person. Jeder anstehende Entwicklungsschritt im beantworteten Wirken geht aus dem Vorangegangenen hervor. *Was Objekt intensiven beantworteten Wirkens war, wandelt sich mit dem Erreichen des Ziels.* Das Erreichte wird zum Bestandteil der Nische als Produkt, als Werk oder als Erinnerung, die in realen Bezugspersonen präsent bleibt und damit zur Grundlage und Ausgangspunkt weiterer Entwicklungsschritte wird. Das aktuelle Wirken steht in einem zeitlichen und lebensgeschichtlichen Rahmen, in welchem die geschaffenen Tatsachen das Gerüst bilden, auf welchem weitergebaut wird. Die geschaffenen Tatsachen können Ressourcen bilden, sie können Sicherheit und Geborgenheit vermitteln, Neues zu wagen und im Leben weiterzuschreiten. Die geschaffenen Tatsachen können jedoch ebenso zu Hemmnissen im weiteren Fortschreiten werden.

2.7.1 Die persönliche Nische enthält die Zeugen der eigenen Geschichte

In der Nische bleiben die Spuren des früheren Lebens enthalten, soweit sie für die Gestaltung des jetzigen Lebens bedeutsam sind. Nicht nur die Person, auch die Bezugspersonen bewahren Erinnerungen an die vorangegangenen Ereignisse, an schöne Zeiten glücklichen Zusammenseins, an geglückte Bewältigung von Lebensschwierigkeiten, an einmal erreichte Erfolge, aber auch an Traumatisierungen, Kränkungen, Frustrationen und Misserfolge.

Die persönliche Nische enthält die Zeugen der eigenen Geschichte. Der Tod der greisen Eltern kann als Verlust der eigenen Kindheitsgeschichte, als Verlust des Gedächtnisses an die eigenen ersten Lebensjahre erlebt werden und damit die persönliche Identität verunsichern. Der Tod der greisen Eltern kann aber ebenso die persönliche Nische verändern und Kräfte für neue Entwicklungen freisetzen, die bisher durch die Eltern gebunden waren. So kommt es beispielsweise nicht selten im Anschluss an den Tod der Eltern zu Ehescheidungen oder zum Austritt aus der Kirche, was bisher aus Rücksicht auf die Eltern vermieden worden war.

Was ist für die aktuelle Beziehung bedeutsamer: die frühe Kindheit oder die letzten Jahre?

In psychoanalytischer Sicht sind die ersten Kindheitsjahre prägend für die spätere Entwicklung. Frühe traumatisierende Erfahrungen, insbesondere mit Vater und Mutter, sollen die Weichen für später sich wiederholende destruktive Beziehungsmuster sein. Da der Mensch ein geschichtlich sich entwickelndes Wesen ist, lässt sich diese Sichtweise nicht völlig widerlegen. Es stellt sich lediglich die Frage, wie groß die Bedeutsamkeit der frühen Kindheit tatsächlich für das spätere Leben ist. Es gibt Untersuchungen, wie jene von Cécile Ernst und N. von Luckner (1985), welche die psychoanalytische Sichtweise in Frage stellen.

In einer ökologischen Therapie wird eher der letzten Zeit, d. h. dem Perfekt, der vollendeten Gegenwart, Beachtung geschenkt. Die aktuelle Nische wird von dem gebildet, was aus der letzten Zeit Spuren in der jetzigen Realität setzt. Sicher gibt es Menschen, deren aktuelle Lebenssituation deutlich die Spuren ihrer Kindheit trägt. Für viele Menschen ist es am wahrscheinlichsten, dass das Milieu, welches die frühe Kindheit prägte, dasselbe blieb wie das heutige. Es sind dann nicht die frühen Kindheitserfahrungen als solche maßgeblich, sondern die sich seit der Kindheit durchhaltenden Lebensumstände, die den Anschein erwecken, die Kindheit habe bereits die entscheidenden Weichen gestellt. Menschen neigen dazu, in ihrem Leben zu wiederholen, was ihnen vertraut ist. Das Verharren im bekannten Unglück ist oft leichter, als das Risiko neuer Erfahrungen auf sich zu nehmen. Dennoch gibt es ungezählte Menschen, denen es gelingt, traumatisierende frühkindliche Erfahrungen ohne Psychotherapie zu überwinden. Andererseits gibt es ungezählte Menschen, die erst in der zweiten Lebenshälfte in erhebliche persönliche Schwierigkeiten geraten und psychisch dekompensieren. Wir glauben, dass es in erster Linie die unabgeschlossenen Geschäfte der letzten Zeit sind, welche das Aktuelle bestimmen, die unabgeschlossenen Konflikte mit jenen Personen, deren reale Spuren in der aktuellen Nische präsent sind. Eine Ehescheidung wird eine Person in den Folgejahren schwer verunsichern und eine neue Partnerwahl belasten. Der Ex-Partner erscheint im neuen Partner bzw. der neue Partner wird in der Nachfolge des Ex-Partners gewählt. Es kann sein, dass man sich von einem Partner angezogen fühlt, mit dem man die gleichen Fehler begehen wird. Es kann aber ebenso sein, dass man einen anderen Partner wählt, mit dem man eine unterschiedliche Beziehung aufbaut. Es kann aber auch sein, dass man aus Angst vor Wiederholung einen Partner wählt, mit dem man sich vor der Gefahr der Wiederholung früherer Fehler schützen möchte, indem man alle Fäden in den eigenen Händen zu behalten sucht, mit dem Resultat, gerade deswegen wieder zu scheitern. Sicher kann man letztlich auch derartige Fehlentwicklungen in Zusammenhang mit der Kindheit sehen. Therapeutisch erscheint es oft fruchtbarer, die aktuelle Partnerwahl in Zusammenhang zur Verletzung durch die vorangegangene Scheidung zu stellen, in Zusammenhang zur Geschichte der letzten und nicht der frühesten Zeit. Wir glauben, dass mit zunehmendem zeitlichem Abstand traumatisierende Ereignisse an Bedeutung verlieren. Die Zeit heilt die Wunden, nicht nur bei einem selbst, sondern auch in den Bezugspersonen der Nische. Ähnliche Gedanken finden sich bei Duhl (1981) und Stanton (1992), die auf einer Zeitlinie den Abstand von wichtigen Ereignissen zum Auftreten der Symptome auftragen.

2.7.2 Die Folgen der geschaffenen Tatsachen für die weitere Entwicklung der Person: Der wirkungsgeleitete Lebenslauf

Die kognitiven und psychodynamischen Psychotherapiekonzepte konzentrieren sich auf das Typische, auf die typischen, verzerrten Denkstrukturen (kognitive Therapie) oder auf die typischen, sich wiederholenden Beziehungskonflikte (Luborksy, 1984/1991; Strupp und Binder, 1984/1988, u. a.). Verhalten und Handeln werden unter dem Einfluss der intrapsychischen Prozesse, unter dem Einfluss verzerrter Kognitionen oder unter dem Aspekt der Wiederholung früherer Beziehungserfahrungen gesehen.

Der ökologische Therapieansatz interessiert sich stärker für die Bedeutung der aktuell erzeugten Wirkungen und geschaffenen Tatsachen für die weitere Entwicklung der Person. Die erzeugten Wirkungen werden zu Strukturen der persönlichen Umwelt, zu Rahmenbedingungen, welche das weitere beantwortete Wirken leiten. Die meisten Menschen haben keine klaren, langfristigen Zukunftsvorstellungen. Sie konzentrieren ihre psychischen Kräfte auf kurz- bis mittelfristige Ziele. Sie halten sich in einem Handlungsraum auf, der häufig durch bestimmte Schwellenereignisse zeitlich gegliedert wird. Welche Tür sich zu einem nächsten Handlungsraum öffnen wird, hängt vom Ergebnis der erzielten Wirkungen ab. Was folgen wird, ist oft nicht vorhersehbar, obwohl verschiedene Optionen vorbereitet sein können. Fällt das erzielte Ergebnis positiv aus, so werden sich neue Horizonte auftun, die den bisher eingeschlagenen Weg bestätigen und neue Wirkziele ins Auge fassen lassen. Fällt das erzielte Ergebnis enttäuschend aus, so öffnet sich eine andere Tür, die ebenfalls den Raum für neues Handeln anbietet, aber mit anderer Zielsetzung und eventuell mit geringerem Anspruchsniveau.

Die erzeugten Wirkungen setzen aber nicht nur für die Person, sondern auch für ihre Bezugspersonen Strukturen mit Tatsachencharakter. Beziehungen entwickeln sich koevolutiv aus den die Partner verbindenden, geschaffenen Tatsachen, insbesondere aus den zwischen ihnen ausgetauschten Worten. Ob ein Gedanke oder eine Phantasie bloß gedacht oder aber ausgesprochen wird, ist ein entscheidender Unterschied, weniger für den Sender als für den Empfänger. Jede in die Welt gesetzte Tatsache – und das kann ein gesprochenes Wort sein – hat Folgen, ist als Struktur ein Ausgangspunkt weiterer Handlungen.

Wir bezeichnen als wirkungsgeleiteter Lebenslauf die Beobachtung, dass die Ziele weiteren Wirkens aus den Rückwirkungen des vorangegangenen Wirkens hervorgehen. Die von einer Person geschaffenen Wirkungen rufen selektiv Phantasien, Wünsche und Denken hervor. *Wirken ist nicht nur die Folge von Denken, Phantasieren und Wünschen, sondern ebenso ihr Ausgangspunkt.* Die Person wird sich und anderen durch ihre Wirkungen manifest. Nichts kann Konstrukte oder Schemata wirksamer verändern als selbst geschaffene, reale Wirkungen. «Real ist, was reale Folgen hat» (Thomas und Thomas, 1928) gilt nicht nur für die Person, sondern auch für ihre Bezugspersonen. Ob eine Person ihr Studium erfolgreich mit einem Examen abschließt, wird für ihre berufliche Karriere entscheidend sein. Ob sie eine von ihr angestrebte Stelle erhält, kann maßgeblich ihre Karrierewünsche, Phantasien und Zukunftsvorstellungen bestimmen. Ob sie die Möglichkeit hat, sich an einer bestimmten Stelle beruflich zu entfalten und ein Arbeitsfeld vorfindet, das ihr Wirken stimuliert, wird die berufliche Entwicklung stark beeinflussen. Im familiären Beziehungsbereich wird es für die persönliche Entwicklung wichtig sein, ob es einem gelingt, einen passenden Partner zu finden und eine entwicklungsstimulierende Partnerbeziehung aufzubauen. Es wird für die eigene Lebensführung bedeutsam sein, ob eigene Kinder gezeugt, geboren und aufgezogen werden. Das neue Wirkungsfeld steht in Zusammenhang mit dem vorangegangenen. Das Ergebnis beeinflusst die weiteren Motivationen, Intentionen und Handlungspläne. Wünsche und Bedürfnisse sind nicht feststehende, primäre Größen, sondern werden unter dem Einfluss vorangegangener Ergebnisse und Erfolge gebildet. Endet ein Wunsch in Misserfolg und Frustration, so werden nicht nur Plan und Strategie verändert, sondern es verändern sich auch die Wünsche. Schon Jean Piaget (Das Erwachen der Intelligenz beim Kind, 1959, S. 55) hat anhand seiner Studien von Kleinkindern darauf hingewiesen, dass immer wieder der Fehler gemacht werde, Bedürfnisse und Handlungen zu trennen. Die primären Bedürfnisse existieren nicht vorgängig und außerhalb der Prozesse, die zu ihrer Befriedigung führen, sondern treten oft erst eigentlich in der Tätigkeit auf. Vom psychologischen Standpunkt aus dürfe man daher das Bedürfnis nicht losgelöst von der Betätigung betrachten. Diese Rückkoppelung von Bedürfnisbefriedigung auf Bedürfnisse bezeichnen die Franzosen auch mit «L'appétit vient en mangeant» (Der Appetit kommt beim Essen).

Der Berufsbereich wie der Beziehungsbereich sind in unserer Kultur für die persönliche Entwicklung von zentraler Bedeutung. Bei Misserfolgen in beiden Bereichen werden sich Dispositionen zu psychopathologischen Phänomenen weit eher zu Störungen entwickeln, wie wenn die gleiche Person im Berufsbereich und Beziehungsbereich in zufrieden stellenden Verhältnissen lebt. Ein und dieselbe Person kann je nach äußeren Rahmenbedingungen, je nach geschaffenen Tatsachen in ihrer Nische relativ gesund leben oder risikobehaftet für Störungen sein. Die Frage, ob und wie weit es einer Person gelingt, sich zufrieden stellende und gesund erhaltende Umweltbedingungen zu schaffen, ist für die psychische Gesundheit von zentraler Bedeutung.

2.7.3 Schwierigkeiten, koevolutive Spannungsfelder in der Zeitachse aufrechtzuerhalten

Beantwortetes Wirken realisiert sich im Spannungsfeld zwischen Person und Nische, in der intentionalen Korrespondenz von Partnern. Die partnerschaftlich-familiären Beziehungen und die Arbeitsbeziehungen sind in unserer Kultur die wichtigsten Spannungsfelder, in denen eine Person ihr beantwortetes Wirken realisiert. Dabei gibt es aber den grundsätzlichen Konflikt, dass sich intensive Korrespondenz in zielgerichtetem Wirken mit dem Erreichen des ersehnten Ziels auflöst, sofern nicht neue Ziele gesetzt werden oder das erreichte Ziel nur Teilziel eines übergeordneten Prozesses ist. Erreichte Ziele haben für die daran Arbeitenden oft unterschiedliche Bedeutung. Hat eine jahrelange Teamarbeit Erfolg, so wird der Teamleiter gerne mit den Mitarbeitern neue Ziele erarbeiten, fähige Mitarbeiter dagegen werden sich in der Arbeit die nötige Kompetenz erworben haben, um nun selbst ein Team zu leiten, und sich vom ersten Team trennen. Nichts gefährdet eine Teamarbeit mehr als der Erfolg. Solange ein Team kämpfen und intensiv die Kräfte koordinieren muss, um sich gegen außen zu behaupten, ist eine konstruktive Zusammenarbeit leicht. Sobald die Ziele erreicht sind, brechen nicht selten Konkurrenzstreitigkeiten aus und die Teammitglieder grenzen sich stärker voneinander ab. In Lebensgemeinschaften verhält es sich ähnlich. Hat ein Paar jahrelang auf den Bau eines Hauses hingespart und kann nun das Haus endlich bezogen werden, so bricht häufig eine Krise in der Paarbeziehung aus. Oder es kommt zu Krisen nach der Pensionierung, «ausgerechnet jetzt, wo wir es so schön haben könnten».

Eine lebendige Koevolution in einer *Lebensgemeinschaft* auf Dauer zu erhalten, ist nur möglich, wenn immer wieder neue herausfordernde Spannungsfelder geschaffen werden können, immer wieder neue Ansprechbarkeiten entstehen und korrespondierende Intentionen verwirklicht werden können. Für den Bestand der Beziehung ist es gefährlich, wenn ein Paar, um Harmonie und Glück zu erhalten, keine neuen Entwicklungen mehr wagt, neue Stimulationen des beantworteten Wirkens vermeidet und damit die Beziehung erst eigentlich gefährdet. Im Kapitel 4 wird eingehender besprochen werden, wie es im Zusammenleben auch zu einer Asynchronie der Entwicklungen der Partner kommen kann, zu Spannungen, weil Interesse und Richtung der persönlichen Entwicklungen der Partner auseinander driften. Beantwortetes Wirken richtet sich auf das Bewirken von Wirkungen aus, erreichte Wirkungen aber schaffen neue Ausgangssituationen für weiteres Wirken. Das Erreichte kann für die Beteiligten unterschiedliche Bedeutung haben und unterschiedliches weiteres Wirken herausfordern. Die Geburt eines gemeinsam ersehnten Kindes kann bei der Frau eine intensive Zuwendung zum Kind mit sich bringen mit Intensivierung ihres beantworteten Wirkens, während der Mann sich von der Frau eventuell vernachlässigt und von der Beziehung zum Kind ausgeschlossen fühlt und somit eine Abnahme seines Beantwortetwerdens erfährt. Die Pensionierung kann für einen beruflich unbcfriedigten Mann die Freude auslösen, nun endlich Zeit für die Realisierung seiner Interessen zu haben und somit sein beantwortetes Wirken stimulieren, die Frau aber wird vom Schrecken befallen, den Mann nun dauernd um sich herum zu haben und in ihrem Wirken eingeschränkt zu werden. Das Aufrechterhalten und Ausgleichen von beantwortetem Wirken in einer Lebensgemeinschaft ist eine dauernd notwendige und oft konflikthafte Aufgabe.

Auch im *Berufsbereich* ist es schwierig, beantwortetes Wirken im Laufe einer Karriere immer wieder zu schaffen und zu erhalten. Jede Form von Routine führt zu einer Verminderung an Herausforderung und damit zu Abnahme der Intensität beantworteten Wirkens. Beruflicher Erfolg, also positive Beantwortung des eigenen Wirkens, wird in der Regel mit Beförderung honoriert. Beförderung bringt neue Herausforderungen mit sich, mit veränderten Beziehungen zu den Mitarbeitern und den «Kunden», mit veränderter Verantwortung und vermehrten Entscheidungsbefugnissen und Selbständigkeit. Das Befördertwerden hat einen wichtigen sozialen Aspekt. Gesellschaftlich wird jemand eingestuft nach der Stufe, die er in der Hierarchie einnimmt. Wer beruflich hochkommt, genießt hohes Sozialprestige, wer nicht befördert wird, ist gekränkt und beschämt. Nun liegt es im Wesen der Hierarchien, dass sie eine breite Basis haben und eine sich zunehmend verschmälernde Spitze, dass somit mit zunehmendem Alter immer mehr Berufstätige aus der Beförderung ausscheiden. Sind mit 20 Jahren noch alle etwa auf ähnlicher Stufe an der Basis der Hierarchien, so ergeben sich mit 30 Jahren bereits Unterschiede, indem einige in untere Kaderpositionen befördert wurden, während andere schon außerhalb einer beruflichen Karriere stehen. Mit 40 Jahren haben manche schon Spitzenpositionen erreicht, andere stehen immer noch hoffnungsfroh in den oberen Rängen der Hierarchien. Mit rund 50 Jahren ist der Zenit der beruflichen Karriere meist erreicht, aber nur wenige haben Spitzenpositionen erreicht, die große Mehrzahl ist auf irgendeiner Stufe aus weiterer Beförderung ausgeschieden, oft verbunden mit dem Gefühl der Benachteiligung, der beruflichen Kränkung und Zurücksetzung und dem Gefühl, auf ein Nebengeleise abgeschoben worden zu sein. Durch Ausscheiden und Verdrängtwerden verliert eine Person das stimulierende Spannungsfeld, die berufliche Koevolution mit Mitarbeitern klingt aus, und es besteht eine ernst zu nehmende Risikosituation für die Entwicklung chronifizierender Krankheiten und damit für eine auf Invalidität hinzielende Krankheitskarriere.

Das Risiko für einen Zusammenbruch der koevolutiven Spannungsfelder im Berufsbereich kann auch entstehen durch die Pensionierung eines Chefs, auf den man in einer Art Sohnverhältnis ausgerichtet war und der einen wohlwollend gefördert hatte. Es folgt, in einem Alter, in dem es schwierig ist, anderweitig eine Stelle zu finden, ein Chef, der möglicherweise jünger ist als man selbst, dem man eventuell in einem Auswahlverfahren unterlegen war und der eher motiviert ist, jüngere Mitarbeiter nachzuziehen als ältere von seinem Vorgänger zu übernehmen. Andere Klippen sind Beförderungen von gleichgestellten Mitarbeitern oder das Überholtwerden durch Jüngere mit schwerer Kränkung über die empfundene Benachteiligung und dem Gefühl, in seinem Wert und seinen Verdiensten nicht angemessene Anerkennung gefunden zu haben.

Andere Möglichkeiten sind Betriebsrationalisierungen mit Verlust einer Arbeitsstelle trotz größtem Einsatz und hoher beruflicher Leistung. Das Gefühl, ohne Kontrolle über die Situation den Entscheiden höherer Mächte ausgeliefert zu sein, kann ebenfalls zum Zusammenbruch des Engagements führen. Es kann die Tendenz zu Rückzug auftreten, um weitere derartige Kränkungen zu vermeiden. Wiederum anders verhält es sich bei Personen, die von der erreichten Position überfordert sind und sich, um ihre Inkompetenz zu verbergen, zurückziehen.

Rund die Hälfte der Berufstätigen lassen sich vorzeitig pensionieren, wobei viele dafür verantwortlich gemachte Gesundheitsstörungen sich auf dem Boden unbefriedigender Arbeitsverhältnisse entwickelt haben. Durch die aktuelle Beschäftigungssituation und das Bestreben nach Lean Production fallen immer mehr Menschen aus dem regulären Arbeitsprozess heraus. Es besteht die Gefahr, dass die Betriebe sich sanieren und hohe Gewinne einbringen durch Betriebsrationalisierungen, deren Folgekosten der Sozialstaat zu tragen hat. Dringend notwendig wäre eine vermehrte Aktivität im Bereich der Prävention auf allen Stufen. Es sollte die Bevölkerung vermehrt auf die Gesundheitsrisiken von Karrierebrüchen hingewiesen werden. Die Unternehmer sollten sich vermehrt für die menschlichen und indirekten ökonomischen Folgen von Rationalisierungsmaßnahmen mitverantwortlich fühlen. Es sollten aber insbesondere auch Betroffene in einem viel früheren Stadium der Entwicklung auf die Möglichkeit der therapeutischen Aufarbeitung persönlicher Kränkungen hingewiesen werden.

2.8 Der theoretische Kontext des ökologischen Therapiemodells

Der ökologische Ansatz, wie er in diesem Buch vertreten wird, ist nicht einer bestimmten therapeutischen Schule oder wissenschaftlichen Tradition verpflichtet, sondern ist das Resultat eines theoretischen und praktischen Suchprozesses einer über Jahrzehnte dauernden therapeutischen Tätigkeit. Ohne Anspruch auf Vollständigkeit will ich einige Autoren aufführen, von denen ich wichtige Anregungen erhalten habe und denen ich mich verbunden fühle. Unser Ansatz lässt sich im Einzelnen nicht scharf von anderen Modellen abgrenzen, beansprucht aber als Ganzes eine Eigenständigkeit und lässt sich nicht einem bestehenden Konzept subsumieren.

Dadurch, dass ich mich mit der einschlägigen Literatur teilweise erst im Nachhinein befasst habe, wirkt die hier zitierte Literatur wenig integriert und inkonsistent.

a) Jean Piaget

Wichtige theoretische Anregungen erhielt ich von Jean Piaget. Piaget fand eines seiner zentralen Themen in der «Passung» von Lebewesen und Umwelt. Lebewesen passen sich durch Lernen und Selektion an die Umwelt an, aber sie passen auch die Umwelt durch aktive Gestaltung und Selektion an ihre Bedürfnisse und Möglichkeiten an. Jeder Austausch zwischen Individuum und Umwelt geschieht über Tätigsein. Das gilt insbesondere auch für Wahrnehmen und Erkenntnis. Wir können die Welt nur erkennen, indem wir auf sie einwirken. Der Säugling erkennt die Mutterbrust nur saugend. «Pour comprendre il faut construire.» Am Anfang steht die Tat. Piaget sieht die Schemata, ähnlich wie Kelly die persönlichen Konstrukte, nicht als Abbilder der Realität, sondern als Bewältigungshilfen, um die Welt zu erkennen und handelnd mit ihr umzugehen. Persönliche Entwicklung wird durch Akkommodation ausgelöst, durch den Widerstand, den die Objekte der Person entgegensetzen, wenn sie sich nicht assimilieren lassen. Es muss also ein Nicht-Passen – eine negative Beantwortung in unserer Sprache – konstatiert werden, damit Akkommodation ausgelöst wird. Diese Beobachtung haben wir in unserer Theorie insofern übernommen, als Entwicklung wesentlich durch Unterstützung, Begrenzung und Herausforderung der Bezugspersonen stimuliert wird (Willi, 1991). Persönlichkeitsentwicklung ist Akkommodation von Schemata, die die Akkommodation aller anderen Schemata notwendig macht und damit die persönliche Struktur verändert. Die Person entwickelt sich in Kontinuität, d. h. sie integriert das neu Erworbene ins Alte. Jede Entwicklung baut auf bereits vorhandenen Strukturen auf, alle Anpassungen entwickeln sich so, dass der Organismus an seine Umgebung angepasst bleibt.

Die kognitiven Begriffe Akkommodation und Assimilation möchte ich auf das Handeln, auf das beantwortete Wirken erweitern. So weit wie möglich möchte die Person sich ihre Nische gemäß ihren intentionalen Schemata schaffen und die Beantwortungen der Nische in die ihr vertrauten Schemata assimilieren. Doch wenn ihre Schemata für das Erreichen der Intentionen nicht geeignet sind, wird sie zuerst versuchen, die Schemata ihres Gegenübers zu verändern und erst dann, wenn es unumgänglich geworden ist, die eigenen Schemata zu akkommodieren. Fassung ist also ein interaktioneller Prozess zwischen Person und Objekt.

Piaget hat viele Forschungsarbeiten angeregt, welche seine Gedanken über die kognitive Entwicklungstheorie hinausgeführt haben. Erwähnt seien nur zwei Namen. Zunächst Robbie Case, welcher die persönliche Entwicklung als Problemlösen sieht. Der Mensch vollzieht nicht bewusst Entwicklung, sondern ist dauernd mit Problemlösungen beschäftigt, die Teil seiner Entwicklung sind. Jede Kompetenzstufe setzt alle anderen Kompetenzstufen voraus. Problemlösen ist der allgemeine Regulationsprozess der Person, gleichzeitig das, was die Entwicklung befördert und sie ankurbelt. Ferner August Flammer (1988, 1990), der die Wechselwirkung zwischen Performanz und Kompetenz betont: Performanz, die aktiven Vollzugsprozesse, die Handlungen oder das Problemlösen, setzen Kompetenz voraus und entwickeln die Kompetenz, die ihrerseits wieder der Performanz zugrunde liegt. Die objektiven Gegebenheiten der Umwelt setzen Möglichkeiten und Grenzen, Handlungen zu vollziehen. Doch nur handelnd kann Kompetenz erworben werden, das gilt auch für das Soziale und für die Kompetenz im Umgang mit emotionalen Konflikten.

b) George Kelly

Zwischen der Schematheorie von Jean Piaget und der Psychologie der persönlichen Konstrukte von George Kelly bestehen viele Überschneidungen, aber auch Unterschiede, die ich hier nicht eingehend beschreiben kann. Nach Kelly ist der Mensch Bewegung, Prozess, wobei er mehr durch die Zukunft bewegt wird als durch die Vergangenheit. Die Vergangenheit kanalisiert die Bewegung auf die Zukunft hin durch die gemachten Erfahrungen, welche zu Konstrukten gerinnen. Konstrukte sind innere Schablonen, Leitplanken oder Muster des Denkens, die sich aus wiederholten Erfahrungen durch Unterscheidung des Typischen vom Nichttypischen gebildet haben. Die Bildung von Konstrukten ermöglicht es einer Person, sich in einer vertrauten Welt zu bewegen, sich in der Welt auszukennen und mit ihr umzugehen. Konstrukte erleichtern das Sich-zurecht-Finden in immer wieder neuen Situationen, indem die Person zunächst das ihr Vertraute wahrnimmt und dieses dann schrittweise differenziert. So sieht die Person zunächst immer nur das, was sie schon kennt. Eine ähnliche Funktion wie die – inneren – persönlichen Konstrukte hat die von uns beschriebene persönliche Nische. Konstrukte und Nische ergänzen sich. Auch die äußere – soziale, materielle oder ideelle – Nische ermöglicht es einer Person, sich in einer vertrauten Umgebung zu bewegen, in der sie sich auskennt. Die persönlichen Nische erleichtert es ihr, sich in immer wieder neuen Situationen zurechtzufinden und die persönliche Einflusssphäre auf das Unvertraute schrittweise auszudehnen und sich dieses im beantworteten Wirken anzueignen. Persönliche Konstrukte wie persönliche Nische sind die Leitlinien für das Handeln und werden ihrerseits durch handelnde Erfahrung konstruiert und modifiziert. Kelly meint, die persönlichen Konstrukte dienten den Menschen zur Antizipation von Ereignissen. Die Psychologie der persönlichen Konstrukte wird auch eine antizipatorische Theorie des Verhaltens genannt, der Mensch als intuitiver Wissenschaftler, dessen Ziel es ist, Verhalten vorherzusagen und zu verstehen. Um dieses Ziel zu erreichen, bildet der Mensch Hypothesen über die Welt und das Selbst, sammelt Fakten, um diese Hypothesen zu bestätigen oder zu entkräften. Er verändert seine Konstrukte und sein Konstruktsystem laufend, um neuen Fakten Rechnung zu tragen. Nach Kelly gibt es keine Realität. Die Realität liegt im Auge des Betrachters. Piaget und Kelly befassten sich mit dem Wahrnehmen und Erkennen. Beide zeigen, wie dieses innerhalb verfestigter Strukturen stattfindet, die die Entwicklung des Erkennens leiten, obwohl sie ihrerseits durch Erkennen gebildet und bestätigt werden. Der ökologische Ansatz ergänzt diese Sicht mit dem Wirken und dem Schaffen äußerer Strukturen, die sich ebenfalls verfestigen und das weitere Wirken leiten. Zwischen inneren Schemata bzw. persönlichen Konstrukten einerseits und der persönlichen Nische andererseits bestehen viele Parallelen und Wechselwirkungen. Aufgrund der inneren Schemata schafft sich eine Person die persönliche Nische, die persönliche Nische ihrerseits schafft und bestätigt die persönlichen Konstrukte.

c) Die russischen und osteuropäischen Tätigkeitspsychologen

Besonders angesprochen fühle ich mich von der Tätigkeitspsychologie russischer und osteuropäischer Psychologen (Wygotski, Rubinstein, Leontjew oder Tomazewski), die betonen, dass nicht nur der einzelne Mensch in Entwicklung ist, sondern auch die Umwelt, mit der er interagiert. Die Entwicklung des Individuums lässt sich nur im Kontext der Umgebungsentwicklung verstehen. Tätigkeit hinterlässt Spuren, Tätigkeit macht Geschichte, Tätigkeit verändert laufend die Bedingungen der Entwicklung. Der Motor der Entwicklung ist die Konfrontation mit Widersprüchen. Es sind die Widersprüche in jeder Existenz, welche Veränderungen herbeiführen. Ist diese Änderung die Lösung, so schafft sie bereits den nächsten Widerspruch. Widersprüche sind die Grundlage des Entwicklungsfortschrittes und nicht das Erreichen von Gleichgewicht. In diesem Sinne unterscheiden sich diese Forscher von Piaget, Lewin und vielen anderen Theoretikern, die der Meinung waren, der Mensch strebe nach Homöostase oder Entspannung. Gemäß den Tätigkeitspsychologen gibt es keine stabilen Gleichgewichtszustände. Sobald scheinbar ein Gleichgewicht erreicht wird, tauchen neue Fragen und Zweifel im Individuum und in der Gesellschaft auf. Individuen sind nie im Ruhezustand, sondern immer in Bewegung. In dieser Ruhelosigkeit sind Individuen nie je perfekt aufeinander abgestimmt. Es gibt keine Harmonie, vielmehr muss durch menschliche Anstrengung die Synchronisierung der verschiedenen Verläufe von Individuen und Gesellschaft laufend hergestellt werden.

Auf die Bedeutung des laufenden Tätigseins wies bereits Karl Marx hin: «Indem (der Mensch) ... auf die Natur außer ihm wirkt und sie verändert, verändert er zugleich seine eigene Natur» (Riegel, 1981, cit. Flammer, 1988, S. 252). Leontjew bezeichnete die Tätigkeit als das Sein von Lebewesen. Durch Tätigkeit entwickelt sich das Individuum, indem es sich anpasst und Informationen aufnimmt; durch Tätigkeit aber verändert es auch schon die Bedingungen, welche hernach wieder Anpassung herausfordern und Information liefern. Die

Entwicklung des Individuums vollzieht sich also immer in der Interaktion mit der sozialen und physischen Umwelt und hat auch immer Wirkungen auf diese. Auch der Erwachsene kann bis ins hohe Alter nicht nicht-in-Entwicklung-sein.

d) Das Individuum als Produzent seiner eigenen Entwicklung. Plananalyse und Handlungspsychologie

Lerner (1981) bezeichnet das Individuum als Produzent seiner eigenen Entwicklung. Die Entwicklung des Individuums wird zwar wesentlich durch Umweltbedingungen beeinflusst, prägt aber ihrerseits die individuelle Umwelt. So konnte Lerner (1982) zeigen, wie Kinder mit ihrer eigenen körperlichen Erscheinung für sich eine soziale Umwelt stiften, die ihre eigene Entwicklung mitbestimmt. Der Charakter des Individuums und seiner Umgebung passen mehr oder weniger gut zusammen. Geht man davon aus, dass jedes Individuum seine Umwelt dauernd verändert und selbst durch die Umwelt verändert wird, folgert daraus, dass es nie zweimal die gleiche Individuum-Umwelt-Beziehung geben kann. «Man kann nicht zweimal in denselben Fluss steigen, alles fließt» (Heraklit).

Meines Erachtens streben Menschen nicht bewusst und explizit ihre persönliche Entwicklung an. Entwicklung ist eher ein implizites Nebenprodukt erzielter Wirkungen. Die durch das Wirken veränderte Umgebung ermöglicht neue Pläne und fordert neue Motivationen heraus. Dauerhafte Misserfolge rufen nach Korrekturen von Plänen, Erfolge ermutigen zum Fortschreiten in der eingeschlagenen Richtung. Menschen streben handelnd danach, ihre kurzfristigen und mittelfristigen Ziele zu erreichen. Dadurch verändern sie aber laufend die Bedingungen ihrer eigenen Entwicklung, auch wenn sie das nicht reflektieren. Persönliche Entwicklung ist dann der Nebeneffekt von Erfahrungen und Kompetenzen, die durch Handlungen erworben werden und wiederum die Wirkungen des Handelns bestimmen. Wer lernt, kommt im Beruf voran, was weitere persönliche Entwicklung notwendig macht. Durch Handlungen entwickeln und verändern sich Einstellungen und Motive, die ihrerseits entwicklungsrelevant sind. Die durch Handlungen erzielten Wirkungen entwickeln teilweise ihre Eigendynamik, die von der Person nicht mehr kontrolliert wird, aber Auslöser für weiteres Handeln sein kann. Meist sind Handlungsziele lediglich Unterziele auf dem Weg zu höheren Zielen. Doch auch die höheren Ziele werden laufend durch die erzielten Wirkungen modifiziert. Ähnliche Gedanken wurden von der Handlungspsychologie ausgearbeitet (siehe Miller, Galanter und Pribram, 1960/1973; Heckhausen, 1989; E. Boesch, 1980) und finden sich insbesondere in der von Klaus Grawe und Franz Caspar ausgearbeiteten Plananalyse (1984).

e) Schwerpunkt in der Interaktion

Das interaktionelle Modell der Persönlichkeit (Endler and Magnusson, 1976; Magnusson and Endler, 1977; Bowers, 1973) sieht in der Situation ebenso eine Funktion der Person, wie deren Verhalten eine Funktion der Situation ist. Personen schaffen sich ihre Umwelten und reagieren auf diese. Die Person ist ein intentionales und aktives Wesen in diesem Prozesse. Kognitive, motivationelle und emotionale Faktoren spielen eine wichtige Rolle für das Verhalten (Endler, 1983).

Vom Interaktionismus unterscheidet sich unser Ansatz vor allem in der Zeitdimension. Endler (1982) kritisiert, dass der Interaktionismus bisher immer nur «Schnappschüsse von einem oder zwei fixierten Zeitpunkten behandelt hat, dass es aber noch an Prozessen oder Verläufen von Ereignissen fehlt. Es wäre wichtiger, die Entstehung von sozialen Interaktionen in ihrem Längsschnitt zu erforschen als zu versuchen, Voraussagen über deren Inhalt zu machen. Wir beschäftigen uns eher mit statischen Schnappschüssen als mit Filmen» (Endler, 1982, S. 192). Unser ökologischen Ansatz interessiert sich für den Prozess, der sich zwischen der Person und ihrer Nische oder zwischen koevolvierenden Partnern entwickelt, und die Art und Weise, wie sie sich gegenseitig selektiv in ihrem Wirken beeinflussen. Die in diesem Buch vertretene ökologische Sicht befasst sich mit den selbst geschaffenen Rahmenbedingungen, die sich verfestigen und die Weiterentwicklung der Person äußerlich leiten.

Therapeutisch wurde eine interpersonelle Theorie vom amerikanischen Psychiater Harry Stack Sullivan in den 30er und 40er Jahren entwickelt. Sullivan betonte die soziale Natur des Menschen und beschrieb Psychiatrie, Persönlichkeit und Behandlungskonzepte in interpersonellen Begriffen. Er legte den Schwerpunkt auf die aktuelle Interaktion im zwischenmenschlichen Feld, in welchem sich Störungen bilden und in welchem sie auch behandelt werden können. Er war in seinem Denken stark von der Psychoanalyse inspiriert. Gestörtes Verhalten sah er als Folge gestörter Beziehungen. Er strich den Anteil von Bezugspersonen, insbesondere der Eltern, an der Bildung psychischer Störungen hervor.

Sullivans Theorie bildet eine wichtige Grundlage für die Interpersonal Psychotherapy IPT von Klerman und Weissman, einem Therapiekonzept, das gegenwärtig in den USA viel Beachtung findet und dessen Evaluation eine rege Forschungstätigkeit stimuliert hat.

f) Kurt Lewins Persönlichkeitsentwicklung als Funktion des Lebensraumes und Urie Bronfenbrenners Ökologie der menschlichen Entwicklung

Weitere wichtige Anregungen für unser Konzept der Psychoökologie und Koevolution habe ich von Kurt Lewin (1946/1963) erhalten, der ein eindrückliches Modell für die persönliche Entwicklung als Funktion der Gesamtsituation, als Funktion ihres Lebensraumes beschrieben hat. Der Lebensraum einer Person besteht aus ihr selbst und aus ihrer psychologischen Umwelt, umgeben von der nichtpsychologischen Umwelt, für die er den Begriff «psychologische Ökologie» vorgeschlagen hat. Diese nichtpsychologische Umwelt beeinflusst als Faktoren wie Klima, Verkehr, Gesetze, Organisation usw. den Lebensraum, das psychologische Feld, in welchem sich die Person entwickelt. Bronfenbrenner (1979/1981, 1983) hat diesen Gedanken weiter ausgearbeitet mit seinem Modell der Ökologie der menschlichen Entwicklung. Er betont die große Bedeutung, welche der Kontext für die Interaktion von Eltern mit ihren Kindern hat, d. h. nicht nur der Kontext der Familie (Mikrosystem), sondern auch jener der

Mesosysteme, d. h. der Beziehungen etwa der Eltern zu Nachbarn oder der Eltern zu Lehrern, dann das Exosystem, die Beziehungen, welche die Eltern zu andern Personen haben, die nicht direkt mit dem Kind interagieren, also beispielsweise Arbeitgeber oder Mitarbeiter, und schließlich das Makrosystem, das kulturelle Umfeld, in welchem die Familie lebt. Bronfenbrenner betonte, dass, wer auf die Entwicklung von (Klein-)Kindern einen nachhaltigen Einfluss nehmen will, die Bezugspersonen der Eltern stützen muss, die Familie und das Familienumfeld. Entwicklungsförderung einzelner Kinder funktioniert nur als Entwicklungsförderung aller Bezugspersonen im Umfeld dieser Kinder. Es geht Bronfenbrenner um die Rahmenbedingungen, in welchen die kindliche Entwicklung stattfindet, während wir uns in der therapeutischen Arbeit eher mit den Möglichkeiten der Person, sich eine entwicklungsstimulierende Umwelt zu schaffen, beschäftigen.

In Lewins Modell von Person und Umwelt sind viele Parallelen zu meiner Beschreibung der intentionalen Korrespondenz von Person und Bezugsperson. Lewin sieht den innerpersonalen Bereich als Zellen, welche durch eine persönliche Tatsache bestimmt sind. Ebenso sieht er die Umwelt in bestimmte Bereiche gegliedert, denen die Person subjektiv Bedeutung zumisst. Es entsteht ein komplexes Geflecht von Interaktionen zwischen den intrapersonellen Zellen und den Bereichen der Umwelt. Umweltbereiche verändern die Person, persönliche Bereiche verändern die Umwelt. Die Umweltbereiche enthalten bestimmte Aufforderungscharaktere für die Person, d. h. Valenzen. Die Person hat Bedürfnisse, Wünsche, Motive, und diese Bedürfnisse verknüpfen sich mit gewissen Eigenschaften der Umwelt, welche dann die einzelnen Handlungen bestimmen. Dabei spielt die Valenz eines Bereiches der psychologischen Umwelt als Auslöser von Handlungen eine wichtige Rolle. Positive Umweltvalenzen ziehen an, negative stoßen ab. Bedürfnisse statten die Umwelt mit Werten, mit Valenzen aus. Die psychologische Umwelt betrifft also nicht die objektive Umgebung des Individuums, sondern ihre subjektive Repräsentation.

Mit Lewins Modell wäre eine gute Grundlage vorhanden für die Ausarbeitung koevolutiver Prozesse, in welchen Partner, die zusammenleben, einander gegenseitig die Bereiche der psychologischen Umwelt bilden, mit denen ein jedes interagiert. Meines Wissens ist dieses Modell jedoch bisher kaum für die Einzel-, Paar- und Familientherapie weiter ausgearbeitet worden.

g) Angewandte Systemtheorie

Aufgrund meines therapeutischen Schwerpunktes der letzten 25 Jahre in der Paartherapie hat die angewandte Systemtheorie mein therapeutisches Denken und Handeln stark beeinflusst. Von zentraler Bedeutung ist die zirkuläre Kausalität oder Rekursivität, also das Abrücken vom linearen Ursache-Wirkung-Denken zum Denken in Prozessen, die vielfach determiniert sind, komplexe Interaktionsmuster beinhalten, oft in Circuli vitiosi ausmünden und sich in pathologischen Beziehungsmustern fixieren. Wichtig ist für mich die Kontextabhängigkeit von Verhalten, insbesondere auch der funktionale Charakter von Symptombildungen und Störungen, mit deren Hilfe soziale Systeme sich in scheinbar nicht anders lösbaren Problemsituationen regulieren.

Dennoch würde ich mich heute nicht primär den systemischen Therapeuten zuzählen. Mein theoretisches Denken blieb auf einer weniger hohen Abstraktionsstufe und näher beim klinisch unmittelbar Beobachtbaren. Das soziale System mit seinen Strukturen, Regeln, Spielen und Regelkreisen war für mich nie die zentrale Beobachtungseinheit, sondern Personen, die mit ihren Motivationen, Wünschen, Phantasien und Ängsten diese Systeme organisieren, um miteinander Ziele zu erreichen, die sie allein nicht erreichen können. Aber die Zielsetzungen der Mitglieder von sozialen Systemen bleiben in meiner Sichtweise individuell, sind oft voneinander verschieden und stehen miteinander in Konflikt.

In diesem Sinne lag mein Interesse bezüglich der neueren Tendenzen der systemischen Familientherapie auch weniger auf der familiären Epistemologie oder der familiären Konstruktion der Wirk-

2 Die Theorie des beantworteten Wirkens ... 95

lichkeit, mit den daraus abgeleiteten Spielregeln und Handlungsan-
leitungen, als auf den miteinander in Konflikt stehenden individuellen Konstruktionen einer vermeintlich gemeinsamen Wirklichkeit, so
wie wir es mit der Technik der Konstruktdifferenzierung (Willi, Limacher, Frei und Brussel, 1992) herausgearbeitet haben. Vielleicht sah
ich aufgrund meiner Erfahrungen aus der Paartherapie stärker das
individuell Unterschiedliche, während Familientherapeuten eher das
familiär Gemeinsame wahrnehmen. In diesem Sinn sehe ich ein Paar
weniger als ein ganzheitliches System, sondern eher als einen koevolutiven Prozess mit individuelleren Fragestellungen wie: Welche persönlichen Entwicklungen ermöglichen die Partner einander? Wie
fordern Partner sich gegenseitig in ihrer persönlichen Entwicklung
heraus, begrenzen einander oder geben einander Unterstützung? In
welchen persönlichen Entwicklungen andererseits blockieren sich die
Partner? Wo liegen korrespondierende Ansprechbarkeiten zur Vermeidung einer anstehenden Entwicklung vor? Wie verführen Partner
einander mit kollusiven Angeboten oder verstärken und fixieren sich
in eskalierender Destruktivität?

Mit Interesse, aber auch mit einiger Zurückhaltung nahm ich am
Übergang der systemischen Therapie von der Kybernetik I. Ordnung
zur Kybernetik II. Ordnung (H. von Foerster, 1981) teil, d. h. am
Übergang von der Beobachtung von Familien als gestörten Systemen
zur Beobachtung von Problemsystemen, welche alle in das Problem
verwickelten Personen einschließen. Damit wird der Therapeut selbst
Teil des zu beobachtenden Systems. Das therapeutische Interesse verschob sich damit von der gestörten Familie auf die Beziehung des Be-
obachters zu dem von ihm beobachteten und ihn beobachtenden
Gegenstand, was die Komplexität der Fragestellung wesentlich erhöhte. «Was geschieht, wenn Beobachter Beobachter dabei beobachten, wie sie Beobachter beim Beobachten beobachten?», fragt Fritz
Simon (1994). Dieser von Goolishian und Anderson (1987), Boscolo,
Cecchin, Hoffman und Penn (1988) u. a. initiierte Einstellungswandel hat insbesondere auch im deutschen Sprachraum eine intensive
theoretische Diskussion ausgelöst. Der radikale Konstruktivismus

96   Teil A: Theoretische Grundlagen der ökologischen Psychotherapie

trug dazu bei, sich bewusst zu werden, dass es auch in der Wissenschaft keine Wahrheiten gibt, sondern immer nur Konstruktionen von Wirklichkeit, dass es somit auch keine psychiatrische und psychotherapeutische Objektivität gibt. Das, was wir als real bezeichnen, wird durch Konversation geschaffen. Wandel in der Therapie ist nichts anderes als Veränderung der Bedeutung durch Dialog. Der Therapeut bringt seine Sichtweise der Dinge in die Konversation ein, die an sich keinen höheren Wahrheitsanspruch hat als jene des Klienten, aber dennoch den Klienten herausfordert, die eigene Sichtweise zu überdenken und womöglich zu erweitern. Es liegt nicht in der Kompetenz und Verantwortung des Therapeuten, die für den Patienten richtigen Lösungen zu kennen, sondern den Raum zu schaffen, in welchem sich dieser Dialog ereignen und neue Bedeutung und ein anderes Problemverständnis entstehen kann. Der Therapeut soll dabei selbst offen sein, seine Meinung immer wieder zu ändern. Ziel wäre, dass das problemorganisierende System sich im Laufe der Therapie auflöst und sich neue systemische Organisationen ergeben.

Folgerichtig werden psychiatrische Diagnosen, Problemdefinitionen oder definierte Therapiemethoden abgelehnt, weil sie auf der Meinung gründen, es gebe ein objektivierbares Problem, es gebe eine objektive Kompetenz, der Therapeut sei ein Experte, der wisse, wie man ein pathologisches System in ein gesundes verändere. Psychiatrische Diagnosen werden als Konventionen und Vereinbarungen gesehen, es gibt an sich keine beobachterunabhängigen Beobachtungen.

Diese neueren Trends der systemischen Therapie legen den Finger auf wichtige wunde Punkte der therapeutischen Praxis. Sicher besteht die Gefahr, Expertentum immer wieder zu missbrauchen, um Patienten richtige Lösungen aufzudrängen, selbst gegen ihren Willen. Oft wird damit ein Problem eher vergrößert und fixiert als gelöst. Es kann nicht genug betont werden, dass es letztlich der Patient oder die Familie ist, die entscheiden, was von dem, was der Therapeut sagt, sie annehmen können und wollen und welche Lösungen des Problems sie finden, welche Wege sie beschreiten und welche Konstruktionen ihrer Wirklichkeit sie ändern oder beibehalten wollen. Sicher sind erkenntnistheoretische Überlegungen wichtig, welche die Objektivierbarkeit psychischer Störungen und Probleme und die ganze Psychopathologie hinterfragen. Nach meiner Meinung ist trotz aller Bedenken das Streben nach «Objektivierbarkeit» eine notwendige Voraussetzung, um überhaupt psychische Störungen nach rationalen und wissenschaftlichen Kriterien differenziert zu erfassen und zu behandeln. «Objektivierbarkeit» ist dabei nicht mit Erkenntnis von Wahrheit gleichzusetzen, sondern ist letztlich immer eine Konstruktion der wissenschaftlichen Wirklichkeit, die so lange passt, wie sie passt, und dann verändert werden muss, wenn sie nicht mehr passt (Paradigmenwechsel nach Thomas Kuhn, 1962/1973). Ohne Bemühen um Objektivierbarkeit ist keine empirische Forschung und Therapieevaluation möglich, und Psychiatrie und Psychotherapie können nicht mehr den Anspruch erheben, mit wissenschaftlich kontrollierbaren Methoden zu arbeiten. Der radikale Versuch, die professionelle Rolle des Therapeuten einzuebnen und Therapie als eine Begegnung von Mensch zu Mensch zu verstehen, hatte schon in den 1970er Jahren unter dem Einfluss der antiautoritären und antipsychiatrischen Bewegung zu vielerlei Experimenten geführt, die sich wieder verliefen, insbesondere weil sie nicht den Erwartungen der Patienten an den Therapeuten entsprachen.

h) Das Konzept der Autopoiese und der Ko-Ontogenese von Humberto Maturana und Francisco Varela

Von den in der systemischen Therapie diskutierten Autoren messe ich dem Konzept der Autopoiese von Maturana und Varela (1984/1987) große Bedeutung bei. Entsprechend der beruflichen Herkunft der beiden Autoren handelt es sich dabei um ein biologisches Konzept. Sie beschreiben, dass jedes Lebewesen als Einheit in einem ständigen Wandel seiner Struktur, unter Wahrung seiner eigenen Organisation, steht. Die Ontogenese ist die Geschichte des strukturellen Wandels eines Organismus ohne Verlust seiner Organisation. Dieser strukturelle Wandel findet in jedem Augenblick statt. Er kann durch Interaktion mit dem umgebenden Milieu ausgelöst werden oder ist Ergebnis der inneren Dynamik des Organismus selbst. Voraussetzung der Interaktion des Organismus mit seiner Umgebung ist eine strukturelle Übereinstimmung, eine strukturelle Koppelung. Die Umgebung verursacht für den Organismus Perturbationen. Es ist jedoch das Lebewesen selbst, welches bestimmt, zu welchem Wandel es infolge dieser Perturbationen in ihm kommt. Die Wirkung wird also durch die Umwelt nur ausgelöst, die Entwicklung wird angestoßen, aber nicht determiniert. Wenn die Perturbationen zum Verlust der eigenen Organisation, der Autopoiese führen würden, kommt es zur Auflösung, zur Destruktion des Organismus. Die Interaktion zwischen Organismus und Umwelt muss im Bereich der Kompatibilität, der Verträglichkeit bleiben, wo Organismus und Milieu sich gegenseitig Quelle von Perturbationen sind. Der strukturelle Wandel eines Lebewesens wird durch die Notwendigkeit, die Autopoiese zu erhalten, eingeschränkt. Andererseits muss eine ständige strukturelle Anpassung erfolgen, um die Interaktion mit der Umwelt zu ermöglichen. Der Organismus befindet sich in einem laufenden strukturellen Driften, um die Kompatibilität mit dem Milieu immer wieder herzustellen.

Liegt Interaktion zwischen zwei Lebewesen vor, so ist jeder Organismus Quelle von Perturbationen für den anderen. Es kommt zu einem gemeinsamen strukturellen Driften dieser Organismen, zu einer Ko-Ontogenese, an welcher beide Organismen durch ihre strukturelle Koppelung beteiligt sind, wobei jeder seine eigene Organisation bewahrt. Organismen von sozialen Systemen verwirklichen ihre individuellen Ontogenesen als Teil eines Netzwerkes von Ko-Ontogenesen, die sich bei der Bildung dieses Systems hervorbringen. Die Darstellung von Maturana und Varela lässt sich mit großem Gewinn auf die Koevolution von Menschen, die zusammenleben, übertragen. Im Zusammenleben ist es notwendig, dass jede Person ihre Autopoiese, ihre psychische Selbstregulation bewahrt, weil es ansonsten zur Destruktion der Person, zur Auflösung des Individuums kommt. Im Zusammenleben verursachen sich Partner gegenseitig laufend Perturbationen, welche immer wieder neue Anpassungsleistungen, eine strukturelle Koppelung, erfordern. Bei Kollusionen (siehe Kap. 4) dagegen kommt es zu Übergriffen, bei welchen die Partner einander nicht mehr nur in ihrer Entwicklung stimulieren, sondern determinieren.

Koevolution, d. h. die gegenseitige Beeinflussung der Persönlichkeitsentwicklung von Menschen, die zusammenleben, wurde bisher vor allem in der Interaktion zwischen Kleinkind und Betreuungsperson erforscht. Daniel Stern hat sehr schön beschrieben, wie das Baby das Sozialverhalten der Betreuungsperson steuert, im Einander-Anblicken, in Blickdistanz, Kopfpräsentation, Lächeln, Sprachlauten usw. Die Babyforschung hat sich auch mit der Entstehung von Pathologie befasst, etwa mit Unter- oder Überstimulation des Kleinkindes durch die Eltern oder durch Regulierungsfehlschläge und paradoxe Stimulation. Die Koevolution von Erwachsenen zu studieren ist außerordentlich komplex wegen der Vielzahl intervenierender Variablen. Es gibt heute zwar eine große Interaktionsforschung. Inwiefern jedoch Lebensläufe und damit persönliche Entwicklungen durch das Zusammenleben beeinflusst werden, ist schwierig zu erforschen. Leichter erfassbar ist die Koevolution aber im Zusammenhang mit dem Auftreten von Störungen des Zusammenlebens bzw. der Selbstregulation der Partner. Wir beschränken das Thema der Koevolution deshalb vor allem auf diesen Aspekt, der für die klinische Praxis der Einzel-, Paar- und Familientherapie auch am relevantesten ist.

3 Gesunde und gestörte Regulation der Persönlichkeit durch beantwortetes Wirken

Weshalb ist das beantwortete Wirken für die Person so wichtig? Über das beantwortete Wirken ist die Person laufend daran, psychische Gesundheit herzustellen und ihre Fähigkeiten und psychischen Strukturen zu entwickeln, insbesondere ihre Ich-Funktionen, ihre Realitätsprüfung, ihr Selbstwertgefühl und ihre Identität.

Ist das beantwortete Wirken gefährdet, ist die psychische Gesundheit gefährdet, ist die psychische Gesundheit gefährdet, so ist das beantwortete Wirken gefährdet. Psychische Störungen aller Art verstärken Tendenzen zu sozialem Rückzug und zu Egozentrismus, was das Verfehlen positiver Beantwortung weiter verstärkt. Die Wichtigkeit der Erhaltung eines positiv beantworteten Wirkens lässt verstehen, weshalb Personen bei Gefährdung von Beziehungen ökologische Schutzmaßnahmen einsetzen, die ähnlich wirken wie der Einsatz psychischer Abwehrmechanismen zur Erhaltung des inneren Gleichgewichts.

Weshalb gehören Bezugspersonen zu den wichtigsten persönlichen Ressourcen? Es wird dem Phänomen des Mit-teilens und Anteilnehmens nachgegangen, insbesondere auch der Art, wie Bezugspersonen den Einsatz von Abwehrmechanismen induzieren, wenn jemand in der Wahrung seines inneren Gleichgewichts gefährdet ist.

Es werden drei Dilemmas aufgeführt, in welchen die Person bezüglich der Erhaltung ihrer persönlichen Wirksamkeit steht. Sie steht im Dilemma, dass sie beantwortetes Wirken einerseits zur Selbstbestätigung braucht, andererseits damit auch das Risiko von Kränkungen eingeht, dass sie einerseits der Intensität beantworteten Wirkens verlustig zu gehen droht, wenn sie sich nicht auf den ständigen Wandel von Beziehungen einlässt, andererseits durch ebendiesen Wandel auch das Risiko von Beziehungsverlust eingeht. Ein drittes Dilemma liegt darin, dass die Intensität beantworteten Wirkens sich in emotionaler Dramatik erhöht, aber damit auch besonders leicht der Kontrolle entgleitet.

Das Kapitel schließt mit der Beschreibung verschiedener psychischer Symptombildungen als Beispiele, wie Symptome eingesetzt werden können, um in einer Situation der Überforderung das beantwortete Wirken zu erhalten und den Bezugspersonen in verschlüsselter Form die innere Not mitzuteilen. In diesem Sinne leitet dieses Kapitel zur therapeutischen Praxis über, findet aber erst in Kapitel 6 seine Fortsetzung.

3.1 Die Bedeutung des beantworteten Wirkens für die psychische Regulation der Person und ihre Entwicklung

Die ökologische Psychotherapie gründet auf der These, dass das beantwortete Wirken für die gesunde Regulation der Person von zentraler Bedeutung ist, aber ebenso pathologische Entwicklungen begünstigt und fixiert. Von Geburt bis ins hohe Alter steht der Mensch in dauernder Beziehungsarbeit. Der Mensch ist ein Wesen, das aktiv und intentional auf seine Umwelt einwirkt und diese Wirkung für seine seelische «Ernährung» genauso zu brauchen scheint wie die Luft zum Atmen. Implizite übt und entwickelt er damit ständig seine psychischen Funktionen. Das beantwortete Wirken von Person und Objekt ist von zentraler Bedeutung für die Entfaltung folgender psychischer Grundfunktionen:

a) Ich-Funktionen

Ich-Funktionen wie Wahrnehmen, Lernen, Denken, Willen, Planen, Erinnern, Verarbeiten, Integrieren usw. werden in der ständigen äußeren Herausforderung ausgebildet, durch das Stellen von Aufgaben, Suchen nach Lösungen und Überwinden von Widerständen, welche die Objekte der Nische den Intentionen des Subjekts entgegensetzen. Um auf die Umwelt einwirken zu können, muss die Person kreativ und erfinderisch sein. Sie muss Ziele formulieren und an deren Erreichung kontinuierlich arbeiten. Sie muss ihre eigene Wahrnehmung differenzieren und offen sein für die Notwendigkeit, vorbestehende Konstrukte zu modifizieren. Am Widerstand der Umwelt übt das Ich seine Impulstoleranz, sein Aufschubvermögen und seine Sublimationsfähigkeit. Das Ich gewinnt entscheidend an Konsistenzkraft und Struktur durch sein Bestreben, den Widerstand der Umwelt zu überwinden. Unsere Ich-Organisation strukturiert sich erst in der Interaktion mit der Umwelt.

b) Realitätsprüfung

Jean Piaget wies nach, dass das Kind seine Intelligenz entwickelt durch Anstreben von Erfolgen im Einwirken auf die Umwelt. Die Umwelt ist für das Kind ein zu erobernder Gegenstand. Im ständigen Wiederholen des Einwirkens macht das Kind seine ersten Umwelterfahrungen, die sich zu Schemata verdichten, zu Strukturen seiner Intelligenz, die mit immer neuen Erfahrungen differenziert werden. George Kelly meint mit den persönlichen Konstrukten etwas Ähnliches. Die Konstrukte sind geronnene Erfahrungen, sind Schablonen oder Muster, mit welchen eine Person neue Ereignisse wahrnimmt, ordnet und interpretiert, sie sind Hypothesen, die wir bilden, um die Welt zu erkennen und handelnd mit ihr umzugehen. Die Konstrukte bilden die Grundlage für die subjektive Konstruktion der Realität. Diese Konstruktionen sind so lange «wahr», wie sie nicht in Widerspruch geraten mit neuen tätigen Erfahrungen. Treten Ereignisse ein, die wir nicht in dieses Konstruktsystem einordnen können, so müssen die Konstrukte erweitert oder modifiziert werden, bis die Person wieder über ein Konstruktsystem verfügt, mit welchem sie handelnd in ihrer Umwelt zurechtkommt. Die Konstrukte bedürfen also einer laufenden Validierung in der realen Interaktion mit der Umwelt, um ausreichend kompatibel, d. h. passend für das weitere intentionale Einwirken auf die Umwelt zu sein (siehe auch die Darstellung des radikalen Konstruktivismus von Ernst von Glasersfeld).

c) Selbstwertgefühl

Die narzisstische Homöostase ist stark von der narzisstischen Zufuhr vonseiten der Objekte abhängig (Mentzos, 1984, S. 52). Auch der Erwachsene braucht genauso wie das Kind die Spiegelung des Selbst in den Augen seiner Liebesobjekte (Kohut, 1979). Der Erwachsene unterscheidet sich vom Säugling dadurch, dass er flexibler und variabler ist im Aufsuchen positiv bewerteten Wirkens, dass er momentane negative Rückmeldungen ertragen kann, indem er sie in größere Zusammenhänge zu stellen oder durch Bestätigungen von anderer Seite zu kompensieren vermag. Zu den wichtigsten Stützen des Selbstwertgefühls gehören die Wirkungen auf die mitmenschliche Umwelt. Selbst negative und destruktive Wirkungen sind besser als keine. Sich als wirkungslos zu erfahren heißt, sich als nichtexistent zu erleben. Ein positives Selbstwertgefühl kann sich nur entwickeln und erhalten, solange ein Mensch sich von seiner Umwelt gebraucht fühlt, solange er Aufgaben findet, in welchen er Bestätigung erhält und sein Leben als sinnvoll erfährt. Das Selbstwertgefühl des Kindes bildet sich im Geliebtwerden durch seine familiäre Umwelt. Wer einmal ein gutes Selbstwertgefühl entwickelt hat, wird später eher die Fähigkeit haben, andere zu veranlassen, ihm mit Liebe zu begegnen. Liebesbeziehungen bleiben lebenslang die wichtigsten Ressourcen eines guten Selbstwertgefühls. Eine weitere wichtige Quelle der Bestätigung des Selbstwerts ist in unserer Kultur die berufliche Arbeit. Arbeitslosigkeit ist denn auch eine der wichtigsten Verunsicherungen des Selbstwertgefühls.

d) Identität

Nach Erikson wird als Identitätsgefühl die Wahrnehmung der eigenen Gleichheit und Kontinuität in der Zeit und der damit verbundenen Wahrnehmung, dass auch andere diese Gleichheit und Kontinuität erkennen, bezeichnet (Erikson, 1973, S. 18). Für die Identitätsbildung des jungen Menschen ist wesentlich, dass er sich von seiner Umwelt erkannt und beantwortet fühlt (Erikson, 1959, S. 138). Die laufende Sicherung und Versicherung der eigenen Selbstkonstrukte bzw. der Identität scheint aber nicht nur für Jugendliche, sondern auch für das ganze Erwachsenenalter wichtig. Die Rückmeldungen einer antwortenden Umwelt bestätigen die Selbstdefinitionen, aber sie korrigieren, modifizieren und differenzieren sie auch. Identität ist nicht eine unveränderliche Gegebenheit, sondern etwas, das wächst und sich weiter entwickelt. Identität bildet sich aber nicht nur in der positiven Bestätigung, sondern mindestens ebenso sehr dadurch, dass wir uns anders fühlen als das Objekt, insbesondere als unser mitmenschliches Gegenüber. Oft ist es weniger ein «So bin ich» als «So bin ich nicht. Ich bin anders».

Wie Fritz Simon (1994) aus systemtheoretischer Sicht betont, sind lebende Systeme prozesshaft organisiert, d. h., ihre Strukturen bleiben nicht selbstverständlich bestehen, sie bedürfen zu ihrer Aufrechterhaltung der laufenden aktiven Herstellung. Die Statik lebender Strukturen ist das Ergebnis einer paradoxen Organisation: Statik ist das Resultat von Dynamik, Beständigkeit ist das Ergebnis ständiger Veränderung. Erklärungsbedürftig ist nicht der Wandel, sondern die Nichtveränderung. Wie kann Identität bewahrt werden? Der Strukturerhalt eines lebenden Systems ist an ständige Wiederholungen gebunden. Niemand bleibt, wer er ist, es sei denn, er wiederholt, was ihn früher zu dem gemacht hat, was er ist. Wirklichkeitskonstruktionen gewinnen ihre Stabilität dadurch, dass sie alltäglich ihre Bestätigung finden. Ein lebendes System kann nach Maturana und Varela (1987) als Einheit nur überleben, wenn es seine Struktur unter den Perturbationen der Umwelt aufrechtzuerhalten vermag.

Die persönliche Identität, das Konzept des «Wer bin ich? Woher komme ich? Wohin gehe ich?» ist eingebettet und bestärkt durch die soziale Identität, durch die Zugehörigkeit zu größeren sozialen Organisationen wie Familie, Berufsgruppe, Freizeitgruppe, politische Gruppe, Nation, Konfession usw. Innerhalb dieser Zugehörigkeit kann die persönliche Identität bestärkt werden durch die Übernahme sozialer Rollen und durch eine soziale Umwelt, welche einem ein Gefühl der Sinnhaftigkeit der eigenen Existenz und eines *sense of coherence* (Antonovsky, 1987) vermittelt.

3.2 Unter emotionaler Belastung kommt es zum Rückzug in Egozentrismus

3.2.1 Das Danebengeraten des beantworteten Wirkens

Psychische Gesundheit ist nicht einfach das Fehlen psychischer Krankheit, sie ist nicht ein Zustand, der als gegeben vorausgesetzt werden kann, solange keine überfordernden Belastungen vorliegen. Psychische Gesundheit ist etwas, das laufend von der Person hergestellt werden muss durch aktiven Austausch mit ihrer Umwelt. Psychische Gesundheit ist nicht ein Zustand von Homöostase. Der Normalzustand ist nach Antonovsky (1993) ein psychischer Ungleichgewichtszustand, der immer mit Leiden und mehr oder weniger psychischer Pathologie verbunden ist.

Zwischen der wirkenden Person und dem Objekt besteht nie eine völlige Harmonie, sondern immer ein Spannungsverhältnis, eine unvollkommene Entsprechung, welche laufend Leiden, Schmerzen, Frustrationen und Verunsicherungen verursachen und die Menschen laufend zu einer anstrengenden Anpassungsarbeit herausfordern. Störungen des beantworteten Wirkens können sich grundsätzlich ergeben, wenn die Intentionen und die Handlungskompetenz der Person nicht der Ansprechbarkeit des Objektes entsprechen oder wenn das Objekt sich den Handlungsintentionen der Person verweigert, oder als vertrautes Gegenüber einer Person verloren geht (Objektverlust). Bei hohem emotionalem Druck oder Aktivierung angstbesetzter Konstrukte fällt es einer Person schwer, die anstrengende Anpassungsarbeit zu leisten und Intentionen, Pläne und Wirkungen auf die intentionale Ansprechbarkeit des Objektes abzustimmen und die Rückmeldungen des Objektes ständig in die Korrektur der Intentionen einzubeziehen. Um im beantworteten Wirken erfolgreich zu sein, müssen Intentionen und Wirken laufend die zu erwartende Beantwortung des Objektes vorwegnehmen, die eigenen Intentionen akkommodieren und gleichzeitig versuchen, die Intentionen des

Gegenübers zu berücksichtigen und zu beeinflussen. Erfolgreiches Wirken setzt mühsame Realitätsprüfung voraus, erfordert Kritikfähigkeit, Lernfähigkeit, Anpassungsfähigkeit, Frustrationstoleranz, Bereitschaft zum Aufschieben der Bedürfnisbefriedigung, Flexibilität mit gleichzeitiger Beharrlichkeit.

Piaget hat den Egozentrismus des Kleinkindes beschrieben. Kleinkinder spielen eher nebeneinander als miteinander. Mit zunehmender Dezentrierung lernt das Kind, dasselbe aus verschiedenen Perspektiven zu sehen und sich auf Standpunkte anderer einzustellen. Dies ist nicht eine moralische Qualität, sondern eine kognitive Leistung. Gleichzeitig erweitert sich auch das räumliche Vorstellungsvermögen. Das Kind lernt, verschiedene Punkte im Raum aufeinander zu beziehen und logischer zu denken. Unter hoher emotionaler Belastung können beim Erwachsenen diese erst spät erworbenen Fähigkeiten wieder verloren gehen. Disstress aller Art verstärkt im Sinne einer Überlebensstrategie den Egozentrismus. Es ist dies ein verständlicher Schutz des narzisstischen Gleichgewichts. Dieser Schutz erschwert es aber gleichzeitig einer Person, flexibel auf die Erfordernisse der Situation einzugehen.

Störungen des beantworteten Wirkens gehören zu den sensibelsten Indikatoren psychischer Störungen aller Art. Wir reagieren sensibel darauf, wenn jemand zu viel oder am falschen Ort lacht, uns jemand fixiert oder den Blickkontakt meidet, wenn jemand Nähe–Distanz nicht adäquat einstellt, wenn jemand sich affektiv inadäquat verhält usw. Bereits geringfügige Abweichungen des üblichen persönlichen Verhaltens lösen eine korrigierende Beantwortung der persönlichen Nische aus.

Wenn ein Grenzbereich überschritten wird, versucht das Objekt zunächst, die Person auf ein Fehlverhalten hinzuweisen. Bei Erfolglosigkeit wird es sich abgrenzen, die Person als verhaltensgestört, böswillig oder abnorm betrachten und sich von ihr zurückziehen. Damit wird jedoch die gerade in dieser Situation für die Person besonders wichtige Beantwortung reduziert und die Person stärker sich selbst überlassen.

3.2.2 Der Rückzug in Egozentrismus und dessen Folgen

Negative Beantwortung durch die Nischenobjekte – unabhängig davon, ob primär durch die Person veranlasst oder von den Nischenobjekten ausgehend – löst in der Person Frustration und Kränkung aus und fördert oft den Rückzug auf sich selbst, den Rückzug in eine autistische Privatwelt, in welcher sie sich im Sinne einer Kausalattribution eine Erklärung für das Verhalten des Objekts und eine Rechtfertigung für das eigene Verhalten konstruiert.

Nicht nur die Nischenobjekte ziehen sich in dieser Situation von der Person zurück, die Person – frustriert und gekränkt – neigt ebenfalls zum Rückzug in Egozentrismus. Statt sich auf das reale beantwortete Wirken zu konzentrieren, verlegt sie sich auf beantwortetes Wirken in der Phantasie, in welcher sie sich halluzinatorische Wunscherfüllungen und Wiedergutmachungen durch das Objekt vorstellt oder sich als omnipotenter Rächer am frustrierenden Objekt sieht. Unter dem Rückzug vom realitätsbezogenen beantworteten Wirken werden die persönlichen Konstrukte übermächtig, da die Person diese nicht mehr durch die Beantwortung des Objektes korrigieren und anpassen muss. Es besteht die Gefahr, dass das reale Einwirken auf Objekte noch unangepasster und inadäquater wird, die Beantwortung durch die Objekte dementsprechend noch frustrierender und der Rückzug ins phantasierte beantwortete Wirken noch intensiver. Der Rückzug auf vorgestelltes beantwortetes Wirken kann zu einer Dämonisierung und Entwertung der realen Nischenobjekte und zu einer kompensatorischen Aufblähung des Selbst führen. Angesichts der Schlechtigkeit, Bösartigkeit oder Feigheit der Umwelt bleibt kein anderer Weg als der Rückzug auf sich selbst. Das Ausweichen in phantasierte Beziehungen bleibt jedoch nicht ohne Folgen auf die Beantwortung durch die realen Nischenobjekte. Die Person wird mit weniger Sorgfalt mit den Nischenobjekten interagieren, sich diesen gegenüber desinteressiert oder arrogant zeigen, wodurch deren Beantwortung noch negativer wird, was das Ausweichen in phantasierte Beziehungen noch verstärkt und weiter legitimiert.

Inadäquates Einwirken auf die Objekte führt zu frustrierender Beantwortung, die zum Kränkungsschutz inadäquat wahrgenommen und verarbeitet wird, womit die persönlichen Konstrukte nicht mehr ausreichend durch die Realität überprüft werden. Die inneren Vorstellungen werden übermächtig, es entwickelt sich kompensatorisch ein phantasiertes beantwortetes Wirken, wodurch die Gefahr entsteht, dass das reale beantwortete Wirken noch inadäquater wird, da ihm weiter Energie und Sorgfalt entzogen wird.

Wenn hier das Ausweichen in phantasiertes beantwortetes Wirken als Abwehr und Bewältigungsstrategie beschrieben wird, soll nicht übersehen werden, dass phantasiertes Verhalten und Handeln als antizipiertes Handeln und Probehandeln eine sehr wichtige Funktion zur Vorbereitung realen Handelns hat. Generell lebt der Mensch stärker in seinen Träumen und Phantasien als in konkreten Interaktionen, aber die konkreten Interaktionen haben reale Folgen und sind deshalb von besonderer Bedeutung.

Das Ausweichen in ein phantasiertes beantwortetes Wirken ist als

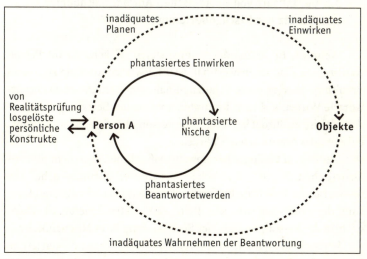

Abb. 3: Das Ausweichen in phantasiertes beantwortetes Wirken

3 Gesunde und gestörte Regulation der Persönlichkeit ... 109

vorübergehender Zustand ein normales Bewältigungsverhalten bei Kränkungen und Frustrationen durch Objekte. Der zurückgewiesene Liebhaber etwa malt sich aus, wie die begehrte Frau ihn im Grunde dem Rivalen vorziehen würde, wenn sie nur den Mut dazu hätte. Im Berufsbereich phantasiert sich die frustrierte Person, wie ihr wahrer Wert erst zu einem späteren Zeitpunkt erkannt werde und was sie alles hätte tun können, wenn sie nur wirklich gewollt hätte. Das Leben in Phantasiewelten, Tagträumen und Zukunftserwartungen hat aber auch eine wichtige kompensatorische Funktion für Menschen, die sozioökonomisch benachteiligt sind und an diesem Zustand wenig ändern können, also insbesondere die Millionen von Armen in den Drittweltländern. Ihr beantwortetes Wirken beschränkt sich meist auf die sozialen Beziehungen in Familie und Dorfgemeinschaft, während eine positive Beantwortung ihrer Arbeit in nur sehr beschränktem Maße erzielbar ist.

3.3 Der Einsatz von ökologischen Abwehrmaßnahmen zum Schutz der Nischenbeziehung

Wenn die Erhaltung des beantworteten Wirkens für die Person psychischen Überlebenswert hat, ist zu erwarten, dass sie zu dessen Erhaltung über spezielle Schutzmaßnahmen verfügt. Da das beantwortete Wirken insbesondere unter emotionaler Belastung in besonderer Weise gefährdet ist, verfügt die Person über Strategien zur Absicherung des beantworteten Wirkens.

Der Begriff ökologischer Abwehrmaßnahmen steht dem psychoanalytischen Begriff psychischer Abwehrmechanismus nahe. Die ökologischen Abwehrmaßnahmen dienen jedoch nicht der Stabilisierung des durch unerträgliche Reize gefährdeten inneren Gleichgewichtes der Person, sondern der Stabilisierung ihres Nischenbezugs.

In psychoanalytischer Sicht werden Abwehrmechanismen (Anna Freud, 1978) eingesetzt, wenn das Ich von angsterregenden, schmerzlichen, peinlichen oder schulderzeugenden Vorstellungen bedroht ist und sich vor Überforderung und Affektüberflutung schützen muss. Dabei werden belastende Vorstellungen aus dem Bewusstsein ausgeklammert oder in ihrer Bedeutung verändert, um ein ausreichend funktionsfähiges inneres Gleichgewicht zu erhalten und das Ich vor Desintegration zu bewahren. Diese intrapsychische Bedeutung von Abwehrmechanismen wird durch die beziehungsökologische Sichtweise erweitert: Schutzmaßnahmen werden benützt, um eine als wenig stabil beurteilte Nischenbeziehung nicht zu belasten oder die persönliche Nische vor heftigen Affekten der Person zu schützen.

Wenn eine Person in ihrer Selbstregulation durch Affektüberflutung bedroht ist, so ist gleichzeitig ihre Fähigkeit zu produktivem Austausch in ihrer Nische gefährdet. Ökologische Abwehrmaßnahmen werden eingesetzt, um den Nischenbezug um jeden Preis zu erhalten. Ein Zusammenbruch des Nischenbezugs etwa im Beruf führt zu Verlust von Stellung, Status und Prestige und damit zu eventuell irreparablen Schäden, die als solche zu einem weiteren Stressor werden, welcher das Ich in seinem intrapsychischen Regulationsvermögen zusätzlich gefährdet. Bedrohliche Affekte und Vorstellungen sind «Privatsache», solange sie den Nischenbezug nicht tangieren. Sie werden jedoch der Verfügbarkeit der Person entzogen, wenn sie zu realen Wirkungen führen, wenn Tatsachen geschaffen werden, welche von der Person nicht mehr ungeschehen gemacht werden können. Diese Tatsachen können eine nicht weiter kontrollierbare Eigendynamik entfalten und z. B. als üble Nachrede oder als Rufschädigung in der Erinnerung anderer Menschen fortbestehen und die Regenerationsmöglichkeit der Person beeinträchtigen.

In Analogie zur Einteilung der von Anna Freud beschriebenen klassischen Abwehrmechanismen nach Leigh und Reiser (1982) können auch die ökologischen Abwehrmaßnahmen in folgender Weise gruppiert werden:

a) Abwehrmaßnahmen, welche hauptsächlich die Wahrnehmung beziehungsgefährdender Vorstellungen verändern

Dazu gehören Verleugnen, Verschieben, Projizieren, Introjizieren usw. Beziehungsökologisch gesehen geht es bei der Verleugnung um eine unerträgliche Vorstellung, deren Wahrnehmung den Bezugspersonen gegenüber verleugnet wird als etwas, das es nicht gibt und somit die Nischenbeziehung weder belasten noch beunruhigen kann. «Unsere Beziehung ist harmonisch, wir haben keine sexuellen Konflikte, wir kennen keine Eifersucht, Untreue ist für uns kein Thema, nichts kann uns trennen.» Durch die Äußerung von Verleugnung wird auf die Bezugsperson eingewirkt und sie auf das Mitagieren in der Verleugnungshaltung behaftet, um damit die Nischenbeziehung zu sichern. Die beunruhigende Vorstellung wird dann durch Projektion und Verschiebung von der eigenen Beziehung auf andere Leute abgelenkt und dort wahrgenommen. Auch hier wird auf die Nischenpartner eingewirkt, dieser Wahrnehmung zuzustimmen: «Ein Glück, dass unsere Beziehung so harmonisch ist und nicht von sexuellen Konflikten belastet wie bei Rita und Andreas. Kein Wunder, dass Andreas eine Freundin hat. Wann kommt es wohl zur Scheidung?» Das gemeinsame Sich-Entsetzen, Schimpfen und Sich-Abgrenzen gegenüber anderen Betroffenen soll die eigene Beziehungsnische enger und verbindlicher machen. Der Sündenbock hat eine wichtige Funktion, um die Nischenbeziehung zu stärken und die Aggressionen in der Nischenbeziehung auf andere Personen abzulenken.

Ist die eigene Beziehung zu Partnern durch gefährliche Phantasien, Affekte und Vorstellungen gefährdet, so kann ein Verdrängungsprozess einsetzen, in welchem die Partner sich bezüglich des gefährlichen Themas ausschweigen und sich auf ein anderes Thema ablenken im Sinne der Gegenbesetzung. Da das Verdrängte weiterhin wirksam bleibt, schränkt sich die Beziehung auf jene Bereiche ein, die jenseits der Gefahrenzone liegen. Besonders in lang dauernden Beziehungen wie in einer Ehe können weite Bereiche der Beziehung durch Verdrängung aus der Kommunikation ausgeschlossen werden, was die Entwicklung der Beziehung lähmt.

b) Abwehrmaßnahmen, welche die Bedeutung beziehungs-gefährdender Vorstellungen verändern

Hier wird die Beunruhigende Vorstellung zwar zugelassen, sie wird jedoch unschädlich gemacht, indem ihr eine andere Bedeutung zugeschrieben wird. Dazu gehört das Rationalisieren, Intellektualisieren, Isolieren usw. Beziehungsökologisch gesehen werden beziehungsbelastende Vorstellungen neutralisiert, indem Streit und Auseinandersetzungen vermieden werden dadurch, dass das Konflikthafte und Belastende auf reine Fakten reduziert wird, denen keine emotionale Bedeutung zukommt. Dadurch wird gehofft, die Nischenbeziehung zu sichern, Streitigkeiten auszuklammern und die Situation im Griff zu behalten.

c) Abwehrmaßnahmen, welche das Beziehungsverhalten verändern

Ist die Nischenbeziehung durch Konflikte gefährdet, können Besänftigungsmaßnahmen als Abwehrmaßnahmen eingesetzt werden. Hierzu gehört die Regression, das Bemühen, sich selbst klein zu machen, sich als naiv, arglos, übersensibel oder zerbrechlich anzubieten und sich so ganz der Verfügung des Partners anheim zu stellen. Oder man sucht durch Identifikation mit dem Aggressor die Schuld an der belastenden Konfliktsituation ganz auf sich zu ziehen, sich rückhaltlos anzuklagen und damit dem bedrohlichen Partner den Wind aus den Segeln zu nehmen. Oder es wird das Gegenteil versucht: Durch Einschüchterung, Demütigung und Erniedrigung soll der Partner verunsichert und damit fest an einen gebunden werden. Die Reaktionsbildung als Abwehrmechanismus hat definitionsgemäß einen ökologischen Aspekt. Durch besonders liebevolles Verhalten soll der Beziehung jede Gefährdung entzogen werden, die eintreten könnte, wenn man nicht in der Lage wäre, negative Gefühle wie Wut, Ärger und Eifersucht zu neutralisieren. Der die Beziehung gefährdende Impuls wird in ein Verhalten umgesetzt, mit dem man das Gegenteil zu kommunizieren versucht. Der erotisch stimulierte Arzt verhält sich der Patientin gegenüber besonders barsch, eine Krankenschwester zeigt sich einem lästigen Patienten gegenüber besonders aufopferungsvoll.

3.4 Bezugspersonen als teilnehmende Ressource

Schutzmaßnahmen in der Form von Abwehrmechanismen werden sehr häufig durch Bezugspersonen eingesetzt, um die Verarbeitung eines unerträglichen Reizes – Schmerz, Trauer, Angst, Schuldgefühl – zu unterstützen. Entfliegt einem Kind der eben gekaufte Ballon, so wird die Mutter es trösten durch Aufruf zum Einsatz von Abwehrmechanismen («Es ist alles nicht so schlimm, morgen kauf ich dir einen anderen, sieh dort das rote Auto»). Im Sinne von Verdrängung und Gegenbesetzung wird sie das Kind auffordern, nicht mehr an ein belastendes Ereignis zu denken, sie wird versuchen, es abzulenken oder dem Widerfahrenen eine andere Bedeutung zu geben («Genau gesehen ist das Ereignis gar nicht so schlimm»), oder sie wird das Kind im Sinne einer Reaktionsbildung aufrufen, sich zusammenzureißen, tapfer zu sein und Haltung zu bewahren. Ähnliche Trostrituale werden auch von Freunden und Angehörigen eingesetzt, besonders spektakulär in Sportveranstaltungen, bei denen die Verlierer von den Reportern mit ähnlichem Zuspruch wieder aufgerichtet werden.

3.4.1 Geteiltes Leid ist halbes Leid

Weshalb wirkt es entlastend, wenn man unter psychischem Druck sich mit jemandem aussprechen kann? Wann und wie kommt es zur Entlastung, wenn beispielsweise eine berufliche Kränkung oder das Vorliegen einer beunruhigenden körperlichen Krankheit einem Freund mitgeteilt wird, der einem dabei im eigentlichen Sinne weder helfen kann noch selbst von dieser Tatsache direkt betroffen ist? Im

Grunde kann er einem das Leid nicht abnehmen und doch gilt: «Geteiltes Leid ist halbes Leid». Für die Erfahrung des Teilens von Leid gibt es viele Begriffe wie «mitteilen» (im Französischen partager, im Englischen to share), «Mitleid», «Anteilnahme», «abladen», «sich erleichtern». Diese im Alltagsbewusstsein tief verankerten Erfahrungen weisen auf die Bedeutung des hier postulierten ökologischen Ansatzes hin, gemäß welchem Personen sich in hohem Maße in Beziehungen regulieren und mitmenschliche Anteilnahme zu den wichtigsten Copingressourcen zur Bewältigung von Verlusterlebnissen und Belastungen gehört.

Das Mit-Teilen eines belastenden oder bedrohlichen Ereignisses löst beim Zuhörer meist folgendes Verhalten aus: Um jede Schwächung oder Demütigung des Erzählenden zu vermeiden und nicht den Anschein zu erwecken, sich überlegen zu fühlen, wird versucht, den Abstand zum Erzählenden klein zu halten, indem man sich als jemanden darstellt, dem Ähnliches widerfahren ist und der dabei auch Angst, Schmerz oder Schuldgefühle empfunden hat. Der Verweis auf eigenes Erleben soll dem Betroffenen auch zeigen, dass die Belastung bewältigt werden kann und dass man über diesbezügliche Erfahrung verfügt.

Die belastende Vorstellung kann sich dann aber über den Zuhörenden hinaus weiter in angrenzende soziale Nischen ausbreiten. Oft wird der Zuhörende das Erfahrene anderen Personen weitererzählen und mit ihnen über den Betroffenen und dessen Lebenssituation sprechen. Es entsteht ein Phänomen, das ähnlich ist, wie wenn man einen Stein in ein ruhiges Wasser wirft und die Welle sich ringförmig ausbreitet auf immer größere Kreise, um dann, wenn sie an einer Mauer anschlägt, wieder zurückgeworfen zu werden bis zum Zentrum, von welchem sie ausgegangen ist. Ähnlich können die Reaktionen auf die belastende Information wieder auf die betroffene Person zurückschlagen. Die Bezugspersonen legitimieren ihre helfende, entlastende oder konfrontierende Stellungnahme gegenüber der betroffenen Person mit den Reaktionen anderer, die ebenfalls der Meinung seien, dass ... Es gibt viele Menschen, die besonders gute Zuhörer

3 Gesunde und gestörte Regulation der Persönlichkeit ... 115

sind, die sich aber selbst sehr schlecht abgrenzen können und rasch überbelastet wären, wenn sie nicht über die Möglichkeit verfügen würden, das Aufgenommene selbst gleich wieder weiterzugeben und damit abzuladen. Andere dagegen nehmen eine feste Haltung ein. Sie nehmen die Information entgegen und bewahren sie, ohne sich darüber mit anderen zu besprechen.

3.4.2 Induktion psychischer Abwehrmechanismen durch die Nische

Bezugspersonen, insbesondere die Partner, stehen einer von Überforderung bedrohten Person bei ihrer *innerpsychischen Regulation* bei, indem sie die klassischen Abwehrmechanismen nach Anna Freud induzieren. Teilt eine Person ihre Beunruhigung durch angsterregende, schulderzeugende oder schamerfüllte Vorstellungen ihren Partnern mit, so raten ihr diese häufig direkt zum Einsatz von Abwehrmechanismen. Verdrängung wird induziert mit Bemerkungen wie «Denk nicht mehr dran, versuch dich abzulenken», Verleugnung mit «Das hast du ganz falsch verstanden, das war nicht so gemeint», Rationalisierung mit «Du misst dem viel zu viel Bedeutung bei, genau besehen ist das alles gar nicht schlimm, verglichen mit anderen geht es dir trotzdem noch sehr gut, reiß dich zusammen, vorläufig haben wir die Situation noch im Griff», Projektion mit «Das ist doch gar nicht dein Problem, sondern das Problem der anderen, versuche, dich klarer abzugrenzen».

Es ist also zu unterscheiden zwischen ökologischen Schutzmaßnahmen und psychischen Abwehrmechanismen: *Ökologische Schutzmaßnahmen werden eingesetzt zur Stabilisierung der bedrohten Beziehungen zu anderen Menschen, psychische Abwehrmechanismen dagegen zur Stabilisierung des persönlichen Gleichgewichts.* Zur Induktion psychischer Abwehrmechanismen durch Bezugspersonen kommt es, wenn die Bezugspersonen das bedrohte persönliche Gleichgewicht einer Person stärken möchten. Die Induktion psychischer Abwehrmechanismen ist zu unterscheiden von der interpersonalen Abwehr (Mentzos, 1976). Bei der interpersonalen Abwehr werden Verhaltensweisen des Partners zur eigenen neurotischen Konfliktabwehr benützt. So kann etwa eine paranoide Persönlichkeit ihre Bezugspersonen provozieren, ihr Schlechtes zuzufügen, womit sie ihre paranoide Reaktion vor sich und der Umwelt zu legitimieren vermag. Die interpersonale Abwehr wird im Kapitel 7 über Kollusion abgehandelt.

3.5 Persönliche Dilemmas im beantworteten Wirken

Die ökologische Psychotherapie beruht auf der These, dass die Person sich wesentlich in Beziehungen reguliert und die Erfahrung eigener Wirksamkeit für ihr Wohlbefinden, ihr Selbstwertgefühl und für die Entwicklung ihrer psychischen Funktionen von zentraler Bedeutung ist. Intensives Einwirken verändert jedoch laufend die Nische, sodass sich die Person immer wieder neue Voraussetzungen für weiteres Wirken schaffen muss. Da die Bezugspersonen sich jedoch ebenfalls in ihrem Wirken wandeln, ist im zeitlichen Längsschnitt ein beantwortetes Wirken nur in einem laufend sich verändernden Beziehungsfeld möglich. Die Ergebnisse gemeinsamen Wirkens wirken auf die Beziehung zurück. Eine Kooperation, die erfolgreich ist, geht häufig in Rivalität über. Erziehung, Schulung und Hilfe führen nicht zu ewiger Anhänglichkeit und Dankbarkeit, sondern – wenn sie erfolgreich sind – zur Verselbständigung und Distanzierung des Hilfeempfängers. Es ist ein verständliches Bedürfnis der Person, ihr beantwortetes Wirken absichern zu wollen. Es ist aber gerade das Bestreben nach Absicherung, welches die besondere Gefahr in sich birgt, die spannungsvolle Herausforderung, auf welcher das beantwortete Wirken beruht, zu verlieren. Je geringer die Ressourcen einer Person sind, desto eher fühlt sie sich auf das Erhalten eines einmal erreichten beantworteten Wirkens angewiesen.

Eine gesunde, vitale Person kann sich mit einer Bezugsperson in einen Prozess gegenseitig beantworteten Wirkens einlassen im Bewusstsein, sich aus dieser Beziehung wieder zurücknehmen und andere Beziehungen eingehen zu können, zwar unter Schmerzen, aber ohne existenziell dadurch bedroht zu werden. In einem Prozess echter Gegenseitigkeit sind sich die Partner wechselseitig agierendes Subjekt und antwortendes Objekt. Der Interaktionsprozess bewegt sich im Bereich ihrer gegenseitigen Ansprechbarkeit. Er beschränkt sich auf jene Themen, für die sich beide interessieren, und auf jene formalen Mittel, mit denen sie kommunizieren können. Die Person kann damit umgehen, dass der Bereich der gegenseitigen Entsprechung begrenzt ist und sie sich gegenseitig nie ganz verstehen, aber trotzdem sinnvoll miteinander kommunizieren und kooperieren können. Sie wird auch damit umgehen können, dass intensive persönliche Nähe auf Momente des Glücks beschränkt sind und dazwischen Zeiten alltäglicher, vertrauter Gewohnheiten liegen. Lang dauernde Beziehungen erfordern eine ständige Arbeit des Einander-gegenseitig-Suchens und Sich-einander-Erklärens, aber auch ein Leiden am Sich-fremd-Bleiben in der Liebe bzw. an der Begrenztheit des gegenseitigen Verstehens (Willi, 1991). Dieses Miteinander-Ringen und Sich-miteinander-Auseinandersetzen fällt Personen schwerer, die aufgrund vorangegangener Verletzungen auf Frustrationen überschießend zu reagieren neigen und die in ihren übergroßen Erwartungen bei den geringsten Enttäuschungen rasch in Hoffnungslosigkeit und Zerstörungswut verfallen.

Aus den vorangegangenen Abschnitten geht hervor, dass die Wirksamkeit einer Person stets gefährdet ist, dass aber deren Erhaltung für die Person sehr wichtig ist. Dabei gerät die Person in Beziehungsdilemmas, die zu lösen oftmals schwierig sind. Drei von vielen möglichen Beziehungsdilemmas seien aufgeführt:

3.5.1 Das narzisstische Dilemma zwischen Kränkungsrisiko und fehlender Wirksamkeit

Dieses Dilemma lautet:
- Entweder ich lasse mich in Beziehungen ein mit der Hoffnung auf Selbstbestätigung, aber dem Risiko, gekränkt zu werden.
- Oder ich bewahre mich vor Kränkung und Kritik, bleibe dann aber isoliert, leer und unbeantwortet.

Mit diesem Dilemma tun sich vor allem narzisstische und paranoide Persönlichkeiten schwer. Es fällt ihnen schwer, Bezugspersonen die Freiheit zu geben, sich mit eigenen Intentionen in die Beziehung einzubringen. Sie haben Mühe, sich einem Beziehungsprozess auszusetzen, in welchem sie die Beantwortung durch die Bezugsperson nicht zu kontrollieren vermögen. Obwohl sie übermäßig auf Bestätigung durch eine Bezugsperson angewiesen sind, ziehen sie sich lieber aus einer Beziehung zurück, als die Kränkung einer Ablehnung oder Entwertung zu riskieren. Das Bestreben, sich zu schützen, erzeugt in der Bezugsperson den Eindruck des mangelnden Interesses, sich in einer Beziehung zu engagieren. Die Bezugsperson fühlt sich ihrerseits nicht wahrgenommen und beantwortet. Sie hat nur die Wahl, sich einseitig auf die Bestätigung der Person auszurichten, ohne sich persönlich einzubringen oder sich der Person als eigene Persönlichkeit zuzumuten und damit den Beziehungsabbruch in Kauf zu nehmen.

Wie kann eine von diesem Dilemma betroffene Person ein Optimum an Bestätigung bei einem Minimum an Kränkungsrisiko erreichen? Es bieten sich ihr verschiedene, sowohl konstruktive wie destruktive Strategien an:

a) Das Eingehen von Beziehungen mit kontrollierbarem Kränkungsrisiko

Um das Kränkungsrisiko zu reduzieren, kann man sich in eine kontrollierbare, kleine, heile Welt zurückziehen, eine Welt, in der man sich vor Kränkungen sicher zu fühlen hofft. So können beispielsweise

Beziehungen zu einem *Haustier*, insbesondere zu einem Hund, der einem bedingungslos ergeben und treu ist, weit weniger anspruchsvoll und angsterregend sein wie zu einem Mitmenschen. Oder es werden berufliche Beziehungen zu Menschen gesucht, denen gegenüber man sich wegen ihrem geistigen oder körperlichen Gebrechen *überlegen fühlen* kann. Man setzt sich altruistisch für sie ein und glaubt, sie in Dankbarkeit an sich binden zu können.

Oder es wird gehofft, durch *Statussymbole* wie berufliche Titel, schöne Autos, prachtvolle Villa usw. sich soziale Anerkennung zu gewährleisten. Objekte, die man besitzen kann, sind vordergründig besehen am ehesten geeignet, Anerkennung, Beachtung, Wertschätzung und somit Wirksamkeit zu sichern, ohne dass man sich direkt um das beantwortete Wirken bemühen muss. Sie sprechen von selbst. Man kann sich in ihnen darstellen und für andere sichtbar machen. Der Besitzer schätzt sich glücklich, wenn er bei eingeladenen Gästen einen Ausdruck von Bewunderung, Interesse oder Neid auslösen kann und sich damit persönlich bestätigt und aufgewertet fühlt. Narzisstisch besetzte Gegenstände werden oft behandelt wie Ausläufer des eigenen Körpers, aber als solche sind sie auch zerstörbar und der Besitzer ist in ihnen verletzbar. Stimmt etwas am Auto nicht, fühlt sich der Besitzer selbst krank oder unpässlich. Wird in das Haus eingebrochen und wird er bestohlen, wird das als Verletzung der eigenen körperlichen Integrität erlebt, als ein eigenes Ausgeräumtwerden. Der Besitzer kann in maßlose Aufregung versetzt werden, wenn aus Unachtsamkeit etwa am Auto ein Kratzer verursacht wird oder wenn Kaffee auf die Platte seines antiken, mit Intarsien geschmückten Tisches verschüttet wird. Mit seinem Besitz ist er der Rücksichtslosigkeit und Respektlosigkeit anderer ausgesetzt.

In ähnlicher Weise können auch die *eigenen Werke* narzisstisch besetzt werden. Auch hier kann zunächst die Illusion bestehen, das Werk sei etwas Beständiges, Objektives, welches einen ohne weiteres Dazutun dauerhafte Anerkennung sichere und einen persönlich weniger verletzbar mache. So etwa kann ein Bildhauer seinem Werk gegenübertreten als einem Teil von sich selbst, als einem Selbstobjekt.

In seinem Werk kann er sich selbst erkennen und kann von anderen erkannt worden. Eventuell möchte er persönlich zurücktreten hinter sein Werk und sein Werk zu anderen Menschen sprechen lassen. Selbst wenn das Werk zu einem großen Erfolg wird, kommt es mit der Veröffentlichung auch zur Selbstentäußerung, die ihn in besonderer Weise persönlich verletzbar macht. Andere eignen sich das Werk an und verfügen über es. Narzisstisch gestörte Persönlichkeiten können die Enteignung ihrer Selbstobjekte oft schwer ertragen. Sie müssen es aushalten, dass ihre Werke kritisiert und missverstanden werden oder nicht die erwartete Anerkennung finden. Werden die Werke jedoch in hohem Maße beachtet, so werden sie auch kopiert und nachgeahmt.

b) Die Erweiterung der Person auf personübergreifende Systeme

Es kann auf die Entfaltung eines persönlichen Selbst verzichtet werden zugunsten der Identifikation mit einem personübergreifenden Selbst, besonders in Erscheinung tretend in Fanclubs bei Sportveranstaltungen, wo die Fans sich mit dem von ihnen idealisierten Sportverein oder einem Spitzensportler identifizieren, sich in dessen Kleidung uniformieren oder mit dessen Emblemen und Fahnen herumziehen. Das Aufgehen im Gruppenselbst wird wesentlich gefördert, wenn die Mitgliedschaft zur Gruppe polarisiert werden kann gegen Nicht-Mitglieder oder Gegengruppen. Die modernen Sekten und rechts stehenden, politischen Gruppierungen kommen dem Umstand entgegen, dass heute viele, besonders junge Menschen von der Umwandlung der Gesellschaft überfordert sind und aus ihrem schlechten Selbstwertgefühl heraus auf radikalisierte Gruppen besonders ansprechbar sind. Die Stärkung des Selbst wird gefördert durch einen strengen Gruppenkodex. Meist wird die Gruppe geleitet durch eine Identifikationsfigur, welche von ihren Mitgliedern fordert, ihr Ich aufzugeben, aufzuhören, über sich selbst nachzudenken und alles in der Welt verstehen zu wollen, und verlangt, sich bedingungslos in den Dienst des Gruppenziels zu stellen. Die Abtretung der Selbstregulation und Selbstverantwortung an die Gruppe kann

Grundlage für destruktive Exzesse bilden, wie sie die Geschichte von Kriegen, Revolutionen, Mob, Meuterei, Rassismus und Bandenverhalten bis in die neueste Zeit aufs schrecklichste darstellen.

Kernberg (1985, S. 6) hat als einen der wichtigsten Abwehrmechanismen narzisstischer Persönlichkeiten das Splitting beschrieben. Das Splitting ist jedoch nicht nur ein intraindividueller Abwehrmechanismus, sondern auch eine psychoökologische Abwehrstrategie: Dadurch dass die Beziehungen aufgespalten werden in Schwarz und Weiß, in Schlecht und Gut, in Idealisierte und Abgelehnte, wird versucht, die Gruppenkohäsion der «Guten» zu erhöhen und sich gegen die «Bösen» zusammenzuschließen und diese zu bekämpfen. Damit wird auch eine differenziertere Selbstwahrnehmung der Gruppe verhindert.

Das Splitting dient als Abwehrmechanismus nicht nur der Erhaltung des intrapsychischen Gleichgewichts, sondern als ökologischer Schutzmechanismus auch der Intensivierung des beantworteten Wirkens in der persönlichen Nische. Die Bedrohung von Objektbeziehungen durch hasserfüllte Vorstellungen kann durch Projektion der schlechten Anteile auf böse Objekte mittels Spaltung abgewehrt werden, womit die Gruppenkohäsion gesichert wird.

c) Narzisstische Partnerbeziehungen

Narzisstische Persönlichkeiten wählen nicht selten Partner, denen sie sich weit überlegen fühlen mit der Erwartung auf bedingungslose Selbstbestätigung und Idealisierung durch das Liebesobjekt. Dabei werden sie jedoch häufig vom Partner zu wenig persönlich herausgefordert, sodass die Beziehung, nachdem die Eroberung erreicht worden ist, oft leer und spannungslos wird. Es gibt aber auch Persönlichkeiten, deren Narzissmus im Verborgenen bleibt, die sich vermeidend und schüchtern oder sogar abhängig verhalten und sich einen Partner suchen, in dessen grandiosem Selbst sie sich spiegeln. Im Rahmen des Kollusionskonzeptes (Willi, 1975) habe ich diese als Komplementärnarzissten bezeichnet. Meist handelt es sich um Personen mit schweren Selbstwertdefekten, die ihre Minderwertigkeitsgefühle damit zu kompensieren versuchen, dass sie sich mit dem Größenselbst eines Partners identifizieren und an diesen keine Ansprüche zu wagen stellen. Sie setzen dem narzisstischen Partner zu wenig Widerstand entgegen, wodurch der Beziehung oft die notwendige Stimulation fehlt. Nicht selten finden sich eine narzisstische und eine komplementärnarzisstische Person zusammen zu einer miteinander inszenierten narzisstischen Kollusion (siehe Kapitel 7).

Die angeführten ökologischen Bewältigungsstrategien sind oftmals geeignet, Risikopersönlichkeiten über lange Zeit oder gar lebenslang eine ausreichende persönliche Regulation zu ermöglichen, ohne dass sie der Umwelt als eigentlich gestört auffallen. Als primäres therapeutisches Ziel sehe ich nicht die Überwindung der hohen Kränkbarkeit und des schlechten Selbstwertgefühls narzisstischer oder paranoider Persönlichkeiten, sondern die verbesserte Fähigkeit, die Umwelt, insbesondere die Nische zur Kompensation dieser Schwächen zu nutzen und destruktive Eskalationen zu vermeiden.

Destruktive Bewältigungsstrategie des Selbstwertdilemmas

Narzisstische Persönlichkeiten geben sich häufig nach außen arrogant und betont unabhängig. Sie reden sich selbst, aber auch ihrer Umgebung ein, sie seien auf Beziehungen gar nicht angewiesen, die Bezugspersonen seien ihnen ohnehin zu uninteressant, es lohne sich schon gar nicht, sich um das Eingehen von Beziehungen zu bemühen. Gleichzeitig leiden sie jedoch unter innerer Leere und einem Gefühl der Sinnlosigkeit des eigenen Lebens.

Gehen sie Beziehungen ein, so neigen sie oftmals zu einer Flucht nach vorn. Sie warten gar nicht erst, bis sie von einer Bezugsperson gekränkt werden können, sondern nehmen die befürchtete Kränkung oder die Ablehnung gleich vorweg. Als depressive Persönlichkeiten äußern sie etwa: «Ich weiß schon, dass ich euch zu blöd bin, ihr euch für mich nicht interessiert, ich euch nur zur Last falle.» Paranoide Persönlichkeiten reagieren auf die geringste Frustration überschießend mit Bemerkungen wie: «Es musste ja so kommen, wie blöd war ich, dir zu vertrauen, ich hätte ja wissen müssen, dass auch du nicht anders sein wirst als alle anderen.» Diesen destruktiven Reaktionen gehen oft Phasen der Idealisierung der Bezugsperson voraus, in einer sie vergewaltigenden und beschwörenden Weise, die gar nicht anders enden kann als in Enttäuschung.

3.5.2 Das ängstlich-vermeidende Dilemma von Wandel und Bewahrung des beantworteten Wirkens

Das Dilemma von Wandel und Bewahrung lautet:
- Entweder ich versuche, mir das bisherige beantwortete Wirken zu bewahren, dann riskiere ich, dass es zur Gewohnheit wird und seine spannungsreiche Dynamik verliert.
- Oder ich lasse mich in Veränderungen meines Wirkens ein, dann riskiere ich, darin nicht mehr so positiv beantwortet zu werden.

Eine konstruktive Bewältigungsstrategie der Bewahrung kann das Aufsuchen fester Rahmenbedingungen des beantworteten Wirkens sein, so wie sie insbesondere durch Rollen in sozialen Institutionen vorgegeben sind. Personen kommen und gehen, die Institution bleibt. Rollenerwartungen unterliegen wohl einem gewissen Wandel, die Rollen selbst jedoch sind resistent. Je mehr das Leben in gewohnten Bahnen läuft, desto spannungsarmer ist es in der Regel. Persönliches Wachstum wird dann wenig herausgefordert, die persönliche Geschichte ist wenig ereignisreich, dafür relativ berechenbar.

Eine konstruktive Bewältigungsstrategie des ständigen Wandels kann in der Wahl von Tätigkeiten liegen, die einen dauernden Kurswechsel erfordern. Besonders sichtbar wird das am Leben von Schaustellern und Varietékünstlern, die jeden Tag ihren Aufenthaltsort wechseln und sich immer wieder mit neuen Personen in Beziehung setzen müssen. Im bürgerlichen Rahmen handelt es sich um Berufstätigkeiten, die mit vielen Reisen und kurzfristigen Kontakten verbunden sind. Nicht selten zeigt sich aber: Je mehr beruflicher Wandel, desto mehr häusliche Bewahrung.

Destruktiv wird das Dilemma in Partnerbeziehungen gelöst, wenn im Sinne der Bewahrung die Bezugspersonen an persönlicher Entwicklung und Wandel gehindert werden soll, um die gewohnte Beziehung zu erhalten. Diese Strategie wird vor allem von Personen angestrebt, die bei einem Wandel nur verlieren können, also vor allem bei ängstlich-dependenten Personen in der zweiten Lebenshälfte.

Destruktiv wird das Dilemma im Sinne ständigen Wandels, wenn jemand Partnerbeziehungen immer gleich dann abbricht, wenn Sehnsucht nach Bindung und Bewahrung auftritt und die Angst aufkommt, sich tiefer mit dem Partner einzulassen. Für viele ist es leichter, selbst eine Beziehung abzubrechen, als vom Partner verlassen zu werden. Derartiges destruktives Verhalten in Partnerbeziehungen findet sich besonders bei Borderline-, histrionischen (hysterischen) und asozialen Persönlichkeitsstörungen.

3.5.3 Das Dilemma zwischen emotionaler Dramatik und Spannungslosigkeit

Dieses Dilemma lautet:
— Entweder ich wähle mir einen Partner, durch dessen emotionale Spannungen ich mich stark stimuliert und herausgefordert fühle, weiß dann aber nicht, was ich mir dabei auflade.
— Oder ich wähle mir einen Partner, der immer gleich ist, dann ist unsere Beziehung zwar langweilig, dafür aber berechenbar.

Manche fühlen sich von impulsiven, emotional labilen und chaotischen Menschen besonders angezogen, in der Meinung, sie würden durch diese belebt und könnten am Partner eine Aufgabe erfüllen. Nicht selten zeigen sie einen riesigen Einsatz, um den Partner zu strukturieren und ihm einen Halt zu geben, allerdings oft mit wenig anhaltender Wirkung und der Gefahr, ausgebeutet zu werden, ohne damit eine fassbare Wirkung zu erzielen.

Manche wählen sich infolge einer schweren Enttäuschung mit

3 Gesunde und gestörte Regulation der Persönlichkeit ... 125

einem emotional unausgeglichenen Partner eine scheinbar sichere Beziehung. Sie können dann wohl Sympathie für den Partner empfinden, doch der Partner übt auf sie keine Faszination und erotische Anziehung aus.

3.6 Symptombildung als Sicherung der Nischenbeziehung bei Vermeidung eines anstehenden Entwicklungsschrittes

Das Erhalten des beantworteten Wirkens ist für die Person von zentraler Bedeutung. Sie kann nun aber in eine Situation geraten, in der ihr eine Veränderung in ihrer Nischenbeziehung abgefordert wird, der sie sich nicht gewachsen fühlt, wodurch sie unter hohen psychischen Stress gerät. Solche angsterregenden Veränderungen können die familiären Beziehungen betreffen, also etwa Heirat, Familiengründung, Wegzug der herangewachsenen Kinder, Scheidung, Verwitwung oder im Arbeitsbereich Stellenwechsel, Beförderung oder Nichtbeförderung, neue Rollen und Funktionen, Stellenverlust, Arbeitslosigkeit, Pensionierung usw. Häufig sind solche persönlichen Entwicklungsschritte erschwert durch Bindungen an das Gewohnte und Angst vor Neuem. Sie können aber auch erschwert sein durch trotziges Verharren im Gewohnten nach Misserfolgen, Frustrationen, Kränkungen und Überforderung. Hoffnungslosigkeit und Resignation sind ein schlechter Boden, um neue Schritte zu wagen. Oft fühlt sich eine Person in einer ausweglosen Situation eingeklemmt zwischen dem unerträglich gewordenen Bestehenden und dem nicht erreichbaren Neuen. Unter dem Stress und der inneren Lähmung durch Hoffnungslosigkeit und Verzweiflung kann es zu psychischer Dekompensation und Symptombildung kommen.

Die Life-Event-Forschung hat vielfach bestätigt, dass familiäre und partnerschaftliche Lebensereignisse, wie Heirat, Scheidung, Geburt von Kindern, Ablösung der Kinder, Pensionierung, usw., zu den häufigsten Auslösern psychischer und psychosomatischer Krankheiten gehören. Meist stehen diese Lebensereignisse nicht isoliert, sondern in einem umfassenderen Kontext. Ob es zur Dekompensation kommt, hängt stark von den übrigen Beziehungsressourcen ab und ob die anstehende Veränderung als verstehbar, beeinflussbar und als sinnvoll erlebt werden kann («sense of coherence» nach Antonovsky, 1987).

Bei einer psychogenen Krankheitsauslösung sind viele Faktoren wirksam, Faktoren der Belastung, der Risikopersönlichkeit, der Ressourcen, dann auch salutogenetische Faktoren, die sich in jedem Einzelfall wieder anders kombinieren. Der Zeitpunkt des Krankheitsausbruches ist meist nicht zufällig. Meist lässt sich zwanglos eine vorangehende überdurchschnittliche Belastung durch Beziehungsveränderungen nachweisen, sowie ein jetzt anstehender persönlicher Entwicklungsschritt. Ich werde mich mit diesem Entwicklungsschritt im Kapitel 7 bei der Fokusformulierung in der Fokaltherapie noch eingehender befassen.

Es soll hier der psychogene Anteil einiger Symptombildungen kurz gestreift werden, als Beispiele, wie Symptome eingesetzt werden können, um in einer Situation der Überforderung das beantwortete Wirken zu erhalten und den Bezugspersonen in einer verschlüsselten Form die eigene Not mitzuteilen. Die Symptombildung verschafft dem Betroffenen Entlastung, Schutz und ein zeitliches Moratorium und sichert gleichzeitig die Nischenbeziehung. Diese Schonung wird dem Betroffenen nur kurzfristig zum Vorteil gereichen. Längerfristig, unter Chronifizierung der Symptombildung, gibt die persönliche Nische ihre Erwartung an den Patienten an ein gesundes Funktionieren auf und übernimmt an seiner Stelle die Funktionen in Beruf und Familie. Nicht selten etablieren sich die Bezugspersonen in diesen Funktionen und sind später nicht mehr bereit, diese an den genesenden Patienten zurückzugeben.

3 Gesunde und gestörte Regulation der Persönlichkeit ... 127

a) Angstsyndrome

Bei Angstsyndromen, insbesondere bei Panikattacken, aber auch bei Phobien, lässt sich das Anklammern des Patienten an die bestehende Nische besonders deutlich erfassen. Bei den meisten Patienten lässt sich eine tatsächliche oder drohende Beziehungsveränderung finden, die dem Ausbruch der Symptombildung unmittelbar voranging. Oft bedarf es dazu allerdings einer differenzierteren Erfassung der Beziehungssituation des Patienten, die nicht leicht für empirische Studien zu operationalisieren ist. Riemann (1975) hat einen differenzierten Beitrag über die Grundformen der Angst geschrieben. Pathogen sind nicht so sehr die Ängste vor realen äußeren Gefahren wie berufliche Existenzbedrohung, Prüfungssituationen, Todesangst bei schweren Krankheiten, Angst vor Verkehrsunfällen oder vor Krieg. Pathogen sind vielmehr persönliche Ängste vor einem anstehenden Entwicklungsschritt. Mit vier Formen von Angst muss sich gemäß Riemann jeder Mensch auseinander setzen, die als Angst vor Verlust des beantworteten Wirkens verstanden werden können. Es sind dies:

– Angst vor Selbsthingabe: d. h. die Angst, die Kontrolle über sich und die Situation aus den Händen zu geben und sich der Obhut anderer anzuvertrauen und von diesen abhängig zu werden. Es kann sich z. B. um Angst vor Narkose, vor einer zahnärztlichen Untersuchung und Behandlung handeln, dann auch um Angst vor körperlichen Eingriffen, vor sexueller Hingabe, vor Orgasmus, dann aber auch um Angst vor der eigenen Aggressivität oder vor sexuellen Versuchungssituationen.

– Angst vor Selbstwerdung: Es handelt sich um die Angst vor Emanzipation und Autonomie, welche mit bewusster Abgrenzung gegenüber nahen Bezugspersonen einhergehen, was Anlass zu Angst vor Verlassenheit, Trennung und Isolation sein kann. Trennungsangst liegt bei vielen Angststörungen vor.

– Angst vor Wandel: Jeder Reifungsschritt geht mit einem Wandel des Beziehungssystems einher. Es handelt sich dabei um Veränderungen der Familienbeziehungen, Veränderungen am Arbeitsplatz oder beim Wohnen, mit einhergehender Unvertrautheit,

Unsicherheit und Ungeborgenheit. Wie noch ausführlicher im Kapitel 7 beschrieben wird, verstehen wir neurotische Störungen meist als Weigerung, einen sich aufdrängenden Reifungsschritt zu vollziehen, als ein Sich-Anklammern an das Bestehende, an die Herkunftsfamilie, an die Eltern, an einen Partner oder an die Kinder, an einen Arbeitsplatz, eine Wohnsituation unter Vermeidung der anstehenden Herausforderungen.

– Angst vor Endgültigkeit: Es geht um das ängstliche Vermeiden von Lebensentscheidungen, insbesondere bei der Berufswahl, Partnerwahl (Heirat, Familiengründung). Es besteht die Angst, durch endgültige Entscheidungen gefangen, festgelegt und in den Entwicklungsmöglichkeiten eingeschränkt zu werden.

Bei Angstsyndromen zeigen die Patienten eine übertriebene Befürchtung, bei Vollzug des anstehenden Entwicklungsschrittes den Kontakt zur persönlichen Nische zu verlieren. Damit im Zusammenhang steht ein übertriebenes Bemühen, durch Aufgeben eigenen Denkens, Fühlens und Handelns die Nischenbeziehung zu erhalten. Die Erhaltung des unmittelbaren Beantwortetwerdens steht so im Vordergrund, dass das eigene Wirken nur noch auf die Sicherung dieser Beantwortung ausgerichtet ist. Alles, was die Beziehung zu den Nischenobjekten stören könnte, wird tunlichst vermieden. Sogar die eigenen Phantasien werden unterdrückt in der Vorstellung, die Bezugsperson verfüge über die magischen Kräfte, einen zu durchschauen. Nichts Trennendes darf aufkommen. Die übertriebene Willfährigkeit und das Bemühen um Anpassung erschweren dabei den Bezugspersonen die Beantwortung, da der Auseinandersetzung die Spannung fehlt. Die Beziehung wird langweilig, die Beantwortung droht verloren zu gehen, nicht so sehr wegen des befürchteten Streites, sondern aus Mangel an Begegnung. Es entwickelt sich leicht ein Circulus vitiosus: Aus Angst klammert sich die Person an die bestehende Nische und versucht, jeden Wandel zu vermeiden, wodurch ihr Wirken ineffizient wird und sich die Angst vor Nischenverlust noch steigert. Das Angstsymptom kann die Funktion haben, die Nische am

Wandel zu hindern oder sich selbst von den anstehenden Veränderungen zu dispensieren. Dieser Versuch hat allerdings einen hohen Preis. Die Diskrepanz zwischen dem Beharren der Person und der sich trotzdem verändernden Nische wird dadurch immer größer. Doch das Symptom entwickelt seine Eigendynamik und hindert die Person, den anstehenden Entwicklungsschritt zu vollziehen.

b) Depression

Bei Depression kann es um einen äußeren oder inneren Verlust der Nischenbeziehung gehen. Depressionen können durch «Objektverluste» ausgelöst werden. Ein häufiger Kontext, in welchem Depressionen auftreten, sind *eheliche Konflikte.* Dabei steht meist nicht die Gefahr eines realen Objektverlustes im Vordergrund, sondern eines inneren Objektverlustes. Die Person verfällt einer Depression, wenn sie einsehen muss, dass sie das Bild, das sie vom Partner in sich trägt, verliert wegen innerer Entfremdung oder wegen äußeren Umständen, die diese Entfremdung vorantreiben und vertiefen. Solche Situationen können etwa chronische Untreue des Partners sein, dessen berufliches Überengagement, ein Wohnungsumzug oder Hauskauf in unbefriedigender Umgebung, die Geburt eines unerwünschten Kindes usw. Das Sich-auseinander-Entwickeln braucht nicht notwendigerweise zu Streit und offenem Zerwürfnis zu führen, weil es oftmals um einen viel grundsätzlicheren Verlust geht, um den Verlust der die Beziehung tragenden Basis. Das Gefühl, sich im Partner oder in den Bedingungen des Zusammenlebens getäuscht zu haben und keine Aussicht zu sehen, diesen Zustand zu verändern, die Erkenntnis, sich in einer ausweglosen Situation zu befinden, führt zur psychischen Lähmung und Blockierung. Es kann auch zur Erkenntnis führen, dass die Partnerbeziehung bzw. der Partner einem nicht die tragende und stabilisierende psychische Basis vermittelt, auf die man gehofft hat. Die Aussichtslosigkeit, vom Partner eine Veränderung abzuverlangen, aber auch die Unfähigkeit, selbst einen Schritt zur Lösung der unbefriedigenden Situation zu unternehmen, führen zu Selbstanklagen, unter welchen man den Zeiger der Schuld auf die eigene Person richtet. Eine ähnliche innere Entfremdung oder ein innerer Verlust können sich ergeben durch das Heranwachsen und Sich-Verselbständigen der Kinder. Eltern und Kinder leben sich auseinander, das eigene Wirken findet keinen Ansatz mehr, es greift nicht mehr, es geht daneben. Die Sehnsucht nach tiefer, tragender Symbiose wird enttäuscht, durch Selbstanklage wird die Wut auf das Objekt abgewehrt und versucht, die Idealisierung des Objektes zu erhalten.

Mit dauernden Beteuerungen wie «Ich kann nicht mehr, ich bin nichts mehr, alles ist aussichtslos, niemand kann mir helfen» kommuniziert der Depressive, dass er sich nicht mehr selbst helfen kann und von ihm nichts zu erwarten ist. Er signalisiert, dass es jetzt an den Bezugspersonen liegt, ihm zu helfen.

c) Anorexia nervosa

Im Unterschied zur Bulimie hat die Anorexia nervosa einen unmittelbar beziehungskonstellierenden Effekt. Man kann nicht untätig zuschauen, wie sich jemand zu Tode hungert. Häufig lösen die Betroffenen damit ihren eigenen Autonomiekonflikt: Nach außen geben sie sich autonom, betont unabhängig, jede Hilfe und Einmischung verweigernd, gleichzeitig aber erzwingen sie durch ihr Symptom die intensive pflegerische Zuwendung und Umsorgung und besänftigen damit ihre tiefen Ängste vor Verselbständigung und dem Leben als erwachsene Frau.

d) Bulimie

Frauen, die an Bulimie leiden, sind häufig äußerlich eher überangepasst und sehr darum bemüht, das Bild einer emanzipierten und autonomen Frau zu erfüllen und den sozialen Erwartungen zu entsprechen. Dies betrifft auch ihre körperliche Erscheinung und den Anspruch, die eigene Triebhaftigkeit unter Kontrolle zu halten. Da ihnen dies oft nicht gelingt, finden sie eine Kompromissform in der Bulimie. Die Bulimie bietet der betroffenen Frau eine Möglichkeit an, sich kurzweilig einem geheim gehaltenen, triebhaften Kontrollverlust zu überlassen, um anschließend umso mehr das äußere Leben einer kontrollierten, souveränen, autonomen Frau fortführen zu können. Das Symptom erlaubt also eine Form von Triebbefriedigung, ohne damit das scheinnormale überkontrollierte beantwortete Wirken zu gefährden.

e) Dipsomanie

Kurzfristige Durchbrüche exzessiven Alkoholmissbrauchs sind ebenfalls eine Form, für kurze Zeit außer Kontrolle zu geraten und anstehende Beziehungsveränderungen auszuagieren, um dann die kontrollierte Fassadenhaltung wieder weiterzuführen. Wiederholt sah ich solche Durchbrüche in Ehebeziehungen, in welchen der Mann seiner Frau gegenüber auf eine Beziehung von Dankbarkeit verpflichtet ist (beispielsweise bei Asylbewerbern oder Flüchtlingen). Der Mann sah keine Möglichkeit zu offener Auseinandersetzung mit der Frau, sondern bemühte sich in übertriebenem Maße um die Anpassung an die hiesigen Normen. Die kurzen Zustände von Kontrollverlust geben ihm die Möglichkeit, die unterdrückten Gefühle auszuleben und der Frau Verletzungen zuzufügen, für die er sich nachträglich entschuldigen konnte unter Verweis auf die Irrationalität seines alkoholbedingten Ausnahmezustandes.

f) Suizidversuche

Suizidversuche entstehen oft aus einer verzweifelten Situation, in welcher eine Person sich «mit konventionellen Mitteln» nicht mehr ausreichend Gehör verschaffen kann und durch eine dramatische Handlung die ersehnte Veränderung der Situation zu erreichen erhofft. Oft wird der Suizidversuch in der Mentalität begangen: «Entweder erreiche ich die für mich notwendige Änderung, oder es ist mir recht, aus dem Leben zu scheiden. Die anderen können sich nachträglich mit ihrer Schuld auseinander setzen.»

g) Sexuelle Impotenz

Sexuelle Impotenz entsteht häufig nicht nur aus Angst vor dem eigenen Versagen, sondern auch aus einer Trotzhaltung. Nicht selten geht eine Kränkung durch die Frau voraus oder eine als zwingend erlebte Erwartung zu sexuellem Funktionieren des Mannes. Der Mann fühlt sich fremdbestimmt, missbraucht und unfrei, sich so zu verhalten, wie es seinem inneren Empfinden entspricht, und signalisiert mit seiner Verweigerung den Anspruch an die Frau, ihre Einstellung zu seinem Funktionieren zu verändern.

4 Die dyadische Koevolution und Kollusion

In diesem Kapitel wird zuerst der Begriff Koevolution umschrieben, als die gegenseitige Beeinflussung der persönlichen Entwicklung von Partnern im Zusammenleben. Beziehungen erhalten durch das dauerhafte Zusammenleben zusätzliche Dimensionen, indem die Partner gemeinsam eine innere und äußere Welt schaffen und bewohnen. Die innere Welt setzt sich zusammen aus dem dyadischen Konstruktsystem, dem gemeinsamen Erfahrungsschatz und der Beziehungsgeschichte, die äußere Welt aus der dyadischen Nische als miteinander geschaffener Beziehungsraum. Auf persönlicher Ebene gehört zur Koevolution ein spannungsvolles sich gegenseitig Herausfordern, Begrenzen und Unterstützen. Koevolution ist nicht ein harmonischer Prozess, sondern setzt Fähigkeiten und Bereitschaften voraus, mit begrenzten Korrespondenzen und Kompatibilitäten zu leben.

Die Entwicklungen der Partner über längere Dauer aufeinander abzustimmen ist nicht leicht. Persönliche Entwicklungen von Partnern verlaufen oft asynchron. Zumindest sollten die persönlichen Entwicklungen kompatibel mit dem dyadischen Konstruktsystem gehalten werden, um ein konstruktives Zusammenleben zu ermöglichen. Zwischen gesunden/konstruktiven Partnerbeziehungen und pathologischen sehen wir keine scharfen Abgrenzungen. Kollusionen als unbewusstes, pathologisches Zusammenspiel bilden sich vor allem dann, wenn die Partner sich aus korrespondierenden Beziehungsängsten und Beziehungsdefiziten zu eng zusammenschließen und einander als Komplizen in einer entwicklungshemmenden Beziehung festhalten. Derartige Beziehungsängste können sich auch erst nach jahrzehntelangem Zusammenleben einstellen.

4.1 Was ist Koevolution?

Kapitel 3 handelte vom beantworteten Wirken in seiner Bedeutung für die psychische Entwicklung und Gesundheit der Person, der ständigen Sorge der Person, ihre Wirksamkeit zu verlieren, und ihren Bemühungen, sich diese Wirksamkeit zu erhalten. Die Erhaltung der persönlichen Wirksamkeit wird erschwert, weil sich durch die erzielten Wirkungen das Objekt des Wirkens verändert und somit nie zweimal die gleiche Situation von beantwortetem Wirken entstehen kann. Insbesondere ändert sich auch die Ansprechbarkeit der Bezugspersonen auf das Wirken der Person, genauso wie die Ansprechbarkeit der Person auf das Wirken der Bezugspersonen, also die Korrespondenz ihrer Entwicklungsbereitschaften. Nun gibt es aber Beziehungen, die ihre eigentliche Wirkung nur bei dauerhaftem beantwortetem Wirken entfalten können. Das betrifft teilweise die Kooperation im Arbeitsbereich, es betrifft aber noch deutlicher das partnerschaftliche und familiäre Zusammenleben.

Ein dauerhaftes partnerschaftliches Zusammenleben in einer eheartigen Lebensform hat viele Beziehungsdimensionen, die einer kurz dauernden Liebesbeziehung nicht möglich sind. Eine kurz dauernde Begegnung kann sehr intensiv, sexuell erlebnisstark und persönlich erfüllend sein, es fehlt ihr aber die zeitliche Perspektive und der räumliche Umfang, die notwendig sind, um miteinander eine eigene Welt zu bauen, die nicht nur in der Phantasie besteht, sondern in der Realität, als eigene Adresse, als eigenes Heim mit eigener Wohnungseinrichtung, als eigene Familiengründung, mit eigenem Freundeskreis und sozialer Verankerung.

Dasselbe betrifft das familiäre Zusammenleben. Auch dieses unterscheidet sich von jeder anderen Form korrespondierenden beantworteten Wirkens. Menschen, die in derselben familiären Bezugsgruppe geboren und aufgewachsen sind, machen Beziehungserfahrungen, die sie mit anderen Menschen nicht machen können und die auch nach jahrzehntelanger Trennung eine spezielle Vertrautheit und Zueinandergehörigkeit bewahren. Für die Entwicklung des Kindes ist ein familiärer Rahmen von besonderer Bedeutung. Wie Bronfenbrenner (1983) herausgearbeitet hat, braucht das Kind zu seinem Gedeihen mindestens eine erwachsene Bezugsperson, die sich intensiv und in einer fast irrationalen Weise für seine Entwicklung interessiert und es fast bedingungslos liebt und bewundert und das über einen längeren, womöglich nicht begrenzten Zeitraum. Womöglich sollte diese erwachsene Bezugsperson durch eine andere erwachsene Bezugsperson in diesen Bemühungen unterstützt werden.

Ehe- und Familienbeziehungen mögen durch viele Unvollkommenheiten belastet sein. Was sie zusammenhält, ist in der Regel nicht so sehr die Korrespondenz des beantworteten Wirkens der Partner und Familienmitglieder, sondern die Rahmenbedingungen, die sie schaffen und die den Mitgliedern ein besonderes Gefühl von Zugehörigkeit vermitteln. Familie ist der Ort, wo man immer wieder hingehen kann, wenn alles schief läuft, ist die Definition von Familie durch einen Jugendlichen. Familiäre Beziehungen sind mit Abstand die belastbarsten menschlichen Beziehungen. Bei chronisch psychisch oder körperlich Kranken sind es oft die einzigen diesen Menschen noch verbleibenden Beziehungen.

Die Zeitdimension von Beziehungen hat eine lebensgeschichtliche Bedeutung, die oft zu wenig beachtet wird. Dauerhafte Spuren und Strukturen entstehen erst bei lang dauerndem Zusammenwirken. Dauerhaftes beantwortetes Wirken hat Qualitäten, die kurz dauernden Beziehungen fehlen. Sie spielen deshalb in der persönlichen Entwicklung einer Person eine besondere Rolle und werden von der ökologischen Psychotherapie als Koevolution besonders behandelt.

Koevolution ist die gegenseitige Beeinflussung der persönlichen Entwicklung von Partnern im dauerhaften Zusammenleben oder Zusammenwirken.

Koevolution fügt den in Kapitel 2 beschriebenen Dimensionen jeder Beziehung, der Korrespondenz der Entwicklungsbereitschaften, der Kompatibilität der Konstruktsysteme und den freien Lizenzen zusätzliche bei, nämlich die miteinander geschaffenen Rahmenbedingungen, in denen sich das Zusammenleben abspielt und die die Entwicklung der Partner in gewissen Bahnen leiten, die gemeinsame Welt, welche die Partner sich schaffen und gemeinsam bewohnen.

4.2 Der Bildung einer Lebensgemeinschaft ist ein eheartiger Entwurf eigen

In den Nach-68er-Jahren glaubte man, die Ehe sei ein Relikt kirchlicher Moral, bürgerlichen Patriarchates und gesellschaftlicher Repression. Man glaubte, sie werde keine Zukunft mehr haben und durch eine Vielfalt partnerschaftlicher Lebensformen ersetzt, deren Form rein privaten Charakter habe. In der Psychotherapie wurde der Begriff Ehe durch Partnerschaft ersetzt. Der Begriff Partner ist schwer zu definieren und wird auch für Beziehungen im Arbeits- und Geschäftsleben oder beim Tennis und anderen Sportarten verwendet.

Heiraten erwies sich jedoch als zählebiger, als vermutet worden war. Auch wenn die Heiratsraten immer noch etwas rückläufig sind, stellt der 5. Deutsche Familienbericht von 1994 fest, dass rund 80% der 35- bis 55-jährigen Deutschen verheiratet sind und lediglich 3,4% in nichtehelichen Partnerschaften leben. Wenn man bedenkt, dass in der Regel Partner zuerst zusammenleben, bevor sie heiraten, dürfte der Anteil von nichtehelichen Partnerschaften von mehr als fünf Jahre Dauer um 1% liegen. Die Ablehnung des Begriffes Ehe deckt sich also nicht mit den gesellschaftlichen Realitäten. Die Tatsache der ungebrochenen Heiratshäufigkeit erstaunt angesichts der Scheidungshäufigkeit. Ehen sind heute nur noch in etwas mehr als der Hälfte der Fälle lebenslang dauernde Gemeinschaften. Es muss also eine tiefere psychologische Begründung geben, wenn Menschen ohne gesellschaftlichen Druck und angesichts des hohen Scheidungsrisikos immer noch am Heiraten festhalten.

Trotz aller Veränderungen in den Rollen von Mann und Frau und in den Partnerbeziehungen haben sich drei Konstrukte von Liebesbeziehungen kaum verändert:

- Liebe möchte den Partner ganz umfassen,
- Liebe möchte zeitlich unbegrenzt dauern,
- Liebe zielt auf das Schaffen und Bewohnen einer eigenen Welt.

Liebespartner sind nicht bereit, die Beziehung auf gewisse Bereiche zu beschränken, wie das etwa im Arbeitsbereich der Fall ist. Liebe meint die Person als Ganzes, ohne Vorbehalte, ohne Hindernisse, ohne Einschränkungen. Liebe möchte auch zeitlich unbegrenzt dauern. Heirat ist ein öffentlich kundgetaner Entscheid, auch in schwierigen Zeiten zueinander zu stehen. Dieser Entscheid ist eine Schwellensituation im Leben, der neue Tatsachen schafft und neue Entwicklungsräume öffnet. Die Vorstellung von Lebensabschnittspartnern (S. Lerner & H. C. Meiser, 1991) setzt sich als Leitbild nicht durch, auch wenn sie in mancher Hinsicht eine gesellschaftliche Realität geworden ist. Das Wichtigste jedoch ist, dass Liebe sich darauf ausrichtet, miteinander eine eigene Welt zu schaffen und zu bewohnen und miteinander fruchtbar zu werden. In fast jeder Liebesbeziehung schwingt die Vorstellung mit, wie es wäre, miteinander Kinder zu haben oder gemeinsam alt zu werden, auch da, wo solche Phantasien jeder Realisierungsmöglichkeit entbehren. Die Ehe als Lebensgemeinschaft von Liebenden ist der Liebe selbst eigen und ist nicht eine blasse gesellschaftliche Norm oder Konvention. Nach wie vor ist es eine Minderheit, welche aus freien Stücken sich in einer lang dauernden Partnerbeziehung gegen eine Ehe entscheidet.

In den folgenden Kapiteln möchte ich darstellen, wie eine eheartige Partnerschaft nicht verstanden werden kann ohne den ihr eigenen Entwurf, miteinander eine eigene Welt zu schaffen und zu bewohnen. Dieser Entwurf macht die spezielle Qualität der Liebessehnsucht aus, die Qualität des Verliebtseins, die Qualität der Partnerwahl sowie das Schaffen einer inneren Welt und einer gemeinsamen Nische als Behausung. Der koevolutive Entwurf gibt der Beziehung eine andere lebensgeschichtliche Qualität, die meines Wissens in der Literatur über Paarbeziehungen bisher kaum beachtet wurde (siehe Willi, 1991: Was hält Paare zusammen?).

Koevolution ist mehr als ein über längere Zeit anhaltendes wechselseitiges beantwortetes Wirken von zwei Personen. Sobald zwei Partner sich entschließen, miteinander eine eigene Welt bauen zu wollen, verändert sich die Beziehungsperspektive grundlegend. Von dem Moment an muss das Verhalten der Partner zueinander immer aus der gemeinsamen Lebensperspektive beachtet werden.

4.3 Das Verliebtsein als gegenseitiges Erschließen neuer persönlicher Entwicklungen

Wie ich bereits 1991 (S. 40 ff.) beschrieben habe, wird Verliebtsein in der tiefenpsychologischen Fachliteratur vorwiegend negativ konnotiert, oft als ein unreifer, regressiver Zustand, in welchem die frühkindliche Dualunion mit der Mutter wiederhergestellt und die schmerzliche Trennung des Subjekts von den Objekten aufgehoben werden soll. Es soll damit der Urzustand, der vor dem Trennungstrauma bestand, wiederhergestellt werden (Freud, 1914; Specht, 1977). Oder es wird gesagt, es werde im Verliebtsein ein eigenes Idealbild (Idealselbst) oder eine eigene, nicht gelebte Möglichkeit (z. B. Animus oder Anima, C. G. Jung) auf den Geliebten projiziert und in ihm geliebt. Die geliebte Person werde nicht als sie selbst wahrgenommen, sondern es werde in ihr das eigene Bild gesehen. In der Phase der Enttäuschung gehe es dann darum, die Projektionen zurückzunehmen. Derartige Interpretationen laufen Gefahr, im Verliebtsein eine sinnlose oder infantile Verblendung zu sehen. Josef Roth schreibt: «Die Liebe nämlich … macht uns nicht blind, wie das unsinnige Sprichwort behauptet, sondern, im Gegenteil, sehend» (Josef Roth, 1985, S. 60).

Aus koevolutiver Sicht bildet Verliebtsein eine wichtige Grundlage partnerschaftlichen Zusammenlebens. Diese These ließ sich auch empirisch bestätigen (Willi, 1996; Riehl-Emde & Willi, 1996). Verliebtsein bricht die Person auf. Verhaltens- und Erlebnisweisen werden geweckt, die zuvor brachlagen oder ängstlich versteckt und gemieden wurden. Vieles wird der Person möglich, weil die Beziehung zum Partner es ihr möglich macht. Vieles wird jetzt erstrebenswert und sinnvoll, was ihr allein sinnlos erschienen war. Die Person beginnt sich da intensiver zu entwickeln, wo sie durch den Liebespartner beantwortet wird. Der Liebespartner antwortet nicht nur auf das schon Vorhandene, sondern will darüber hinaus neue Möglichkeiten in einem entdecken und sichtbar machen, an die man selbst nicht zu glauben vermochte. Er liebt Verhaltensmöglichkeiten aus einem heraus, die man sich selbst nicht zugetraut hätte. Verliebte möchten das Geheimnis des anderen entdecken, ihm in die geheimste Kammer seiner Seele nachfühlen, sie möchten dahin gelangen, wo noch niemand war, den anderen in einer Weise verstehen, wie er es selbst noch nie erfahren hat. Keineswegs sind Verliebte nur blind für die Fehler des anderen. Sie sehen die Fehler, aber statt davon gestört zu sein, lieben sie den anderen oft gerade derentwegen. «Fehler» verleihen der Liebe eine Besonderheit, die sie kostbar und einmalig machen kann. Es entsteht der Wunsch, im Geliebten eine Entwicklung in Gang zu setzen, Aspekte zum Wachstum zu bringen, die bisher verschüttet waren und erst jetzt auf dem Nährboden der Liebe zu keimen und zu wachsen beginnen. Oftmals fühlt man sich gerade von jenen Personen besonders angezogen, die einem das Gefühl vermitteln, in einer einmaligen Art gebraucht zu werden. Man glaubt, allein wäre dieser Mensch verloren, käme im Leben nicht zurecht, er könnte sich jedoch bei liebevoller Unterstützung entfalten. Diese Erwartungen sind keineswegs immer falsch.

Der zündende Funke des Verliebtseins springt über, wenn zwei Partner von der Hoffnung erfüllt werden, miteinander und durcheinander in neue Bereiche beantworteten Wirkens vorzustoßen. Es ist, als ob sie erkennen würden: Dieser Partner macht es möglich, mit mir in neue Lebensbereiche vorzudringen und mir neue Entwicklungsschritte zuzutrauen. Die Begegnung der Liebenden spricht persönliche Möglichkeiten an, die brachlagen, weil niemand nach ihnen rief und niemand sie brauchte. Die Liebe entzündet sich nicht an dem,

140 Teil A: Theoretische Grundlagen der ökologischen Psychotherapie

was schon da ist, sondern an dem, was durch die Beziehung hervorgerufen und ins Leben hineingeholt werden möchte.

Ich glaube, dass das gegenseitige Erschließen neuer persönlicher Entwicklungen einen wesentlichen Anteil an der Faszination hat, welche Verliebte aufeinander ausüben. Dass die Idealisierungen des Verliebtseins oft über die persönlichen Realisierungsmöglichkeiten hinausgehen, dass Verliebte miteinander oft in einer utopischen Welt leben, dass dem Verliebtsein oft eine Phase der Enttäuschung folgt, tut ihrem Wert nicht Abbruch. Sie kann eine der wichtigsten Herausforderungen für persönliche Entwicklungen sein. Der Funkensprung des Verliebtseins ergibt sich aus einem Zustand der Unerfülltheit, aus einem Anstehen von persönlicher Entwicklung, die auf die erlösende Befreiung wartet. Die Intensität des Verliebtseins erreicht ihren Höhepunkt, wenn die Partner sich in einer korrespondierenden Entwicklungsbereitschaft vorfinden, wenn beide etwas bereitgestellt haben, das erst im wechselseitigen beantworteten Wirken Form annehmen kann. Die Korrespondenz persönlicher Entwicklungsbereitschaften lässt sich schwer voraussagen, retrospektiv jedoch lässt sie sich verstehen.

Eigentliches Verliebtsein ist typisch für erotische Beziehungen. Im Bereich der Arbeit und im Bereich beruflicher und freundschaftlicher Beziehungen zeigen sich jedoch ähnliche erotische Qualitäten, wenn auch in der Regel nicht so ausgeprägt. Auch zwischen Eltern und Kindern, Lehrern und Schülern, Arzt und Patient besteht oft eine gegenseitige Faszination, in welcher der eine von der Hoffnung beflügelt wird, im anderen eine persönliche Entwicklung auslösen zu können, der andere hofft, mit Hilfe des Ersteren sich diese Entwicklung zutrauen zu dürfen. So werden auch in einer Psychotherapie in der Anfangsphase häufig Hoffnungen mobilisiert, die später enttäuscht werden. Diese Hoffnungen sind deswegen nicht sinnlos, sondern wahrscheinlich notwendig, um jene Intensität korrespondierenden Wirkens zu erreichen, die für einen therapeutischen Prozess notwendig ist.

4.4 Das gegenseitige Unterstützen, Herausfordern und Begrenzen

Koevolution von Partnern vollzieht sich in einem Spannungsverhältnis. Genauso wie in der Natur gibt es auch zwischen Menschen keine Beziehung, die einfach friedlich und harmonisch ist. Man kann das Zusammenwirken als Tanz bezeichnen, als Spiel oder als Kampf. Es muss nicht gleich ein Kampf um Leben und Tod sein. Es ist eher wie in einem Wettkampf, in dem zwei etwa gleich starke Gegner einander am besten herausfordern. Ist der Gegner zu schwach, bleibt man unterfordert, ist er zu stark, ist man überfordert, beides gibt kein gutes Spiel. Wer den anderen unterdrückt, lässt kein gutes Spiel zu, wer sich dem anderen unterwirft und keinen Widerstand setzt, lässt keine Spannung zu. Intensives beantwortetes Wirken setzt Gleichwertigkeit der Partner voraus. Die Spannung konstruktiv aufrechtzuerhalten ist das Wichtigste und Schwierigste einer dauerhaften Partnerbeziehung. Partner stehen zueinander in einem kritischen Verhältnis und beobachten sich gegenseitig sehr genau, nicht zuletzt auch deswegen, weil *jeder von den Verhaltensweisen und Handlungen des anderen direkt betroffen ist.* Die gegenseitigen Wahrnehmungen und Interpretationen sind allerdings häufig einseitig. Bewusst oder nicht bewusst wirken Partner intensiv aufeinander ein durch Unterstützen, Begrenzen und Herausfordern.

Den anderen *unterstützen* und sich von ihm unterstützt zu fühlen sind wichtige Qualitäten einer funktionsfähigen Partnerschaft. Doch diese Unterstützung der Partner ist *nicht selbstlos.* Man wird bewusst oder unbewusst, gewollt oder ungewollt den Partner in jenen Bereichen unterstützen, auf die man selbst ansprechbar ist. Man wird einen Partner intuitiv am ehesten dort fördern, wo seine Entwicklung kompatibel mit der eigenen ist. Zum Unterstützen gehört auch, einander zu entlasten, stellvertretend dem anderen etwas abzunehmen, an ihm zu partizipieren und ihn zu nähren. Es verschafft einem Befriedigung zu sehen, dass der Partner sich im Zusammenleben gut entfaltet und man auf ihn stolz sein kann. Manchmal werden beim

142   Teil A: Theoretische Grundlagen der ökologischen Psychotherapie

Partner Entwicklungsbereitschaften unterstützt, mit denen er wenig identifiziert ist. Es kann auch zum subtilen Unterstützen pathologischer Entwicklungsbereitschaften kommen, die weiter unten als Kollusionen besprochen werden.

Neben Unterstützen ist *Begrenzen* ein anderer wichtiger Modus des Sich-gegenseitig-Modellierens. Begrenzen meint, sich gegenseitig Grenzen setzen, Widerstehen, sich miteinander konfrontieren, sich miteinander auseinander setzen, Prozesse strukturieren, Positionen definieren. Viele Fehlentwicklungen im Zusammenleben, insbesondere auch Kollusionen, ergeben sich, weil die Partner einander nicht ausreichenden Widerstand entgegensetzen. In funktionsfähigen Lebensgemeinschaften stehen die Partner in einer kritischen Spannung zueinander und schleifen einander durch Widerstand zurecht. Die Bereitschaft zu regredieren in Selbstmitleid, Sich-Fallenlassen oder Ausweichen vor unangenehmen Auseinandersetzungen liegt in jedem Menschen vor. Wie weit sie sich entwickelt, hängt oft stark von der Bereitschaft des Partners ab, darauf einzugehen. Viele destruktive Lebensformen wie Alkoholismus, hypochondrische Entwicklungen, depressive Verstimmungen oder unkontrollierte Wutanfälle werden toleriert, manchmal vielleicht, weil man sich gerne als Helfer eines schwachen Partners profilieren möchte, manchmal aus der Befürchtung, der Partner werde noch stärker dekompensieren, wenn man ihm nicht verständnisvoll nachgebe. Im Idealfall gelingt es einer Person, sich einen Partner zu wählen, der ihren eigenen gefährlichen Tendenzen Widerstand entgegensetzt. Die fehlende persönliche Struktur wird dann durch die Struktur des Partners ersetzt. Dies kann bis zu einem gewissen Grad eine erfolgreiche Strategie zur eigenen psychischen Regulation sein (s. Kapitel 6). Begrenzung kann sich jedoch auch destruktiv auswirken, insbesondere wenn mit Grenzen-Setzen versucht wird, den anderen klein zu halten, weil man sich ihm sonst nicht gewachsen fühlen würde.

Eine dritte Form wechselseitigen Einwirkens ist das *Herausfordern*: Jeder Mensch hat weit mehr Entwicklungspotenzial, als er je im Leben entwickeln kann. Vieles entfaltet sich nur, wenn es von außen herausgefordert wird. In zufrieden stellenden Beziehungen fordern Partner einander etwas ab. Alleinstehende leiden manchmal darunter, dass niemand da ist, der sie wirklich braucht, der etwas von ihnen will, sie mit etwas beauftragt, oder dem es überhaupt wichtig ist, wie man sich entwickelt. Herausforderungen entstehen aber auch in aggressiverer Weise, aus Wut, Trotz, Eifersucht oder Rivalität, und können innerhalb gewisser Grenzen durchaus positive Entwicklungen stimulieren.

Gegenseitige Entwicklungsanstöße ergeben sich in einer Partnerschaft keineswegs nur durch liebevolles Einfühlen, Akzeptieren und Unterstützen, sondern im Miteinander-Kämpfen, Sich-auseinander-Setzen und Konfrontieren. Oft ist es ein kleiner Schritt von produktiver zu destruktiver Herausforderung. Als bedeutsam hat sich die Fähigkeit erwiesen, in einem eskalierenden Streit innezuhalten und den Streit abzubrechen (Hahlweg & Markman, 1988).

Unterstützen, Begrenzen und Herausfordern sind aktive Formen, auf den Partner einzuwirken. Manchmal verfehlen sie ihr Ziel, weil sie den Partner in die Enge treiben und zum Rückzug veranlassen. Oder die Partner verwickeln sich in einen Clinch: Je mehr der eine den Partner mit Unterstützen, Begrenzen und Herausfordern bedrängt, desto mehr widersetzt sich ihm der andere, und je mehr er sich ihm widersetzt, desto mehr verstärkt der erstere sein Einwirken. Es kann dann entscheidend sein, über die Fähigkeit zu verfügen, aus der Eskalation auszusteigen, Abstand zu gewinnen und loszulassen. Bei echtem *Loslassen* wird auf das Beeinflussenwollen verzichtet und die Eigenverantwortlichkeit des Partners respektiert, das zu tun, was ihm entspricht. Der Beeinflussungsprozess zwischen Partnern entwickelt sich häufig in der Dynamik des Unterstützens, Begrenzens und Herausforderns und gewinnt dann durch das Loslassenkönnen oftmals einen qualitativen Sprung. Loslassen ist nicht zu verwechseln mit Gleichgültigkeit und Desinteresse, sondern mit Abstandnehmen von eigenen Tendenzen, sich überverantwortlich zu machen und den anderen zu etwas zu drängen, über das er selbst entscheiden muss. Es kann auch sein, dass man sein Leben zu stark abhängig macht vom

Partner. Loslassen heißt, sich selbst und dem Partner die Autonomie zurückzugeben, heißt, sich selbst und den Partner auf eigene Füße zu stellen.

4.5 Das dyadische Konstruktsystem und die innere Behausung

Partner, die zusammenleben wollen, schaffen sich ihre eigene Welt, die ihnen Geborgenheit und Vertrautheit vermittelt und ein wichtiger Stabilisator für die Beziehung ist. Wenn im längeren Zusammenleben die Spannung des wechselseitigen beantworteten Wirkens nachlässt und die Ansprechbarkeit der Partner auseinander driftet, kann die Beziehung durch die inneren und äußeren Rahmenbedingungen zusammengehalten werden. Zur inneren Behausung gehört das dyadische Konstruktsystem (Willi, 1991).

Im Stadium des Verliebtseins, d. h. im Stadium der Fusion oder Symbiose der Partner, kommt es häufig zu einer Auflösung der persönlichen Konstruktsysteme, zur Einschmelzung der Vorstellungen und Schablonen, mit welchen bisher die Umwelt wahrgenommen und verstanden wurde. Viele bisherige persönliche Meinungen werden zugunsten der Partnerschaft aufgegeben. Im Stadium der Enttäuschung, in welchem nicht selten ein Psychotherapeut aufgesucht wird, wird die Fusion vorwiegend negativ beurteilt. Die Auflösung der Ich-Du-Grenzen im Verliebtsein ergibt aus einer individualistischen Sicht keinen Sinn und wird deshalb als ein Zurückfallen in den Zustand frühester Kindheit gesehen. Demgegenüber scheint mir die Auflösung der Ich-Du-Grenzen und das Eingehen einer Symbiose eine sinnvolle Grundlage einer Lebensgemeinschaft. Es ist, wie wenn die Konstruktsysteme der beiden Partner in eine Metamorphose übergehen und sich in dyadischer Form neu auskristallisieren. Die Partner konstruieren miteinander ihre eigene Welt. Sie übersetzen dabei die gesellschaftlichen Moden und Trends in ihre Wirklichkeit, überprüfen im eigenen «Labor», was für sie brauchbar und realisierbar ist, und machen ihre eigenen Erfahrungen, was für sie gültig und akzeptabel ist. So handeln zwei Partner miteinander insbesondere Werte, Normen, Spielregeln und Regelungen ihres Zusammenlebens aus. Sie versuchen, gemeinsame Vorstellungen zu erzielen bezüglich ihres Lebensstils, der Form ihres Zusammenlebens, der Frage der Rollenaufteilung, der Frage nach Sinn und Zielsetzung ihrer Lebensgemeinschaft insbesondere bezüglich Familiengründung, die Fragen über die Spielregeln etwa bezüglich außerehelicher Beziehungen usw. Das miteinander geschaffene *dyadische Konstruktsystem* bildet einen verbindlichen Rahmen und entlastet die Beziehung von ständig neuem Aushandeln geltender Strukturen und Regeln. Das dyadische Konstruktsystem legt die Bandbreite für die Freiheit der Persönlichkeitsentwicklung der Partner fest. Es vermittelt den Partnern eine innere Geborgenheit und Selbstverständlichkeit im gegenseitigen Umgang. Für ein funktionsfähiges Zusammenleben ist es wichtig, dass die Regeln weder völlig starr sind, noch von jedem beliebig verändert werden. Jeder hat Anspruch darauf, dass die Regeln so lange beachtet werden, bis sie neu ausgehandelt worden sind. Ein verbindliches dyadisches Konstruktsystem ermöglicht es den Partnern, sich stärker in das Zusammenleben einzulassen. Das dyadische Konstruktsystem kann den Freiraum der persönlichen Entwicklung aber auch übermäßig einschränken. Manche weichen dann in ein Doppelleben von offizieller Moral und heimlichem Sich-darüber-Hinwegsetzen aus.

Ein weiterer wichtiger Stabilisator der inneren Behausung ist der *gemeinsame Erfahrungsschatz*. In einer konstruktiven Partnerschaft erzählen sich die Partner täglich ihre scheinbar belanglosen Erlebnisse. Es handelt sich dabei um Alltagsgeschichten aus dem Arbeitsbereich, aus dem Bereich der Kindererziehung und der persönlichen Begegnungen. Manche erleben etwas gar nicht als real, solang es nicht dem Partner mitgeteilt und mit seinem Kommentar in die Kartei des gemeinsamen Erfahrungsschatzes abgelegt werden konnte (Berger & Kellner, 1965). Der Wegfall der Möglichkeit zum allabendlichen Austausch wird von Getrenntlebenden oder Verwitweten oft besonders schmerzlich erlebt. Es ist, wie wenn ihr Leben nicht mehr wirklich wäre, weil es nicht mehr von einem Partner beantwortet wird.

Ein dritter Aspekt der inneren Behausung ist die *gemeinsame Geschichte*. Im langen Zusammenleben wird die gemeinsame Geschichte zur persönlichen Geschichte. Die meisten persönlichen Belastungen und Schicksalsschläge hat man gemeinsam zu bewältigen versucht. Die Partner haben viel in die Auseinandersetzungen miteinander investiert. Sie entwickeln eine Art *stereoskopisches Gedächtnis*. Viele lückenhafte Erinnerungen werden durch den Partner ergänzt. Ihre gemeinsame Geschichte hinterlässt Spuren im materiellen Besitz und in anderen Personen, die Bestandteile der dyadischen Nische sind.

Menschen, die zusammen ihr Leben gestalten, sind beantwortete Menschen. Da sie voneinander in ihrem Verhalten direkt oder indirekt über die Gestaltung der gemeinsamen Nische und des gemeinsamen Konstruktsystems betroffen sind, können sie sich nicht einfach so akzeptieren, wie sie sind, und einander frei gewähren lassen. Sie mischen sich ein und schleifen sich gegenseitig zurecht. Sie bauen sich miteinander ihre innere dyadische Behausung und ihre äußere gemeinsame Nische. Der Preis ist ein Verlust an Freiheit und Unabhängigkeit, der Gewinn ist ein intensives persönliches Beantwortetwerden in sämtlichen persönlichen Bereichen. Alleinlebende leiden manchmal darunter, dass es niemandem wichtig ist, ob man sich so oder anders kleidet, ob man früh oder spät zu Bett geht, ob man die Wohnung so oder anders einrichtet, und auch niemand da ist, für den sie etwas tun können, der ihr Tun benötigt und braucht.

4.6 Die Bildung einer dyadischen Nische

Definition: Die dyadische Nische ist das Wirkungsfeld oder der Beziehungsraum eines Paares, das vom Paar geschaffene und gestaltete Umfeld, die äußere Behausung, in welcher es sein Wirken entfaltet, in welcher die Partner ihre Rollen ausüben, in welcher sie zu Hause sind.

Zur dyadischen Nische gehört das Haus, die Wohnung inklusive deren materielle Einrichtung, die oft der sichtbare Ausdruck der Partnerschaft ist und die Partnerschaft bildhaft zum Ausdruck bringt. Es gehören dazu auch all die Gegenstände, die man miteinander angeschafft hat und die oft mit Erinnerungen an bestimmte Ereignisse oder Lebensperioden verbunden sind. Ein weiterer Aspekt sind die Kinder, durch die eine Partnerschaft fruchtbar geworden ist und in denen die beiden Partner über die eigene Lebensspanne hinaus weiterleben werden. Weitere wichtige Aspekte der äußeren Behausung sind die Nachbarschaft, die gemeinsamen Freunde und die Verwandtschaft.

Die innere Welt und äußere Behausung können wichtige Stabilisatoren und Ressourcen einer Partnerschaft sein. Das Schaffen von vertrauenswürdigen Strukturen ist in der Regel Voraussetzung für das Planen von Kindern. Die Bedeutung der inneren und äußeren Behausung wird von vielen Therapeuten unterschätzt. Sie sehen die Partner streiten, sie sehen die Gehässigkeit, die negativen Gefühle, das Unvermögen, sich miteinander zu verständigen. Sie nehmen dabei aber wenig wahr, in welch hohem Ausmaß die Partner einander verbunden sind durch das jahrelange Zusammenleben in einer gemeinsam geschaffenen inneren und äußeren Welt. Insbesondere in der zweiten Lebenshälfte bestehen für manche Menschen nicht mehr dieselben Chancen, sich eine neue ebenso differenzierte und reichhaltige Behausung aufbauen zu können. Der Gewinn an Freiheit bei einer Trennung vom Partner muss aufgerechnet werden mit dem Verlust an persönlicher Nische. Die Auflösung einer Beziehung kann aber auch frei machen für neue Beziehungen und für neue Möglichkeiten beantworteten Wirkens.

Die innere Welt und äußere Behausung können die Entwicklung der Partner aber auch wesentlich einengen und belasten. Insbesondere die Geburt von Kindern gibt zwar der Partnerschaft einen tieferen Sinn und eine gemeinsame Aufgabe, führt aber in heutiger Zeit

oft zu großem Stress und schwierigen Abstimmungen von Berufs-
und Familienrollen. Aber auch der Wechsel eines Wohnortes kann die
Partnerschaft schwer belasten, weil dadurch nicht selten sehr ungleiche Lebensbedingungen für die beiden Partner entstehen (z. B. grüne
Witwen).

Wie stehen persönliches Konstruktsystem und dyadisches Konstruktsystem zueinander? Wie persönliche Nische und dyadische Nische?

Sowohl das persönliche Konstruktsystem wie die persönliche Nische decken sich nicht mit den dyadischen. Sie stehen oft in einem
Spannungsverhältnis zueinander und führen zu vielen Auseinandersetzungen. Mit dem dyadischen Konstruktsystem wurden innere
Strukturen geschaffen als Vereinbarungen über Sinn, Spielregeln,
Werte und Normen des Zusammenlebens, welche oft ausgehandelte
Kompromisse der Partner sind, die mit den persönlichen Konstrukten nur bedingt übereinstimmen. Persönliches und dyadisches Konstruktsystem müssen jedoch miteinander kompatibel sein, wenn es
deswegen nicht zu unablässigen Streitigkeiten und Missverständnissen kommen soll. Dyadisches Konstruktsystem und dyadische
Nische betreffen das, was die Personen als Partner leben, persönliches
Konstruktsystem und persönliche Nische das, was sie in ihren persönlichen Bereichen leben. So bewahrt sich meist jeder neben dem
dyadischen sein persönliches Konstruktsystem und neben der dyadischen seine persönliche Nische, seinen persönlichen Freundeskreis,
persönliche Interessensphären und persönliche Tätigkeiten in Beruf
und Freizeit, in die der Partner nicht direkt, sondern nur indirekt einbezogen ist.

Dyadisches Konstruktsystem und dyadische Nische vermitteln
einer Person jedoch eine breitere Verankerung ihres beantworteten
Wirkens. Eine Liebschaft kann auf persönlicher Ebene ein sehr intensives gegenseitiges beantwortetes Wirken stimulieren. Ein dyadisches
Konstruktsystem und eine dyadische Nische werden jedoch erst dann
geschaffen, wenn die Partner miteinander eine gemeinsame Lebens-

perspektive entwerfen und sich entschließen, miteinander eine eigene Welt zu schaffen.

4.7 Das Leiden am Sich-fremd-Bleiben in der Liebe

Koevolution ist nicht ein harmonischer Prozess, vielmehr ein spannungsreicher Vorgang, dessen Verlauf schwer vorhersehbar ist, weil die Partner sich immer wieder neu und anders der gegenseitigen Beeinflussung öffnen oder sich von dieser abgrenzen. In der Phase des Verliebtseins bestand die Hoffnung, die Partner könnten sich gegenseitig ihre Wünsche und Träume vollumfänglich erfüllen und all das, was jeder in der Phase der Sehnsucht in sich aufgespart hatte, ins Leben eintreten lassen. Diese Erwartungen sind nicht bloße Illusionen oder Projektionen. Tatsächlich kommt es unter dem intensiven Prozess des Verliebtseins oft zu einem Entwicklungssprung, allerdings mit der Gefahr, dass die Partner in mancher Hinsicht dabei über sich hinauswachsen und sich überfordern. Wer unter der gestaltenden Kraft der Liebe zu weit über sich hinausgeraten ist, kann dieses Verhalten nicht aufrechterhalten. Plötzlich melden sich Zweifel, ob man wirklich so ist, wie der Partner einen sieht und wie man sich selbst im bewundernden Spiegel des Partners sehen wollte. Die Feststimmung des Verliebtseins wird im Alltag zur Belastung. Es entsteht der Wunsch nach der Rückkehr zu weniger anspruchsvollen Gewohnheiten. Oft möchte man dem anderen, aber auch sich selbst, die Enttäuschung ersparen, dass man nicht das ist und bleibt, was er aus einem «gemacht» hat. Man wird dabei auch mit dem Vorwurf konfrontiert, dass man wohl könnte, wenn man nur wollte, denn schließlich sei ja der Beweis aus der ungetrübten Phase des Verliebtseins erbracht, wozu man wirklich befähigt wäre.

Etwas vom Schwierigsten an der Enttäuschung ist jedoch die Erkenntnis, dass der andere einen immer nur in seiner Art und Weise verstehen kann und dass diese Art und Weise von der eigenen ver-

150   Teil A: Theoretische Grundlagen der ökologischen Psychotherapie

schieden bleibt. Hat man nicht in langer, schmerzlicher Einsamkeit sein Innerstes aufgespart, um es jetzt in der als einzigartig erlebten Liebe einem Menschen zu offenbaren? Und nun soll man sich damit abfinden müssen, dass der Partner in seiner Fähigkeit, einen zu verstehen und zu begreifen, persönlichen Beschränkungen unterliegt? Schwer zu akzeptieren ist, dass der andere einen nur in jenen Bereichen beantworten kann, in denen er persönlich ansprechbar ist. Das Leiden an den persönlichen Begrenzungen des Partners ist besonders schmerzlich, weil diese einen in der Möglichkeit begrenzen, sich innerhalb der Partnerschaft voll zu entfalten und zu verwirklichen. Man müsste also akzeptieren, in der Partnerschaft nicht das werden zu können, was man werden möchte und werden zu können glaubt. Mit destruktivem Verhalten, Erpressung, Entwertung und Provokation kann versucht werden, den Partner doch noch dazu zu bringen, die in ihn gesetzten Erwartungen zu erfüllen. Je mehr man ihn unter Druck setzt, desto mehr wird er sich jedoch verschließen.

Das Anrennen an der Unansprechbarkeit des Partners kann einen einsamer machen, als man es je allein im Leben war. Manche zerbrechen daran, nicht über die Begrenzung des gemeinsamen Entwicklungsprozesses verfügen zu können. Anderen gelingt es, an diesem Leiden in der Liebe persönlich zu wachsen. Die Nicht-Ansprechbarkeit des Partners stellt einen auf die eigenen Füße (siehe dazu die Ausführungen in Willi, 1991).

Dennoch betrachte ich die Symbiose in der Phase des Verliebtseins nicht als einen Fehler. Die Erfahrung des Berührtwerdens in einem letzten Aufgehobensein in der Liebe geht nämlich auch später nicht verloren, selbst wenn es sich dabei nur um Momente des Glücks gehandelt hat, die im Alltag überlagert werden von der Notwendigkeit zu selbständigem Denken und autonomen Handeln.

Zwei Partner entsprechen einander nie vollkommen. Das ist überall in der Natur so. Lebewesen passen nie vollkommen zu ihrer ökologischen Nische. Sie müssen lediglich ausreichend zur Nische passen, um zu leben. Genauso zwei Partner. Sie werden die Wirklichkeit immer unterschiedlich konstruieren. Entscheidend ist, ob die unterschiedlichen Konstruktionen miteinander kompatibel sind. Zu-einander-Passen ist kein Zustand, sondern ein laufender Prozess, der nie zu einem Abschluss kommt. Das Einander-Suchen ist das Eigentliche der Liebe und nicht das Einander-Finden. Das Einander-Missverstehen kann Anlass sein, sich gegenseitig laufend zu erklären. Sich-dem-Partner-Erklären heißt gleichzeitig Sich-selbst-Erklären. An den Fragen und Missverständnissen des Partners wird offenbar, wo man sich selbst nicht klar ist. Indem man sich dem Partner gegenüber definiert, gewinnt die eigene Selbstdefinition an Profil. Eine Lebensgemeinschaft kann ihre Lebendigkeit nur bewahren, wenn die Partner laufend an der Verständigungsarbeit sind. Sobald sie glauben, sich vollständig verstanden zu haben, wird es gefährlich, denn dann bricht die Spannung zwischen den Partnern zusammen. Nur wenn die Partner einander immer etwas fremd bleiben, wird die Interaktion zwischen ihnen kreativ und lebendig bleiben können.

4.8 Asynchronie der persönlichen Entwicklungen in der dyadischen Koevolution

Es ist keineswegs selbstverständlich, dass die Korrespondenz der Entwicklungsbereitschaften zweier Partner über viele Jahre erhalten bleiben kann. Vor allem wenn die Kinder dem Paar entwachsen, wird häufig keine gemeinsame, die Entwicklung der Partner verbindende Aufgabe mehr gefunden. Es ist möglich, dass unter Beibehaltung des dyadischen Konstruktsystems und der äußeren Behausung die Partner sich freier und unabhängiger voneinander entwickeln. Häufig löst die vermehrte Freiheit jedoch Angst vor Auseinanderleben und gegenseitiger Entfremdung aus. Manchmal wird versucht, mit destruktiven Mitteln, mit außerehelichen Beziehungen, Krankheiten, Alkoholismus oder Provokationen ein verbindendes Thema zu schaffen.

Häufig laufen die persönlichen Entwicklungsprozesse in einer

Partnerschaft nicht synchron. Das zeigt sich vor allem in der zweiten Lebenshälfte und im Alter, in welchen die Koordination der Entwicklungen nicht mehr durch gemeinsame Aufgaben notwendig ist und auch häufig ein Nachholbedarf besteht, persönliche Interessen zu entwickeln, die wegen der Kindererziehung zurückgestellt werden mussten. Es besteht auch das Bedürfnis, sich Freiheiten herausnehmen zu können und die Abstimmung der eigenen Entwicklung auf jene des Partners zu reduzieren. Das nahende Alter kann die Motivation verstärken, die noch verbleibenden Jahre für die Entfaltung der eigenen Interessen zu nutzen. Neugier und Motivation, Neues zu entwickeln, können bei Partnern sehr unterschiedlich sein. Während etwa Männer sich auf die Pensionierung vorbereiten und sich nach mehr Ruhe und sozialem Rückzug sehnen, können Frauen, zuvor durch die Aufgabe für die Kinder stark gebunden, nun mit großem Elan sich in eine berufliche Tätigkeit stürzen und die damit verbundenen vermehrten sozialen Kontakte genießen. Oder es bestehen wesentliche Unterschiede in der körperlichen Vitalität, indem der eine von beiden das Bedürfnis hat, mit viel Sport seine Fitness zu erhalten, während der andere es sich etwas bequemer machen möchte. Die Asynchronie persönlicher Entwicklungen wird im Zusammenhang mit Pensionierung häufig zu einem Problem, weil Partner dann verstärkt aufeinander bezogen sind und oft den größten Teil ihrer Zeit miteinander verbringen, sodass die unterschiedlichen Motivationen und Interessen zu dauernden Spannungen und Unzufriedenheit führen. Das Problem der Asynchronie der Entwicklungsbereitschaften wird häufig noch verstärkt, wenn zwischen den Partnern eine große Altersdifferenz besteht und das Problem zudem verleugnet wird.

Das Problem kann auch durch einseitig auftretende Gebrechlichkeit teilweise verschärft werden, wenn der Partner dadurch in seinen Aktivitäten stark zurückgebunden wird und die Partner sich gegenseitig durch Erzeugen von Schuldgefühlen belasten.

Auch da, wo zu Beginn der Partnerschaft eine gute und breite Korrespondenz von Interessen und Motivationen bestand und die Partner zunächst sehr gut miteinander kooperieren konnten, können gesellschaftliche Veränderungen den Entwicklungsprozess der Partner sehr ungleich stimulieren. Dieses Problem sehen wir heute vor allem im Zusammenhang mit dem Emanzipationsprozess, von welchem in der Regel die Frauen zuerst und stärker ergriffen werden. An sich wäre es möglich, dass die Frau, wegen ihrer höheren Motivation, die Verselbständigung als Erste vollzieht und den Mann sekundär zum Nachziehen herausfordert. Leider gelingt das in vielen Fällen nicht in einer konstruktiven Art. Insbesondere da, wo Frauen zuvor sehr angepasst waren und viele eigene Bedürfnisse zugunsten des Partners zurückgestellt hatten, kann der Emanzipationsprozess oft wie ein Blitz einschlagen. Häufig ist es der Kontakt mit einer anderen Person, der diesen Frauen die Augen für ihre Überanpassung öffnet. Oft müssen Frauen zuerst ihre eigenen Ängste vor den Konsequenzen der Verselbständigung überwinden. Wenn dann der Mann den Emanzipationsstrebungen der Frau zurückhaltend bis ablehnend gegenübersteht, tragen die Frauen ihre Forderungen – um die inneren und äußeren Hemmnisse zu überwinden – oft so provokativ an den Mann heran, dass dieser in einer Art und Weise reagiert, welche die Frau in der Meinung bestätigt, nur durch radikale kompromisslose Forderungen den Prozess durchziehen zu können. Bei den Männern entsteht eine starke Verunsicherung, aus der heraus sie zunächst ein Machoverhalten annehmen oder sich über die Emanzipationsbemühungen der Frau lustig machen, ihre Forderungen bagatellisieren, auf ihre Anliegen nicht ernsthaft eingehen oder die Frau einzuschüchtern versuchen bis zur Anwendung von Gewalt. Es entwickelt sich ein Teufelskreis: Je provokanter und radikaler die Forderungen der Frau, desto abwehrender und unzugänglicher der Mann – je abwehrender der Mann, desto provokativer die Frau. Oft kommt es in einer zweiten Bewegung zu einem Rückzug der Frau vom Mann und zu einer Konzentration auf ihren eigenen Bewusstseinsprozess. Nicht selten gehen die Frauen in eine Therapie, in welcher sie in ihrem Bestreben sich durchzusetzen bestärkt werden. Bei den Männern setzt dann eine Bewegung von Verzweiflung und Verunsicherung ein. Aus dem sich entwickelnden Machtkampf finden viele Paare nicht heraus.

Der dyadische Emanzipationsprozess bildet das Hauptthema vieler Paartherapien. Die Initiative geht meist von der Frau aus, weil die Frauen durch die Emanzipation real an Macht, Sozialprestige und finanzieller Autonomie gewinnen, während Männer eher verlieren. In der Therapie kann es sehr wichtig sein, die tieferen Ängste und Motivationen beider Seiten besser kennen zu lernen. Die Frau hat häufig die Befürchtung, wenn sie nicht an ihren radikalen Forderungen festhalte, werde sie wieder in das alte Rollenverhalten zurückfallen und zurückgedrängt werden. Es handelt sich dabei sowohl um persönliche Ängste wie um Ängste vor dem Mann. Der Mann andererseits leistet Widerstand nicht nur, um Macht und Prestige zu bewahren, sondern auch aus Sorge um die Erhaltung der Familie. Er ist der Meinung, die familiäre Gemeinschaft werde sich nur erhalten lassen, wenn die Frau sich dieser voll zur Verfügung stelle. Der Mann kann aber auch persönliche Ängste haben, dass er bei Verlust einer superioren Position der Frau als Schwächling erscheine. In dem Ausmaß, in welchem die Frau sich nicht gegen den Mann emanzipiert, sondern für sich selbst, und dabei auch Verständnis für die Ängste des Mannes entwickelt, kann auch die Abwehr des Mannes gegen die Emanzipation reduziert und eigene Entwicklungsmotivation freigelegt werden. Setzen sich Männer mit ihrer Emanzipation auseinander, so erfahren sie diese als emotionalen Gewinn. Oft sind sie auch froh, die sozioökonomische Verantwortung für die Familie nicht mehr allein tragen zu müssen. Meist kommen Männer nicht aus eigenem Antrieb oder auf Anregung durch andere Männer zum Anstreben einer emanzipatorischen Entwicklung, sondern im Rahmen einer Paartherapie oder unter dem Einfluss einer anderen Frau, oft allerdings erst nach einer Scheidung und beim Eingehen einer neuen Beziehung.

Gemäß der systemtheoretischen Regel, dass sich in einem sozialen System kein Teil ändern kann, ohne dass sich alle anderen Teile und das Ganze verändern, erfordert eine echte Emanzipationsbewegung der Frau die Mitveränderung des Mannes, wenn die Beziehung funktionsfähig bleiben soll. Das heißt aber auch, dass der Mann sich in seiner Partnerin oftmals mit einer anderen Frau konfrontiert sieht als mit der, die er einmal geheiratet hatte, und dass die Frau sich ihrem Mann auch als eine andere Frau zumuten muss. Der Wechsel von einer überangepassten, ihren Mann bewundernden Gefährtin zu einer selbstbewussten, autonomen Partnerin kann für beide Seiten schwierig, aber auch gewinnbringend sein.

Es ist in der Einzel- und Paartherapie eine wichtige Aufgabe des Therapeuten, solche asynchronen Entwicklungen festzustellen und das bremsende Verhalten des Partners nicht nur als destruktiv zu beurteilen, sondern auch als notwendigen Widerstand, um die Beziehung zusammenzuhalten und um dem sich emanzipierenden Teil die Möglichkeit zu geben, sich freier mit der eigenen Entwicklung zu befassen, im Vertrauen darauf, dass der Partner/die Partnerin in dieser Zeit die dyadische und familiäre Nische erhalte.

Doch was bedeutet die gegenseitige Herausforderung zur Entwicklung, wenn einer von beiden chronisch krank und pflegebedürftig wird oder rollstuhlabhängig? Hier entstehen ethisch schwierige Situationen, die jeder in seiner Situation selbst lösen muss. Entwicklung heißt jedenfalls nicht einfach, seine Wirksamkeit zu erweitern. Entwicklung kann auch in der Akzeptation wesentlicher Einschränkungen liegen.

4.9 Kollusionen als pathogene Formen der Koevolution

Wie in Kapitel 2 erwähnt, liegt das Wesen von Koevolution in einer korrespondierenden Entwicklungsbereitschaft der Partner, in einer Ansprechbarkeit, einander da zu fördern und zu beantworten, wo die Bereitschaft vorliegt, sich zu entfalten. Man ermöglicht einander Entwicklung, indem man dafür Raum zur Verfügung stellt, in welchem man einander in seiner Entwicklung beantwortet, einander ein nährendes Gefäß bereitstellt, in dem jeder sich verwirklichen kann, indem man einander eine Entwicklungsnische beantworteten Wirkens bereitstellt. Im Zusammenleben werden beim anderen jene Ent-

156   Teil A: Theoretische Grundlagen der ökologischen Psychotherapie

wicklungen begünstigt, die einem selbst persönlich wichtig sind. Partner ermöglichen einander korrespondierende Entwicklungen im beantworteten Wirken.

Diese Korrespondenz beschränkt sich jedoch nicht auf konstruktive Entwicklungen, es können damit auch eine Vielfalt von destruktiven Entwicklungen ausgelöst und stimuliert werden. Partner können sich in Entwicklungsvermeidungen verstärken, in Ängsten vor gewissen Entwicklungsschritten. Sie können sich insbesondere auch in regressiven Entwicklungsbereitschaften stimulieren, in infantilen und realitätsfernen Wünschen, Sehnsüchten, Träumen und Phantasien. Jeder Mensch hat Schwachpunkte in seiner Ansprechbarkeit, jeder leidet an unerfüllten Sehnsüchten, welche etwa verborgene Wünsche betreffen, den Partner gefunden zu haben, der einen ins Paradies führt, mit dem man in allen Schwingungen eins zu werden vermöchte, mit dem man die völlige Harmonie und Übereinstimmung fände, der einem totalen Schutz und Sicherheit gewährleiste, der einen mütterlich umsorge, einen trage und verwöhne, der einem materiellen Reichtum und Sozialprestige in Aussicht stelle, mit dem man nicht stark und selbständig sein müsste, der einem die Verantwortung abnehmen könnte, dem man sich bedingungslos anvertrauen dürfte.

Solche regressiven Ansprechbarkeiten können vom Gegenüber ausgebeutet werden in Machtspielen mit dem Ziel, sich den anderen untertan und gefügig zu machen und sich darin als besonders wirksam, potent und mächtig zu erleben. Man kann triumphieren, wenn es einem gelingt, den anderen zu verführen, alles zu tun, was man von ihm will, ihn hörig zu machen, abhängig und bereit, jede Form von Demütigung und Schmerz auf sich zu nehmen.

Eine andere destruktive Form ist die Ausbeutung von Schuldbereitschaft etwa damit, dass man den anderen zunächst durch besondere Hilfe und Zuwendung in Schuld versetzt, um anschließend Ansprüche zu stellen, sich einem dafür erkenntlich zu erweisen, Ansprüche, die oftmals unerfüllbar sind und den Partner erpressbar machen.

In partnerschaftlichen und familiären Beziehungen bietet sich insbesondere bei einer hochgradigen Abhängigkeit voneinander ein breites Feld für destruktive Spiele. Es kann sein, dass die Destruktivität des einen ein Machtspiel ist, um die regressive Ansprechbarkeit des anderen auszubeuten. Es kann aber auch sein, dass es zu destruktiven Entwicklungen kommt, aus der Korrespondenz beidseitiger unbewusster Entwicklungsbereitschaften, was ich als Kollusion in meinem Buch «Die Zweierbeziehung» (1975) eingehend beschrieben habe.

Definition: Eine Kollusion ist ein unbewusstes Zusammenspiel von Partnern auf der Basis korrespondierender Beziehungsängste und Beziehungsdefizite. Sie vermittelt ein Gefühl von spezieller Nähe und Unentbehrlichkeit füreinander. Sie mobilisiert hohe Beziehungsmotivationen und verhilft manchen Personen, sich überhaupt eine Beziehung zuzutrauen. Eine Kollusion wird dadurch pathologisch, dass sie zu einer Verpflichtung auf ein Spiel wird, in welchem die beiden Partner sich in einer bestimmten Form beantworteten Wirkens brauchen. Dabei kommt es zu wechselseitigen Übergriffen der persönlichen Integrität und Autonomie. Die Partner sind sich, im uneingestandenen Bestreben, die Kollusion aufrechtzuerhalten, Komplizen, indem sie den destruktiven Ansprachen, die sie aneinander stellen, keinen klaren Widerstand entgegensetzen und sich auf ein Verhalten festlegen, welches die persönliche Entwicklung behindert.

4.9.1 Kollusive Partnerwahl

Wie oben dargestellt gehen Verliebte die Beziehung in der Hoffnung ein, beim anderen eine bestimmte Entwicklungsmöglichkeit ins Leben zu rufen oder mit Hilfe des anderen neue Lebensmöglichkeiten verwirklichen zu können. Gewisse persönliche Entwicklungen sollen mit und durch den anderen realisiert werden. Die Partner brauchen sich gegenseitig, was ihrer Beziehung das ganz Besondere gibt, das Spezifische und nicht Wiederholbare. Es ist das Gefühl, sich vom anderen als unentbehrlicher Helfer brauchen zu lassen oder zu glauben, im Partner den entscheidenden Helfer gefunden zu haben.

Solche Vorstellungen schwingen mit, wenn man hofft, mit dem Partner lebensgeschichtlich begründete Defizite und Traumatisierungen der Kindheit oder des Erwachsenenlebens ausgleichen zu können, also etwa wenn jemand, der Mutterliebe vermissen musste, im Partner eine Person gefunden zu haben glaubt, die ihn verwöhnt, umsorgt oder ihm ein Leben ermöglicht, wo er sich geborgen fühlen kann und Vertrauen in die Liebe eines nahen Mitmenschen gewinnt. Oder wenn jemand in einer vorangegangenen, jahrelangen Beziehung dauernd entwertet wurde und zu hören bekam, er sei nichts und werde nichts, und nun einen hohen persönlichen Auftrieb erfährt, wenn er sieht, wie der Partner unter seiner Umsorgung und Verwöhnung aufblüht, Lebensfreude entwickelt und Vertrauen in die Liebe zu bilden beginnt. Solche Partner brauchen einander also für grundlegende neue Lebenserfahrungen, zu denen sie sich gegenseitig verhelfen können.

Die Gegenseitigkeit des Sich-Brauchens ergibt sich am leichtesten, wenn die Partner sich komplementär zueinander verhalten: Der Hilflose braucht den Helfer, der zum Helfen Motivierte den Hilflosen. Der Passive braucht den Aktiven, der zu Aktivität Motivierte den Passiven. Der Anlehnungsbedürftige braucht den Führenden, der zum Führen Motivierte den Anlehnungsbedürftigen. Wer bereit ist zu bewundern und zu bestätigen, sucht den Bewunderungsbedürftigen, wer auf Bestätigung angewiesen ist, braucht den Bewundernden. In der Sprache des Kollusionskonzeptes (1975, 1978) bezeichne ich den einen als den Partner in *regressiver Position*, den anderen als den in *progressiver Position*. Partner in regressiver Position neigen dazu, sich hilflos, passiv, fügsam, abhängig und bewundernd zu verhalten, Partner in progressiver Position dagegen als hilfreich, aktiv, führend, autonom und imponierend. Progressives und regressives Verhalten bedingen sich gegenseitig: je hilfloser der Regressive, desto fürsorglicher der Progressive, je fürsorglicher der Progressive, desto hilfloser der Regressive.

4 Die dyadische Koevolution und Kollusion 159

So weit kann das Zusammentreffen aufeinander ansprechbarer Partner entwicklungsfördernd sein. Es ist eine normale und keineswegs pathologische Hoffnung der Verliebten, vom Partner gebraucht zu werden oder den Partner brauchen zu dürfen, um mit seiner Hilfe neue Formen des Lebens und der persönlichen Entwicklung möglich zu machen. Zur Störung wird dieses progressiv-regressiv polarisierte Verhalten erst, wenn es nicht mehr frei gewählt werden kann, sondern zu Zwang und Verpflichtung wird, wenn es nicht mehr die Entwicklung gegenseitig fördert, sondern im Gegenteil behindert, wenn die gegenseitige Unterstützung nicht erfolgreich sein darf, weil sie sich dann selbst überflüssig machen würde.

So kann etwa die besondere Verwöhnung und Umsorgung, die man vom Partner erfährt, wichtig sein, um Vertrauen in die Liebe zu bekommen und sich erstmals in einer Beziehung geborgen zu fühlen. Diese neue Erfahrung kann jedoch auch Angst hervorrufen, man könnte sich zu sehr an die Geborgenheit gewöhnen, sodass man sich ohne die Zuwendung des Partners nicht mehr lebensfähig fühlen würde. Voller Besorgnis lauert man direkt auf Augenblicke, in welchen man dem Partner ein Nachlassen seiner Hilfsbereitschaft beweisen kann. Anstatt das Risiko des Enttäuschtwerdens zu tragen, versucht man Sicherheit zu erzwingen. D. h., man versucht, mit seiner Hilflosigkeit den Partner fest in den Griff zu kriegen und ihm sein Verhalten zu diktieren. Nur scheinbar ist der Hilflose schwach, man kann den Partner auch mit Hilflosigkeit tyrannisieren.

Es kann aber auch sein, dass der fürsorgliche Partner nicht auf seine Helferfunktion verzichten kann, weil er darin eine ihm unentbehrlich erscheinende persönliche Bestätigung gefunden hat, oder weil er sich die Liebe des Partners gar nicht zutraut, wenn er sich nicht laufend als Helfer unentbehrlich macht. Die Bestrebungen der Partner sind also in tieferen Ängsten begründet und verstärken sich gegenseitig. Beide Partner suchen sich dieses Zusammenspiel zu erhalten, um nicht mehr in die früheren Verletzungen und Frustrationen zurückzufallen. Das Schlimmste, das eintreten könnte, wäre, dass der Hilflose nicht mehr hilflos wäre und damit die Fürsorglichkeit des

Partners überflüssig würde, oder dass der Fürsorgliche sein Interesse am Befürsorgen verlieren könnte und damit der Hilflose leer ausgehen würde.

Das Gestörte einer Kollusion liegt darin, dass jeder den anderen mit seiner Verhaltensweise zur Selbststabilisierung braucht und die Partner einander keine Freiheit lassen, sondern einander in ihrem Verhalten festlegen. Die Partner verstehen es nicht, einander Grenzen zu setzen, Widerstand zu leisten und einander zu eigenständigerem Verhalten herauszufordern, vielmehr neigt der Hilflose dazu, bei Nachlassen der Helfermotivation des Partners seine Hilflosigkeit zu verstärken, um damit die Hilfe zu erzwingen. Und umgekehrt: Der Helfer versucht, den Hilflosen hilflos zu halten statt ihn herauszufordern. Jeder Ausbruchsversuch aus dem gewohnten Verhalten wird gleich wieder so konstelliert, dass er in das kollusive Muster zurückführt.

4.9.2 Wie lässt sich die progressiv-regressive Polarisierung erkennen?

In «Die Zweierbeziehung» (1975) habe ich dargestellt, wie sich die Dynamik der Partnerschaft um eine gemeinsame unbewusste Thematik konstelliert. Partner, die auf ähnliche unverarbeitete Konflikte fixiert sind, fühlen sich oft in besonderer Weise voneinander angezogen, einerseits weil sie sich als Betroffene leicht finden und gegenseitig verstehen, andererseits weil sich zwischen ihnen rasch ein intensives beantwortetes Wirken bilden kann.

Die Partner setzen sich in verteilten Rollen mit dem gemeinsam sie beunruhigenden Konfliktthema auseinander. In «Die Zweierbeziehung» habe ich vier Grundmuster des unbewussten, neurotischen Zusammenspiels von Partnern eingehend dargestellt: die narzisstische Kollusion mit dem Thema Liebe als Einssein, welches sich polarisiert in einem progressiv-narzisstischen Partner als Verkörperung des grandiosen Ideal-Selbst und einen Komplementär-Narzissten, welcher sich ganz aufgibt in der Verehrung des Partners als Ideal-Selbst. In der oralen Kollusion bedeutet das Thema Liebe Einander-Umsorgen, wobei der progressive Partner die Position der Mutter oder des Therapeuten übernimmt, der sich fürsorgerisch um den regressiven Partner in der Position eines Pfleglings kümmert. Die anal-sadistische Kollusion gründet auf dem Leitbild von Liebe als Einander-ganz-Gehören. Das Thema polarisiert sich in die progressive Position des Partners, der die Führung innehält, und den regressiven Partner, der sich der Führung und Kontrolle des anderen unterzieht. In der phallischen Kollusion geht es um Liebe als soziales Prestige, bei welcher der eine sich durch soziale Potenz auszeichnet und damit die Bewunderung des anderen erreicht, solange er erfolgreich ist. Diese Polarisierungen ermöglichen ein intensives, wechselseitiges, beantwortetes Wirken.

Nun gibt es aber eine große Vielfalt von Polarisierungen, die nicht immer diesen vier idealtypischen Modellen entsprechen. In den vielen Seminaren, die ich über das Kollusionskonzept durchgeführt habe, bereitete es den Teilnehmern manchmal Mühe, eine an sich leicht identifizierbare Polarisierung des Verhaltens der Partner den Begriffen progressiv-regressiv zuzuordnen. Es bewährte sich, klinisch beobachtbare Beziehungsmuster übersichtlicher darzustellen auf zwei Achsen: die Achse dynamisch versus strukturierend und die Achse progressiv versus regressiv.

162   Teil A: Theoretische Grundlagen der ökologischen Psychotherapie

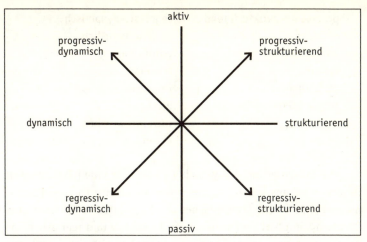

Abb. 4: Die progressiv-regressive Polarisierung auf den zwei Achsen aktiv/passiv und dynamisch/strukturiert

Zwei Partner können sich in folgender Weise in ihrem Verhalten polarisieren:

progressiv-dynamisch	**regressiv-strukturierend**
initiativ	rezeptiv
kreativ	erwägend
vorwärts drängend	zurückhaltend
mutig	vorsichtig
expositionsfreudig	ermahnend
chaotisch	bewahrend, einengend
	unterstützend
	auffangend

Die progressiv-regressive Polarisierung kann jedoch auch eine andere Form annehmen:

progressiv-strukturierend	**regressiv-dynamisch**
begrenzend	chaotisch
strukturierend	unstrukturiert

4 Die dyadische Koevolution und Kollusion 163

progressiv-strukturierend	regressiv-dynamisch
ordnend	unverantwortlich
kontrollierend	emotional
rational	triebhaft
verlässlich	impulsiv
«erwachsen»	gierig
	unverantwortlich
	«kindlich»

Die Polarisierung des Verhaltens kann für einen koevolutiven Prozess durchaus konstruktiv sein, weil sich in ihr leicht ein Spannungsfeld aufbauen lässt, welches die Interaktionen zwischen den Partnern stimuliert und strukturiert. Progressiv und regressiv beinhaltet an sich keine Wertung. Progressiveres Verhalten ist nicht dominanter als das regressive. Dynamisches Verhalten braucht ein Gefäß, in welchem es Form annimmt und strukturiert wird, strukturiertes Verhalten braucht eine dynamische Verlebendigung. Viele bedeutende kulturelle Leistungen konnten erbracht werden, weil der eine Partner seine Impulsivität und Dynamik ausleben konnte, in dem Ausmaß, wie er vom anderen Partner gehalten und strukturiert wurde.

Die aufgeführten Polarisierungen werden lediglich dann zum Problem, wenn ein Anspruch entsteht, einander auf dieses Verhalten zu behaften, oder wenn die Partner sich zirkulär verstärken, indem etwa der eine sein chaotisches Verhalten mit der Überstrukturierung des anderen begründet, und der andere sein überstrukturiertes Verhalten mit dem chaotischen Verhalten des ersteren rechtfertigt.

4.9.3 Die Verletzung der persönlichen Integrität und Autonomie in der Kollusion

Koevolution als gesunde Form des Zusammenlebens erfordert die gegenseitige Respektierung der Selbstbestimmung und Eigenverantwortlichkeit. In einer Kollusion determinieren sich die Partner in ihrem persönlichen Verhalten, d. h., sie bestimmen einander und treten einander gewisse zentrale Funktionen ab bzw. übernehmen sie füreinander. Zu diesen Funktionen gehören eigenständiges Wahrnehmen, Verarbeiten, Bewerten, Entscheiden, Handeln, Verantworten, also alles Funktionen, die für die Selbstregulation einer autonomen Persönlichkeit nicht jemand anderem übertragen werden können, ohne dass destruktive Formen von Abhängigkeit und Vermischen der persönlichen Grenzen entstehen. Diffuse interpersonelle Grenzen sind von der Paar- und Familientherapie bei allen Formen von Störungen immer wieder festgestellt worden (als «enmeshment» von Salvador Minuchin [1978]; als undifferenzierte Ich-Masse von Murray Bowen [1972] oder als Abgrenzungsprinzip in meinem Buch «Die Zweierbeziehung» [1975, S. 16]). Solche strukturellen Durchmischungen von zwei oder mehreren Personen liegen nahe, weil sie scheinbar ein höheres Maß an Nähe und Bezogenheit erzeugen. Doch je abhängiger zwei Partner voneinander sind, desto eher entsteht hintergründig ein Machtkampf, denn niemand will sich einem anderen ausliefern, wenn er ihn nicht gleichzeitig durch Manipulationen fest im Griff halten kann. Vorübergehend kann es als hilfreich erlebt werden, wenn der Partner für einen entscheidet, die Verantwortung übernimmt oder handelt, längerfristig wird damit jedoch die Gleichwertigkeitsbalance gestört mit all den destruktiven Nebenfolgen. Auch die edle Absicht, dem anderen nur helfen zu wollen, kann keine Legitimation sein, ihn bestimmen oder formen zu wollen oder gar besser zu wissen als er, was für ihn gut ist, wie er im Grunde genommen beschaffen ist und wie er denken und fühlen sollte. Dasjenige, das sich vom anderen strukturieren lässt, verliert das Vertrauen in seine Regulationsfähigkeit und gibt damit dem anderen Anlass zu unablässiger Kritik und Entwertung, verbunden mit der nicht erfüllbaren Aufforderung, nun endlich selbständiger zu werden.

Die Beanspruchung der Eigenverantwortlichkeit grenzt die Partner stärker voneinander ab. Sie verzichtet auf übergroße Nähe und auf die zirkuläre Determination von Denken, Fühlen, Wollen und

Handeln. Nur wenn jedes sich und das andere als sich selbst regulierendes Wesen respektiert, können ernsthafte Auseinandersetzungen stattfinden.

Die chilenischen Biologen Humberto Maturana und Francisco Varela (1987) haben beschrieben, wie die Fähigkeit zur Selbstregulation für das Überleben jedes Lebewesens Voraussetzung ist. Sie bezeichnen diese Fähigkeit als Autopoiese (Selbstorganisation, «Selbsterschaffung»). Zwei Lebewesen, die miteinander in Interaktion stehen, können sich gegenseitig anregen (perturbieren), wobei aber jedes Lebewesen seine Organisation bewahren muss. Verliert der eine Organismus in der Interaktion mit dem anderen seine Selbstorganisation, so wird er aufgelöst und zerstört. Die Organismen stehen zueinander in Ko-Ontogenese (Maturana & Varela, 1987, S. 196). Es entspricht also offenbar einem allgemeinen Lebensgesetz, dass Koevolution zwischen Lebewesen – sowohl im psychologischen wie im biologischen Bereich – nur möglich ist unter Respektierung der eigenen Organisation und Selbstregulation.

4.9.4 Kollusion als Entwicklungsblockierung und Entwicklungschance

Kollusionen bilden sich, wenn zwei Partner aufgrund korrespondierender Beziehungsängste und Beziehungsdefizite eine spezielle Form von Nähe und Unentbehrlichkeit füreinander anstreben. Insbesondere im Stadium der Paarbildung kann eine kollusive Partnerwahl zunächst eine echte Entwicklungsstimulation für beide Partner bedeuten. Viele Menschen fühlen sich zunächst einer Beziehung gar nicht gewachsen, wenn sie nicht die Sicherheit spüren, für den Partner unentbehrlich zu sein. Viele Partner vollziehen echtes persönliches Wachstum unter der Hilfe des anderen bzw. im Spenden von Hilfe. Entscheidend ist, ob sie den Mut aufbringen, aus der Kollusion hinauszuwachsen oder ob sie sich gegenseitig in der Kollusion fixieren und damit jedes echte weitere Wachsen behindern. Wie jede Beziehung muss auch eine Lebensgemeinschaft sich ständig wandeln. Phasen von gegenseitigem Sich-Helfen und Ergänzen sollten nicht zum Selbstzweck werden. Die Gefahr besteht, dass jeder den Partner zur Aufrechterhaltung der Kollusion benützt und jeder das Vermeiden der persönlichen Entwicklung mit dem Verhalten des anderen rechtfertigt. Beide Partner haben Angst, die Auflösung der Kollusion werde zu einem Verlust der Korrespondenz führen, sie könnten das Interesse aneinander verlieren und auseinander driften, eine Angst, die durchaus begründet ist, wenn die Kollusion der beziehungsstiftende Faktor ist. In der Paartherapie gehen wir häufig auf die Beziehungsgeschichte ein und besprechen insbesondere die Motive, die wirksam waren, um einander als Partner zu wählen. Die Auseinandersetzung mit der Beziehungsgeschichte kann Anlass geben, die Beziehung auf eine neue Basis zu stellen und die alten Beziehungsmuster aufzugeben, durch welche eine Entwicklung innerhalb der Partnerschaft blockiert worden ist. Die Einsicht, dass die ursprünglichen Motive für die Partnerschaft nicht mehr weiter tragfähig sind, kann für alle Beteiligten – auch für den Therapeuten – schmerzlich sein. Es kann durchaus sein, dass nach Lockerung der Kollusion keine neuen Korrespondenzen zwischen den Partnern sich bilden, welche zur Fortsetzung der Beziehung motivieren. Die thematische Korrespondenz zweier Partner lässt sich nicht erzwingen. Alternativen für persönliche Entwicklungen durch Beziehungen und Aktivitäten außerhalb der Zweierbeziehung können die Paarbeziehung entlasten, aber nicht vollständig ersetzen. Es braucht eine tragfähige thematische Basis für die Fortsetzung einer Paarbeziehung.

Vielleicht führt die Klärung der kollusiven Motivationen bei der Partnerwahl aber auch zur Erkenntnis, dass sich eine Person überfordert fühlt, sich innerhalb der Zweierbeziehung zu entwickeln. Insbesondere der regressive Partner hat oft den Eindruck, es gelinge ihm innerhalb der Beziehung nicht, selbständiger zu werden, da der Sog zu der alten abhängigen und regressiven Verhaltensweise zu stark sei.

4.9.5 Kollusion und psychische Krankheit

Die Bildung einer Kollusion macht eine Paarbeziehung oft zunächst für beide Seiten attraktiv. Sie lässt eine besondere Form von Nähe entstehen, ein besonderes Gefühl, sich gegenseitig zu brauchen, sie reduziert vorbestehende Beziehungsängste und stellt die Erfüllung von all dem in Aussicht, was man bisher in Beziehungen vermissen musste. Wenn die Kollusion der Unterdrückung weiterer Entwicklungen dient, so geraten die Partner früher oder später miteinander in tiefe Konflikte und Spannungen. Diese Spannungen erzeugen Stress, und unter diesem Stress kann es zur Dekompensation des einen oder anderen Partners kommen. Die Dekompensation kann wiederum zur Verstärkung und Fixierung der Kollusion benützt werden, Konflikte zwischen den Partnern können durch das Thema Krankheit neutralisiert werden. Krankheit kann dem regressiven Partner die Legitimation zu seinem regressiven Verhalten und zu seinem Anspruch an das progressive Verhalten des Partners geben, Krankheit kann dem progressiven Partner die Rechtfertigung seiner Ansprüche gegenüber dem regressiven Partner geben im Sinne von «Da siehst du, wie es herauskommt, wenn du dich mir widersetzt». Krankheit kann somit beiden Partnern das Gefühl geben, an der kollusiven Beziehung nichts ändern zu können, zumindest nicht, solange Krankheit besteht.

4.9.6 Revision der Darstellung des Kollusionskonzeptes 1975

Die Darstellung des Kollusionskonzepts in meinem Buch «Die Zweierbeziehung» (1975) halte ich nach wie vor für gültig, aber in einigen Aspekten für revisionsbedürftig.

a) Kollusionen zeigen sich heute seltener in klassischer Ausprägung

Ähnlich wie die klassischen Hysterien seit ihrer Beschreibung durch Sigmund Freud Ende des letzten Jahrhunderts seltener geworden sind, sind auch die klassischen Kollusionen heute seltener in ihrer vollen Ausprägung anzutreffen. Das hängt in erster Linie mit dem kulturellen Wandel der Leitbilder für die Geschlechterrollen zusammen. Vor zwanzig Jahren waren Männer noch häufiger anzutreffen, die identifiziert waren mit einem Macho-Verhalten: Sie beanspruchten die Führung in der Partnerschaft, waren bemüht, sich als stark, tapfer und unverletzbar zu zeigen, und hatten wenig Zugang zu ihren Gefühlen und Schwächen. Andererseits zeigten Frauen weit häufiger als heute ein anlehnungsbedürftiges, unstrukturiertes und schwaches Verhalten. Sie ließen sich häufiger zu unkontrollierten Gefühlsausbrüchen hinreißen, die sie allerdings nicht selten zu Manipulationen und Intrigen erfolgreich einzusetzen wussten. Heute versuchen Partner bewusst, die Polarisierung in eine Schein-Männlichkeit und Schein-Weiblichkeit zu vermeiden. Frauen verzichten darauf, sich an Männer anlehnen zu wollen, sich für diese aufzugeben, sich als schwach und hilflos zu präsentieren oder ihr Sozialprestige vom Mann beziehen zu wollen. Männer andererseits sind bemüht, mehr Zugang zu ihren Gefühlen und Schwächen zu finden, sich stärker im Haushalt und für die Kindererziehung zu engagieren und Frauen auch im Beruf als gleichwertige Partner anzuerkennen.

Das hat allerdings nicht zum Verschwinden von Kollusionen geführt, Kollusionen zeigen sich heute häufig in verschleierten und verleugneten Formen, etwa in pseudo-emanzipiertem Verhalten von Frauen oder in doppelbödigem Verhalten von Männern, die vordergründig den Wandel der Geschlechtsrolle der Frau akzeptieren, um ihn hintergründig doch zu hintertreiben. Es gibt heute auch häufiger eine Umkehrung der progressiv-regressiven Rollenpolarisierung. Beruflich erfolgreiche und effiziente Frauen wählen – vor allem nach vorangegangener Scheidung – nicht selten jüngere, zarte und wenig aktive Männer und bauen mit diesen eine Beziehung auf, in welcher sie alle Fäden in eigenen Händen halten. Männer andererseits wählen nicht selten Frauen aus Drittweltländern, nämlich aus Kulturen, in welchen Frauen bereit sind, den Mann in der traditionellen Geschlechterrolle zu akzeptieren, eine Einstellung, die sich allerdings meist im Zusammenleben in unseren kulturellen Verhältnissen bald ändert.

b) Der Anteil der Partner an einer Kollusion ist nicht gleich

Als ich 1975 «Die Zweierbeziehung» schrieb, war auch für Psychotherapeuten, selbst für viele Eheberater, neu, auf die Frage nach dem Schuldigen an der jetzigen Krise zu verzichten. Ich führte die Fünfzig-Prozent-Regel ein, nämlich die These, dass an der Entstehung einer Kollusion beide Seiten zu rund der Hälfte beteiligt seien. Diese Regel bewährte sich für die Praxis der Paartherapie sehr, da oftmals der eine Partner sich offensichtlich gestört verhält, der andere – meist jener in progressiver Position – aber völlig angepasst, normal und überlegen wirkt. Die Gefahr besteht sich mit dem progressiven Partner kotherapeutisch zu verbinden im Bemühen, dem gestörten zu helfen. Oftmals ist es erstaunlich, wie Partner sich in ihren Ängsten gleichen, obwohl nur einer sich manifest ängstlich verhält, während der andere eine überlegene, therapeutische Haltung einnimmt.

Heute gehen wir freier mit den beidseitigen Anteilen an einer Kollusionsbildung um. Wir sehen auf der einen Seite, wie gewisse Personen eine fast diabolische Fähigkeit entwickeln können, den anderen zu manipulieren und zu provozieren, um sich dann seiner Reaktionen für die Rechtfertigung eigenen Verhaltens zu bedienen. Die Bewusstheit der Partner bei solchen Spielen kann ungleich sein.

Vor allem fällt uns deutlicher als früher auf, dass Partner den Kollusionsangeboten des anderen Widerstand entgegensetzen können, dass sie den Partner mit seinen regressiven Wünschen und seinem ängstlichen Vermeidungsverhalten konfrontieren, statt ihn zu schonen, dass sie sich ihm widersetzen, statt dem Frieden zuliebe nachzugeben, dass sie ihn herausfordern und strukturieren, was oft verbunden ist mit Streit, aber auch mit einer «therapeutischen» Wirkung.

Manchmal geht es noch eine Stufe weiter: Die Person wählt sich einen Partner, der sie vor ihren eigenen kollusiven Tendenzen schützt, indem er gar nicht auf derartige Angebote ansprechbar ist und damit die Beziehung vor destruktiver Entwicklung bewahrt (siehe Beispiel Cornelia M., S. 337). Das setzt allerdings die Bereitschaft voraus, auf die Erfüllung regressiver Wünsche zu verzichten und sich in seinen Ängsten auf eigene Füße zu stellen.

Auf der anderen Seite kann allerdings die Ansprechbarkeit zu kollusivem Verhalten von beiden Seiten so gut aufeinander abgestimmt sein, dass einer oder beide Partner immer wieder der Tendenz erliegen, auf die Angebote des anderen anzusprechen bzw. diese Angebote zu provozieren. Das kann auch im Rahmen einer Paartherapie zur Trennung der Partner als einzigem Weg führen, der den eigenen destruktiven Tendenzen einen Riegel vorschiebt.

Die Anteile der Partner sind nicht nur bei der Bildung einer Kollusion oft unterschiedlich nach Stärke und Art, sondern auch im Beitrag, sich aus kollusiven Verstrickungen herauszuarbeiten.

c) Welche vorangegangenen Erfahrungen konstellieren zu Kollusionen?

Unter der damals vorherrschenden psychoanalytischen Betrachtungsweise sah ich die kollusive Partnerwahl vor allem begründet in den frühkindlichen Fixierungen, in der Wiederholung der Beziehung zu Vater oder Mutter in der Paarbeziehung bzw. im forcierten Bemühen, diese Wiederholung zu vermeiden durch Einnahme einer Gegenposition. Diese Betrachtungsweise halte ich nach wie vor für gültig, aber für einseitig. Heute sehe ich die Partnerwahl stärker vorwärts gerichtet als ein Bestreben, in neue Bereiche des Lebens und des beantworteten Wirkens vorwärts zu schreiten und mit dem Partner gemeinsam Neues zu schaffen. Da der Mensch ein geschichtliches Wesen ist, gibt es für ihn keine Zukunft ohne Herkunft. Das Neue entwickelt sich aus dem Vergangenen. Beim Vergangenen können die frühkindlichen Erfahrungen von zentraler Bedeutung sein, aber ebenso die dem heute Aktuellen unmittelbar vorangegangenen Zeiträume. Der aktuellen Partnerwahl geht häufig das Zerbrechen einer Liebesbeziehung voran. Die Person steht bei der aktuellen Partnerwahl unter der Nachwirkung einer Liebesenttäuschung. Sie ist von Angst erfüllt, es könnte sich dieselbe Enttäuschung wiederholen, und möchte sich in einer neuen Beziehung davor schützen. Sie ist eventuell bestrebt, einen völlig anderen Partner zu wählen als den vorangegangenen. Oder sie wurde vom Geliebten verlassen und sucht den verlorenen Partner im neuen. Die Gefahr zur Kollusionsbildung wird erhöht durch ein besonders ausgeprägtes Bedürfnis nach Sicherheit und Kontrolle über die Beziehung. Dieses Bedürfnis kann ausgeprägt sein bei der ersten tieferen Partnerschaft des Lebens, aber ebenso im späteren Leben in der Folge einer eben gescheiterten Partnerschaft. Die Beziehungsängste der aktuellen Partnerwahl können also ihren Schwerpunkt in der frühen Kindheit, in Erfahrungen des Erwachsenenalters, aber auch in der aktuellen Beziehungskonstellation haben.

Die Beziehung zu den Eltern kann eine Partnerwahl und Paarbeziehung stark beeinflussen. Oft ist es allerdings weniger die frühkindliche Beziehungserfahrung mit Vater oder Mutter als vielmehr die aktuelle Beziehung zu ihnen. Ein Mann mit einer starken Bindung an seine alternde Mutter hat häufig Mühe, sich wirklich auf die Beziehung zu seiner Frau einzulassen, und neigt etwa dazu, seine Frau als Mutter seiner Kinder oder als Haushälterin zu instrumentalisieren, ohne echte Intimität zuzulassen. Die Tochter eines berühmten Vaters kann vom Vater mehr fasziniert bleiben als von ihrem Ehemann. Sie kann dazu neigen, sich einen Mann zu wählen, der ihrer Liebe zum Vater keine Konkurrenz macht.

Sicher gibt es Menschen, deren Partnerbeziehung in einer endlosen Wiederholung derselben pathologischen Beziehungsmuster besteht. Häufig ist es Ermessenssache, ob man eher das sich Wiederholende oder das sich Verändernde wahrnehmen will. Mir scheint es wichtig festzustellen, dass Menschen durch Beziehungserfahrungen dazulernen und im Laufe ihrer Persönlichkeitsentwicklung Beziehungsmuster zu verändern vermögen. Die frühen Beziehungserfahrungen mit den Eltern sind keine schicksalsbestimmenden Konstellationen zu Kollusionsbildungen im Erwachsenenleben.

d) Koevolutive Freiräume schaffen statt Abbau der progressiv-regressiven Polarisierung

In meinem Buch «Therapie der Zweierbeziehung» (1978) sah ich den Abbau der progressiv-regressiven Polarisierung als eines der Ziele der Paartherapie (S. 148). Ich versuchte, den progressiven Partner in seinen verdrängten, regressiven Möglichkeiten anzusprechen und beim regressiven seine verdrängten, progressiven Seiten zu fördern. Jeder Partner sollte den Persönlichkeitsanteil, den er in den anderen externalisiert hatte, um ihn in diesem auszuleben und zu bekämpfen, reinternalisieren. Die Beziehung sollte durch einen schrittweisen Abbau der Polarisierung besser ausbalanciert werden. Je mehr der eine auf regressives Verhalten verzichten kann, desto eher kann der andere in seinem progressiven Verhalten nachgeben.

Heute bevorzugen wir für die Fokusformulierung (s. Kapitel 8) eine individualisiertere Sichtweise. Der progressive Partner soll nicht so sehr sein Verhalten wegen der destruktiven Interdependenz zum regressiven verändern, er soll vielmehr die lähmende Kollusion verlassen, um sich mit dem anstehenden, durch die Kollusion blockierten, persönlichen Entwicklungsschritt auseinander zu setzen. Heute liegt unser Interesse mehr auf der persönlichen Zukunft und ist weniger rückwärts gewandt. Wir richten uns weniger auf die Ausbalancierung des Paarsystems aus als auf die Schaffung von Freiräumen im Zusammenleben. Wir sehen in der Kollusion nicht mehr so sehr den Endpunkt einer auf sie hinzielende Entwicklung als ein Durchgangsstadium in einem Beziehungsprozess. Der Beziehungsprozess einer Partnerschaft durchläuft seiner Natur nach häufig im Stadium des Verliebtseins eine Phase von Symbiose, Fusion und Überbezogenheit, die dann übergeht in die Phase der Enttäuschung, des Sich-fremd-Bleibens in der Liebe und damit zum Wiedergewinn von Eigenständigkeit bei fortbestehender gemeinsamer Basis. Da die Bewältigung der Enttäuschung und die Aufgabe der Sehnsucht nach Symbiose mit

4 Die dyadische Koevolution und Kollusion 173

Kränkungen und tiefen Verletzungen einhergehen kann, wird sie oftmals nicht bewältigt und begünstigt die Fixierung von Kollusionen. Wir sehen in der aktuellen Beziehungskrise weniger die Abwehr der verdrängten regressiven bzw. progressiven Persönlichkeitsanteile als die Abwehr einer sich aufdrängenden Entwicklung. Unsere therapeutische Perspektive ist zukunftsgerichteter und wahrscheinlich auch optimistischer geworden, während sie früher pathologiezentrierter und defizitorientierter war. Heute steht für uns im Zentrum die Frage: Welche Entwicklungen ermöglichten sich die Partner bislang, und welche Entwicklungen könnten sie sich fortan ermöglichen? Früher war es eher die Frage: Welche Abwehr und Erfüllung infantiler Wünsche ermöglichen sich die Partner gegenseitig?

5 Familiäre Koevolution

Die Vorstellung von Familie als Einheit oder als normiertes soziales System passt nicht mehr in unsere therapeutische Realität. Mit Koevolution wird ein Modell angeboten, das eine individualisiertere Sicht der wechselseitigen Entwicklungseinflüsse im familiären Zusammenleben ermöglicht. Jedes Familienmitglied ist bestrebt, in seiner Art persönlich beantwortet zu werden. Die oft auffallende charakterliche Verschiedenheit von Geschwistern wird in Zusammenhang gebracht mit der unterschiedlichen Nutzung der elterlichen Ressourcen, wo durch möglichst verschiedene Beziehungsnischen jedes für sich eine optimale Beantwortung zu erzielen sucht. Geschwister sind nicht nur verschieden, weil sie einer unterschiedlichen Umwelt ausgesetzt sind oder dieser unterschiedliche Bedeutung zumessen (non-shared environment nach Hetherington, Reiss & Plomin, 1994), sondern sie schaffen sich real unterschiedliche Umwelten und Nischen, um sich von den Geschwistern zu unterscheiden.

Kinder wachsen in einer familiären Umwelt auf. Ihr persönliches Konstruktsystem geht aus dem familiären Konstruktsystem hervor. Die familiäre Nische kann ihnen stabile Behausung und vertraute Beziehungen bieten. Das Kind wird aktiver Teilhaber an der Familiengeschichte, die es internalisiert und die es als Erwachsener mit seiner Berufswahl, seiner Partnerwahl und mit der allfälligen Erziehung eigener Kinder fortführt, weiterentwickelt, und, wo notwendig, zu korrigieren versucht. Belastende Hypotheken, die es von seinen Eltern übernimmt, können zu herausfordernden Lebensaufgaben werden. Manches, was den Eltern nicht gelungen ist, kann durch die Kinder mit ihrem eigenen Leben versöhnt und wieder ins Lot gebracht werden.

Genauso wie zwischen Partnern können sich auch in Familien, besonders zwischen Eltern und Kindern, Kollusionen bilden, wenn beide sich in der ängstlichen Vermeidung anstehender Entwicklungsschritte bestärken und miteinander ein Spiel eingehen, das sie vor dieser Entwicklungsanforderung bewahrt.

Unter familiärer Koevolution verstehe ich die wechselseitige Beeinflussung der Persönlichkeitsentwicklungen im familiären Zusammenleben. Das Kind wird in eine familiäre Nische hineingeboren und wächst in den Wechselbeziehungen mit den familiären Bezugspersonen auf. Die Geschwisterbeziehungen sind meist die längsten Beziehungen des Lebens, oft dauern sie von der Geburt bis zum Tod im Alter.

Die familiäre Koevolution unterscheidet sich von der dyadischen in verschiedener Hinsicht:

– In einer dyadischen Partnerbeziehung wählen sich die Partner selbst, die Beziehung ist intensiv, aber auch konfliktanfällig und brüchig. Eine Person kann sich jedoch weder ihre Eltern noch ihre Geschwister wählen. Die Beziehungen zwischen Eltern und Kindern, aber auch unter Geschwistern sind – zumindest im Erwachsenenleben – oft weniger intensiv, aber dafür wesentlich belastbarer als eine Partnerbeziehung oder eine Freundschaft (geringere Korrespondenz der Entwicklungsbereitschaften bei umfassenderen und stabileren Rahmenbedingungen durch familiäre Nische und familiäres Konstruktsystem).

– Zu einer Familie gehören Beziehungen unter mehreren Generationen und Beziehungen zu verschiedenen Geschlechtern. Eine Familie besteht aus mindestens drei Personen aus mindestens zwei Generationen. Das ergibt eine wesentlich komplexere Dynamik als zwischen zwei Personen derselben Generation. Insbesondere bieten sich als Beziehungsmuster Bündnisse von zwei Personen gegen eine an, wobei der Zusammenschluss innerhalb ein und derselben Generation stattfinden kann, zwischen verschiedenen Generationen oder zwischen den Angehörigen desselben Geschlechtes. Durch Wiederverheiratung geschiedener Eltern komplizieren sich die Verhältnisse noch zusätzlich, insbesondere wenn Kinder aus früheren und aus der jetzigen Ehe vorhanden sind.

176 Teil A: Theoretische Grundlagen der ökologischen Psychotherapie

5.1 Die Verschiebung des Interessenschwerpunktes von der Familie als System zur Koevolution

In den 1960er und 1970er Jahren setzte sich in der Familientherapie die systemische Perspektive durch. In der radikalen Anwendung kybernetischer Modelle figurierte das Individuum darin nur noch als Element von Systemen. Das Interesse galt nicht der intrapersonellen Dynamik oder der Persönlichkeit, sondern der kybernetischen Regulation von Beziehungen. Rekursivität, Zirkularität, Feedbackschlaufen, Hierarchien, Allianzen, Regeln und Regelungen prägten das Inventar. In den 1980er Jahren kam es zu einer Art kognitiven Wende durch Einführung konstruktivistischer Perspektiven. Das Interesse galt der Konstruktion einer familiären Wirklichkeit, womit das Interesse von der reinen Beobachtung der Interaktion wieder stärker auf innere Vorgänge verschoben wurde. In den letzten Jahren löst sich das Forschungsinteresse teilweise etwas von der ganzheitlichen Sicht der Familie als Einheit und wendet sich vermehrt den Wechselbeziehungen, aber auch den unterschiedlichen individuellen Entwicklungen in der Familie zu. Die Erforschung von Geschwisterbeziehungen weist darauf hin, dass die gleiche familiäre Umwelt nicht für alle Kinder dieselbe ist, sondern von ihnen sehr verschieden erfahren wird (non shared environment von Hetherington, Reiss & Plomin, 1994). Ein neuer Forschungszweig ist die familiäre Entwicklungspsychologie (developmental family psychology and psychopathology, L'Abate, 1994).

Die familiäre Entwicklungspsychologie entwickelte sich aus der Entwicklungspsychologie der Lebensspanne und stellt fest, dass bisher die Entwicklungspsychologie erstaunlich individuumzentriert geblieben ist und dringend der Perspektive von familiärer Koevolution bedarf. Vonseiten der Familientherapie wurde vor allem die Bedeutung des familiären Lebenszyklus herausgearbeitet (Betty Carter, McGoldrick), womit die Phasen der Paarbildung, der Familiengründung, des Empty-Nest-Syndroms, der Großelternschaft, der Mehrgenerationenperspektive bis zur Altersehe beschrieben wurden. Neuer-

5 Familiäre Koevolution 177

dings gilt das Interesse der developmental systems theory (L'Abate, 1994, S. 350), die allerdings wegen ihrer Komplexität an Grenzen der Operationalisierbarkeit stößt. So wird in einem hypothetischen Entwicklungsmodell die Entstehung oder Vermeidung von Drogenabusus von Jugendlichen in Zusammenhang gestellt mit der elterlichen Introjektion von sozialen Werten als Grundlage der Identifikation des Kindes mit diesen Werten einerseits und andererseits mit der mütterlichen Anpassung (jene des Vaters scheint von geringerer Bedeutung zu sein), die zu einer konsistenten, nicht Schuldgefühle erzeugenden, mütterlichen Kontrolle führt, welche ihrerseits wiederum die Identifikation des Kindes mit den Eltern fördert. Diese Grundlage begünstigt die persönliche Entwicklung des Kindes, aber auch seine Beziehungen zur Peergruppe, die sich im positiven Fall nicht aus Drogenabhängigen zusammensetzt und in ihrem Einfluss die familiären Beziehungen nicht ausschaltet (Fitzgerald et al., 1994). Pfadanalysen und hierarchische, multiple Regressionsanalysen lassen etwa bei Alkoholproblemen der Eltern Verhaltensprobleme der Kinder vorhersagen, je nach Vorliegen einer Depression bei Vater oder Mutter. Eine alkoholisch belastete familiäre Umgebung, in welcher Eltern mehr alkoholbezogene Probleme angaben, mehr antisoziales Verhalten und Depression, war verbunden mit erhöhtem Risiko für Verhaltensprobleme, besonders bei den 3- bis 5-jährigen Söhnen. Die elterliche Spannkraft und die mütterliche Unterstützung ließen bei väterlichem Alkoholismus verminderte elterliche Depressionen voraussagen und waren damit protektive Faktoren für die Anpassungsfähigkeit der Mutter. Die Pfadanalyse zeigt, dass es indirekte Effekte vom alkoholabhängigen Vater über die Mutter auf das Kind gibt wie auch direkte Effekte auf das Verhalten des Kindes. Die Unterstützung der Mutter durch den Vater verminderte die Depression der Mutter, während Depression des Vaters die aktuelle Depression der Mutter verstärkte.

Ich finde es erfreulich, dass sich die Forschung von der Komplexität koevolutiver Prozesse nicht abschrecken lässt. Die Erforschung familiärer Koevolution bedarf jedoch neuer Begriffe und operationalisierbarer Strukturen, wozu dieses Buch beitragen soll.

5.2 Die Familiengeschichte als familiäre Koevolution

5.2.1 Unbewusste wechselseitige Entwicklungsstimulation zwischen Eltern und Kindern

Zu Beginn der Familientherapie, als sie noch stark von psychoanalytischen Vorstellungen geprägt war, untersuchte man vor allem die Einflüsse der Eltern auf das Kind. Man stellte fest, dass Eltern ihre Kinder oft mit pathogenen Erwartungen überfordern. Insbesondere neigen manche Eltern dazu, an ihre Kinder Aufträge zu delegieren, die sie in Loyalitätskonflikte zwischen Vater und Mutter oder zwischen den Eltern und ihren eigenen Entwicklungsansprüchen bringen. Loyalitätsbereitschaften Jugendlicher können missbraucht werden, indem sie beispielsweise von den Eltern parentifiziert, d. h. veranlasst werden, Elternfunktionen zu übernehmen. Pathologisches Verhalten kann eine Form von Loyalitätsbindung an die Eltern sein.

In unserer koevolutiven Sicht scheint uns die Wechselseitigkeit der Einflüsse und Erwartungen zwischen Eltern und Kindern wichtig. Dass Eltern Erwartungen an ihre Kinder stellen und diese beeinflussen und dass damit auch bewusste und unbewusste Wünsche und Hoffnungen von den Eltern auf das Kind übertragen werden, ist unvermeidbar. Das Kind ist aber nicht ein wehrloses Opfer, das Kind ist von Geburt an eine Person mit eigener Initiative, eigenen Bedürfnissen und Strukturen. Von Geburt an hat das Kind Fähigkeiten, sich den elterlichen Erwartungen zu widersetzen. Es kann sich beim Stillen verweigern und damit die Mutter zur Verzweiflung bringen. Es kann im Trotzalter sehr effizient seinen Willen durchsetzen und die Eltern in Ratlosigkeit versetzen. Auch wenn das Kind noch nicht über verbale Sprache verfügt, weiß es seine Kommunikationsmittel sehr wirksam einzusetzen. Ich möchte damit nicht den Einfluss der Eltern auf das Kind unterbewerten, sondern den Schwerpunkt auf die Wechselseitigkeit des beantworteten Wirkens legen. Eltern und Kinder beeinflussen sich von Geburt an wechselseitig. Kinder lenken das Erziehungsverhalten der Eltern genauso wie die Eltern das Verhalten des Kindes. Ein Mädchen, das schon früh zu lallen beginnt, wird die Eltern eher stimulieren, mit ihm zu plaudern, ein Junge, der Freude an der Entfaltung seiner Motorik hat und vor Vergnügen quietscht, wenn man ihn in die Luft wirft, wird eher in die Luft geworfen werden, als wenn er dabei ängstlich weint. Ein Kind, das Freude am Puppenspiel hat, wird eher mit Puppen beschenkt als eines, das mehr Freude an Lastautos hat. Ein Adoleszenter lässt sich auch unbewusst nicht Aufträge delegieren, auf die er nicht ansprechbar ist. Eltern werden Kindern weniger Aufträge erteilen, wenn die Chance, von diesen akzeptiert zu werden, gering ist. Es hängt also auch von den Kindern ab, ob und wem Eltern Aufträge erteilen, insbesondere auch pathogene Aufträge. Kinder können aber für Aufträge besonders empfänglich sein, wenn sie damit ihr eigenes beantwortetes Wirken verbessern können.

Kinder wachsen in der *familiären Nische* auf, im Wirkungsfeld der Familie mit den zur Familie gehörigen Bezugspersonen und den zur Behausung gehörenden Dingen. In dieser Umgebung entwickelt ein Kind seine kognitiven Funktionen, die Art, die Umwelt wahrzunehmen, das Wahrgenommene zu benennen und zu interpretieren, Erfahrungen zu machen und diese Erfahrungen in Konstrukten oder Schemata zu verfestigen, die das weitere Wahrnehmen und die weiteren Erfahrungen leiten. In der familiären Nische und dem von den Eltern als Erziehungsprinzip vertretenen *familiären Konstruktsystem* lernt das Kind unter der belohnenden oder bestrafenden Beantwortung durch die Eltern wie auch durch Imitation. Es lernt, wie man sich verhalten soll, was richtig und was falsch ist, was gut oder schlecht. *Die Konstruktion seiner inneren Welt wird durch die familiäre Umgebung und das familiäre Konstruktsystem «be-einflusst», sie fließen in das Kind ein und erfüllen es, unausweichlich, völlig unabhängig davon, ob die Eltern damit bestimmte Erwartungen verfolgen und versuchen, dem Kind Aufträge zu erteilen oder nicht.* Damit nimmt das Kind die innere Welt seiner Eltern und Vorfahren auf. Es sind die familiäre Nische und das familiäre Konstruktsystem, in welchen es seine

Vorstellungen entwickelt über Werte und Normen, über seine Motivationen und Interessen, seine Einstellungen und Haltungen. Als Teilnehmer des familiären Lebens wird es in die innerfamiliären und extrafamiliären Krisen und Konflikte einbezogen. Es erspürt die unausgesprochenen, tieferen Verletzungen und Kränkungen seiner Eltern, aber auch ihre unausgesprochenen Sehnsüchte und Wünsche, den ungelebten Teil ihres Lebens. Bis zur Pubertät ist das Kind in dieser familiären Welt eingebettet, ohne sie grundsätzlich zu hinterfragen.

Mit der Pubertät tritt ein Wandel des Kindes in der Einstellung zum Übernommenen ein. Nun muss es sich mit den Ansichten der Eltern auseinander setzen, muss diese auf den Prüfstand stellen, um zu untersuchen, ob es mit den familiären Konstrukten sein eigenes Leben gestalten kann oder ob sich diese für die Realisierung seiner Lebenspläne als ungeeignet erweisen. Sein persönlicher Horizont erweitert sich, es lernt alternative Konstruktionen des Lebens kennen, seine persönliche Nische und sein persönliches Konstruktsystem gewinnen an Profil und beginnen sich von den familiären zu unterscheiden. Es kann sein, dass es im Einklang mit den Ideen seiner Eltern bleibt und diese in seinem Leben fortführen und weiterentwickeln will. Es kann aber auch sein, dass es diese als verfehlt wahrnimmt. In einem ersten Schritt versucht es, die Ideen der Eltern zu korrigieren, indem es sich mit den Eltern intensiv und kritisch auseinander setzt, insbesondere auch mit den verleugneten Aspekten ihres Lebens. Das führt zu den pubertären Kämpfen zwischen den Kindern und den Eltern. Die Kinder kritisieren an den Eltern grundsätzliche Einstellungen und Haltungen oder versuchen, sich zum Therapeuten der Eltern zu machen und ihnen zu helfen, sich besser an eine gewandelte Zeit anzupassen. Meist hält sich ihr Erfolg in Grenzen. Die Aussichtslosigkeit, die Eltern zu beeinflussen, führt dann zum zweiten Schritt, zum verstärkten Rückzug des Kindes auf sich selbst. Es beginnt, sich nun von den Eltern abzugrenzen und seine eigenen Pläne zu entwickeln.

5.2.2 Die Korrektur und Fortführung
der Familiengeschichte durch das Kind

Die eigenen Lebenspläne sind jedoch nicht unabhängig von der Geschichte der Familie. Vordergründig besehen scheinen sich die Kinder nicht selten völlig anders zu entwickeln als ihre Eltern, sowohl im Beruf wie in der Partnerwahl. Doch diese Andersartigkeit geht häufig aus der Familiengeschichte hervor. Das Leben der Eltern soll korrigiert werden, indem das Kind ungelebte Seiten der Eltern in seinem Leben verwirklichen will.

Je extremer gewisse Konstrukte der Eltern, desto eher wird ein Kind diese ins Gegenteil zu korrigieren versuchen. Das Kind tut dies zunächst eigennützig für sich selbst, weil es keine Möglichkeit sieht, sein Leben mit den Konstrukten der Eltern fortzuführen. Das Kind tut dies aber auch aus Loyalität zur Familie. Es bemüht sich, den Eltern eine alternative, mutigere und ehrlichere Lebensweise vorzuleben. Weicht es von den Konstruktsystemen der Eltern deutlich ab, so wird es oft zum schwarzen Schaf. Es kann ihm dann gehen wie im Gleichnis des verlorenen Sohnes in der Bibel, dem die ganz besondere Liebe des Vaters galt, obwohl oder gerade weil er die Familie verlassen hatte und in eine andere Welt ausgebrochen war. Damit hatte er die Eifersucht des treu und brav daheim gebliebenen Bruders erregt. Das schwarze Schaf kann von den Eltern und von den Geschwistern offen oder uneingestanden bewundert werden, es kann aber auch zum Sündenbock erklärt werden, der die Ideale der Familie verrät und Schuld trägt an allem, was in der Familie schief läuft. Unbeabsichtigt bietet er den Familienmitgliedern die Möglichkeit, sich gegen ihn enger zusammenzuschließen und sich gegenseitig in der Rechtfertigung des Bisherigen zu bestätigen.

Das scheinbar illoyalste Kind ist auf einer tieferen Ebene oft das loyalste, weil es die fehlgelaufene Geschichte der Familie zu korrigieren versucht. Dasjenige, das sich nicht so verhält, wie die Eltern es wünschen, ist oftmals jenes, das sie am tiefsten liebt und sich am meisten nach ihrer Anerkennung sehnt. Das spüren insbesondere die scheinbar elterntreuen Geschwister, die von Neid und Eifersucht erfüllt ihre eigenen Ausbruchsphantasien in das schwarze Schaf projizieren, um sie in ihm zu bekämpfen. Häufig wird in uneingestandener Weise das schwarze Schaf im Kampf gegen einen Elternteil von den übrigen Familienmitgliedern unterstützt, die damit von der Aufgabe entlastet werden, diese unangenehme Auseinandersetzung selbst auf sich nehmen zu müssen. Die Beziehung zum schwarzen Schaf bleibt ambivalent. Ist das schwarze Schaf im Leben erfolgreich, so kann es plötzlich zum Idol der Familie werden, mit welchem sich Eltern und Geschwister nun auch offiziell identifizieren. Scheitert es, so bestätigt es das Beibehalten der bisherigen Linie, und die elterntreuen Geschwister haben in der Abgrenzung vom schwarzen Schaf einen eigennützigen Vorteil.

Die Berufswahl der Kinder geht aus der Familiengeschichte hervor. Manche Kinder wählen denselben Beruf wie ihr Vater oder ihre Mutter und bewegen sich damit in einer vertrauten Nische. Andere Kinder suchen die Entwicklung einer eigenen Identität durch deutliche Unterscheidung von ihren Eltern und im Bestreben, in ihrem Leben etwas zu verwirklichen, was ihren Eltern versagt geblieben ist. Insbesondere Frauen versuchen oft, die beruflichen Möglichkeiten wahrzunehmen, die ihren Müttern noch nicht zukamen, und sind in ihren Berufsplänen beflügelt durch die spürbare Identifikation der Mutter mit ihnen.

Ähnlich verhält es sich mit der Partnerwahl. Manche wählen sich Partner und Partnerinnen, die zur familiären Nische passen und die Fortsetzung des bisherigen familiären Lebens ermöglichen. Andere wählen sich Partner und Partnerinnen, mit denen es ihnen gelingen soll, ein Leben zu führen, das alternativ zu jenem der Eltern steht. Mit Hilfe des Partners oder der Partnerin wollen sie eine berufliche Karriere vollziehen oder auf diese verzichten, wie es ihnen allein nicht möglich wäre. Sie möchten gewisse Vorurteile der Eltern korrigieren und der Geschichte der Familie eine Wende geben. Das betrifft insbesondere auch das Aufziehen eigener Kinder, die möglicherweise ganz anders erzogen werden sollen, als man es selbst erfahren hatte. Man

5 Familiäre Koevolution 183

hofft, mit den Kindern alles anders machen zu können, nicht nur anders, sondern auch besser.

All diese Korrekturversuche können gelingen und damit ein wichtiger Fortschritt in der familiären Entwicklung sein. Manche überfordern sich aber mit ihren Korrekturbemühungen. Sie muten sich zu viel zu und geraten in eine Umgebung, die ihnen unvertraut ist und in der sie sich nicht zu bewegen wissen. Es kann sein, dass sie sich im Beruf oder gesellschaftlich keine tragfähige Nische zu schaffen vermögen. Die Überforderung kann zu persönlichem Scheitern in Beruf, Ehe und Kindererziehung führen oder zur psychischen Dekompensation mit Krankheitsfolgen.

Konflikthafte Situationen gibt es diesbezüglich vor allem auch für Gastarbeiter und Migranten. Sie ziehen aus ihrer Heimat aus, weil sie dort keine Möglichkeit für einen Erwerb sehen. Ihr Auszug wird begleitet von den großen Erwartungen der Sippe und der Familie auf Verbesserung ihrer ökonomischen Lebensverhältnisse. Doch selbst wenn es ihnen gelingt, ihre ökonomische Situation zu verbessern, bleibt ihre Beziehung zur persönlichen und familiären Nische gespalten zwischen Kopf und Herz. Mit dem Kopf erkennen sie die materiellen und zivilisatorischen Vorteile, welche ihnen das Gastland anbietet, doch mit dem Herzen bleiben sie ihrer Heimat mehr oder weniger verbunden. Sie stehen in einer Doppelbindung, in welcher sie so oder so bestraft werden: Versuchen sie, die verinnerlichte familiäre Nische und das verinnerlichte familiäre Konstruktsystem ihres Heimatlandes zu bewahren, so gelingt ihnen die Anpassung an das Gastland meist nicht gut. Versuchen sie sich an das Gastland zu adaptieren, indem sie die Sitten und Gebräuche, die Werthaltungen und Einstellungen des Gastlandes übernehmen, so verlieren sie ihre Identität. Die hohe Bedeutung kultureller Anpassungsprobleme zeigt sich in der weit höheren Krankheitshäufigkeit türkischer Gastarbeiterinnen in Deutschland verglichen mit einheimischen Berufstätigen. Günay und Haag (1990) untersuchten 80 Frauen der türkischen Auswanderungsgeneration aus drei allgemeinärztlichen Praxen. Sie fanden übereinstimmend den Grundkonflikt zwischen Verlust der Identität bei erfolgreicher Anpassung an die deutschen Verhältnisse und Bewahrung der Identität mit dem Gefühl, in Deutschland ein Fremdkörper zu bleiben. Konflikte zwischen alten und neuen Werten belasten Ehebeziehungen und Eltern-Kind-Beziehungen sehr, aber auch die Beziehungen zwischen emigrierten Familien und der heimatlichen Gesellschaft. Die wenig Assimilierten wiesen gehäuft psychische Störungen auf, insbesondere Depressionen, Überempfindlichkeit, soziale Isolation, Unsicherheit und Lustlosigkeit. Die besser Akkulturierten zeigten eher Identitätskonflikte, mehr Ehekonflikte und Konflikte zwischen Eltern und Kindern oder Konflikte in der Rolle als Frau. Obwohl weniger krank als die schlecht Adaptierten, wiesen sie mehr Arztbesuche und mehr Krankenhausaufenthalte und krankheitsbedingte Absenzen auf. Generell zeigten die Türkinnen in Deutschland 1986 mit 7,3% den höchsten Krankenstand aller Arbeitnehmerinnen (deutsche Arbeitnehmerinnen 3,9%).

Am günstigsten ist es, wenn die persönliche Nische in die familiäre Nische eingebettet ist, oder wenn sie mindestens mit dieser einigermaßen kompatibel ist. Die familiäre Nische kann eine wichtige Ressource sein, sie kann aber auch zur einengenden Belastung werden, insbesondere in sehr traditionsverbundenen Familien. Adelsfamilien und Oberschichtfamilien weisen häufig ein weit verzweigtes, Jahrhunderte zurückreichendes Verwandtschaftssystem auf. Das Bewusstsein, zu diesem Geschlecht zu gehören, vermittelt Identität und ein ausgeprägtes familiäres Konstruktsystem über Werte und Normen, lässt jedoch wenig Spielraum für individuelle Abweichung. Oft besteht eine umfassende materielle Nische mit Besitz, Reichtum, aber auch vielen Gegenständen, welche auf die geschichtliche Verwurzelung der Familie hinweisen. Bei so viel Sicherheit und Verwurzelung fehlt es häufig an Herausforderung, das Leben in die eigenen Hände zu nehmen und Neues zu wagen. Manche dieser Geschlechter sterben allerdings aus wegen Mangel an lebensfähigen Nachkommen. Auch die Vererbung eines Geschäftes oder eines Familienbetriebes kann eine schwere Hypothek sein, da diese Betriebe häufig nicht ausreichend an die sich wandelnden Verhältnisse adaptiert werden.

5 Familiäre Koevolution

5.3 Familiäre Belastungen als Thema für die eigene Lebensentwicklung

An die Stelle einer einseitigen Schuldzuweisung an die Eltern ergibt sich aus koevolutiver Sicht eine andere Perspektive. Kein Mensch hat vollkommene Eltern, und gäbe es diese, so wären sie gerade deswegen traumatisierend. Jeder übernimmt von seiner Familie Hypotheken und unabgeschlossene Geschäfte. Doch diese Last kann auch als Lebensaufgabe gesehen werden. In vielen Fällen kann überzeugend festgestellt werden, dass die Eltern für ihre Kinder wirklich das Beste wollen, allerdings wollen sie nicht selten mehr, als diesen wohl bekommt. Das Überengagement vieler Eltern gründet in ihrem Bemühen, mit ihren Kindern das zu korrigieren, was sie in ihrem Leben nicht selbst zu korrigieren vermochten. Oft streben sie dieses Ziel zu rigoros an und sind nicht fähig, elastisch und empathisch auf die Bedürfnisse und Möglichkeiten des Kindes einzugehen. Sie neigen dazu, das Kind zu überfordern. In der Familientherapie bewährt es sich sehr, anstatt die Eltern anzuklagen, sie darauf hinzuweisen, dass sie es zu gut machen wollten. Die einseitige Schuldzuweisung an die Eltern verstellt aber auch den Blick für das, was die Eltern positiv für ihre Kinder getan haben. In den meisten Fällen lässt sich nachweisen, dass die Eltern vieles von dem, was sie an Belastungen von ihren Eltern übernommen hatten, mit ihren Kindern tatsächlich besser gemacht haben. Die Beziehung erwachsener Kinder zu ihren Eltern ist oftmals gerade deswegen so schwierig, weil sie von diesen neben Verfehltem und Ungünstigem oft auch echte Liebe empfangen haben.

Es kann sein, dass vieles, was die Eltern an sich gut meinten, sich für das Kind als verfehlt und schädlich herausstellt und dem Kind eventuell lebenslange Hemmnisse in den Weg stellt. Aus der Perspektive der Familiengeschichte übernehmen die Kinder dann von den Eltern jene Aufgaben, die zu lösen den Eltern noch nicht gelungen ist. Die Hypotheken, die das Kind von den Eltern übernimmt, können als unzumutbare Übertragung ihrer Probleme zurückgewiesen werden, sie können aber auch übernommen werden als Aufgabe, die man mit dem eigenen Leben zu korrigieren versucht. Diese Sicht kann der Generationenfolge und der Familiengeschichte eine tiefere und versöhnlichere Dimension geben.

Nach der indischen Karmalehre soll der Mensch aus der Vergangenheit ein Vorspiel für die Zukunft machen (Rudhyar, 1992). Kein Erfolg und kein Misserfolg ist absolut. Der Misserfolg eines Menschen, hier der Vorfahren, bereitet irgendwann den Weg für den Erfolg eines anderen, und diesem obliegt es dann, den Platz dessen einzunehmen, dem es noch nicht gelungen ist, das Karma in Dharma zu verwandeln. Die Zukunft braucht die Vergangenheit, von der sie ihre Aufgabe herleitet und die sie schöpferisch herausfordert. Die Vergangenheit braucht die Zukunft, um Gegenwart werden zu können. Die Gegenwart hat nur unter dem Gesichtspunkt des Wechselspiels von Vergangenheit und Zukunft eine Bedeutung. So wirkt die Zukunft auf die Vergangenheit ein und die Ursachen gehen aus den Wirkungen hervor.

5.4 Familiäre Kollusionen

Genauso wie zwischen Partnern können sich zwischen Familienmitgliedern Kollusionen von ähnlicher Struktur und Dynamik bilden. Auch hier führen die miteinander geteilten Ängste zu korrespondierenden Abwehrmaßnahmen, bei welchen jeder den anderen benützt, um anstehenden Entwicklungsschritten auszuweichen. Jeder kann diesen Schritt nicht vollziehen, weil er sich für den anderen im bisherigen Verhalten unentbehrlich fühlt und befürchten muss, dass der andere aus eigener Kraft mit den sich stellenden Anforderungen nicht zurechtkäme. Aus dieser Einstellung der Unentbehrlichkeit kommt es zu Grenzüberschreitungen. Die an der Kollusion Beteiligten verlieren ihre je eigene Selbstregulation. Der eine übernimmt vom anderen zu viel, der andere für sich zu wenig Verantwortung. Es spielen sich zirkuläre Fixierungen des Verhaltens ein, wobei jeder das eigene Verhalten mit jenem des anderen begründet. Die Verhaltensweisen werden voneinander determiniert, sind aufeinander abgestimmt in manipulativer und uneingestandener Weise. Die fehlende Bereitschaft, die eigenen Motivationen zum Aufrechterhalten der Kollusion anzuerkennen, verunmöglicht die Auseinandersetzung.

Kollusionen bilden sich zwischen Eltern und Kindern häufig in der gemeinsamen Angst vor der Ablösung. Das herangewachsene Kind kann sich etwa nicht in der Lage fühlen, sich abzulösen aus Rücksicht auf die Mutter, die unter dem Vater schwer zu leiden habe. Um sich selbst in der Entwicklung zu blockieren, sabotiert es den Vollzug eigener Entwicklungsschritte, scheitert etwa in der Schule oder in der beruflichen Ausbildung und entwickelt Symptome, was wiederum der Mutter die Legitimation gibt, dem Kind zuliebe alles aufzuopfern, um es zu pflegen und ganz an sich zu binden.

Auch wenn das Kind sich für die Eltern opfert oder von diesen zum Opfer gemacht wird, ist das Kind nie passiv den Erwartungen und Delegationen der Eltern ausgesetzt. Das Kind wird durch seine Funktion für die Eltern besonders wichtig und seine Wirksamkeit wesentlich verstärkt. Gleichzeitig kann es sich aber von ängstlich vermiedenen eigenen Entwicklungsanforderungen dispensieren. Es bildet sich ein Interaktionszirkel mit der Haltung des Kindes: «Ich kann mich von der Familie nicht lösen, solange sie mich braucht» und der Einstellung der Familie: «Wir können das Kind doch nicht gehen lassen, solange es so krank und unselbständig ist.»

Kollusionen führen zu verfestigten familiären Beziehungsmustern und zu einer rigiden familiären Konstruktion der Wirklichkeit. Die Verfestigung durch Zirkularität ist Kennzeichen kollusiver Konflikte mit ritualisierten interaktionellen Leerläufen.

Nicht alle unlösbaren familiären Konflikte nehmen die Form einer Kollusion an. Die familiäre Koevolution ist ihrer Natur nach konfliktträchtig. Es ist schwierig, die Entwicklungsziele und Entwicklungsmöglichkeiten der verschiedenen Familienmitglieder aufeinander abzustimmen. Insbesondere in den kritischen Übergängen des familiären Lebenszyklus (Betty Carter & McGoldrick, 1988) können schwierige Situationen entstehen, weil die Interessenslagen für Vater, Mutter und Kinder sehr unterschiedlich sein können, genauso wie die Bedeutung der anstehenden Veränderungen. So kann etwa die Ablösung des Kindes die Mutter entlasten und ihr die Möglichkeit geben, sich vermehrt ihrer beruflichen Tätigkeit zu widmen, während der Vater befürchtet, durch den Wegzug der einzigen Tochter dem Einfluss seiner Frau intensiver ausgesetzt zu sein, womit die bisher latent gehaltenen Konflikte zum Ausbruch kommen könnten. Solche koevolutiven Normalkonflikte können Ängste, Kränkungen, Verletzungen und Schuldzuweisungen bewirken, welche es den Partnern oder der Familie schwer machen, selbst einen Weg zu finden, diese Konflikte konstruktiv auszutragen.

5.5 Die Koevolution von Geschwistern

Nachdem ich mich in meinen früheren Büchern (besonders 1991) eingehend mit der Bedeutung und dem Einfluss von Kindern auf die Paarbeziehung und dem Einfluss der Paarbeziehung der Eltern auf die Kinder auseinander gesetzt habe, will ich mich hier auf die Koevolution von Geschwistern beschränken, weil daran die Ergänzungsbedürftigkeit der Systemtheorie zur Erfassung familiären Zusammenlebens besonders verdeutlicht werden kann.

In den letzten Jahren ist eine breite Forschung über Geschwisterbeziehungen in Gang gekommen, deren Befunde von H. Kasten (1993) zusammengestellt wurden.

Die Geschwisterbeziehungen wurden in der Psychotherapie und in der Familienforschung in ihrer Bedeutung bisher unterschätzt. Während das Kleinkind stark auf Mutter und Vater orientiert ist, steigt die Bedeutung seiner Beziehungen zu den Geschwistern von Jahr zu Jahr, während die Bedeutung jener zu den Eltern zurücktritt. Bei Elfjährigen ist ein im Geburtsrang benachbartes Geschwister «das

5 Familiäre Koevolution 189

am meisten erwähnte Familienmitglied» (Lockwood & Frost, 1973). Je geringer der Altersabstand, desto enger ist der Kontakt zwischen Geschwistern, desto schwerer ist es aber auch, eine individuelle Identität zu bilden (Bank & Kahn, 1989).

5.5.1 Weshalb sind Geschwister so verschieden?

Mit dieser Frage hat sich die Forschung in den letzten Jahren besonders intensiv befasst. Die Verhaltensgenetik kam zum Ergebnis, dass gemeinsam aufgewachsene Geschwister sich weniger ähnlich sind als erwartet (Hetherington, Reiss & Plomin, 1994; Dunn & Plomin, 1991). Für kognitive Masse beträgt die Korrelation nur ca. .40, für Persönlichkeitsmasse ca. .20 und für Psychopathologie gar nur .10. Diese Befunde werden noch unterstrichen durch die Ergebnisse der Zwillingsuntersuchungen. Bisher war man der Meinung, dass charakterliche Unterschiede bei eineiigen Zwillingen, bei denen ja eine völlige Übereinstimmung der genetischen Ausrüstung vorliegt, ausgeprägter seien, wenn sie getrennt aufgewachsen sind. Man hoffte damit den Einfluss des Milieus auf den Phänotyp erfassen zu können. Diese Annahmen wurden durch neuere Befunde erschüttert. Die schwedische Adoptions-/Zwillingsstudie (Swedish Adoption/Twin Study of Aging SATSA), welche über 300 getrennt aufgewachsene Zwillinge umfasst, die mit gemeinsam aufgewachsenen gematcht wurden und im Durchschnitt über 60 Jahre alt sind, und die Minnesota Study of Twins Reared Apart MSTRA, welche 44 eineiige Zwillinge und 27 zweieiige Zwillinge, die getrennt aufgewachsen und im Mittel 41 Jahre alt sind, umfasst, kamen zum Schluss, dass der Umstand, ob die Zwillinge gemeinsam oder getrennt aufgewachsen sind, wenig Einfluss auf persönliche Ähnlichkeit hat. Die Verhaltensgenetiker meinen, bisher sei der Stellenwert der gemeinsamen familiären Umwelt als einheitlicher, für alle Kinder gleichartiger Einfluss überschätzt worden. Man hat sich für die Persönlichkeit der Eltern interessiert, für den erzieherischen Hintergrund der Kinder, für die Ein-

190 Teil A: Theoretische Grundlagen der ökologischen Psychotherapie

stellung der Eltern zu Schule und Disziplin. Wäre der elterliche Einfluss für alle Kinder gleich und für ihre Persönlichkeitsentwicklung entscheidend, ließen sich die festgestellten Unterschiede zwischen den Kindern nicht erklären. Es wurde also offenbar zu wenig beachtet, dass Eltern an die Kinder individuell unterschiedliche Erwartungen haben und unterschiedliche Einflüsse auf sie ausüben, aber auch dass das Kind nicht nur den Einflüssen der Eltern ausgesetzt ist, sondern auch jenen der Geschwister, der Peergruppe, der Lehrer und der Nachbarn usw. Dazu kommt, dass die Kinder sehr unterschiedlich vom Drama der Familie, insbesondere von ehelichen Spannungen oder Scheidung der Eltern, betroffen sind. Es wird deshalb von getrennten sozialen Welten der Geschwister (separate social worlds of siblings) oder von non-shared environment on development gesprochen. Familienmitglieder sind sich weit eher ähnlich wegen der miteinander geteilten Heredität als wegen der miteinander geteilten familiären Umgebung. Zu oft wurde vermutet, dass der entscheidende elterliche Einfluss auf alle Kinder gleich sei.

Gemäß Piaget wählt und gestaltet sich das Kind aktiv seine Umwelt. Unterschiedliches Erziehungsverhalten der Eltern den Kindern gegenüber ist nicht nur Ursache des unterschiedlichen Verhaltens der Kinder, sondern auch deren Folge. Unterschiedliche erzieherische Ansprechbarkeit der Kinder bewirkt unterschiedliches Erziehungsverhalten der Eltern. Kinder und Eltern spielen sich auf eine «Komfortzone» ein, in welcher ein jedes sich einigermaßen wohl fühlen kann. Diese Komfortzone wird allerdings überschritten, wenn die Eltern ihre eigenen Probleme, z. B. ihre Eheprobleme, zu sehr in die Beziehung der Kinder einbringen.

Damit will nicht gesagt sein, dass die familiären Erfahrungen für das Kind nicht wichtig wären, sondern eher dass die relevanten Umgebungseinflüsse nicht gleichartig für die ganze Familie sind, sondern spezifisch für jedes Kind. Die Quintessenz ist, dass es notwendig ist, Umgebungsfaktoren zu identifizieren, welche Geschwister veranlassen, in derselben Familie sich so unterschiedlich zu entwickeln.

Unsere Hypothese ist, dass zusätzlich zu den genannten Ursa-

5 Familiäre Koevolution 191

chen die familiäre Koevolution eine entscheidende Rolle für die unterschiedliche Entwicklung der Kinder spielt. Die Befunde der Verhaltensgenetik passen auch zu dem von uns vorgeschlagenen koevolutiven Fokus der Familientherapie, welcher stärker von Individuen in Koevolution ausgeht als von der Familie als systemische Ganzheit.

5.5.2 Unterschiedliche persönliche Entwicklungen als Bewältigungsstrategie der Geschwisterrivalität

Gehen wir von unserer These aus, dass jeder Mensch das Bestreben hat, von der Umwelt möglichst intensiv in seinen Wirkungen beantwortet zu werden, und jeder sich seine persönliche Nische als Wirkungsfeld schafft, so ist es unausweichlich, dass Geschwister, die sich miteinander in dieselbe elterliche Ressource teilen müssen, um die Beantwortung der Eltern konkurrieren. Jedes Kind stellt sich mehr oder weniger bewusst die Frage: «Wie kann ich neben meinen Geschwistern ein optimales beantwortetes Wirken durch die Eltern erzielen?» Jedes Kind ist bestrebt, in der Familie so viel Beachtung wie möglich zu erwirken, nämlich Aufmerksamkeit, Anteilnahme, Zuwendung, Anerkennung, Förderung und Liebe. Jedes möchte in der Familie das Wichtigste sein, die Achse, um die sich die anderen drehen. Das Kind entwickelt schon als Säugling Fähigkeiten, sich durch eigenes Wirken diese Beachtung zu verschaffen. Mit Genugtuung wird es feststellen: «Wenn ich schreie, eilen die Eltern herbei, wenn ich lächle, zeigen sie Freude, wenn ich Teller vom Tisch hinunterwerfe, entsteht eine große Aufregung, und es entfaltet sich eine tolle Geschäftigkeit für das Zusammenschaufeln der Scherben.» Kommt nun ein zweites Kind dazu, so entsteht eine Konkurrenz um die begrenzten elterlichen Ressourcen. War es dem Kind bisher gelungen, die volle elterliche Aufmerksamkeit auf sich zu ziehen und die Eltern pausenlos in Trab zu halten, so entsteht mit dem Dazukommen eines Geschwisters eine völlig neue Situation. Nun werden zwei versuchen, die elterliche Aufmerksamkeit auf sich zu lenken, und diese zwei werden einander dabei im Wege stehen.

Aus der Sicht der Psychoanalyse hat die Geburt des zweiten Kindes in der Familie für das Erstgeborene traumatische Qualitäten. Das erstgeborene Kind fühlt sich entthront (Adler, 1928, spricht von «Entthronungstrauma»), es richtet aggressive und feindselige Impulse auf das zweitgeborene Geschwister. Es kommt zu Beseitigungs- und Todeswünschen, die jedoch nur dann konfliktträchtig werden, wenn das Erstgeborene wahrnimmt, dass die Mutter, die unbegreiflicherweise das störende zweitgeborene Kind auch zu lieben scheint, von ihm fordert, seine Aggression aufzugeben, es ihr gleichzutun und das jüngere Kind in sein Herz zu schließen. Das führt zu massiven Schuldgefühlen, wenn es ihm nicht gelingt, seine Feindseligkeit zu unterdrücken. Kasten (1993, S. 26) erwähnt Untersuchungen, die dokumentieren, dass die Mutter dem erstgeborenen Kind vergleichsweise mehr Aufmerksamkeit und Zuwendung als dem zweitgeborenen widmet, wenn sie mit ihnen jeweils allein ist. Dagegen werden die Erstgeborenen relativ vernachlässigt, wenn auch das jüngere Geschwister anwesend ist.

Rivalitätskämpfe und Streitigkeiten sind unter Geschwistern im Vorschulalter am intensivsten und nehmen dann allmählich ab. Bis ins Latenzalter sucht jedes Kind seinen Platz in der Familie, von der Pubertät an orientieren sich die Kinder aber stärker nach außen und suchen vor allem ihren Platz und ihre Anerkennung in der Peergruppe. Trotz Rivalität und Streitigkeiten stehen sich die Geschwister meist nicht feindlich gegenüber, sondern lieben einander und vermissen sich, wenn sie getrennt sind. Im Streiten und Rivalisieren erweitern sie sich gegenseitig ihr Wirkungsfeld für beantwortetes Wirken und ordnen viele gemeinsame Erfahrungen in ihre persönliche Nische ein, das verbindet die Geschwister lebenslang miteinander.

Wie können Kinder mit der realen Konkurrenz um die elterlichen Ressourcen umgehen? Geschwister können zur Lösung dieser Frage folgende Strategien anwenden (die in Übereinstimmung mit den Befunden der Verhaltensbiologie über intraspezifische Konkurrenz stehen, Begon et al.):

a) Rivalenkämpfe
b) Etablierung einer Rangordnung und Gerechtigkeitsrituale
c) Nischenspezialisierung
d) Wechsel des Territoriums
e) Zusammenschluss gegen gemeinsame Bedrohung
f) Identifikation

a) Rivalenkämpfe

Insbesondere kleine Kinder rivalisieren oft sehr intensiv miteinander und streiten häufig. Nimmt das eine Kind ein Spielzeug, das lange herumlag, in die Hände, so will das andere auch mit diesem spielen und um keinen Preis mit etwas anderem. Will das eine am linken Fensterplatz im Auto sitzen, so will das andere auch nur links sitzen. Dieses Streiten kann lustvoll sein und hat auch die Funktion, den Kindern untereinander ein Gefühl von intensivem Beantwortetwerden und Nähe zu vermitteln. Die Auseinandersetzungen können die Entwicklung von Ich-Funktionen, der Realitätsprüfung, des Selbstwertgefühls und der Identität stimulieren. Selbst wenn Kinder beim Zusammensein nichts als streiten, vermissen sie sich, wenn sie getrennt sind. Oft wird mit ungleichen Waffen gekämpft. Das, was der Bruder an Körperkraft voraushat, macht die jüngere Schwester mit lautem Schreien wett, welches die Eltern mobilisiert und dem Bruder eine scharfe Zurechtweisung einträgt. Man kann von der moralischen Macht des Unterlegenen sprechen, das in der Regel weit mehr Zuwendung und Unterstützung vonseiten der Erwachsenen auf sich zieht. Die Kleinen müssen schlau sein, oder – wie es in der Verhaltensbiologie heißt – «Wenn du groß bist, kämpfe, wenn du klein bist, betrüge» (Krebs & Davies, 1984, S. 198). Es kann aber auch zur Anwendung des Konkurrenzausschlussprinzips nach Gause kommen, wenn kleine Geschwister um etwas kämpfen, das nur einem von beiden zukommen kann. Es gibt dann nur einen Sieger, das andere ist Verlierer. Solche Entweder-oder-Situationen werden jedoch meistens vermieden und ersetzt durch die im Folgenden beschriebenen Strategien.

b) Etablierung einer Rangordnung und Gerechtigkeitsrituale

Offene Rivalenkämpfe sind anstrengend und unangenehm. Deshalb werden sie, wie auch von der Verhaltensbiologie beschrieben, möglichst vermieden. Eine Strategie ist das Schaffen einer hierarchischen Rangordnung, deren Respektierung kräfteschonend ist. Die rivalisierende Spannung bleibt aber latent und kann jederzeit, vor allem bei Zeichen von Schwäche der Ranghöheren, wieder in offenen Kampf ausbrechen. Je größer die Zahl von Geschwistern, desto eher entwickelt sich eine Hierarchie unter ihnen, die von den Eltern unterstützt oder bekämpft werden kann. Altersunterschiede, körperliche Kraft, Vitalität und charakterliche Unterschiede spielen eine wichtige Rolle, wie diese Hierarchie gestaltet wird und wie stabil sie ist. Sie kann auch im Erwachsenenleben weiterbestehen. Unbefriedigende Positionen in der Kindheit können die Kompensation im Erwachsenenleben herausfordern.

Scheinbar im Gegensatz dazu stehen die Gerechtigkeitsrituale, die bei Kindern größte Bedeutung haben. Die Eltern müssen den Kindern damit ihre Unparteilichkeit beweisen, indem sie beispielsweise beim Verteilen von Kuchen die einzelnen Stücke ganz genau gleich groß schneiden oder aus dem Urlaub den Kindern genau die gleichen Geschenke zurückbringen. Kinder wollen damit eine äußerliche, feste Ordnung der Gerechtigkeit. Auch wenn oder gerade weil Kinder die unterschiedliche Verteilung der elterlichen Sympathie spüren, ist es ihnen wichtig, mit diesen Ritualen die Ordnung wieder herzustellen. Während nämlich Eltern glauben, ihre Kinder gleich zu behandeln, ist dies aus der Sicht der Geschwister nicht der Fall (Kasten, 1993, S. 68). Auffallend ist, dass auch die bevorzugten Kinder an diesen Gerechtigkeitsritualen hängen.

5 Familiäre Koevolution

c) Nischenspezialisierung

Für das Kind stellt sich die Frage: «Wie kann ich von der familiären Umwelt eine besondere Beachtung erwirken und mir meine eigene Nische schaffen und erhalten, in welcher ich eine besondere Funktion oder Rolle zugeteilt bekomme und mich als besonders wirksam, wertvoll und wichtig erfahren kann?» In der Verhaltensbiologie wird die Nischenspezialisierung als eine Strategie der koexistierenden Konkurrenz beschrieben: In einem gemeinsamen Habitat, d. h. Wohn- und Wirkraum, beschränkt sich jeder Organismus auf eine enge Nische. Je schmaler die Nische und je höher die Spezialisierung, desto geringer sind die Überschneidungen mit jenen der Konkurrenten. Breite Nischen führen zu breiten Überlappungen und damit zu intensiver Konkurrenz. Nischenspezialisierung wird so zur häufigsten Grundlage für die Koexistenz von Konkurrenten. Anhaltende, kräfteraubende Rivalenkämpfe können damit vermieden werden. Die Konkurrenten übernehmen unterschiedliche Funktionen und bauen damit die begrenzten Ressourcen unterschiedlich aus. Diese Strategie wird auch häufig von Geschwistern gewählt. Sie finden in unterschiedlichen Rollen unterschiedliche Beachtung der Eltern, also etwa in der Rolle des «Genies», des intelligentesten oder besten Schülers, des Charmeurs, des Künstlers, des Clowns, des Schlitzohrs, des Schwierigen, aber auch in weniger attraktiven Rollen wie jener des parentifizierten Kindes, des Pflegeleichten-Anspruchslosen, des «Lieben» oder des Patienten.

Wir sehen in der Vermeidung von Nischenüberlappung, also in der Nischenspezialisierung, eines der wichtigsten Motive, dass jedes Geschwister sich vom anderen möglichst unterscheiden will, um damit ein möglichst intensives, spezialisiertes beantwortetes Wirken in der Familie zu erreichen. Jedes findet in seiner Spezialisierung besondere Beachtung und besondere Wertschätzung. Die Eltern fördern intuitiv diese Nischenspezialisierung, zum einen, weil sie darauf bedacht sind, die unterschiedlichen Talente der Kinder zu fördern, zum anderen aber aus dem Bestreben, jedem Kind persönliche Anerkennung zukommen zu lassen und Rivalitäten möglichst zu vermeiden.

Es gibt allerdings auch Eltern, die ihre Kinder nach dem Konkurrenz-ausschlussprinzip fördern, so Eltern, die nur eine bestimmte Fähig-keit in besonderer Weise fördern wollen, etwa eine sportliche oder künstlerische Höchstleistung. In dieser Hinsicht wird dann häufig nur eines der Kinder die höchste Beachtung und Bewunderung der Eltern auf sich ziehen, während die anderen sich mit geringerer An-erkennung oder sogar offener Diskriminierung abfinden müssen.

Geschwister sind also nicht nur verschieden, weil sie einer unter-schiedlichen Umwelt ausgesetzt sind oder dieser unterschiedliche Bedeu-tung zumessen, sondern sie schaffen sich real unterschiedliche Umwelten und Nischen, um sich von den Geschwistern zu unterscheiden. Die Ähn-lichkeit, die sich aufgrund der genetischen Ausstattung entwickeln könnte, insbesondere bei Zwillingen, wird aktiv verhindert im Bestre-ben nach großer Unterschiedlichkeit. Auch Michael Kahn (1994) weist auf den Drang zur eigenen Identität hin, auf den Wunsch, ein-zigartig zu sein, anders als die anderen. Bollas (1989) spricht von «destiny drive», das ist der Wunsch, von Eltern und Freunden als In-dividuum geschätzt zu werden, verschieden von jeder anderen Per-son. Wie sehr die Potenz zu ähnlicher Nischengestaltung vorliegen würde, zeigt sich bei zeitweiliger Abwesenheit, z. B. Ferienabwesen-heit des konkurrierenden Geschwisters. Die Zeit der Abwesenheit wird dann benützt, um dessen Platz einzunehmen und die eigene Ni-sche auszudehnen. Bei der Rückkehr kann es kurzfristig zu erneuten Rivalenkämpfen und dann zum Wiedereinnehmen der alten Plätze kommen.

Auch wenn die Nischenspezialisierung jedem einen Platz in der Familie ermöglicht, auf welchem er spezielle Beachtung erfährt, wer-den die verschiedenen Spezialisierungen doch unterschiedlich gewer-tet. Die durchsetzungsfähigsten Kinder werden die begehrtesten Plätze zu besetzen wissen, die anderen müssen sich mit den übrig gebliebenen Funktionen zufrieden geben. Jene Kinder, die wenig Be-achtung erfahren, sind besonders anfällig für drei gefährliche Rollen-angebote: die Rolle des parentifizierten Kindes, die Rolle des kranken Kindes und die Rolle des Sündenbocks. Das parentifizierte Kind übernimmt den Eltern gegenüber Elternfunktionen. Insbesondere wenn die Eltern im Leben nicht zurechtkommen, etwa bei schweren Ehekrisen, gerät häufig ein Kind in die Rolle des Parentifizierten. Es wird dann von den Eltern in eine therapeutische oder vermittelnde Position gebracht. Das Kind bekommt damit einen großen Einfluss in der Familie und kann sich auch große Verdienste erwerben. Es kann aber auch die Gefahr bestehen, dass es sich nicht kindgemäß zu entwickeln vermag, weil es schon viel zu früh Funktionen von Erwachsenen übernehmen muss. Nicht selten streben Kinder, die in der Familie wenig Beachtung gefunden haben, solche parentifizierte Funktionen an. Eine andere Möglichkeit, spezielle Beachtung in der Familie zu erringen, sind Krankheit und psychische Störungen. Insbesondere in Familientherapien mit Anorexiekranken ist uns immer wieder aufgefallen, welche Wut die Geschwister nicht selten auf ihre anorektische Schwester haben, die sich mit ihrer Störung zum Zentrum des familiären Geschehens macht und damit ihre zuvor besonders beachteten Geschwister ins Abseits gebracht hat. Wieder eine andere Möglichkeit, Beachtung auf sich zu ziehen, ist die Rolle des Sündenbocks. Der Sündenbock, der die negativen und abgewehrten Entwicklungsmöglichkeiten der Familie verkörpert, bekommt zwar keine positive Bestätigung. Häufig ist es jedoch leichter zu ertragen, hohe negative Beachtung zu erfahren, als völlig im Schatten der Geschwister stehen zu müssen.

Aber auch jene Geschwister, die die prestigeträchtigsten Positionen in der Familie für sich erobert haben, beziehen daraus nicht nur Vorteile. Sie werden von den Eltern und eventuell auch von den Geschwistern zwar am meisten bewundert, gleichzeitig müssen sie aber auch die höchsten Erwartungen erfüllen. Sie laufen damit Gefahr, die größten Enttäuschungen zu bereiten. In diesem Sinne haben es Kinder, die im Vergleich zu Geschwistern wenig von sich reden machen, nicht selten leichter (vergleiche Golo Mann im Schatten seiner Geschwister Erika und Klaus). Eltern und Kinder sind koevolutiv aufeinander bezogen. Unterschiedliche Konkurrenzstrategien der Kinder können durch unterschiedliche Ansprechbarkeiten der Eltern selektioniert werden. Die Kinder nutzen die elterlichen Ressourcen in unterschiedlicher Weise und teilen diese untereinander auf. Diese Ressourcen sind aber nicht feste Größen, sondern können durch das Kind hervorgerufen werden. Eltern können ansprechbar sein in ihren Bereitschaften, ein Kind zu verwöhnen, es zärtlich zu umsorgen, mit ihm Sport zu betreiben, künstlerische Tätigkeiten auszuüben, zu musizieren, kulturelle Veranstaltungen oder Sportanlässe zu besuchen, bestimmte Hobbys zu betreiben, ihm Geschichten zu erzählen, es moralisch zurechtzuweisen, es zu strukturieren und ihm inneren Halt zu vermitteln, erotisch auf es ansprechbar zu sein oder mit ihm zu streiten usw. Die korrespondierenden Ansprechbarkeiten können dann auch die Grundlage familiärer Kollusionen bilden.

d) Territoriale Abgrenzungen

Neben Nischenspezialisierung gibt es die territoriale Aufteilung als Strategie. Statt sich am Ort in unterschiedliche Funktionen aufzuteilen, teilen sich die Geschwister das Territorium oder die Zeit auf. Das eine Kind spielt nur in der einen Ecke, das andere nur in der anderen. Das eine darf auf der Hinfahrt im Auto neben dem Vater sitzen, das andere auf der Rückfahrt. Das eine benützt das Fahrrad am Vormittag, das andere am Nachmittag. Ähnlich wie in der Verhaltensbiologie können diese Rivalitäten im Erwachsenenalter fortbestehen und zum Auszug und Wechsel des Territoriums führen (Auswanderung, Verlassen des Familienbetriebs). Rangniedrige Tiere sind oft gezwungen, in suboptimale Plätze auszuwandern. Es ist allerdings noch umstritten, ob Unterlegene wandern und Dominante bleiben oder umgekehrt. Nach Bekoff (1977) sind die Auswanderer eher Individuen mit wenig sozialen Bindungen. Sie werden in der Regel beim Verbleiben an Ort wenig Entwicklungsmöglichkeiten für sich sehen, sich jedoch fähig fühlen, neue Habitate zu finden und zu nutzen. Wir sehen diese Phänomene häufig bei Gastarbeitern, die aus dem Herkunftsland ausziehen in der Hoffnung, im Ausland Geld zu verdienen, mit dem sie einerseits ihre Familie unterstützen, andererseits in der Heimat bei ihrer Rückkehr besonderes Ansehen erwirken. Sind sie im Ausland nicht erfolgreich, schämen sie sich des Misserfolges und versuchen, diesen vor ihrer daheim gebliebenen Familie zu verbergen.

Dem Problem der Geschwisterrivalität sind Einzelkinder nicht ausgesetzt. Welches die Auswirkungen auf ihre persönliche Entwicklung sind, muss noch eingehender untersucht werden. Geschwister müssen die elterliche Zuwendung und Beachtung unter sich aufteilen, was allerdings wettgemacht werden kann durch die Erweiterung des Wirkungskreises auf die Geschwister, die einem neben Rivalität ein erweitertes Spektrum für beantwortetes Wirken anbieten. Ein Einzelkind muss oft allein die ganze Bürde der familiären Projektionen tragen.

Die größere Diversifikation des Phänotyps durch Geschwisterrivalität kann aus der Sicht der Verhaltensbiologie als Selektionsvorteil gesehen werden. Es wird mit der größeren Diversifikation eine breitere Anpassungsfähigkeit an gesellschaftliche Entwicklungen und unterschiedliche Umwelten erreicht. Die in der Kindheit eingenommenen Rollen, Rivalitäten und Einschränkungen im beantworteten Wirken bilden oft die Grundlage für spätere Berufswahl und Partnerwahl. So wird etwa angenommen, dass sich unter Familientherapeuten und -therapeutinnen besonders viele parentifizierte Kinder finden.

e) Zusammenschluss gegen gemeinsame Bedrohung

Geschwisterrivalitäten werden neutralisiert, wenn die Geschwister einer gemeinsamen Bedrohung ausgesetzt sind. Am häufigsten handelt es sich dabei in der heutigen gesellschaftlichen Situation um die Trennung der Eltern. In der damit verbundenen hohen Verunsicherung kann die Beziehung zu den Geschwistern zu den stabilsten gehören. Aber auch sonst schließen sich Geschwister nicht selten gegen die Eltern zusammen, von denen sie sich missverstanden oder schlecht behandelt fühlen. Das Märchen von Hänsel und Gretel ist diesbezüglich ein schönes Beispiel. Jay Healey beobachtete, dass ein Kind ohne Bündnispartner oft zum hilflosen Opfer der Koalitionen zwischen anderen Familienangehörigen wird. Einzelkindern fehlt die Möglichkeit, mit ihren Geschwistern gemeinsam ein Subsystem zu bilden und sich den Eltern gegenüber abzugrenzen. Geschwister sind nicht nur Rivalen, sondern können auch Gefährten gegenüber der Welt der Erwachsenen sein (vgl. Verhaltensbiologie bei Kummer, 1992, S. 362).

f) Identifikation

Identifikation spielt insbesondere in der Beziehung der jüngeren zu älteren Geschwistern eine wichtige Rolle. Jüngere neigen dazu, ihre älteren Geschwister zu imitieren, zu bewundern, ihnen nachzueifern und auf sie stolz zu sein, was kein Widerspruch zu gleichzeitiger Rivalität zu sein braucht.

Ältere Geschwister identifizieren sich eher mit der Aufgabe, die sie den jüngeren gegenüber haben. Besonders in Kulturen mit kinderreichen Familien ist es üblich, dass die älteren Kinder die Erziehung ihrer jüngeren Geschwister übernehmen. Jüngere suchen auch häufig Schutz und Trost bei älteren Geschwistern.

Vielleicht wird in diesem Kapitel über die familiäre Koevolution die Verschiedenheit und Individualität von Geschwistern etwas überbetont, im Bestreben, eine Gegenposition zur Tendenz zu bilden, die Familie als Einheit zu sehen und den Einfluss der Eltern auf die Kinder überzubewerten. Koevolution lässt sich an den Geschwistern besonders anschaulich darstellen. Die Familie bildet ein spannungsvolles Beziehungsfeld, welches individuelle Entwicklungen herausfordert, begrenzt und unterstützt, ein Spannungsfeld, in welchem jedes eine intensive persönliche Beantwortung anstrebt und sich die Mitglieder durch die miteinander geteilte familiäre Nische einerseits verbunden fühlen, andererseits um die gemeinsamen Ressourcen rivalisieren. Selbstverständlich rivalisieren Geschwister nicht nur miteinander, sie lieben sich auch, sie identifizieren und solidarisieren sich miteinander, sie schließen sich gegen gemeinsame Bedrohungen zusammen und stimulieren einander in spannungsvollem Spielen.

Teil B:
Praxis der ökologischen
Psychotherapie

Einleitung

Im Teil A habe ich die Theorie der ökologischen Psychotherapie behandelt, im Teil B folgt nun die Praxis. Man kann auch Teil B zuerst lesen und aus der Praxis beurteilen, wieweit die theoretischen Ableitungen überzeugen. Es gibt kein theoriefreies Beobachten. Wir sehen immer nur das, wofür wir mit unseren Konstrukten (Schemata) vorbereitet sind. Theorien enthalten aber nicht Wahrheiten, sondern Modelle, die uns helfen, das Beobachtete in erklärende Zusammenhänge zu setzen. Die Theorie ist so viel wert, wie sie uns zum Denken anregt und uns hilft, Patienten besser zu verstehen und besser zu behandeln.

Teil B gliedert sich in folgende Kapitel:

- Kapitel 6 befasst sich mit der ökologisch unterstützenden Psychotherapie, d. h. mit der Therapie von schweren Persönlichkeitsstörungen, für die es vor allem darum geht, in der therapeutischen Beziehung Unterstützung zu finden für die Schaffung einer persönlichen Nische.
- Kapitel 7 handelt von der ökologischen Fokaltherapie, die sich mit der Blockierung anstehender Entwicklungsschritte in der Einzeltherapie befasst.
- Kapitel 8 befasst sich mit der Anwendung derselben Fokusformulierung in der Paar- und Familientherapie und dem Settingwechsel im einzel-, paar- und familientherapeutischen Arbeiten.

Vorausgeschickt sei der Hinweis, dass das ökologische Modell schon immer in der klinischen, psychiatrischen Therapie angewandt worden war, allerdings ohne ausreichende theoretische Begründung. Die Selbstverständlichkeit, mit welcher in psychiatrischen Institutionen mit dem hier beschriebenen ökologischen Modell gearbeitet wird, spricht nicht gegen dieses Modell, sondern bestätigt es durch die Praxis. Da in diesem Buch der Akzent auf der psychotherapeutischen Arbeit mit einzelnen Patienten liegt, werde ich mich auf kurze Hinweise zur Anwendung des ökologischen Modells in der Klinik und Sozialpsychiatrie begnügen.

Unter dem Begriff *Ökopsychiatrie* wurde die Bedeutung der Umwelt für psychische Krankheiten und deren Behandlung insbesondere im klinischen Setting beschrieben. Der Begriff hat sich bisher jedoch wenig durchgesetzt, wahrscheinlich vor allem, weil er schwer abgrenzbar ist (siehe Andresen, Stark & Gross [Hrsg.], 1992; Treuer, 1987; Dörner, 1987). Der Begriff wird gelegentlich auch für die Gemeindepsychiatrie und die sozialen Interventionen im Feld verwendet oder für die Darstellung der verschiedenen Umwelten, in denen ein Patient lebt.

Die stationäre Psychiatrie setzt im Unterschied zur Einzelpsychotherapie nicht direkt am Patienten als Person an, sondern an seiner Nische. Es wird versucht, durch geeignete Gestaltung einer geschützten Umwelt der Person bessere Bedingungen für die Wiederaufnahme beantworteten Wirkens zu vermitteln. Es wird insbesondere psychotischen Patienten eine Umwelt angeboten, welche ordnend und strukturierend auf seine psychische Regulation einwirkt, die ihn nicht überfordert, die Wert auf eine Tagesstruktur legt und auf eine übersichtliche Lebenssituation bezüglich Zeit und Raum. Zu den Behandlungsgrundsätzen der psychiatrischen Klinik gehört, Geisteskranke nicht einfach sich selbst zu überlassen, sondern sie aus ihrer inneren Emigration und ihrem autistischen Rückzug in die Wahnwelt herauszuführen. Es wird nicht versucht, ihre Wahnwelt direkt zu korrigieren oder mit ihnen über die psychologischen Entstehungsbedingungen ihrer Störung zu sprechen, sondern es werden Rahmenbedingungen geschaffen, in welchen die reale Wiederaufnahme des beantworteten Wirkens direkt gefördert werden soll. Dazu gehören Aktivierungen in Gruppen aller Art, wie Musiktherapie, Maltherapie, Tanztherapie, Beschäftigungstherapie. In all diesen Gruppen geht es darum, den Patienten aus der halluzinierten Form beantworteten Wirkens herauszulocken und die Rückkehr zu konkretem Gestalten von Wirkungen zu unterstützen. In Gruppen wird der Patient ermutigt, seine Umwelt zur Nische zu gestalten. Jede wirkende Äußerung wird lobend bestätigt.

Dieselben Grundsätze werden auch in den sozialpsychiatrischen

Einrichtungen bis zur hausärztlichen Versorgung chronisch psychisch Kranker realisiert. Die Sektorisierung der institutionellen Psychiatrie schafft ein Betreuernetz, aus welchem der Patient grundsätzlich nicht hinausfallen kann. Mit nachgehender Fürsorge soll er immer wieder in das Beziehungsfeld reintegriert werden. Geschützte Werkstätte und geschützte Wohnheime sollen ihm trotz psychischer Behinderung Tätigsein und Zusammenleben gewährleisten. Auch wenn die angebotenen Arbeiten oft repetitiv und wenig anspruchsvoll sind, geben sie dem Patienten doch die Möglichkeit, sich als produktives Mitglied der Gesellschaft zu erfahren und sich mit den Produkten seiner Arbeit zu identifizieren. Laienorganisationen sollen das Bindeglied zwischen den Patienten, der Familie und den psychiatrischen Institutionen bilden.

Ganz auf der Linie unserer ökologischen Theorie liegen neuere Tendenzen in der Sozialpsychiatrie. So warnt Heinrich Kunze vom Psychiatrischen Krankenhaus Merxhausen (in einem Vortrag vom 3.5.1995) vor einer unbedachten Herausnahme des Patienten aus seiner angestammten Wohnung mit dem Ziel, ihn in einer Klinik oder Rehabilitationsinstitution intensiver zu sozialisieren. Er hält das Konzept der Reha-Kette für viele Patienten als ungeeignet. Das Wichtigste sei, dass der Patient eine eigene Wohnung als seine Privatwelt hat, die ihm Schutz, Identität, Kontinuität und Vertrautheit ermöglicht. Viele Patienten haben ein intensives Bedürfnis, sich zurückzuziehen in eine gegen außen abgeschirmte Privatwelt. Für die Rehabilitation sei das Verbleiben in der eigenen Wohnung oft das Allerwichtigste. In den Institutionen werden viele Förderprogramme und Aktivitäten angeboten, aber kein Bereich, den der Patient als den seinigen erleben und gestalten kann. So führt die Reha-Kette oft eher zur Ausgliederung als zur Wiedereingliederung. Viele Patienten sind von Wohngemeinschaften überfordert und werden darin noch psychotischer. In der Klinik ist der Patient immer nur zu Gast. Die Kontinuität der äußeren Lebensbedingungen ist für viele Patienten von größter Bedeutung. Geringe Veränderungen der gewohnten Umwelt wirken beunruhigend. So gerät etwa ein Patient ganz durcheinander, weil er um 10 Uhr

Einleitung 207

zur Massage gehen sollte, gleichzeitig ist jedoch der Kaminfeger an-
gemeldet.

Das Behandlungskonzept unserer Psychiatrischen Poliklinik entspricht diesen Forderungen von Heinrich Kunze. Es handelt sich um
Patienten mit schweren Persönlichkeitsstörungen oder weitgehend
remittierten schizophrenen Psychosen, die unter einer ambulanten
Betreuung fähig sind, in unserer Stadt autonom zu leben, sich selbst
zu sorgen, einzukaufen, ihre Finanzen zu regeln. Sie reagieren aber
sehr empfindlich auf jede äußere Veränderung und brauchen die Pri-
vatheit und Rückzugsmöglichkeit in die eigene Wohnung als ihre persönliche Nische.

So ist das ökologische Modell implizite schon längst von der klinischen und rehabilitativen Psychiatrie angewandt worden, meines
Wissens ohne theoretisch ausformuliert zu sein.

**Wahl der Therapiemethode nach psychosozialem Funk-
tionsniveau**

Psychodynamische Therapiekonzepte kümmerten sich über
lange Zeit kaum um Psychopathologie. Mit DSM-III und DSM-IV
(1994) hat sich diese Situation zumindest innerhalb der Psychiatrie
grundlegend verändert. Psychische Störungen werden viel genauer
differenzialdiagnostisch erfasst und bezeichnet. Rudimentär jedoch
ist die Beurteilung des Schweregrades einer Störung geblieben. Der
Schweregrad einer Störung ist jedoch für die Wahl der therapeutischen Methode von größerer Bedeutung als die Art der Störung. Der
Schweregrad einer Störung bemisst sich am psychosozialen Funktionsniveau, welches sich weitgehend mit der Fähigkeit, eine persönliche Nische zu schaffen und sich in dieser zu entwickeln, deckt.

Zur Einschätzung des psychosozialen Funktionsniveaus wird in
DSM-III und DSM-IV, Achse V, die GAF (global assessment of functioning scale) empfohlen.

Auf einer Skala von 0 bis 100 lässt sich – mit Überschneidungen
– folgende Gliederung ausmachen:

Code 91–100: bestes Funktionieren in einem breiten Bereich

von Aktivitäten, Lebensprobleme können unter Kontrolle gehalten werden, der Betreffende wird durch andere ausgelesen wegen seiner positiven Qualitäten, keine Symptombildung;

Code 71–90: gelegentliche, leichte und vorübergehende Symptome, gutes bis leicht beeinträchtigtes Funktionieren in allen Lebensbereichen, im Allgemeinen zufrieden mit dem Leben, abgesehen von alltäglichen Problemen und Auseinandersetzungen;

Code 61–70: gewisse milde Symptome, z. B. depressive Stimmung oder leichte Schlaflosigkeit oder gewisse Schwierigkeiten im sozialen Bereich oder bei der Arbeit, funktioniert gesamthaft gesehen aber recht gut, hat gewisse befriedigende interpersonelle Beziehungen;

Code 41–60: schwere bis mittelschwere Symptome und einige ernsthafte Schwierigkeiten oder Störungen im sozialen Bereich oder bei der Arbeit (wenige oder keine Freunde, Konflikte mit Mitarbeitern, Unfähigkeit, eine Stelle zu halten);

Code 31–40: gewisse Störungen in der Realitätsprüfung und Kommunikation oder schwere Störungen in verschiedenen Lebensbereichen wie Arbeit, familiäre Beziehungen, Urteilsvermögen, Denken oder Stimmung, meidet z. B. Kontakte mit Freunden, vernachlässigt die Familie, ist arbeitsunfähig;

Code 1–30: erhebliche Gefahr, sich selbst oder andere zu verletzen, erhebliche Schwierigkeiten, für sich selbst zu sorgen und die persönliche Hygiene aufrechtzuerhalten, schwere Kommunikationsstörungen, bleibt tagsüber im Bett, hat keine Beschäftigung, Unterkunft oder Freunde, ernsthafte Suizidalität.

Die pyramidenförmige Darstellung will aufweisen, dass jedes höhere Niveau psychosozialen Funktionierens auf der Gewährleistung des tieferen basiert und auch Therapien des höheren Niveaus nur indiziert sind, wenn keine Defizite eine Therapie des tieferen Funktionsniveaus notwendig machen.

Vergleiche dazu zwei ergänzende Skalen: SOFAS = Social and occupational functioning assessment scale und die GARF = Global assessment of relational functioning scale (s. S. 240 in diesem Buch).

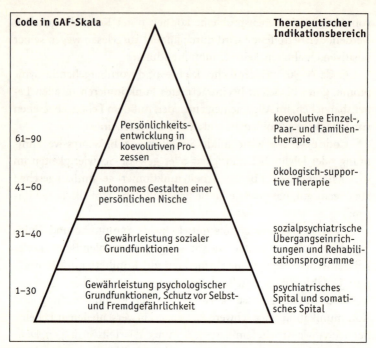

Abb. 5: Indikation psychiatrisch-psychotherapeutischer Behandlung in Korrelation nach dem Schweregrad der Beeinträchtigung des psychosozialen Funktionsniveaus gemäß dem Global assessment of functioning GAF

Was in diesem Buch als ökologische Psychotherapie behandelt wird, bezieht sich auf die beiden oberen Bereiche. Das Buch richtet sich an Psychiater und Psychotherapeuten in der ambulanten Praxis sowie an Hausärzte und in der Sozialarbeit Tätige. Eingehend beschrieben wird die ökologisch-supportive Psychotherapie schwerer Persönlichkeitsstörungen sowie die koevolutive Fokaltherapie im Einzelsetting mit Erweiterungsmöglichkeiten auf ein Paar- und Familiensetting.

6 Ökologisch-supportive Psychotherapie schwerer Persönlichkeitsstörungen

In der stationären Psychiatrie und in der Sozialpsychiatrie wurde schon immer mit einem ökologischen Modell gearbeitet, allerdings ohne dies theoretisch zu begründen. Psychische Störungen aller Art führen zu einer Störung des beantworteten Wirkens. Der Schweregrad einer psychischen Störung zeigt sich im Schweregrad der Beeinträchtigung im Besorgen seiner eigenen Angelegenheiten, im Gestalten des Arbeitsbereiches, in partnerschaftlichen Beziehungen und im Wohnen. Je schwerer ein Patient gestört ist, desto mehr konzentrieren sich die therapeutischen Bemühungen auf die Gestaltung der persönlichen Nische, zuvorderst auf die Gewährleistung der sozialen Grundfunktionen, im ambulanten Bereich auf die autonome Gestaltung einer persönlichen Nische mittels stützender Psychotherapie.

Die praktische Bedeutung der stützenden Psychotherapie schwerer psychischer Störungen ist unbestritten. Dennoch zeigt sich eine verbreitete Lustlosigkeit, dieses Thema zu behandeln. Unser Ansatz vermag der stützenden Therapie eine theoretische Grundlage zu geben mit der Zielsetzung, Patienten in der Gestaltung ihrer persönlichen Nische zu unterstützen, was weit mehr ist als Unterstützung der Arbeits- und Wohnfähigkeit. Dazu ist eine differenziertere Exploration der Beziehungsmöglichkeiten der Patienten notwendig. Aufgrund einer Untersuchung von Patienten mit schweren Persönlichkeitsstörungen, d. h. von Patienten mit Invalidenrenten, die allein wohnen und scheinbar kontaktlos leben, haben wir die Beziehungsmöglichkeiten nach Schwierigkeitsgrad gegliedert. Es zeigte sich, dass auch diese Patienten mit schweren Störungen sich eine persönliche Nische schaffen, aber unter Beachtung eines ausreichenden Kränkungs- und Verletzungsschutzes. Die Skala beginnt mit leichten Beziehungsformen wie das Partizipieren am Umweltgeschehen ohne direkte Interaktion, es folgen Beziehungen zur unbelebten Umwelt oder zu belebten Objekten ohne Gegenseitigkeit, dann flüchtige Kontakte ohne Verbindlichkeit, gefolgt von wechselseitigen Beziehungen mit berechenbarer Beantwortung, dann Beziehungen ohne ausformulierte persönliche Nähe und Selbstoffenbarung, etwa Rollenbeziehungen, Gruppenbeziehungen oder flüchtige Beziehungen ohne Verbindlichkeit. Am schwierigsten sind für diese Patienten lang dauernde Arbeits- und Partnerbeziehungen mit fester Verpflichtung und Verbindlichkeit. Die Art, wie diese Patienten sich trotz schwerer Beziehungsstörung ein begrenztes beantwortetes Wirken schaffen, zeigte oftmals eine verblüffende Weisheit und realistische Einschätzung der eigenen Beziehungsmöglichkeiten.

Die ökologisch-supportive Therapie arbeitet mit Fragen nach der Art, wie Patienten ihre persönliche Nische gestalten und wie sie sich in Beziehungen ausreichend vor Verletzung und Kränkung zu schützen vermögen. Das Interesse des Therapeuten an dem, was die Patienten können und tun, bestärkt die eigene Kompetenz und unterscheidet sich von der meist bisher erfahrenen Konzentration des therapeutischen Gesprächs auf Pathologie und dem, was Patienten nicht können. Patienten können in der Therapie lernen, sich eine Beziehungsnische zu schaffen, die ihnen behilflich ist, sich psychisch besser zu regulieren.

Die ökologisch-supportive Psychotherapie unterscheidet sich von der kognitiven Therapie schwerer Persönlichkeitsstörungen (A. Beck et al., 1990/1993), indem sie sich nicht auf die Bearbeitung verzerrter Kognitionen und handlungsmotivierender Schemata konzentriert, sondern auf das beantwortete Wirken, auf das Wirken und Handeln des Patienten und die damit erwirkte Beantwortung. Häufig sind die Wahrnehmungen der Patienten nicht verzerrt, sondern ihr Verhalten ist inadäquat und damit geeignet, die Umwelt zu einem pseudopädagogischen Korrekturverhalten zu veranlassen, welches den Patienten in seinem Selbstwertgefühl kränkt und zu Rechtfertigungen und unangepassten Reaktionen veranlasst. Die therapeutische Beziehung kann eine entscheidende Ressource sein, um derartige Reaktionen zu vermeiden.

6.1 Was ist ökologisch-supportive Psychotherapie?

Was ich mit ökologisch-supportiver Psychotherapie bezeichne, deckt sich mit dem, was allgemein als stützende Psychotherapie verstanden wird.

Auch in neueren Überblicksartikeln wird festgestellt, dass es für die stützende Therapie weder eine allgemein anerkannte Definition noch eine ihr zugrunde liegende Theorie gebe (Conte, 1994). Ich glaube, mit dem ökologischen Modell eine brauchbare theoretische Grundlage beisteuern zu können.

Der Begriff der stützenden Therapie hat immer eine etwas abwertende Note, denn stützend wird in psychoanalytischer Vorstellung als «abwehrstützend» verstanden, und das kann nicht das eigentliche Ziel einer tiefenpsychologischen Therapie sein, sondern höchstens ein Ersatz.

Die supportive Therapie ist in der ambulanten Praxis eine der am häufigsten angewandten Methoden. Sie hat jedoch ein geringes Prestige im Vergleich zur Anwendung von umschriebenen Therapiekonzepten wie expressive (deutende) psychoanalytische Therapie, kognitiver Verhaltenstherapie, Systemtherapie usw. Sie wurde auch schon als das Aschenputtel (Cinderella) der Psychotherapie bezeichnet (Winston, Pinsker & McCullough, 1986). Von hohem Prestige ist, Theorie und Praxis einer bestimmten Methode in jahrelanger Ausbildung zu lernen und mit professioneller Kompetenz anzuwenden. Stützende Therapie verfügt jedoch bisher weder über eine Theorie noch über eine reflektierte, systematisierte Praxis. Entsprechend ihrem tiefen Prestige (Mentha, 1987) funktioniert sie nach dem Prinzip: «Nützt's nichts, so schadet's nichts.» In den meisten Kliniken und Polikliniken wird die stützende Therapie jenen Mitarbeitern zugewiesen, die über die geringste Ausbildung und Erfahrung verfügen, etwa Medizinstudenten, Hilfspersonal oder Pflegepersonal (Werman, 1984).

Da diese Therapie bei den Vorgesetzten wenig Beachtung findet, wird sie oftmals auch ohne besonderes Interesse ausgeübt. Auch Kernberg (1984/1988) zeigt sich überrascht, dass – obwohl die stützende Therapie eine der am häufigsten angewandten Behandlungsmodalitäten sei – sich in der psychoanalytischen Literatur der letzten vierzig Jahre kaum detaillierte Beschreibungen ihrer Prinzipien und Technik finden. Kernberg weist auf verschiedene Missverständnisse über die stützende Psychotherapie hin und nennt als Erstes die Auffassung, dass es leicht sei, eine solche Therapie durchzuführen. Dabei erfordere es in Wirklichkeit mehr Geschicklichkeit, psychoanalytische Prinzipien auf die stützende Therapie anzuwenden als auf die expressive Therapie. Er ist der Meinung, dass die Ausübung von stützender Therapie viel Erfahrung, Flexibilität und technische Geschicklichkeit erfordere. Idealerweise sollte stützende Therapie erst dann gelehrt werden, wenn eine solide Grundlage im Durchführen expressiver Therapien erworben ist. Irrtümlicherweise werde immer wieder angenommen, stützende Therapie sei einfach «common sense»-Therapie.

Weshalb gibt es über die verbreitetste Form von Psychotherapie so wenig Forschung, so wenig Publikationen, so selten Kongresse und Workshops?

Es gibt noch wenige kontrollierte Studien über stützende Therapie bei psychiatrischen Patienten. Wallerstein (1986) kommt in einer eingehenden Untersuchung zu folgenden Schlussfolgerungen:

1. Die Resultate der stützenden Therapie sind weit eindrücklicher, als man erwartet hatte, während die Resultate psychoanalytischer Therapien weniger eindrücklich waren, als vorausgesagt wurde.
2. Alle Behandlungen tendierten dazu, über die Zeit stützender zu werden.
3. In allen Behandlungen stand der wesentliche Teil der Veränderungen im Zusammenhang mit unterstützenden und nicht so sehr mit expressiven (deutenden) Interventionen.

Er führte eine Vergleichsstudie von stützender Therapie mit dynamischen Therapien durch, indem er eine Kohorte von 42 Patienten beschrieb, welche im Psychotherapy Research Project of the Menninger Foundation 1978 teilnahmen. Auch über Psychotherapie von

Schizophrenie wurde eine Studie durchgeführt, in welcher einsichtsorientierte Psychotherapie mit drei Sitzungen pro Woche über zwei Jahre verglichen wurde mit stützender Therapie, die mehr realitätsorientiert und adaptiv war, mit einer Sitzung pro Woche. Die einsichtsorientierte Therapie zeigte positive, aber bescheidene Effekte bezüglich Ich-Funktionen und Kognitionen. Die stützende Therapie hatte einen deutlich besseren Effekt bezüglich Rezidiven und Rollenperformance, obwohl die einsichtsorientiert Behandelten dreimal mehr Sitzungen hatten. Es geht hier um wichtige Kosten-Nutzen-Betrachtungen. Hospitalisationen kamen bei stützender Therapie deutlich weniger häufig vor (Stanton et al., 1984).

Dennoch fällt auf, dass auch in diesen Arbeiten die stützende Therapie negativ definiert wird, als das, was sie im Vergleich zu einsichtsorientierten, psychoanalytischen Therapien nicht ist. Allgemein fällt der pädagogische Unterton auf, dem auch ich mich nicht ganz entziehen kann: Stützende Therapie ist wichtig, sie sollte weit mehr in der Ausbildung beachtet werden, sie ist eine hohe Kunst – und doch will sich niemand richtig für sie begeistern.

Daran ändern auch psychoanalytische Wiederbelebungsversuche (Rockland, 1992; Dewald, 1994; Conte, 1994) wahrscheinlich wenig, auch wenn geradezu mit einem moralischen Appell auf die positive Wirksamkeit der stützenden Therapie hingewiesen wird. Ich glaube, ein psychoanalytisches Konzept der stützenden Therapie kann nicht greifen, weil auf all das, was die Faszination, die Identität und das Berufsethos des Psychoanalytikers ausmacht, in der stützenden Therapie verzichtet werden muss:

– Die Patienten werden als so ich-schwach diagnostiziert, dass mit ihnen nicht aufdeckend oder deutend gearbeitet werden könne. Der Therapeut sollte sich vielmehr auf die Bearbeitung bewussten Materials beschränken und auf die Deutung und Bearbeitung unbewusster Prozesse verzichten.

– Die Patienten werden als so ich-schwach diagnostiziert, dass ihnen eine Lockerung ihrer Abwehr nicht zugemutet werden darf, wenn diese einigermaßen adaptiv ist. Widerstand, solange er

6 Ökologisch-supportive Psychotherapie 215

nicht grob dysfunktional ist, ist zu bestärken. Dabei ist das Aufgeben von Abwehr die Essenz des psychoanalytischen Durcharbeitens.

– Die Übertragungsbeziehung soll in Grenzen zugelassen, jedoch nicht bearbeitet und gedeutet werden.

Diese an den Analytiker gerichteten Forderungen kommen einer Selbstkastration nahe. Lediglich die Ich-Funktionen, die Realitätsprüfung und äußere Anpassung zu stützen und Disstress und Symptome zu lindern, ist eine Art psychiatrischer Samariterdienst. Dazu braucht es doch nicht eine ernsthafte, sich über viele Jahre erstreckende Ausbildung.

Ich glaube, das ökologische Konzept der stützenden Therapie kann insofern eine interessantere Erweiterung anbieten, als sie sich weniger an den Defiziten und Defekten des Patienten orientiert als an dem, was die Patienten tun. Es wird von der Annahme ausgegangen, dass *jeder Mensch, auch jeder psychisch schwer kranke, sich in Beziehungen entfaltet und entwickelt, dass auch für ihn Beziehungen die «Nahrung der Seele» sind.* Sicher muss der Therapeut geschult sein im Wahrnehmen von Ich-Defekten und sozialen Defiziten, er sollte sich jedoch nicht auf diese konzentrieren, sondern auf die Frage, wie ein Patient mit seinen Einschränkungen Mittel und Wege findet, beantwortetes Wirken herzustellen. Dabei konnten wir feststellen, dass Patienten gerade wegen dieser Einschränkungen eine erstaunliche Kompetenz und Weisheit entfalten, um die ihnen zur Verfügung stehenden Möglichkeiten zu nutzen. Wenn sie sich persönlich auch nicht in gesunder Weise zu regulieren vermögen, so gelingt es ihnen oftmals, sich eine Nische zu wählen oder zu schaffen, welche ihre persönliche Regulation wirksam unterstützt.

6.2 Die Entwicklung von Persönlichkeitsstörungen als prozesshafte Eskalation destruktiven beantworteten Wirkens

Ich möchte mich auf die ökologisch-supportive Psychotherapie von Patienten mit schweren Persönlichkeitsstörungen im ambulanten Setting beschränken.

Persönlichkeitsstörungen sind klinisch vor allem als Verhaltensstörungen relevant. Die Betroffenen weisen Persönlichkeitszüge auf, welche von der Umwelt als störend und abnorm empfunden werden. Sie gehen mit wesentlichen Beeinträchtigungen in der sozialen Anpassung einher, insbesondere in den familiären und beruflichen Beziehungen, aber auch in der beruflichen Leistungsfähigkeit. Gestörte Persönlichkeiten zeigen meist starre, an die situativen Erfordernisse schlecht angepasste Verhaltensweisen. Sie werden deswegen von der Umwelt oft abgelehnt.

Menschen mit Persönlichkeitsstörungen zeigen häufigere Stellenwechsel und Zeiten von Arbeitsunfähigkeit, sie weisen häufiger unglückliche Ehen und Ehescheidungen auf, es häufen sich bei ihnen Alkoholismus, Sucht und Delinquenz sowie Suizide und Unfälle, es finden sich bei ihnen gehäuft psychiatrische Behandlungen und psychiatrische Hospitalisierungen.

Bei der *Entstehung von Persönlichkeitsstörungen* spielen erblich-konstitutionelle Faktoren, frühkindliche hirnorganische Störungen (hyperkinetisches Syndrom, Legasthenie, frühkindliches organisches Psychosyndrom), lebensgeschichtliche und soziale Faktoren zusammen.

Die Ansichten über die Entstehung von Persönlichkeitsstörungen sind noch spekulativ. Gegenwärtig finden in der Forschung biologische Aspekte besondere Beachtung, während die in den Nach-68er-Jahren intensiv diskutierten sozialen und familiendynamischen Aspekte in den Hintergrund getreten sind. So etwa gehen Aaron T. Beck, Arthur Freeman et al. (1990) in Anlehnung an Gilbert 1989 von einer ethologischen Begründung von Persönlichkeitsstörungen aus:

Sie glauben, dass kognitiv-affektiv-motivationale Programme die Art und Weise beeinflussen, wie Ereignisse gedeutet werden, was Menschen fühlen und wie sie handeln. Diese Programme waren in der Stammesgeschichte ursprünglich hilfreich, um Leben zu erhalten und Fortpflanzung zu sichern. Unsere Umwelt habe sich jedoch schneller verändert als unsere automatischen Anpassungsstrategien, sodass manches in einer primitiven Umgebung sinnvoll war, was in einer hoch individualisierten und technologisierten Gesellschaft nicht mehr passt. Eine schlechte Passung könne somit der Faktor in der Verhaltensentwicklung sein, die wir als Störung diagnostizieren (S. 21). Ursprüngliche Raub- und Konkurrenzstrategien könnten zu antisozialer Persönlichkeitsstörung geworden sein, exhibitionistisches Verhalten, das in der Wildnis Helfer und Partner angelockt hätte, zur histrionischen Persönlichkeitsstörung, früheres Kampf- und Fluchtverhalten könnte heute Grundlage für Angststörungen oder chronische Feindseligkeit (paranoide Persönlichkeitsstörung) bilden. Beck und Freeman nehmen eine genetisch begründete Vulnerabilität an, eine besonders ausgeprägte Sensibilität gegenüber Ablehnung, Trennung oder Täuschungen, die schon in der Kindheit zu Überreaktionen führte und damit jene Erfahrungen herbeiführte, die für Persönlichkeitsstörungen charakteristisch sind.

Entscheidend für Persönlichkeitsstörungen sind nach Beck, Freeman et al. die Schemata, mit welchen Ereignisse interpretiert werden und ihnen Bedeutung zugemessen wird. Diese Schemata werden immer wieder durch Ereignisse aktiviert und organisieren sich zu einem System von Überzeugungen. Bei Wahrnehmung eines Gefahrenreizes wird das dazugehörige Gefahrenschema aktiviert. Die Person stuft die Situation als gefährlich ein (kognitives Schema), bekommt Angst (effektives Schema), möchte davonlaufen (motivationales Schema), wird zum Davonlaufen motiviert (Aktionsschema), kann aber diesen Impuls auch unterdrücken (Kontrollschema) (S. 20). Es werden also Kettenreaktionen ausgelöst in der Folge: kognitiv – affektiv – motivational – motorisch (S. 30). Die kognitive Therapie zielt auf die Veränderung dauerhafter Annahmen, die den Nährboden der Persönlich-

218   Teil B: Praxis der ökologischen Psychotherapie

keitsstörung darstellen. Die Sichtweise von A. Beck et al. entspricht dem gegenwärtigen biologischen Trend in der Psychiatrie und der relativen Vernachlässigung von sozialen und interaktionellen Faktoren.

Wir schlagen demgegenüber eine etwas andere Sichtweise vor. Wir übersehen nicht die biologischen Komponenten, würden jedoch dem lebensgeschichtlichen und ökologisch-interaktionellen Entwicklungsaspekt bei der Entstehung von Persönlichkeitsstörungen mehr Bedeutung beimessen. Wir gehen dabei von folgendem Ablauf aus:

Konstitutionelle Ich-Schwäche, etwa schwache Impulskontrolle, Konzentrationsstörung oder motorische Ungeschicklichkeit, kann biologisch erworben, genetisch oder erzieherisch begründet sein. Sie führt im Grundschulalter zu Verhaltensweisen, welche von den Mitschülern häufig mit Hohn, Spott und Ablehnung beantwortet werden und zu schulischem Misserfolg führen. Dieses soziale Versagen löst schon früh Minderwertigkeitsgefühle aus, Angst, nicht ernst genommen, allein gelassen oder abgelehnt zu werden oder auch Angst vor Bedrohung durch die mitmenschliche Umgebung. Das soziale Versagen kann schon im Schulalter zu überkompensierendem Verhalten Anlass geben, zu Geltungssucht, Delinquenz, Lügen, Theatralik, Clownerie und anderen Verhaltensweisen, mit welchen das Kind soziale Bestätigung erzwingen will, sich damit aber häufig noch negativere Reaktionen der sozialen Umwelt einhandelt. Das soziale Verhalten kann aber auch zu Rückzug und ängstlichem Ausweichen vor sozialen Kontakten führen, zu Unterwürfigkeit, Misstrauen, Rückzug auf sich selbst und zum Versuch, durch irgendwelche Ausweichmanöver Selbstachtung zu bewahren und sich zu verschaffen.

Wir vermuten, dass Persönlichkeitsstörungen sich von Kindheit an prozesshaft entwickeln. Die lebenslange Erfahrung wird bei jeder neuen Beziehung im Kleinen wiederholt. Sie lässt sich als spiralig sich verstärkender Vorgang zwischen Person und Nische verstehen: Dem Eingehen einer neuen Beziehung ist meist ein Misserfolg in einer anderen Beziehung vorangegangen. Das Bemühen, die Wiederholung dieses Misserfolges zu vermeiden und sich vor neuen Kränkungen zu schützen, veranlasst den Betroffenen, oft in inadäquater Weise auf die neue Bezugsperson einzuwirken. Selbst wenn er damit zunächst Erfolg hat, wird er durch das übertriebene Bemühen, Misserfolg zu vermeiden, unflexibel und dazu neigen, auf jede negative Reaktion – sei es in einer Arbeitsbeziehung oder in einer Liebesbeziehung – mit überschießender Verletzbarkeit zu reagieren. Wird der Betroffene in seinem Bemühen um die Bezugsperson negativ beantwortet, so kann er dies wegen seines schlechten Selbstwertgefühls nicht hinnehmen, sondern neigt zu überkompensierendem Einwirken auf die Bezugsperson, um die Kränkung umgehend wettzumachen. Das überkompensierende Verhalten kann ein übertriebenes Imponiergehabe sein, ein erpresserisches oder aggressives Verhalten, eine übertriebene Unterwürfigkeit, ein übertriebenes Geltungsverhalten oder eine übertriebene Anpassung. Es kann sein, dass die Bezugspersonen sich kurzfristig von diesem überkompensierenden Verhalten beeindrucken lassen, längerfristig reagieren sie aber ungehalten und irritiert und versuchen, mit «*pseudopädagogischer*» und instruierender Zurechtweisung das Verhalten des Betroffenen zu korrigieren. *Dieses pseudopädagogische Verhalten der Nische* kränkt das Selbstwertgefühl der Person noch stärker, sodass sie ihr Verhalten nicht korrigiert, sondern in trotziger Weise weiter verstärkt. Diese Verstärkung zielt nun aber, je länger sie andauert, nicht mehr auf einen wirklichen Erfolg hin, sondern dient immer mehr der *persönlichen Rechtfertigung* im Sinne einer sich selbst erfüllenden Prophezeiung. «Ich habe immer und immer wieder versucht, in dieser oder jener Weise positiv auf meine Bezugspersonen einzuwirken, immer und immer wieder musste ich jedoch Ablehnung, Missverständnis und Bösartigkeit erfahren.» Je länger die Persönlichkeitsstörung und damit das Negativ-Beantwortetwerden andauern, desto mehr dient die Interaktion mit der Nische nicht mehr dem Ziel, die eigene Wirksamkeit zu verbessern, sondern dem Schutz des Selbstwertgefühls.

Trotz der laufenden negativen Beantwortung weigert sich die Person, ihr Verhalten zu adaptieren, denn eine Veränderung des Ver-

haltens würde von ihr als ein beschämendes Nachgeben und Einge-
ständnis eigener Fehler betrachtet und würde die Angst erhöhen, damit den Bezugspersonen gegenüber als schwach und wehrlos dazu-
stehen und sich dem Hohn der Umwelt auszuliefern. Leicht kommt
es zwischen Person und Bezugspersonen zu einer Eskalation des trotzigen und erpresserischen gegenseitigen Einwirkens. Es entwickelt
sich ein *destruktiver Machtkampf zwischen Person und Nische*. Die
Trotzhaltung kann eine negative Identität entstehen lassen, die bei allem Leid auch positive Auswirkungen haben kann insofern, als die
Person sich autonom und ganz auf sich selbst gestellt fühlt. Auf die
Dauer verliert das gesteigerte Autonomiegefühl jedoch an Wirksamkeit, weil die Bezugspersonen sich von ihr zurückziehen. Es liegt eine
gewisse Tragik darin, dass ausgerechnet jenes Verhalten, das die Person als Selbstheilungsversuch ihres lädierten Selbstwertgefühls einsetzt, die Bezugspersonen erst recht stimuliert, sie zu kritisieren und
zurechtzuweisen. Sie wird von ihnen deswegen als arrogant, überheb-
lich, unecht oder stur empfunden.

Wozu wird dysfunktionales Verhalten, trotz negativer Beantwortung, aufrechterhalten?

Gemäß dem ökologischen Modell der Persönlichkeitsentwicklung müsste erwartet werden, dass die Person sich den Bezugspersonen gegenüber immer so verhält, dass sie durch positive Beantwortung belohnt und dass negative Beantwortung vermieden wird. Das
trifft so nicht zu. Die Person ist sehr wohl in der Lage, positive Beantwortung aufzuschieben oder sogar völlig auf diese zu verzichten.
Wird eine Person persönlich gekränkt, so kann die Selbstwertverlet-
zung eine Trotzreaktion auslösen oder eine Forderung nach Wieder-
gutmachung. Wird dieser Forderung nicht entsprochen, so kommt es
häufig zum Beziehungsabbruch und zum Rückzug in eine autistische
Selbstrechtfertigung. Es ist für viele Patienten mit Persönlichkeitsstörungen leichter, im vertrauten Misserfolg zu verharren, als durch Ver-
haltensänderung eine tragfähigere Beziehung zu konstellieren, die
dann das Risiko erneuter, tiefer gehender Enttäuschungen in sich

birgt. Die Patienten blenden die genaue Wahrnehmung ihres Verhaltens oft aus und zentrieren sich auf ihre Rechtfertigung.

Oftmals verschafft das Verhalten, welches von den von Beck et al. beschriebenen Schemata geleitet wird, zunächst einen kurzfristigen Vorteil, obwohl auf Dauer die Fähigkeit, mit Herausforderungen des Lebens fertig zu werden, dadurch eingeschränkt und belastet wird. Wird in der Therapie versucht, diese Schemata zu verändern, entsteht Angst, denn jede Veränderung der Schemata würde bedeuten, dass man feindseliges Neuland betreten und die Definition von sich selbst und der Umwelt aufgegeben werden müsste.

Je größer der Druck der Umwelt, desto mehr ziehen sich Menschen mit Persönlichkeitsstörungen egozentrisch auf sich selbst zurück und sind in dieser Situation weder kritikfähig noch lernfähig, sondern nur noch auf den Schutz ihres Selbstwertgefühls, auf die eigene Rechtfertigung und den eigenen Vorteil ausgerichtet. Es entwickelt sich ein Circulus vitiosus: Je inadäquater das Wirken, desto negativer die Beantwortung, desto stärker der Rückzug auf sich selbst, desto übermächtiger die inneren destruktiven Konstrukte, desto inadäquater das Einwirken auf die Nische. Wenn der soziale Misserfolg ein gewisses Maß überschreitet und die selbstbestätigenden Ressourcen erschöpft sind, konzentriert sich die Person auf ihr psychisches Überleben, auf die Wahrung ihres Selbstwertgefühls. Niemand ist auf Dauer fähig, sich als Versager zu akzeptieren. Es muss vielmehr die Wahrnehmung der Person und der Umwelt so konstruiert werden, dass man in ihr wenigstens vor sich selbst, womöglich aber auch vor Bezugspersonen bestehen kann. Die Unflexibilität der Konstrukte dient der Sicherung dieses Rechtfertigungs- und Vermeidungsverhaltens. Das Wirken der Person wird einer Validierung entzogen. Das Beantwortetwerden wird nicht differenziert, sondern generalisierend und pauschalisierend laufend bestätigt. Die Schuld des Versagens liegt bei der Umgebung und nicht bei der Person. Der locus of control wird in die Umgebung gelegt, die der Person keine andere Verhaltensweise ermöglicht als jene, die zu ihrem Versagen führt.

6.3 Der therapeutische Ansatz der ökologisch-supportiven Psychotherapie schwerer Persönlichkeitsstörungen

Ziel der ökologisch unterstützenden Therapie ist die Verbesserung des beantworteten Wirkens in der persönlichen Nische.

Der Schwerpunkt der *kognitiven Therapie* von Persönlichkeitsstörungen (A. Beck et al., 1990/1993) liegt auf der Bearbeitung der verzerrten Kognitionen (Schemata), welche der Patient über sich und seine Bezugspersonen hat. Kognitionen bilden den Hintergrund seiner Motivationen, Intentionen und Handlungen. Ihre Korrektur gilt als Voraussetzung für adäquateres Verhalten.

Der ökologische Ansatz ist anders akzentuiert. Der Therapeut konzentriert sich weniger auf die Korrektur der handlungsmotivierenden Schemata als vielmehr auf die Korrektur des beziehungsgestaltenden Verhaltens mit dem Ziel, durch veränderte reale Beantwortung durch die Bezugspersonen indirekt die Schemata zu korrigieren und damit ein konstruktiveres Wirken zu bestärken. Die Wahrnehmung des Patienten von seinen Bezugspersonen ist nicht durchwegs verzerrt, sondern häufig durchaus adäquat: Sie verhalten sich ihm gegenüber tatsächlich feindselig, entwertend, ausweichend oder zeigen demonstrativ Nichtbeachtung, Rücksichtslosigkeit oder mangelndes Interesse. Dieses Verhalten zeigen sie nicht, weil sie «so sind», sondern weil der Patient sie zu diesem Verhalten veranlasst, weil er sie zu pseudopädagogischem Verhalten provoziert, um ihn in Schranken zu halten und ihm eine «Nacherziehung» zu verpassen. Etwas vom Wichtigsten für den Patienten ist, die Erfahrung zu machen, dass er die unerwünschten Reaktionsweisen der Bezugspersonen verstärken oder dämpfen kann und dass die Bezugspersonen nicht immer gleich sind, dass sie Ausnahmen in ihren Rektionen zeigen (de Shazer, 1988/1989). Wir fragen also nicht primär nach den Annahmen und Bedeutungszumessungen des Patienten als Ausgangspunkt seines Wirkens als vielmehr nach den Möglichkeiten des Patienten, ein positiveres beantwortetes Wirken zu erreichen. Anhand detaillierter Bearbeitung alltäglicher Ereignisse soll die Wahrnehmungsfähigkeit des Patienten für das Wechselspiel zwischen seinem Verhalten und dem Verhalten der Objekte verbessert werden. Der Patient soll dafür gewonnen werden, trotz weiterbestehender, negativer Schemata – Misstrauen, Angst, abgelehnt zu werden, nicht ernst genommen zu werden – zu versuchen, ein positiveres beantwortetes Wirken zu erzielen in der Hoffnung, dass die positiven Erfahrungen sekundär seine Schemata beeinflussen.

Das Ziel der Therapie von Persönlichkeitsstörungen sehe ich nicht in einem grundlegenden Wandel der Persönlichkeitsstruktur. Gewisse Persönlichkeitszüge wie etwa Impulsivität, Schizoidie, Zyklothymie u. a. m. lassen sich als solche therapeutisch wenig beeinflussen. Was Patienten jedoch lernen können, ist, besser mit diesen Traits umzugehen. Wir gehen davon aus, dass *jeder Mensch destruktive wie konstruktive Verhaltensmöglichkeiten hat, und dass es entscheidend von der erwarteten und realen Beantwortung der Nische abhängt, in welchem Ausmaß negative Tendenzen ins Wirken eingehen.* Dieselbe Person, die jetzt in Therapie wegen Persönlichkeitsstörungen steht, war vielleicht zuvor über Jahrzehnte ausreichend adaptiert und kompensiert. Unangepasste Schemata und Kognitionen sind in unterschiedlichen Nischenbezügen unterschiedlich aktiv. Sie können in den Hintergrund treten, wenn es dem Patienten gelingt, eine Nische herzustellen, die mit den konstruktiveren Verhaltensmöglichkeiten korrespondiert. Ziel der Therapie ist, Patienten zu helfen, sich vor eigenen destruktiven Bereitschaften zu schützen, diese in Rechnung zu stellen und insbesondere darauf zu verzichten, durch Inszenierung von sozialen Knalleffekten oder Abstürzen die Sinnlosigkeit jeglicher Veränderung zu beseitigen. Nur bei ausreichender *Stützung des Selbstwertgefühls* fasst die Person wieder Mut, die mühselige Anpassungsarbeit und Realitätsprüfung und somit das positive beantwortete Wirken wieder anzustreben.

Nicht selten gelingt es den Betroffenen, sich mit ihren Persönlichkeitsstörungen eine Nische zu schaffen, in welcher ihre Verhaltensauffälligkeiten eventuell sogar erwünscht sind.

In anderen Fällen gelingt es Patienten, sich eine soziale Nische zu schaffen, die ihren destruktiven und regressiven Tendenzen Grenzen setzt, ihre positiven Möglichkeiten braucht und herausfordert und ihnen Unterstützung zur ausreichenden Selbstregulation gibt. *Keiner ist so gestört, dass er nicht Fähigkeiten hätte, in anderen Menschen regulierende Aktivitäten und helfende Zuwendung zu wecken.*

In den folgenden Kapiteln sollen die Persönlichkeitsstörungen gemäß DMS-IV geordnet werden nach den drei Clustern A, B und C. Je gestörter das Interaktionsverhalten, desto wichtiger ist die Diagnose einer spezifischen Persönlichkeitsstörung. Mindestens so wichtig wie die Art der Störung ist jedoch die Erfassung des psychosozialen Funktionsniveaus (siehe S. 208).

Hier sollen die drei Cluster A, B und C besprochen werden nach:

1. Psychopathologie in ökologischer Sicht,
2. Konstituierung einer pseudopädagogischen sozialen Nische mit Circulus vitiosus,
3. Konstituierung kollusiver Rettungsversuche,
4. Konstituierung einer regulierenden Nische,
5. therapeutischen Gesichtspunkten.

6.4 Ökologisch-supportive Psychotherapie von Cluster-A-Persönlichkeitsstörungen (schizoide Persönlichkeitsstörung, schizotypische Persönlichkeitsstörung, paranoide Persönlichkeitsstörung)

6.4.1 Psychopathologie in ökologischer Sicht

Schizoide Persönlichkeiten wirken distanziert, zeigen wenig Emotionen, weichen Konfrontationen und offenem Streit aus, ziehen sich gern auf sich zurück, sind introvertiert, neigen zu verstiegener und weltfremder Hingabe an hohe Ideale, drohen den Boden unter den Füßen zu verlieren und verhalten sich oft daneben. Äußerlich scheren sie sich oft wenig um soziale Normen, machen den Eindruck, auf Kritik und Lob wenig empfindlich zu sein, haben meistens wenig Freunde und Vertraute, höchstens Kontakte zu ihrer Herkunftsfamilie, suchen Tätigkeiten, die sie allein machen können.

Schizotype Persönlichkeitsstörungen zeigen darüber hinaus oft ein sprödes, skurriles, manieriertes oder exzentrisches Verhalten, sie haben Angst vor sozialen Konfrontationen in unvertrauter Umgebung, sie neigen zu verschrobenem oder magischem Denken und zu Beziehungsideen.

Bei *paranoiden Persönlichkeiten* steht das Misstrauische und Feindselige im Vordergrund. In harmlosen Bemerkungen oder Vorkommnissen sehen sie versteckte, abwertende Bewertungen. Sie neigen zu Beziehungsideen und Bedeutungserlebnissen. Fühlen sie sich missachtet, so reagieren sie schnell zornig und starten einen Gegenangriff.

Nach meiner Erfahrung trifft es nicht zu, dass diese Menschen keinen Wunsch nach engen Beziehungen zeigen. Sie sind auch nicht gefühlskalt, sondern vielmehr übersensibel und verletzbar. Sie streben – wie bereits Ernst Kretschmer (1967) beschrieb – nach hohen Idealen und neigen dazu, Bezugspersonen zu idealisieren, wobei sie den Boden der Wirklichkeit zu verlieren drohen und sich oftmals abstrakten Ideen verschreiben. In ihrer äußeren Unnahbarkeit und Arroganz sehe ich ein Schutzverhalten. In engen Beziehungen geraten sie rasch in ein Gefühl der Verpflichtung und Einengung, da sie Mühe haben, sich abzugrenzen, ihre Position klar zu definieren und mit Erwartungen, die an sie gerichtet werden, umzugehen.

Oft vermeiden schizoide oder paranoid-sensitive Menschen verbindliche Beziehungen. Es entsteht jedoch die Paradoxie, dass, je mehr sie den direkten Austausch mit anderen zu vermeiden trachten, sie innerlich desto intensiver auf diese bezogen sind. Durch das Bemühen, sich nicht in Auseinandersetzungen zu verwickeln, fehlt die Möglichkeit, die inneren Beziehungskonstrukte zu verifizieren und auf realer Basis durch konkrete Erfahrungen zu korrigieren. Die der Umwelt unterstellten bösen Absichten können phantastische Ausmaße annehmen, sodass sich in der Vorstellung ein sich verstärkender Circulus vitiosus bildet: Je mehr eine Person sich aus konkreten Interaktionen heraushalten will, desto übermächtiger werden ihre paranoiden Befürchtungen, desto stärker die Überzeugung, man müsse sich aus Interaktionen heraushalten (siehe dazu S. 109, Abb. 3). Rückzug aus Interaktionen dämonisiert die Bezugspersonen. Nur durch direkte Interaktionen ist es möglich, sich an den Bezugspersonen zu orientieren und eigene feindselige Vorstellungen zu korrigieren.

Beispiele:

Ein 40-jähriger Mann mit schwerer paranoider Persönlichkeitsstörung lebt seit Jahren völlig isoliert und ohne Arbeit. Er spricht mit keinem Menschen. Er sieht zweimal in der Woche seine Mutter, die jedoch in der Folge eines apoplektischen Insultes nicht mehr sprechen kann. Öfters begibt er sich in ein billiges Restaurant, um etwas Warmes einzunehmen. Er nimmt dort jedoch auch mit niemandem Kontakt auf, weil er befürchtet, er müsste dem Gesprächspartner das Essen bezahlen oder ihn zu sich nach Hause einladen, was er sich finanziell nicht leisten könnte. Er beschimpft den Staat, der wohl Geld für Asylbewerber und Flüchtlinge habe, den eigenen Bürgern jedoch keine anständige Existenz bezahle. Trotz äußerer Isolation ist er ganz auf die Umwelt bezogen. Von der Gemeinde bekam er Unterkunft in einem Waldhaus, das weit außerhalb des Dorfes liegt, in welchem aber auch Asylbewerber untergebracht sind. Mit diesen entstehen laufend Friktionen mit tätlichen Auseinandersetzungen. Weitere Lärmimmissionen sind die selten vorbeifahrenden Autos. Meine Frage, weshalb er sich nicht mittels Ohropax vor dem nächtlichen Lärm schütze, geht völlig daneben. Er muss die Ohren offen halten, um die Umwelt kontrollieren zu können. Er horcht wie ein wildes Tier die ganze Nacht auf irgendwelche Geräusche, um sogleich Schutzmaßnahmen treffen zu können, wenn er bedroht würde. So lässt er das Fenster immer offen und hält sich einen Fluchtweg bereit. Er glaubt, dass die Autofahrer, die vor dem Fenster vorbeifahren oder mit dem Scheinwerfer in das Zimmer hineinleuchten, ihn absichtlich schikanieren möchten. Im Sinne von überwertigen Ideen ist er ganz auf die Umwelt bezogen, ohne mit ihr konkret zu interagieren.

Eine 65-jährige ledige Frau steht seit 15 Jahren in lockerer stützender Therapie bei mir. Sie ist neuerdings in einem Altersheim untergebracht, wo sie die jüngste Pensionärin ist. Sie meidet alle Kontakte und versucht, sich völlig zurückzuziehen. Das gelingt ihr jedoch nicht. Im Esssaal bekam sie den Platz an der Tür zugewiesen und fühlte sich durch das Ein- und Ausgehen anderer Personen gestört. Daraufhin wurde ihr ein Platz am Fenster zugewiesen, wo sie sich jedoch wegen des Luftzuges schlecht platziert fühlt. Sie ärgert sich halb krank, weil die Pensionärin, die das Zimmer über ihr bewohnt, dauernd die Möbel herumrücke. Sie schenkte dieser Frau eine Filzplatte mit der Aufforderung, diese unter die Möbel zu legen, was diese befremdet zurückwies. Die Patientin beklagte sich daraufhin bei der Verwaltung, kam jedoch nicht durch. Sie glaubt, auch von der Hausbeamtin abgelehnt zu werden, nachdem sie diese einmal überrascht habe, als sie einen Mann auf das Zimmer nahm. Andere Pensionäre hatten das auch bemerkt und sich bei der Verwaltung beschwert. Nun fürchtet die Patientin, die Hausbeamtin könnte vermuten, die Patientin sei die Anstifterin dieser Klage. Plötzlich habe die über ihr wohnende Pensionärin mit dem Möbelrücken aufgehört. Den Grund dafür sieht die Patientin darin, dass sie mit einer Nachbarin dieser Frau gesprochen habe und dabei von ihr gesehen wurde. Die Frau vermute nun wohl, die Patientin stecke mit der Nachbarin unter einer Decke, und befürchte Gegenmaßnahmen. Die Patientin könnte sich aber auch vorstellen, dass es mit der Kontaktaufnahme zu einem 80-jährigen Pensionär zusammenhängen könnte, mit dem sie nun öfters gesprochen und der ihr sogar einen Heiratsantrag gemacht habe. Das habe zwar die Eifersucht anderer Pensionärinnen geweckt, ihr aber auch Achtung verschafft und ihr Selbstbewusstsein gestärkt.

Das Beispiel zeigt schön, wie die Patientin ganz auf die Umwelt bezogen lebt, dass aber durch die konkrete Kontaktaufnahme mit

Pensionärinnen ihre paranoiden Befürchtungen an Relevanz verloren und sie sich offenbar anders verhielt, sodass auch die anderen sich ihr gegenüber anders verhielten.

6.4.2 Konstituierung einer pseudopädagogischen sozialen Nische mit Circulus vitiosus

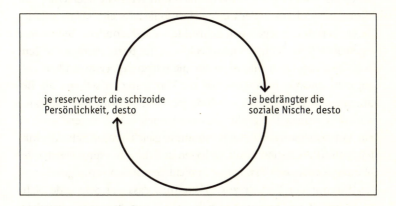

je reservierter die schizoide Persönlichkeit, desto

je bedrängter die soziale Nische, desto

Das Gefühl, nicht an schizoide Persönlichkeiten heranzukommen, löst in Bezugspersonen nicht selten das forcierte Bestreben aus, sie aus ihrer Reserve herauszuklopfen, sie zu veranlassen, aus sich herauszutreten, Stellung zu beziehen, sich zu konfrontieren und festzulegen. Man glaubt, sie einmal schütteln zu müssen, man bedrängt sie und fasst sie grob an, mit dem Effekt allerdings, dass sie sich noch mehr in sich zurückziehen. Leicht spielt sich ein Circulus vitiosus ein.

6.4.3 Konstituierung kollusiver Rettungsversuche

Die äußerlich kühle und distanzierte Haltung ist eine Schutzfassade gegen die hohe Verletzbarkeit und Sensibilität schizoider Persönlichkeiten. Das herauszuspüren macht sie für Beziehungen besonders attraktiv. Leicht finden sie Partner oder Partnerinnen, die es sich zur Aufgabe machen, den Schizoiden in seinem innersten Kern zu erreichen unter Rücksichtnahme auf seine hohe Verletzbarkeit und Scheu, seine Gefühle zu definieren und sich in Beziehungen festzulegen. Solche Partner neigen dazu, sich ganz für die schizoide Person aufzugeben und scheinbar anspruchslos den Schizoiden zu umsorgen. Schizoide verfügen über eine Fähigkeit, in den Bezugspersonen ein hohes Maß von Zärtlichkeit und Wünsche nach einer idealisierten Symbiose, einer totalen Harmonie oder einer Unio mystica zu wecken. Selbst legen sich Schizoide nie fest, sondern deuten ihre eigenen Gefühle lediglich an. Das löst in der Bezugsperson die Tendenz aus, sich noch intensiver für die schizoide Persönlichkeit aufzugeben und ihr bedingungslos zur Verfügung zu stehen. Die Bedingungslosigkeit der Zuwendung ist jedoch etwas, was Schizoide schlecht ertragen. Die große Nähe wird ihnen zu bedrängend, engt sie ein, löst Abstoßungsreaktionen aus unter gleichzeitigen Schuldgefühlen, weil sie die hohen Ideale verletzen und die ausgesprochenen oder unausgesprochenen Erwartungen nicht zu erfüllen vermögen.

Kommt der Partner zur Erkenntnis, dass der Schizoide Nähe nicht erträgt, und versucht er, sich deshalb von ihm zurückzuziehen, so beginnt der Schizoide wieder zu locken und verheißungsvolle Andeutungen von Zärtlichkeit und Sehnsucht nach Beziehung zu machen. Kaum lässt sich der Partner jedoch wieder auf Nähe ein, wird er zurückgestoßen, und das Spiel kann von vorne beginnen.

6.4.4 Skala der Beziehungsmöglichkeiten von schizoid-paranoiden Persönlichkeiten

Schizoide Persönlichkeiten sind oft von einer verpflichtenden Nähe, wie sie die Ehe mit sich bringt, überfordert. Das heißt jedoch nicht, dass sie beziehungsunfähig sind. Vielmehr können sie die Fähigkeit entwickeln, sich in Beziehungen nur so weit einzulassen, wie sie es in ihrer Angst vor Bedrängtwerden und Verletzung ertragen. Im

Folgenden soll eine Skala von Beziehungsmöglichkeiten mit sich verstärkender Gegenseitigkeit, aber auch verstärkendem Kränkungsrisiko aufgeführt werden.

In unserer Psychiatrischen Poliklinik haben wir viele Patienten mit Cluster-A-Persönlichkeitsstörungen, die teilweise seit Jahrzehnten in stützender Therapie bei uns stehen. Ein erheblicher Teil dieser Patienten war einmal psychiatrisch hospitalisiert. Diese Patienten leben zwar autonom, können ihre Angelegenheiten knapp selbst besorgen, sind aus dem Arbeitsprozess ausgegliedert, beziehen eine Invalidenrente und haben meistens kaum andere Kontakte als jene zu unseren Ärzten und Sozialarbeiterinnen. Da diese Patienten scheinbar unserer These, dass der Mensch sich nur in Beziehungen entfalten und entwickeln kann, widersprechen, untersuchten wir dreißig dieser Patienten und Patientinnen (Willi, Toygar-Zurmühle, Frei, 1999). Die Fragestellung, die sie bearbeitete, lautete:

– Welche Formen von beantwortetem Wirken finden sich auch bei diesen Patienten?
– Wie regulieren sich diese Patienten in Krisen und Belastungssituationen?

Diese Untersuchung ergab eine deutliche Gliederung von Beziehungen nach Schwierigkeitsgraden. Ein aktives beantwortetes Wirken erfordert laufend eine schwere Anpassungsarbeit, von welcher paranoid-schizoide Personen leicht überfordert sind. Aber auch bei scheinbar isoliert lebenden Menschen wird das beantwortete Wirken nicht völlig aufgegeben. Auch sie suchen die Zugehörigkeit zu einer sozialen Nische und sind beobachtend und partizipierend auf diese bezogen. Gesunde Menschen verfügen über eine vielschichtigere Beziehungsnische, in welcher es neben anstrengenden und konsumierenden Wechselbeziehungen auch regressivere Beziehungsformen gibt, die eine geringere Anpassung erfordern. Die Beziehungsnische von schizoid-paranoiden Persönlichkeiten ist demgegenüber einfacher und weniger vielfältig und anspruchsvoll. Es ergab sich die folgende Skala von Schwierigkeitsgraden in Beziehungen:

Skala der Beziehungsmöglichkeiten von schizoid-paranoiden Persönlichkeiten

a) partizipative Beziehung ohne Gegenseitigkeit
b) gestaltendes Einwirken auf die materielle Umwelt
c) Beziehungen zu Pflanzen und Tieren
d) flüchtige mitmenschliche Kontakte
e) Kontakte zur Herkunftsfamilie und zum Therapeuten
f) Helferbeziehungen
g) Rollenbeziehungen und Beziehungen mit kontrollierbarer Gegenseitigkeit
h) Gruppenkontakte
i) kurz dauernde Arbeits- und Partnerbeziehungen
k) dauerhafte Arbeits- und Partnerbeziehungen

Eine gesunde Persönlichkeit verfügt über das ganze Spektrum der hier aufgezählten Beziehungsformen. Je ausgeprägter eine schizoid-paranoide Persönlichkeitsstörung ist, umso eher beschränken sich die Beziehungen nur auf die ersten Bereiche.

a) Partizipative Beziehung ohne Gegenseitigkeit

Diese einfachste Beziehungsform finden wir selbst bei schwerst beziehungsgestörten Personen. Zu dieser Art von Beziehung gehört etwa ‹in der Natur verweilen›, ‹in der Natur Ruhe und Erholung suchen› oder ‹Natur still beobachten›. Ferner die Teilnahme am Weltgeschehen über Radio und Television. Es wird dabei quasi das Weltgeschehen in die Stube hereingeholt. Die Beziehung ist partizipativ und erfordert kein aktives Beziehungsverhalten. Eine andere Form ist Beten und Eingehen religiöser Beziehungen, oft verbunden mit Teilnahme an religiösen Zeremonien, an denen man nicht persönlich in Erscheinung treten muss. Dazu gehört auch die anonyme Teilnahme an Vorträgen und kulturellen Anlässen. Es kann auch die Partizipation als Zuschauer an Gruppen, am Familiengeschehen oder an ideologischen Bewegungen dazu gerechnet werden. In all diesen Beziehungen fühlt man sich einer Nische zugehörig, ohne sich anpassen zu

232 Teil B: Praxis der ökologischen Psychotherapie

müssen. Für die Entfaltung dieser Zugehörigkeit lässt die Phantasie einen weiten Spielraum. Die Person lässt sich nicht auf reales Wirken und Handeln ein, sie wird in ihrer Partizipation nicht persönlich beantwortet.

So besucht etwa ein jetzt 60-jähriger Akademiker, der vor dreißig Jahren einmal wegen einer akuten paranoiden Schizophrenie hospitalisiert war und seither unter der jetzigen Diagnose einer schizotypen Persönlichkeit eine Vita minima führt, seit Jahrzehnten Vorlesungen an der Universität, an denen er mit großer innerer Intensität partizipiert, sodass er kaum Zeit findet für die allmonatlich stattfindende Konsultation. Er setzt sich im Hörsaal jedoch mit niemandem in Beziehung und nimmt nie aktiv am Unterricht teil. Wird er einmal aus Versehen von einem Kommilitonen angesprochen, so setzt ihn das in anhaltende Beunruhigung. Für sich selbst interpretiert er diesen scheinbar nutzlosen Vorlesungsbesuch als «Supervision der Professoren», zu der er sich als «Papst Johannes Paul III.» legitimiert fühlt. Es handelt sich dabei eher um eine skurrile überwertige Idee, die er auch zur humorvollen Unterhaltung des Therapeuten einsetzt. Daneben besteht ein umfassendes Wahnsystem, das er jedoch dissimuliert.

Auf dieser partizipativen Stufe schaffen sich Patienten als teilnehmende Beobachter ihre Nische, die sie als ihnen zugehörig innerlich besetzen, ohne dass reale Gegenseitigkeit abgefordert wird.

b) Gestaltendes Einwirken auf die materielle Umwelt

Bereits etwas anspruchsvoller als Partizipation ist das Einwirken auf die materielle Umwelt und das Lösen vorgegebener Aufgaben. Die materielle Umwelt wirkt nicht aktiv auf die Person zurück. Die Person kann sich mit ihr aktiv in Beziehung setzen, ohne sich in unberechenbare Spiele der persönlichen Gegenseitigkeit einlassen zu müssen. Es kann sich um Zeichnen und Malen in der Natur handeln, um repetitive alltägliche Arbeiten in klaren Rahmenbedingungen wie z. B. in der Arbeitstherapie oder in einer geschützten Werkstatt oder eine berufliche Routinetätigkeit. Es kann sich um die gewohnte Hausarbeit wie Putzen, Aufräumen und Kochen handeln. Die heutigen

Städte sind so organisiert, dass man alle lebenswichtigen Handlungen verrichten kann, ohne ein Wort mit einem Menschen zu sprechen: Selbstbedienungsläden, Money-Dispenser, Fahrkartenautomaten, Selbstbedienungstankstellen, Selbstbedienungsrestaurants, Spielsalons, Computerspiele usw. Die Entpersönlichung der täglichen Vorrichtungen im öffentlichen Raum ist für manche Beziehungsgestörte eine Hilfe. Zu den einseitigen Aktivitäten gehören auch das Lösen von Kreuzworträtseln oder mathematischer Aufgaben. Die Person erzielt hier reale Wirkungen, sie fühlt sich herausgefordert und wird durch die Resultate beantwortet. Da ihr Wirken häufig im gewohnten Rahmen abläuft, ist die Beantwortung ziemlich vorhersehbar und ohne allzu beunruhigende Überraschungen.

Zum gestaltenden Einwirken gehört auch die Einrichtung einer eigenen Wohnung als materielle Nische. Diese bildet bei isoliert lebenden Menschen einen Bereich von Schutz und Sicherheit und ist für sie von zentraler Bedeutung. Für viele Menschen ist es leichter, sich mit Objekten in Beziehung zu setzen, die selbst keine Aktivität entfalten, als sich der Beziehungsinitiative eines Gegenübers auszusetzen. Es geht um den Locus of Control, um die Frage, inwiefern man die Beziehung selbst zu kontrollieren vermag und sich jederzeit aus einer Beziehung zurückziehen kann.

c) Beziehungen zu Pflanzen und Tieren

Einige Grade anspruchsvoller ist der Umgang mit nichtmenschlichen Lebewesen. In der Regel ist es leichter, mit Tieren in Beziehung zu treten als mit Menschen. Tiere sind durch ihre vorgegebenen Verhaltensprogramme berechenbarer, sie beziehen sich zwar affektiv auf den Menschen, ein differenzierterer sprachlicher Austausch wird jedoch nicht abgefordert. Die anstrengenden Anpassungserwartungen halten sich in Grenzen. Die Stufen der Schwierigkeiten in der Mensch-Tier-Beziehung reichen von relativ abstrakten Beziehungen zu Fischen oder Reptilien zu bereits anspruchsvolleren Beziehungen zu Vögeln, zu Katzen und schließlich zu Hunden. Hunde, aber auch Katzen haben oft fast übersinnliche, intuitive Fähigkeiten, die Stimmung ihrer Meister zu erspüren. Da insbesondere Hunde ihren Meistern meist bedingungslos ergeben sind und sie weder kritisieren noch persönlich verletzen, ist der Kontakt zu ihnen meist leichter als zu Menschen. Trotzdem wird für manche die Beziehung zu Haustieren zu anspruchsvoll, weil sie sich für diese verpflichtet und verantwortlich fühlen und angebunden sind. Sie suchen einen unverbindlicheren Kontakt etwa beim Taubenfüttern auf öffentlichen Plätzen.

d) Flüchtige mitmenschliche Kontakte

Mitmenschliche Kontakte sind am leichtesten, wenn sie unverbindlich bleiben. Viele der isoliert lebenden Patienten gehen flüchtige Interaktionen im öffentlichen Raum ein, also etwa in der Straßenbahn, auf einer Sitzbank im Park oder an einer Bar. Diese Kontakte beschränken sich auf Alltagsthemen und führen nicht zu einer persönlichen Vertiefung. Sie sind oft einmalig, man gibt sich persönlich nicht zu erkennen und weiß voneinander meist nicht einmal den Namen oder eventuell nur den Vornamen. Man trifft sich mehr oder weniger zufällig wieder am gleichen Ort. Weitere Zusammenkünfte werden nicht vereinbart, man geht also nicht das Risiko ein, abgewiesen oder stehen gelassen zu werden. Man kann sich wieder zurückziehen, ohne Erklärungen abgeben zu müssen.

e) Kontakte zur Herkunftsfamilie und zum Therapeuten

Kontakte zur Herkunftsfamilie sind bei diesen Patienten die stabilsten Beziehungen. Sie sind in ihrem Bestand wenig von Gegenseitigkeit abhängig. Insbesondere die Eltern stehen meist bedingungslos zu den Patienten, auch wenn keine persönliche Nähe besteht. Ebenfalls eine große Stabilität kann in der Beziehung zum Therapeuten entstehen, eine Beziehung, die berechenbar ist, die finanziell abgegolten wird, bei der durch das Rollenverhalten des Therapeuten kein Anspruch auf persönliche Gegenseitigkeit entsteht.

f) Helferbeziehungen

In unserer Untersuchung stellten wir zu unserem Erstaunen fest, dass manche, von denen wir glaubten, sie lebten völlig isoliert und einsam, doch persönliche Beziehungen hatten, in der Regel aber mit Menschen, die sozial ebenfalls sehr isoliert waren oder sogar noch größere Beziehungsschwierigkeiten aufwiesen. Es handelt sich dabei etwa um Helferbeziehungen zu pflegebedürftigen Alten, zu Drogenabhängigen, zu Asylbewerbern oder zu anderen hilflosen Menschen. Generell fiel uns bei diesen Patienten eine früher schon für Paarbeziehungen formulierte Beobachtung auf: Beziehungen funktionieren in der Regel nur auf der Basis von Gleichwertigkeit (Willi, 1975). Wer selbst schwer beziehungsgestört ist, wird in der Regel Beziehungen zu ebenso Beziehungsgestörten suchen und nicht zu Menschen mit höherer sozialer Kompetenz. Solche Beziehungen zwischen schwer kontaktgestörten Menschen können durchaus glücken, weil die Partner oft aneinander weniger große Ansprüche stellen. In meinem Buch «Koevolution – Die Kunst gemeinsamen Wachsens» (1985) habe ich fünf Paare beschrieben, die sich auf unserer stationären Behandlungsabteilung gebildet hatten und deren Lebensgemeinschaft bzw. Ehe trotz beidseitiger schwerer Beziehungsstörungen schon über viele Jahre stabil geblieben sind. Die gegenseitige Hilfe ist dabei ein stark verbindendes Element.

g) Rollenbeziehungen und Beziehungen mit kontrollierbarer Gegenseitigkeit

Für viele Menschen ist es leichter, eine mitmenschliche Beziehung einzugehen, wenn diese durch Rollenerwartungen und Rollenaufträge klar definiert ist und damit ihr Handeln und Wirken eine offizielle, nicht persönliche Legitimation erhält. Vielen Menschen gelingt es deshalb eher, im Berufsbereich Beziehungen einzugehen und aufrechtzuerhalten, zu denen sie im privaten Rahmen nicht in der Lage sind. Der Rollencharakter von Beziehungen kann durch Berufstrachten und Uniformen noch unterstrichen werden. Rollen vermitteln ein Gefühl von fester Zugehörigkeit zu einem sozialen Organismus. Es besteht ein offizieller Beziehungsauftrag. Zu dieser Form von kontrollierbaren Beziehungen gehören auch andere, klar begrenzte und persönlich unverbindliche Gesellschafts- und Geschäftskontakte, aber auch isolierte, anonyme Sexualbeziehungen, etwa mit Prostituierten. Diese Beziehungen werden finanziell abgegolten, es bleibt keine Verpflichtung zurück, man muss sich persönlich nicht zu erkennen geben, der Kontakt ist ritualisiert und begrenzt.

h) Gruppenkontakte

Für viele Patienten mit schizoid-paranoiden Persönlichkeitsstörungen ist ein unverbindlicher Gruppenkontakt leichter als eine Zweierbeziehung, weil in der Gruppe enge persönliche Nähe vermieden werden kann und trotzdem ein Gefühl von Zugehörigkeit entsteht. Es kann sich dabei um Hobbygruppen, Interessengruppen oder ideologische Gruppen handeln.

i) Kurz dauernde Arbeits- und Partnerbeziehungen

Die Beziehungen werden umso anspruchsvoller, je mehr Verbindlichkeit sich bildet, je mehr immer wieder neue mitmenschliche Anpassungen abverlangt werden und je mehr persönliche Nähe und Enthüllung entstehen.

Im Arbeitsbereich finden sich viele Patienten mit schizoid-paranoiden Persönlichkeitsstörungen in Teilzeit- oder Aushilfsstellen. Sie können sich in einem Betrieb am besten eingliedern, wenn sie als Spezialisten eine gut abgegrenzte Aufgabe zu erfüllen haben und dabei womöglich allein oder zumindest in einem gut abgegrenzten Raum arbeiten können. Oft reagieren sie sehr empfindlich auf Wechsel von Arbeitsplatz, Vorgesetzten und Mitarbeitern. Oft sind sie zu wenig flexibel, um Veränderungen in der Arbeitsorganisation oder Auseinandersetzungen mit Mitarbeitern zu verkraften.

In Partnerbeziehungen stellt sich das Problem der persönlichen Nähe. Schizoid-paranoide Persönlichkeiten haben Mühe, sich abzugrenzen, Erwartungen der Bezugspersonen zu enttäuschen und Nein zu sagen. Sie fühlen sich in ihrer Anpassungsfähigkeit rasch überfordert, empfinden die Beziehung als Belastung, brauchen ausreichende Rückzugsmöglichkeiten und reagieren auf Verpflichtung und Bedrängnis mit schroffer Zurückweisung. Sie schrecken oft in besonderer Weise vor Verbindlichkeit zurück, insbesondere auch vor einer Heirat. Sie versuchen, sich in Beziehungen im Unverbindlichen zu halten, haben Mühe, sich ausschließlich auf eine Person zu verpflichten, und durchkreuzen Verbindlichkeit mit Beziehungen zu anderen Personen, um damit immer wieder den für sie notwendigen Abstand herzustellen.

k) Dauerhafte Arbeits- und Partnerbeziehungen

Im Arbeitsbereich erreichen weniger schwer gestörte schizoidparanoide Persönlichkeiten oft Führungsfunktionen. Sie verfolgen ihre Ziele mit Hartnäckigkeit und sind auf Kritik äußerlich wenig berührbar. Oft sind sie konfliktscheu und meiden Konfrontationen. Sie lenken ihre Untergebenen nicht selten, indem sie Missfallen durch Rückzug ausdrücken und damit die Mitarbeiter verunsichern. Die Beziehung zu den Mitarbeitern ist nicht selten ambivalent mit sprunghaftem Wechsel von Lob und Tadel in der Form von Nähe und Distanz. Dieser sprunghafte Wechsel kann für Mitarbeiter sehr belastend sein. Aufgrund ihrer verborgen gehaltenen hohen Sensibilität verfügen sie über ein großes Einfühlungsvermögen und zeitweilig hohe Empathie, der jedoch die Konstanz mangelt.

Ähnliche Probleme zeigen sich in festen Partnerbeziehungen, insbesondere in der Ehe. Die hohe Sensibilität schizoid-paranoider Persönlichkeiten erzeugt in den Partnern ein Gefühl von Zärtlichkeit. Die Zerbrechlichkeit der Beziehung legt den Partnern Rücksichtnahme nahe. Sie spüren bald, dass mit Verpflichtung dem schizoiden Partner schwer beizukommen ist. Leicht kommt es zur Entwicklung einer narzisstischen Kollusion (Willi, 1975), in welcher der Partner bzw. die Partnerin aus eigenem schlechtem Selbstwertgefühl zur Idealisierung des schizoiden Partners neigt. Diese Idealisierung wird zunächst als angenehm erlebt, später jedoch zunehmend als Verpflichtung und Einengung mit Tendenz des schizoiden Partners zu

Rücksichtslosigkeit und schroffer Ablehnung. Durch sexuelle Außenbeziehungen werden nicht selten die Partner verletzt und auf Distanz gesetzt. Häufig entwickeln die schizoiden Partner ein ambivalentes Spiel von Nähe und Distanz: Wenn ihr Partner sich verletzt zurückzieht und das Bestreben, Nähe herzustellen, aufgeben will, erträgt die schizoide Persönlichkeit das schlecht, weil sie letztlich doch eine große Sehnsucht nach Intimität und Harmonie hat. Sie verhält sich nun plötzlich wieder lockend, äußert Bedürfnisse nach mehr Nähe, um dann, wenn der Partner bzw. die Partnerin darauf eingeht, diese wieder schroff zurückzuweisen.

Schwierigkeiten bereiten kann auch die Integration von sexueller und persönlicher Beziehung. Oft wird diese aufgespalten auf verschiedene Personen.

In der persönlichen Nische einer gesunden Persönlichkeit finden sich all diese aufgeführten Beziehungen in irgendeiner Weise vertreten. Der Unterschied von Gesunden und schizoid-paranoiden Persönlichkeitsstörungen betrifft die Reichhaltigkeit ihrer Beziehungen, indem gesunde Persönlichkeiten eine größere Vielfalt und einen größeren Reichtum ihrer Nische aufweisen bzw. gesunde Persönlichkeiten über größere Ressourcen verfügen, latente Beziehungen nach Bedarf zu reaktivieren. Demgegenüber ist die persönliche Nische schwer gestörter Persönlichkeiten ärmer, einseitiger, flüchtiger, zerbrechlicher und stärker im anonymen, nicht auf Gegenseitigkeit ausgerichteten Bereich. Ihre Nische enthält wenig nachhaltige Spuren, wenig selbst geschaffene Werke, wenig mitmenschliche Wirkungen, deren Wandel die Grundlage für die Herausforderung weiterer persönlicher Entwicklung sein könnte.

Diese Skala der Beziehungsmöglichkeiten von Menschen mit schweren schizoid-paranoiden Persönlichkeitsstörungen halte ich für die ökologisch-supportive Psychotherapie von großer Bedeutung. Meines Wissens gibt es bisher nämlich nur pathologie-orientierte Skalen, als welche im DSM-IV (1994) zwei aufgeführt sind:

**Social and occupational functioning assessment scale
SOFAS nach Goldman, Skodol und Lave (1992):**
Die SOFAS wurde von der GAF abgeleitet und lehnt sich weiterhin stark an sie an.

– Code 31–40 betrifft schwere Störungen in verschiedenen Bereichen wie Arbeit und familiäre Beziehungen.
– Code 41–60 ernsthafte bis mittelschwere Störungen im sozialen Funktionieren und in der Arbeit.
– Code 61–70 gewisse Schwierigkeiten im sozialen Funktionieren oder bei der Arbeit bei allgemein gutem Funktionieren.

Global assessment of relational functioning scale GARF
Diese mehr beziehungsorientierte Skala interessiert uns besonders. Auch sie lehnt sich an die GAF der Achse V des DSM-IV an.

– Code 21–40: Beziehungen sind schwer dysfunktional, nur selten gibt es Perioden befriedigender Beziehungen. Alltägliche familiäre und partnerschaftliche Routine entspricht nicht den Bedürfnissen der Partner. Änderungen im Lebenszyklus verursachen schmerzliche Konflikte und frustrierende Fehler im Problemlösen. Entscheidungen werden in tyrannischer Weise gefällt oder sind ineffektiv. Die besonderen Qualitäten von Individuen werden nicht anerkannt oder missachtet durch rigide und verwirrende Koalitionen. Es gibt nur selten Perioden von erfreulichem Zusammensein. Häufig herrscht Feindseligkeit bei ungelösten Konflikten vor, ferner sexuelle Dysfunktion.
– Code 41–60: Es gibt gelegentliche Zeiten von befriedigendem und kompetentem gemeinsamen Funktionieren, aber dysfunktionale, unbefriedigende Beziehungen herrschen vor. Die Kommunikation ist häufig behindert durch ungelöste Konflikte, die mit der täglichen Routine interferieren. Es bestehen erhebliche Schwierigkeiten, sich an familiären Stress und vorübergehende Veränderungen zu adaptieren. Entscheidungen werden nur unregelmäßig in kompetenter und effizienter Weise gefällt. Starke Rigidität oder Strukturmangel ist offensichtlich. Schmerz, inef-

fektiver Ärger oder emotionale Leere wechseln mit familiären Freuden. Obwohl es gelegentlich warmherzige Unterstützung für Mitglieder gibt, ist diese in der Regel sehr ungleich verteilt. Sexuelle Beziehungen sind gestört.

– Code 61–80: Das Funktionieren der Beziehungseinheit ist unbefriedigend. Tägliche Routine gelingt, aber mit Mühe, auf unerwartete Situationen adäquat zu reagieren. Manche Konflikte bleiben ungelöst, aber sie zerstören das familiäre Funktionieren nicht. Entscheidungen werden in der Regel kompetent gefällt, sind jedoch kraftraubend und oft wenig effektiv. Individuen und Beziehungen sind klar abgegrenzt, aber gelegentlich wird ein spezifisches Subsystem zum Sündenbock gemacht. Gefühle können recht gut ausgedrückt werden, aber es bestehen gelegentliche emotionale Blockierungen und Spannungen. Sexuelle Beziehungen sind reduziert oder problematisch.

Das Auffallende im Unterschied zu unserer Skala der Beziehungsmöglichkeiten ist, dass die GARF-Scale wie auch die SOFAS in Übereinstimmung mit dem Global assessment of functioning ausschließlich pathologie-orientiert sind. Es wird nur ausgeführt, was die betreffenden Patienten nicht können, jedoch nicht, welche Art von Beziehungen sie zu gestalten vermögen. Für unser Konzept der ökologisch-supportiven Therapie steht die Bearbeitung der positiven Beziehungsmöglichkeiten der Patienten ganz im Vordergrund.

6.4.5 Weisheit und Kompetenz von schizoid-paranoiden Persönlichkeiten in der Konstituierung einer regulierenden Nische

Unser Bemühen, in unserer Untersuchung von den Patienten zu erfahren, wie sie das beantwortete Wirken gestalten und wie sie sich als Persönlichkeiten in der Interaktion mit ihrer Nische regulieren, hat uns einen neuen, unerwarteten Zugang zu den Patienten verschafft. Die veränderte, nicht auf Pathologie und Defizite zentrierte Fragestellung ermöglichte einen anderen Zugang und veränderte die therapeutische Beziehung. Die Patienten waren positiv berührt, dass sich der Therapeut für das interessiert, was sie können, und nicht so sehr für das, worin sie versagen. Für uns Ärzte war es bei dieser Art von Fragestellung leicht, für den Patienten echte Anerkennung und Bestätigung zu äußern.

Die Kunst für die Patienten besteht darin, sich eine Nische zu schaffen, von der sie adäquat, nicht zu viel und nicht zu wenig herausgefordert, strukturiert und unterstützt werden, eine Nische, die sie in ihren Schwächen weder überfordert noch unterfordert. Wir waren beeindruckt von der Fähigkeit vieler Patienten, sich in sehr differenzierter Weise eine Nische zu schaffen, die ihnen Grenzen und Widerstand entgegensetzt, da, wo sie zu Fehlverhalten neigen, ihnen aber auch Freiräume anbietet, in denen sie ihre Fähigkeiten kreativ entfalten können bzw. in denen ihre Fähigkeiten gebraucht werden.

Rational betrachtet sollten schizoid-paranoide Persönlichkeiten versuchen, eine Nische zu schaffen, die sie in ihrer besonderen Empfindsamkeit gegenüber verpflichtender Nähe nicht überfordert. Schizoide Persönlichkeiten haben zwar eine tiefe Sehnsucht nach Intimität, die sie gleichzeitig nicht ertragen, und lösen dieses Dilemma oft in der Weise, dass sie ihre Bezugspersonen verführen, mit ihnen große Nähe herzustellen, sie aus ihrer Reserve herauslocken und sich selbst aufzugeben. Da schizoide Persönlichkeiten auf der anderen Seite Nähe nicht ertragen, reagieren sie mit nachlässiger Unbezogenheit oder Abweisung, sobald sie dieses Ziel erreicht haben. Es ist für schizoide Persönlichkeiten ein schwieriger Schritt zu akzeptieren, sich und dem Partner nicht mehr Intimität zuzumuten, als sie ertragen.

Am günstigsten ist es, wenn schizoide Persönlichkeiten sich ein Umfeld schaffen, welches sich klar von ihnen abgrenzt und sie in einer Spezialistenfunktion beansprucht, ohne zu viel persönliche Nähe anzustreben. Meist sind sie auf eine stabile und wenig konflikthafte Nische angewiesen. Umgebungswechsel mit den Anforderungen nach neuen Anpassungen ertragen sie schlecht.

Einige Beispiele:

Ein 45-jähriger Mann wurde uns vor fünf Jahren von der Justizdirektion des Kantons Zürich zur ambulanten Behandlung als strafrechtliche Maßnahme zugewiesen, nachdem er immer wieder wegen Gewalttätigkeit bei abnormer Erregbarkeit straffällig geworden war. Der Patient stammt aus einer Alkoholikerfamilie, die Ehe seiner Eltern wurde geschieden, als er vierjährig war, er kam in verschiedene Kinderheime, wo er in einer lieblosen Atmosphäre aufwuchs. Er wies schon als Kind Verhaltensstörungen auf mit vermehrter Angst, Weinen, Stottern und Schlägereien. Die zweite Primarklasse musste er repetieren. Nach Schulabschluss absolvierte er eine Metzgerlehre, war dann vorübergehend in der französischen Fremdenlegion, arbeitete dann als Akkordarbeiter mit vielen Stellenwechseln, meist wegen seiner Streitbarkeit. In den letzten zehn Jahren war er arbeitslos und lebte von der Fürsorge und einer Invalidenrente. Zeitlebens war er ein eigenwilliger Einzelgänger, unfähig zu länger dauernden und tieferen Beziehungen. Die eigentlichen Schwierigkeiten begannen mit 23 Jahren nach einer Liebesenttäuschung. Er begann, in vermehrtem Maße Alkohol und Haschisch zu konsumieren, reagierte unter Alkohol vermehrt aggressiv, steigerte sich in Wahnideen hinein und wurde 25-jährig wegen paranoiden Wahnideen und Halluzinationen psychiatrisch hospitalisiert. Ambulant war er schwer zu behandeln, da er sich meistens nach kurzer Zeit mit den Ärzten zerstritt, sodass er weitere zwei Mal psychiatrisch hospitalisiert werden musste. Vor acht Jahren schlug er seinen Logisgeber zusammen und galt seither als abnorm erregbare, dissoziale und paranoide Persönlichkeit. Eine ambulante Therapie wurde für aussichtslos erklärt. Immer und immer wieder geriet der Patient in Schwierigkeiten wegen Zechprellerei, Nötigung, Körperverletzung, Gewalt und Drohung gegen Beamte. Er galt auch als hinterhältig und rachsüchtig. In den Jahren, in denen der Patient bei uns in stützender Behandlung stand, kam es zu einer erstaunlichen Beruhigung. Der Patient zeigte nie psychotische Symptome, wirkte jedoch immer etwas exzentrisch, eigensinnig, kompliziert und leicht erregbar. Die in unserer Poliklinik unumgänglichen jährlichen

Arztwechsel ertrug er jeweils schlecht, konnte sich jedoch immer wieder auf einen neuen Therapeuten umstellen.

Bei unserem Untersuchungsgespräch gab der Patient an, dass er eine Teilzeitarbeit als Metzger angenommen habe, dabei jedoch in seiner Konzentration beeinträchtigt sei durch Zwangsgedanken. Der Zwangsgedanke laute immer gleich, nämlich «Soll ich schnell oder langsam arbeiten?». Wenn er die Antwort gefunden habe und mäßig arbeiten könne, gehe es dann problemlos. Er müsse seinen Rhythmus finden, damit sich nicht verkrampfe. Dazu sei es wichtig, dass er allein arbeiten könne. Auf die Frage, wie er seinen Alltag gestalte, gab der Patient folgende Beschreibung: Er mache täglich einen Plan, in welchem er seine Wünsche aufschreibe. Dann gehe er trainieren, meist Joggen im Wald oder Schattenboxen. Wegen seines Strebens nach körperlicher Fitness dürfe er keinen Alkohol mehr zu sich nehmen. Dadurch sei er wesentlich ausgeglichener. Früher habe er «Rauschgift» eingenommen, darunter sei Verfolgungswahn aufgetreten, der jetzt verschwunden sei, die Zwangsgedanken seien jedoch geblieben. Es falle ihm leicht, Kontakte zu finden. Er habe einen großen Freundeskreis in einer Gastwirtschaft, wo sich Menschen mit ähnlichen Problemen, meist Arbeitslose und Invalidenrentner, treffen. Zeitungen würden ausgetauscht, politische Diskussionen geführt, es werde viel miteinander gesprochen, gelegentlich mache er mit Kollegen zusammen einen Dauerlauf. Daneben betreut der Patient eine schwer drogenkranke Frau. Unerwartet zog der Patient einen Zettel hervor und zeigte mir darauf einen Raster, auf welchem in der Abszisse die Wochentage aufgeführt waren, in der Ordinate jedoch folgende Aufstellung: Training, Ehrlichkeit, 3 Ideen, Lesen, Spielen, Essigtrinken, gute Tat, Mäßigkeit, Lächeln, Habgier, Gewalt. Auf diesen Raster sei er auf Anregung von Benjamin Franklin, dem amerikanischen Präsidenten, gekommen, der selbst mit diesem Raster seinen Charakter veredelt habe. Früher habe er oft in Geschäften gestohlen, jetzt mache er das nicht mehr. Man müsse sich genau beobachten: Weshalb stehle ich, wie stehle ich, wie kann ich das bewusst verändern? Jeden Tag bezeichne er mit einem Kreuz, wenn er die betreffende Rubrik erfüllt habe, mit einem Strich, wenn er es nicht geschafft habe. Wenn er gewaltsame Gedanken habe, sei das negativ und werde mit einem Strich bezeichnet. Er versuche dann, diesen Gedanken zu verändern in Liebe und Wohlwollen.

Diese Bestrebungen, sich selbst zu regulieren, werden unterstützt durch eine Sammlung von Weisheitssprüchen, die er gesammelt hat. Diese Weisheitssprüche bespricht er zweimal monatlich mit einem alten Mann, den er an der Tramhaltestelle kennen gelernt hat. Sie zitieren sich dann gegenseitig Weisheitssprüche. Er hat viele Sprüche von Murphy, die besagen, dass alles, was sich im Unbewussten bildet, sich positiv auswirkt. Das könne er jetzt gut steuern. Positive Gedanken würden weiter unterstützt durch Autogenes Training, so zum Beispiel der Satz: «Wiedereinstieg in Beruf wird mir gelingen».

Er wisse, dass er ein Choleriker sei. Er könne jedoch den Wutanfällen und Gewalttätigkeiten zuvorkommen, indem er sich mit Dauerlauf beruhigt oder alles aufschreibt, was ihn aufregt: Worin besteht das Problem? Wo liegt die Ursache? Wo liegt das Gegenteil meiner Lösung? Was lässt sich tun, um das Gegenteil zu verwirklichen?

Mit dieser akribischen Selbstbeobachtung ist es dem Patienten offensichtlich gelungen, seine gefährlichen Tendenzen unter Kontrolle zu bringen:

Seine paranoiden Tendenzen kompensiert er, indem er Streit meidet, seiner Spielsucht hat er einen Riegel vorgeschoben, indem er sein Geld verwalten lässt, seine niedere Impulskontrolle kriegt er in den Griff durch Vermeidung von Alkohol und Drogenkonsum, in denen er früher eine Selbsttherapie sah. Der Franklin-Raster und die Sinnsprüche geben ihm einen Halt und eine Struktur. Zudem dienen die Zwangsgedanken als Widerstand gegen äußeren Druck bei der Arbeit. Seine Beziehungen gestaltet er so, dass ihm niemand zu nahe kommt, er aber trotzdem persönliche und inhaltsreiche Gespräche führen kann (mit dem alten Mann, mit der Drogensüchtigen, mit den Kollegen in der Gastwirtschaft).

Ein weiteres Beispiel:

Eine jetzt 46-jährige ledige Frau hat vor zehn Jahren einen Suizidversuch mit Tabletten unternommen, nachdem sie schon über längere Zeit paranoide Ideen aufgewiesen hatte, ihr Telefon werde abgehört, sie werde beschattet und beobachtet, es drohe ihr die Stellenkündigung. Sie wurde in der Folge insgesamt fünfmal jeweils nur für wenige Wochen psychiatrisch hospitalisiert unter der Diagnose einer paranoiden Schizophrenie. Sie gab eine Überempfindlichkeit auf Geräusche an, zeigte Bedeutungserlebnisse, optische und akustische Halluzinationen und war insbesondere für ihre Eltern nicht mehr tragbar, da sie glaubte, das Dienstmädchen streue ihr Gift in die Getränke, um sie zu töten und an ihrer Stelle von ihren Eltern adoptiert zu werden.

Die Patientin ist seit fünf Jahren in unserer Poliklinik in stützender Therapie. Wahnideen und Halluzinationen haben sich völlig zurückgebildet, die Patientin zeigt leichte Minussymptome im Sinne von affektiver Verflachung und einer gewissen Wurstigkeit. Sie kann sich jedoch immer noch in ihrer Bürostelle in einer Bank halten. Sie lebt in eigener Wohnung und kann ihre Angelegenheiten selbst besorgen.

Die Patientin vermochte sich eine persönliche Nische zu schaffen, die sie in adäquater Weise herausfordert und unterstützt. Am Arbeitsplatz hat sie einen verständnisvollen, väterlichen Chef, der ihre eingeschränkte Belastbarkeit berücksichtigt. Auf Stress reagiert sie rasch mit Nervosität und Unruhe. Sie hat jedoch einen Arbeitsplatz, der gut abgegrenzt ist, an welchem sie auch selbständig arbeiten kann. Sie muss im Archiv Mikrofilme einordnen. Im Rahmen einer Fusionierung wurden verschiedene Arbeitsstellen gekündigt, was die Patientin sehr beunruhigte, ihr Arbeitsplatz wurde jedoch erhalten.

Die Patientin hat einen festen Wochen- und Freizeitplan. Erstaunlich ist vor allem die subtile Gestaltung ihrer Beziehungen. Früher ging die Patientin wahllos Männerbeziehungen mit Sexualkontakten ein, was eine dauernde Unruhe bewirkte und die Patientin in chaotische Situationen brachte. Jetzt hat sie einen zwanzig Jahre älteren Freund, ihre Beziehung ist jedoch begrenzt und gut strukturiert. Der Freund verfügt über ein Auto. Sie unternehmen gemeinsame Ausfahrten und Wanderungen. Auch wenn sie gemeinsame Ferien verbringen, kehren sie jeden Abend nach Zürich zurück. Die Patientin nimmt den Freund nie in ihre Wohnung und besucht auch ihn nicht, da sie sich von sexuellen Beziehungen überfordert fühlen würde. Der Freund kann das gut akzeptieren und bedrängt die Patientin nicht. «Ich habe meine Wohnung, er hat seine Wohnung, wir leben getrennt. Wenn wir zu viel miteinander zusammen wären, würden wir uns auf die Nerven geben, und dann käme es zu Streit.» Seit zwei Jahren treffen sie sich jeden Samstag und beschließen jeweils den gemeinsamen Tag mit einem Nachtessen in einem Restaurant. Sonst habe die Patientin kaum andere Kontakte, sie brauche viel Zeit, um allein zu sein. In ihrer Wohnung kann sie sich gehen lassen, kann Radio hören oder Zeitung lesen, so kann sie sich am besten erholen.

Die Patientin selbst führt ihre früheren psychotischen Phasen auf «Liebeskummer» zurück, auf die vielen unglücklichen Beziehungen, von denen sie überfordert war, die sie beunruhigten, belasteten, deprimierten und ihr schlaflose Nächte verursachten. Jetzt hat sie eine innere und äußere Ordnung gefunden, die ihr wohl tut. Beunruhigt ist sie heute lediglich durch das Älterwerden ihrer Eltern. Insbesondere der Kontakt zur Mutter ist für sie von großer Bedeutung.

Diese hochsensible, differenzierte, aber wenig belastbare Frau verstand es, sich Beziehungen zu schaffen, durch welche sie nicht überfordert wird, ihr aber dennoch Möglichkeiten geben, in beschränktem Rahmen sich zu entfalten. Sie verstand es, einen Freund zu wählen und ihn so zu konstellieren, dass sie eine regelmäßige, sichere und berechenbare Beziehung haben mit ausreichender Distanz. In der Freizeit geht sie oft auch allein spazieren, immer die gleichen Wege, immer am gleichen Ort. Alles muss so bleiben, wie es war.

Letztlich hat die Patientin auch die therapeutische Beziehung gut gewählt: Die Psychiatrische Poliklinik bleibt als Institution konstant, die Ärzte jedoch wechseln alljährlich. So entstehen nicht allzu große persönliche Nähe und Abhängigkeit und doch eine gesicherte, dauerhafte Beziehung.

6.4.6 Zur therapeutischen Technik der ökologisch-supportiven Therapie von schizoid-paranoiden Persönlichkeiten

Es bewährt sich, mit den Patienten vor allem die positiven Möglichkeiten der Beziehungsgestaltung zu besprechen. Als zentrales Problem wird die besondere Sensibilität des Patienten angesehen, für die er geeignete Schutzmaßnahmen errichten muss. Unterstützt werden muss vor allem die Bereitschaft des Patienten, seine eigenen persönlichen Grenzen anzuerkennen und sie bei der Gestaltung seiner Beziehungen zu beachten. Paranoid verarbeitete Ereignisse soll der Patient konkret bezüglich des realen Interaktionsablaufes berichten. Damit werden die Realitätsprüfung gestärkt und Kränkungen reduziert. Allfällige wahnhafte oder illusionäre Vorstellungen werden in einem Zusammenhang mit der besonderen Sensibilität des Patienten gestellt. Allfällige Telefonate mit Behörden oder Institutionen werden vor dem Patienten geführt. Transparenz der Therapie ist eine absolute Erfordernis. Am günstigsten ist ein respektvolles, empathisches Verhalten des Therapeuten unter klarer Wahrung seiner Therapeutenrolle. Der Therapeut muss für den Patienten transparent und berechenbar sein. Er muss nicht selbst als Person fassbar werden. Konfrontationen mit dem Patienten sind zu vermeiden. Berichtet der Patient gewisse Ereignisse in offensichtlich verzerrter Wahrnehmung, soll der Therapeut seine Sichtweise als die seinige offen aussprechen und deklarieren, im Sinne von: Sie sehen das so – ich sehe das so. Damit wird es dem Patienten erleichtert, die Sichtweise des Therapeuten entgegenzunehmen und seine Realitätsprüfung zu bestärken.

6.5 Ökologisch unterstützende Psychotherapie von Cluster-B-Persönlichkeitsstörungen (histrionische, narzisstische, Borderline-Persönlichkeitsstörung)

6.5.1 Psychopathologie in ökologischer Sicht und Provokation eines pseudopädagogischen Verhaltens der Nische

Personen mit diesen Störungen werden häufig als dramatisierend, emotional labil, launisch und bindungsunfähig bezeichnet. Sie leben nach dem Leitsatz: Selbstbestätigung durch äußere Wirksamkeit. Sie sind sehr auf die unmittelbare Wirksamkeit zentriert, müssen laufend von außen bestätigt werden, bleiben dabei aber von Zweifeln erfüllt, ob sie diese Bestätigung verdienen und nicht bald wieder fallen gelassen und entwertet werden.

Histrionische Persönlichkeiten (früher hysterische Persönlichkeiten genannt). Sie müssen das Zentrum der Aufmerksamkeit bilden, sie kleiden und bewegen sich auffällig, versuchen, die Bezugspersonen mit Theatralik und übersteigertem Gefühlsausdruck zu beeindrucken, sind stark umgebungsbezogen und suggestibel, brauchen dauernd Bestätigung und Aufmerksamkeit, bewegen sich wie auf einer Bühne, verhalten sich oft sexuell verführerisch, wirken unecht, sind dauernd in der Angst, die Beachtung zu verlieren und nicht ernst genommen zu werden. Sobald die Aufmerksamkeit der sozialen Nische nachlässt, droht ihr Selbstwertgefühl zusammenzufallen, werden sie verstimmt, depressiv, ziehen sich demonstrativ zurück, in der Erwartung, damit erneute Aufmerksamkeit auf sich zu ziehen.

Sie lösen in Bezugspersonen folgendes *pseudopädagogisches Verhalten* aus: Man möchte ihnen die Beachtung entziehen, sich ihnen gegenüber betont nüchtern, sachlich und unbeeindruckt zeigen, ihre sexuelle Verführung schroff zurückweisen und ihre Gefühlsausbrüche nicht allzu ernst nehmen.

Dadurch entwickelt sich leicht vorstehender Circulus vitiosus.

Narzisstische Persönlichkeiten. Sie zeigen in ihrer Phantasie und ihrem Verhalten Muster von Grandiosität, sie sind egozentrisch,

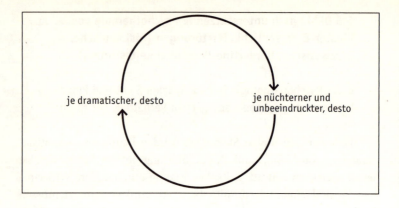

scheinen beim Sprechen sich selbst zuzuhören, halten sich für sehr wichtig, erfolgreich, einmalig und großartig, nehmen von vornherein an, dass andere ebenso über sie denken. Werden sie wegen ihrer Arroganz abgelehnt, halten sie andere für eifersüchtig. Sie zeigen wenig Empathie und können sich nur schwer in andere Personen einfühlen.

Pseudopädagogisches Verhalten der Bezugspersonen: Man will sie vom hohen Ross herunterholen, ihnen die Flügel stutzen, sie klein und bescheiden machen. Daraus ergibt sich leicht folgender Circulus vitiosus.

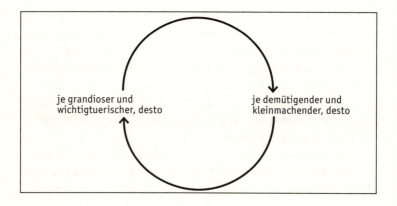

Borderline-Persönlichkeiten: Sie sind gekennzeichnet durch Instabilität in Beziehungen zu anderen, aber auch bezüglich ihres eigenen Selbstbildes und ihrer Affekte. Sie zeigen eine hohe Verstimmbarkeit, raschen Umschlag von Idealisierung zu Ablehnung, von «Aufgestelltsein» zu «Abgestelltsein». Oft gehen sie zu schnell Nähe und Intimität ein, auch sexuell, was sie aber nicht ertragen aus Angst, sich auszuliefern oder abgelehnt und verlassen zu werden. Oft zerstören sie selbst ihre Beziehungen, um einem befürchteten Beziehungsabbruch zuvorzukommen. Sie zeigen oft ein selbstschädigendes Verhalten, Suizidversuche, aber auch Neigung zu Sucht und Bulimie. Sie leiden unter einem schlechten Selbstwertgefühl, unter innerer Leere und können sich selbst oft nicht spüren. Ihre Beziehungen sind oft chaotisch und instabil. Heftige Streitigkeiten, Trennung, Wiederversöhnung und kurzfristiges Zusammenleben lösen sich ab. Bei Suchtverhalten kommt es oft immer wieder zu schweren Abstürzen.

Pseudopädagogisches Verhalten der Bezugspersonen: Die starken Stimmungsschwankungen und das chaotische Beziehungsverhalten lösen bei manchen Bezugspersonen eine besondere Attraktion aus, insbesondere das Bestreben, Borderline-Persönlichkeiten zu strukturieren.

Leicht entwickelt sich ein Circulus vitiosus, in welchem Borderline-Persönlichkeiten immer wieder irgendwelche Knalleffekte produzieren (Kontrollverlust, Drogenabstürze, Alkoholexzesse, Suizidversuche), in welchen sie ihre angestauten Gefühle Bezugspersonen gegenüber freien Lauf lassen, um sich nachträglich dafür zu entschuldigen oder sich schuldbewusst und depressiv zu geben, was bereits den Boden für die nächste Eruption vorbereitet.

6.5.2 Das Scheitern kollusiver Rettungsversuche

Die Extravertiertheit und Gefühlsoffenheit von histrionischen und Borderline-Persönlichkeiten macht sie zu einem belebenden Element in Gruppen. Oft entwickelt sich um sie herum eine Hochstimmung, lautes Lachen und Scherzen, meist mit erotischem Unterton. Wesentlich schwieriger wird es jedoch in internen Zweierbeziehungen. Da sie häufig attraktiv und belebend wirken, haben sie meist keine Schwierigkeiten, potenzielle Partner und Bewerber zu finden, schwierig jedoch ist das Aufrechterhalten einer Beziehung. Sie sind auf der einen Seite auf eine dauernde äußere Bestätigung und Stimulation ihres Selbstwertgefühls angewiesen, was in einer dauerhaften Beziehung schwierig ist. Sobald in einer Beziehung Aspekte von Gewohnheit auftreten, fürchten sie, die Aufmerksamkeit des Partners zu verlieren und fallen gelassen zu werden.

Besonders histrionische Frauen wirken auf manche Männer attraktiv. Sie finden leicht Partner, die ich in einer Untersuchung über die hysterische Ehe als hysterophil bezeichnet habe (Willi, 1972). Es handelt sich um Männer, die häufig eher introvertiert und wenig dynamisch sind und sich durch die Gefühlslabilität dieser Frauen belebt fühlen. Sie spüren die hochgradige Selbstunsicherheit histrionischer Frauen und bieten sich an als selbstlose, verlässliche und unbegrenzt belastbare Partner. Die heftigen Gefühlsausbrüche und Stimmungsschwankungen der histrionischen Frau nehmen sie klaglos hin, versuchen sie zu besänftigen und erweisen sich dabei als duldsam und belastbar. Das wird aber von histrionischen Frauen wiederum schlecht ertragen. Sie spüren sich nur in intensiven emotionalen Auseinandersetzungen und versuchen, den Mann zu mehr Gefühlsreaktionen zu provozieren. Da ihnen dies nicht gelingt, werden sie erfüllt von innerer Leere und drohen in eine chronische Depression zu verfallen. Oft brauchen sie eine zusätzliche Stimulation durch andere erotische Beziehungen oder zumindest durch Gruppenkontakte. Dem Partner gegenüber zeigen sie sich desinteressiert und gelangweilt, können sich aber dennoch oft nicht zur Trennung entschließen, da sie trotz allem stark auf seine Verlässlichkeit und Belastbarkeit angewiesen sind.

6.5.3 Konstituierung einer positiv regulierenden Nische

Cluster-B-Persönlichkeiten sind in Gesellschaft oft ein belebendes Element und fähig, rasch Beziehungen einzugehen, die sie allerdings nicht durchhalten können aus Angst, sich wegen Gewohnheit und Langeweile nicht mehr zu spüren oder die benötigte Selbstbestätigung zu verlieren. Am günstigsten ist es, wenn sie Partner finden, die sich mit ihnen ruhig, aber fest konfrontieren, sie strukturieren und nicht bereit sind, überempathisch überall nachzugeben und still unter ihrer Wechselhaftigkeit zu leiden. Manchmal gelingt es ihnen, Beständigkeit und Wechselhaftigkeit auf verschiedene Beziehungen aufzuteilen, manchmal ziehen sie aus der Selbsterkenntnis, zu dauerhaften, insbesondere ehelichen Beziehungen wenig befähigt zu sein, die Konsequenzen. Sie haben dann wohl einen Liebespartner, ohne jedoch mit diesem zusammenzuleben. Manchmal gelingt es ihnen, damit die Wogen des ständigen Auf und Ab zu glätten, auf Drogen- und Alkoholabstürze zu verzichten und ihr Selbstwertgefühl nicht immer wieder aufs Neue zu verletzen.

Beispiel:
Einer bald 50-jährigen Frau, die eine histrionische Persönlichkeitsstörung aufweist, ist es gelungen, sich eine recht stabile regulierende Nische zu konstituieren. Sie ist unehelich geboren, hatte ihren Vater nicht kennen gelernt, ihre Mutter heiratete später einen anderen Mann, mit dem sie sechs Kinder hatte, neben denen die Patientin in einer Aschenputtelrolle war. Sie fühlte sich vom Stiefvater abgelehnt und wuchs zeitweilig in Kinderheimen auf. Den stabilsten Kontakt hatte sie zu den Großeltern. Sie litt unter einem Gefühl, überflüssig und nicht existenzberechtigt zu sein. Da sie nichts an ihre Heimat fesselte, kam sie in die Schweiz. Als attraktive Frau mit der Fähigkeit, ihre Gefühle auszudrücken, hatte sie bei Männern Erfolg. Sie ging eine erste Ehe mit einem Geschäftsmann ein. Als Ausländerin fühlte sie sich jedoch in der Schwiegerfamilie missachtet und versuchte, Anerkennung zu finden, indem sie sich sehr für das Geschäft

einsetzte. Die Ehe war jedoch unglücklich und wurde bald geschieden.

Nun hat sie jedoch eine Kompromissform in der Konstituierung einer sozialen Nische gefunden, welche ihren Möglichkeiten und persönlichen Begrenzungen Rechnung trägt. Sie leitet ein Reisebüro und ist zudem häufig als Reiseleiterin unterwegs. Das ermöglicht ihr intensive und vielfältige soziale Kontakte und bringt ihr sehr viel persönliche Bestätigung und Aufmerksamkeit, ohne dass sie deswegen in übermäßige Ängste vor Bindung gerät. Sie setzt sich sehr für ihre Kunden ein, die ihr in gewisser Weise die fehlenden Kinder ersetzen. Aber auch die Kontakte in den Reiseländern, insbesondere in Asien, geben ihr viel Selbstbestätigung. Begeistert erzählt sie von einer Reise nach Asien, bei welcher sie als blonde Frau von schwangeren Frauen umschwärmt wurde, die sie berühren wollten und ihr über die Haare fuhren, um die guten Einflüsse auf das werdende Kind zu übertragen. Die Patientin lebt jetzt mit einem aus der Heimat vertriebenen Iraner zusammen, der wesentlich jünger ist und als Künstler arbeitet, aber wenig verdient. Obwohl diese Beziehung schwierig ist, ist es für sie eine lebbare Beziehung. Ihr Mann ist eine Zwischenform von Sohn und Partner, sie kann für ihn sorgen und fühlt sich von ihm weder finanziell noch in anderer Weise abhängig. Selbst heimatlos, kann sie ihm Heimat anbieten. Seine hohe Sensibilität und Verstimmbarkeit fordern ihr mehr Stabilität und Struktur ab. Die kurzfristigen, vielfältigen und emotionsgeladenen Kontakte als Reiseleiterin und die Herausforderung an stabiler Zuwendung vonseiten des Mannes helfen ihr, ihr schlechtes Selbstwertgefühl zu regulieren und in Beziehungen vielfältige Kompromissformen zu finden. Indem sie anderen hilft, hilft sie sich selbst, indem sie anderen Strukturen setzt, strukturiert sie sich selbst.

6.5.4 Therapeutische Gesichtspunkte

Sofern Cluster-B-Persönlichkeiten sich überhaupt in Psychotherapie begeben und bereit sind, sich mit ihren eigenen Schwächen auseinander zu setzen, haben sie eine große Chance, Therapeuten zu finden, die sich intensiv für sie einsetzen. Insbesondere Borderline-Patienten werden häufig in intensive, lang dauernde Psychotherapie genommen. Der Therapeut muss dem Patienten Strukturen und Grenzen vermitteln, welche dieser nicht selbst in ausreichendem Maße herstellen und respektieren kann. Die Haltung des Therapeuten muss fest und oft auch konfrontierend, aber nicht entwertend sein. Die Gefahr besteht, dass der Therapeut selbst in eine moralisierende und disqualifizierende Haltung verfällt. Es kann versucht werden, prophylaktisch sich anbahnende Abstürze zu verhindern, weil diese zwar eine emotionale Entladung ermöglichen, gleichzeitig aber das Selbstwertgefühl schädigen. Insbesondere bei Borderline-Persönlichkeiten scheint oftmals ein starker Hang zur paroxysmalen Lebensführung und manchmal fast lustvollem Zerstören von Beziehungen vorzuliegen.

6.6 Ökologisch-supportive Psychotherapie von Cluster-C-Persönlichkeitsstörungen (abhängige, ängstlich-vermeidende und zwanghafte Persönlichkeiten)

6.6.1 Psychopathologie in ökologischer Sicht und Provokation eines pseudopädagogischen Verhaltens der Nische

Personen mit diesen Störungen sind ängstlich, abhängig, selbstunsicher und passiv-aggressiv bzw. aggressionsgehemmt. Am Beispiel von Cluster-C-Persönlichkeiten wird das ökologische Persönlichkeitsmodell besonders fassbar: Sie entfalten sich in Beziehungen, aber sie werden auch durch Beziehungen in ihrer Entfaltung behindert. Sie leben nach dem Leitsatz: das persönliche Wirken der Gewährleistung von Sicherheit und Schutz unterzuordnen.

Ängstlich-vermeidende Persönlichkeiten: Sie sind besonders schüchtern, haben Angst vor negativer Beurteilung, sind durch Kritik leicht zu verunsichern, gehen Beziehungen nur ein, wenn sie sicher sind, akzeptiert und bestätigt zu werden. Sie vermeiden alle Situationen, in denen sie hervortreten, sowohl in Gesellschaft wie im Beruf. So vermeiden sie auch berufliche Beförderung aus Angst, der Kritik anderer ausgesetzt zu sein und in einer führenden Position isoliert zu werden. Sie befürchten, durch Erröten oder andere Zeichen von Angst in Verlegenheit gebracht zu werden.

Pseudopädagogisches Verhalten der Bezugspersonen: Sie wollen die betroffene Person provozieren, sich zu exponieren, womit das ängstlich-vermeidende Verhalten noch verstärkt wird. Daraus ergibt sich leicht folgender Circulus vitiosus:

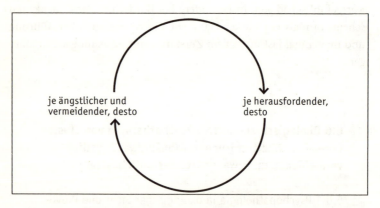

Abhängige Persönlichkeitsstörung: Die Betroffenen zeigen ein abhängiges und unterwürfiges Verhalten, sie sind unfähig, alltägliche Entscheidungen zu treffen, ohne ständig den Rat anderer einzuholen oder ihre Entscheidungen bestätigen zu lassen. Sie haben eine übergroße Angst, verlassen zu werden, und versuchen, die Erwartungen von Bezugspersonen vollumfänglich zu erfüllen und keinerlei Anlass zu Kritik oder Disharmonie zu geben. Demzufolge gelingt es ihnen nicht, eigene Meinungen oder Bedürfnisse zu äußern, oft sind sie sogar nicht einmal in der Lage, diese für sich selbst zu spüren. Sie lassen sich ausnützen und versetzen ihre Umgebung in eine Position von Ausbeutung und Schuld. Sie sind auch bereit, unangenehme Arbeiten und Aufgaben zu übernehmen, um sich beliebt zu machen. Streitigkeiten tragen sie meist nicht offen aus, sondern schieben andere vor, die ihre Sache vertreten und ausfechten sollen, oder sie berufen sich in ihren Argumenten auf übergeordnete Autoritäten oder Vorschriften.

Pseudopädagogisches Verhalten der Bezugspersonen: Autoritäre Bezugspersonen schätzen zunächst das gefügige und angepasste Verhalten und die Bereitschaft der Betroffenen, Dominanz und Führung anzuerkennen und sich ihr zu unterwerfen. Die starke Aggressionshemmung von abhängigen Persönlichkeiten macht die Beziehung zu ihnen oft langweilig und spannungslos, sodass ausgerechnet die Überanpassung und das Bemühen, nichts Trennendes aufkommen zu lassen, zum Anlass wird, verlassen zu werden. Das Gefühl, abhängige Persönlichkeiten auszunützen – wozu sie sich selbst oft anbieten –, löst in den Bezugspersonen Schuldgefühle aus, aber auch aggressive bis sadistische Regungen und führt leicht zur Erniedrigung und Entwertung abhängiger Persönlichkeiten.

Es kommt dann zu folgendem Circulus vitiosus:

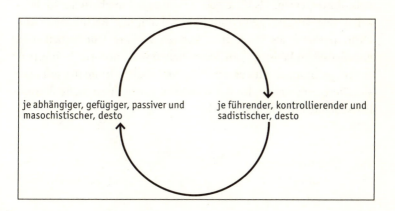

Zwanghafte Persönlichkeitsstörung: Die Betroffenen zeigen ein durchgängiges Muster von Perfektionismus und Starrheit. Aufgrund von Übergewissenhaftigkeit lähmen sie sich selbst, aber auch ihre Bezugspersonen durch Perfektionsansprüche, übermäßige Beschäftigung mit Details und Ordnungsfragen, Entscheidungsunfähigkeit und Beharren auf Einhalten von Regeln. Bezüglich Geld fehlt ihnen Großzügigkeit, sie sind oft auch unfähig, sich von wertlosen Dingen zu trennen. Mit ihrer Pedanterie quälen sie nicht nur sich selbst, sondern insbesondere auch ihre Bezugspersonen.

Das Beziehungsdilemma von zwanghaften Persönlichkeiten:
- entweder ich bestehe auf Genauigkeit und Detailkrämerei und fühle mich damit sicherer und bewahre mich und die anderen vor Chaos und Unmoral,
- oder ich versuche, mein Verhalten zu lockern, und verliere damit die Kontrolle über mich und die anderen und gerate in unerträgliche Ängste.

Pseudopädagogisches Verhalten der Bezugspersonen: Zwanghafte Persönlichkeiten reizen ihre Bezugspersonen durch ihre Pedanterie, Rechthaberei und ihren Perfektionismus. In der Peergruppe versuchen die Bezugspersonen, den Betroffenen zu irritieren, indem sie demonstrativ Normen und Regeln nicht einhalten und sich über Details hinwegsetzen. Als Untergebene können zwanghafte Persönlichkeiten ihre Vorgesetzten tyrannisieren durch ihre Rechthaberei und Ordnungsliebe, als Vorgesetzte können sie ihre Untergebenen in ebenderselben Weise quälen. Sie verhalten sich aufsässig. Bezugspersonen gehen ihnen oft aus dem Weg und spotten hintenherum über sie. Die Überzeugung, im Recht zu sein, macht zwanghafte Persönlichkeiten relativ unempfindlich.

6.6.2 Das Scheitern kollusiver Lösungen

Ängstliche und abhängige Persönlichkeiten wirken attraktiv auf potenzielle Partner, die gerne die Aufnahme von Schutz, Führung und Kontrolle übernehmen. Ängstlich-abhängige Persönlichkeitsstörungen suchen jemanden, der ihnen Entscheidungen abnimmt und dem sie sich unterordnen können. Partner fühlen sich dadurch in ihrem Selbstwertgefühl gehoben und bestärkt. Obwohl sie die abhängige Persönlichkeit dauernd zu mehr Selbständigkeit auffordern, neigen sie dazu, an ihrer Stelle alles zu erledigen. Meist wollen sie aus eigenem Antrieb den Bestand einer Beziehung sichern durch straffe Kontrolle ihres ängstlich-abhängigen Partners.

Es spielt sich folgender kollusiver Interaktionszirkel ein:

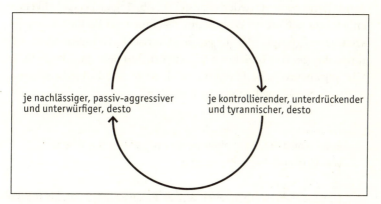

je nachlässiger, passiv-aggressiver und unterwürfiger, desto

je kontrollierender, unterdrückender und tyrannischer, desto

Eine eigentlich kollusive Lösung wird konstituiert, wenn die beiden Partner sich in ihren Positionen festhalten, weil beide Angst haben, eine Veränderung könnte die Sicherheit der Beziehung gefährden.

Auf Dauer neigen abhängige Persönlichkeiten dazu, sich der Kontrolle des Partners zu entziehen durch Nachlässigkeit, Desinteresse, Vergesslichkeit und Passivität. Der Partner in progressiver Position kann sich zunehmend ausgebeutet und missbraucht fühlen und ärgerlich die abhängige Persönlichkeit zu mehr Selbständigkeit herausfordern, sie gleichzeitig aber durch laufende Entwertungen klein halten und verunsichern.

Abhängige Persönlichkeiten werden häufig nach einer Phase von Überanpassung von einer emanzipatorischen Reaktion erfasst. Das kann innerhalb, aber auch außerhalb einer Therapie passieren. Da sie dabei sowohl ihre eigenen Ängste wie die Ängste des Partners überwinden müssen, gelingt es ihnen meist nicht, die Abhängigkeit schrittweise abzubauen durch korrigierende emotionale Erfahrungen. Häufig nehmen sie eine pseudoemanzipierte Trotzhaltung ein und setzen sich in jeder Hinsicht in Opposition zu ihrem Partner. Der Partner seinerseits ist durch das trotzig-widerständige Verhalten der abhängigen Persönlichkeit irritiert und versucht durch verstärkte Unterdrückung und Kontrolle das vorbestehende, sicherheitsspendende Arrangement wiederherzustellen. Abhängige Persönlichkeiten entwickeln sich oft am Widerstand, den ihnen der Partner entgegensetzt. Je auftrumpfender ihr emanzipatorisches Gebaren jedoch ist, umso eher geht die Beziehung dabei in Brüche (siehe dazu Willi, 1972: Die angstneurotische Ehe, und Willi, 1975: Die Zweierbeziehung, S. 107 bis S. 134, analsadistische Kollusion).

6.6.3 Konstituierung einer positiv regulierenden Nische von Cluster-C-Persönlichkeiten

Cluster-C-Persönlichkeiten weisen Eigenschaften auf, die für die soziale Integration insbesondere im Berufsbereich von großem Vorteil sein können. Sie sind oft geschätzte Untergebene und Mitarbeiter, sie arbeiten fleißig und pflichtbewusst, sie befolgen die Anordnungen ihrer Vorgesetzten und suchen deren Rat und Bestätigung. In Schwierigkeiten geraten sie jedoch bei sozialem Aufstieg und Beförderung. Je höher sie in der Hierarchie kommen, desto stärker fürchten sie soziale Isolation und Gefahr, von den Untergebenen nicht getragen zu werden. Da sie sich selbst nicht viel zutrauen, funktionieren sie oft recht gut in mittlerer Kaderposition. In ihrer Abhängigkeit und Aggressionshemmung können sie eine Befriedigung erfahren, wenn es ihnen gelingt, verschiedene Personen, von denen sie abhängig sind, gegeneinander auszuspielen. Zwanghafte Persönlichkeiten empfinden Befriedigung, wenn sie andere mit ihrer Genauigkeit beherrschen können.

6.6.4 Therapeutische Gesichtspunkte

Auch für den Therapeuten sind Cluster-C-Persönlichkeiten zunächst angenehm. Sie verhalten sich dem Therapeuten gegenüber gefügig und geben ihm ein Gefühl von Kompetenz und Überlegenheit. Oft verstehen sie es, den Therapeuten zum Ratgeber zu machen und ihm die Initiative in der Therapie zuzuschieben. In der längeren Zusammenarbeit reagieren Therapeuten oft ärgerlich auf die Passivität der Patienten. Es kann sich eine progressiv-regressive Kollusion oder ein symmetrischer Machtkampf entwickeln.

Ängstlich-abhängige Persönlichkeiten können in der Therapie schwierig werden durch ihre Tendenz zu Intrigen. Sie machen sich nicht nur von der ärztlichen Autorität abhängig, meist auch von anderen Autoritäten, die sie gegeneinander ausspielen.

6.6.5 Die Angst vor übergroßer Abhängigkeit

Hält sich der Therapeut die Situation dependenter Patienten vor Augen, so wird er die ungleiche Machtverteilung beachten. Insbesondere wenn der Therapeut die einzige Kontaktperson des Patienten überhaupt ist, kann die therapeutische Beziehung und das Zerbrechen der therapeutischen Beziehung existenzbedrohend werden.

Nun sehen wir immer wieder dependente Patienten, die versuchen, Kontakte mit verschiedenen sozialen Institutionen oder Autoritäten parallel zu führen, neben dem Kontakt zum Psychiater etwa der Kontakt zum Hausarzt oder anderen Spezialärzten, zu Fürsorgeeinrichtungen, Vormundschaftsbehörden oder anderen Therapeuten. Die Patienten neigen eventuell auch dazu, diese verschiedenen Instanzen gegeneinander auszuspielen. Bei manchen Therapeuten löst das Ärger aus sowie die ultimative Forderung an den Patienten, sich für eine Helferinstanz zu entscheiden und den Kontakt mit den anderen abzubrechen. Sie fordern dem Patienten die Fähigkeit ab, die Verantwortung für sich selbst zu übernehmen und sich im Alleinleben zu üben. Eine solche Forderung beruht auf unzureichender Wahrnehmung der Situation des Patienten. Der Patient will mit den Mehrfachkontakten die einseitige Abhängigkeit von einem einzigen Therapeuten vermeiden. Dies ist eine realistische Einschätzung der Gefährlichkeit eines ausschließlichen Therapeutenkontaktes. Es ist durchaus im Interesse einer reichhaltigen sozialen Nische, wenn der Patient Kontakt zu verschiedenen Helfern eingeht. Der Therapeut muss jedoch die inszenierten Intrigenspiele ansprechen und sich vom Patienten nicht manipulieren lassen. Die Konsequenz sollte jedoch nicht die Forderung nach Abbruch anderer Helferbeziehungen sein, sondern die Hilfe für den Patienten, Mehrfachbeziehungen aufzubauen, ohne diese durch Intrigen immer wieder zu gefährden oder zu zerstören. Der Therapeut sollte dem Patienten zeigen, dass er die oft heimlich geführten Paralleltherapien als sinnvoll anerkennt, um allzu große Abhängigkeit von ihm zu verhindern.

Beispiel:
Eine etwas über 60-jährige Patientin kommt seit vielen Jahren in unsere Poliklinik zur stützenden Therapie. Sie zeigt eine abhängige Persönlichkeit, ist psychoinfantil, logorrhoisch und anklammernd. Sie kommt allein im Leben nicht zurecht und braucht die Poliklinik zur Rückenstärkung. Sie ist verwickelt in laufende familiäre Kleinkriege. Sie wohnt mit ihrem Mann zusammen im Haus ihrer Stiefmutter, ihr Vater ist seit langer Zeit gestorben. Die Beziehung zur Stiefmutter wird jedoch behindert durch ihren Bruder, der diese ganz für sich beansprucht und gegen die Patientin abzuschirmen versucht. Die Aufregungen dieses Kleinkrieges bilden den Hauptinhalt der mo-

natlichen Konsultationen. Die Patientin schützt sich jedoch wirksam gegen einseitige Abhängigkeit von den Assistenzärzten, aber auch gegen die Gefahr, von diesen nicht die benötigte Aufmerksamkeit zu erhalten. Sie fordert von den Assistenzärzten eine klare Parteinahme für sie gegen ihren Bruder. Ist diese nicht ausreichend spürbar, wird sie den Ärzten gegenüber ungehalten und beansprucht eine Konsultation beim Oberarzt. Damit erreicht sie eine ausreichende Verankerung in unserer Poliklinik, in welcher die Assistenzärzte in der Regel alljährlich wechseln. Doch auch diese Abhängigkeit wird gesichert durch eine spezielle Beziehung, die sie zu einem psychiatrischen Ordinarius einer anderen Klinik hat. Mit diesem hatte sie die Primarschule absolviert. Sie schreibt ihm regelmäßig Briefe und Postkarten aus den Ferien und lässt keine Konsultation vorbeigehen, ohne die Ärzte auf ihre spezielle Beziehung zu diesem Ordinarius hinzuweisen. So schwebt dauernd die Drohung im Raum, sich notfalls an diesen Ordinarius zu wenden, wenn sie in unserer Poliklinik nicht zufrieden stellend behandelt wird.

Manchmal kommt es im Rahmen einer stützenden Therapie dependenter Persönlichkeiten zu einem unerwarteten oder vorzeitigen Beziehungsabbruch, der für den Therapeuten kränkend ist. Wenn immer möglich, sollte ein nicht vereinbarter Therapieabbruch nicht akzeptiert werden. Er hinterlässt beim Patienten ein schlechtes Gewissen und verhindert die Wiederaufnahme der Beziehung, wenn es wieder notwendig wäre. In der Regel bewährt es sich, den Patienten zu einem Schlussgespräch einzuladen. Bei diesem Schlussgespräch soll der Therapeut den Wunsch auf Therapiebeendigung als einen autonomen Akt des Patienten anerkennen. Vielleicht will der Patient eine allzu große Abhängigkeit vom Therapeuten vermeiden. Wichtig ist, dass der Therapeut sich grundsätzlich weiterhin dem Patienten zur Verfügung hält.

6.7 Zur Technik der ökologisch-supportiven Psychotherapie von Persönlichkeitsstörungen

Ökologisch unterstützende Psychotherapie will den Patienten unterstützen beim Schaffen und Aufrechterhalten einer Nische, durch die er sich besser zu regulieren versteht. Der Nischenkontakt kann insuffizient und eingeschränkt sein wegen starker Rückzugstendenz des Patienten, wegen Überforderung in der anstrengenden Anpassungsarbeit und wegen inadäquatem und destruktivem Einwirken auf Bezugspersonen und ungenügender Beachtung von deren Antworten.

Den wesentlichen Gewinn des ökologischen Ansatzes sehe ich im Nischenkonzept, welches dem Therapeuten hilft, Behandlungsziele nicht nur defizitorientiert zu formulieren, sondern ihm ein Gerüst anbietet, an dem er sich über den Standort des Patienten in der Gestaltung seiner Nische und seines beantworteten Wirkens orientieren kann. Patienten nehmen es sehr dankbar an, wenn sich der Therapeut dafür interessiert, wie es ihnen gelingt, beantwortetes Wirken herzustellen, ohne sich zu überfordern. Mit Erstaunen stellen Therapeuten fest, dass die Patienten durchaus Nischenbezüge herzustellen vermögen, wenn auch auf geringerem Anspruchsniveau. In den Krankengeschichten Jahrzehnte dauernder stützender Therapien unserer Poliklinik nehmen die negativen Berichte den größten Raum ein, also Berichte darüber, wo der Patient versagt hat, wo seine Stellenbewerbung erfolglos war, wo er seine Stelle verloren hat, welche destruktiven Eskalationen in seinen Beziehungen aufgetreten sind usw. Erst mit unserer Studie wurden wir darauf aufmerksam gemacht, welch feines Beziehungsnetz diese Patienten spinnen und wie klug sie oft mit ihren eigenen Schwächen oder Begrenzungen umgehen.

Jede Form von Psychotherapie hat mehr oder weniger stützenden Charakter (Rockland, 1992). Die Möglichkeit, das, was einen belastet, mitzuteilen, und eine Person zu finden, die einem empathisch zuhört und teilnimmt, bildet die Basis jedes psychischen Heilungsprozesses. Der Unterschied der stützenden Therapie zur entwicklungsorientierten und konfliktverarbeitenden koevolutiven Therapie liegt in der Zentrierung auf der Wiederherstellung der Grundfunktionen des beantworteten Wirkens, nämlich auf der Fähigkeit, auf einfacherer Stufe eine persönliche Nische zu schaffen.

Eine Motivation zu einem therapeutischen Arbeitsbündnis kann bei stützender Therapie nicht immer vorausgesetzt werden. Vielen Patienten muss nachgegangen werden, wenn sie nicht zu den Terminen erscheinen oder die Therapie wieder aufgeben wollen, man muss damit rechnen, dass Termine nicht genau eingehalten werden, die Patienten zu spät kommen oder auch immer wieder Notfallaktionen notwendig sind. Nicht selten werden Patienten zur stützenden Therapie von den Gerichten als Maßnahmen zugewiesen. Manche Therapeuten lehnen solche Behandlungen ab, weil die Motivation nicht vom Patienten komme, er sich vielmehr als Strafmaßnahme zu einer Behandlung gezwungen fühle. Diese Einwände sind oft nicht angezeigt. Manche Patienten brauchen einen gewissen äußeren Druck, um einen Therapeuten aufzusuchen und den Kontakt mit ihm aufrechtzuerhalten.

6.7.1 Im Zentrum der ökologisch-supportiven Therapie steht die Gestaltung der therapeutischen Beziehung

Die therapeutische Beziehung ist das tragende Element der stützenden Therapie. Kommt es zu einem guten Kontakt mit dem Patienten, so verbessert sich sein destruktives Verhalten oft überraschend schnell. Wie ist das zu verstehen? Ich glaube, dass zwei ökologische Wirkprinzipien wichtig sind. Das eine ist die empathische Zuwendung des Therapeuten, welche das Selbstwertgefühl des Patienten aufwertet und seine destruktiven und trotzigen Tendenzen abschwächt. Das andere ist die Bestärkung der Realitätsprüfung durch das Besprechen von Alltagsereignissen. Der erste Gesichtspunkt wird hier als therapeutische Beziehung, der zweite im Kapitel 6.7.3 abgehandelt.

Irrtümlicherweise wird auch von den Leitern von Institutionen und neuerdings auch von den Kostenträgern angenommen, stützende Therapie erfordere keine spezielle psychotherapeutische Ausbildung und könne ebenso gut von nichtprofessionellen Psychotherapeuten ausgeübt werden. Wenn es für die Patienten in der Therapie so leicht wäre, einen Kontakt einzugehen und aufrechtzuerhalten, müsste ihnen das auch in den alltäglichen Sozialkontakten gelingen. Häufig ist der Therapeut jedoch die einzige Bezugsperson des sonst isoliert lebenden Patienten. Der Aufbau des Kontaktes erfordert professionelle Kompetenz. Mit Berufsvertretern im Sozialbereich ohne therapeutische Ausbildung überwerfen sich die Patienten oft. Viele Patienten haben negative Erfahrungen gemacht mit Vertretern von Arbeitslosenversicherungen, Fürsorgeämtern und Justizbehörden usw. Häufig verwickeln sie sich rasch in eskalierende Streitigkeiten und gegenseitige Beschuldigungen. Die Lösung scheinbar einfacher und konkreter Probleme wie Wohnungssuche, Arbeitssuche und finanzielle Regelungen erweisen sich in der Durchführung als schwierig und komplex. Die Gestaltung der Beziehung in der ökologisch-supportiven Therapie ist eine Kunst, die erlernt werden muss und auch ein vertieftes Verständnis auf therapeutischer Seite erfordert. Auch Kernberg (1984/1988) betont, dass die wichtigste Chance der stützenden Therapie die korrigierende emotionale Erfahrung des Patienten in der therapeutischen Beziehung ist.

Es sollen im Folgenden einige Aspekte, die uns bei der Gestaltung der therapeutischen Beziehung wichtig erscheinen, aufgeführt werden:

a) Klare Definition der Rollen

Es besteht in der Beziehung eine deutliche Asymmetrie: auf der einen Seite der funktionsunfähige, hilflose Patient, auf der anderen Seite der als mächtig wahrgenommene Therapeut. Diese Asymmetrie ist leichter zu ertragen, wenn die Ungleichheit durch die berufliche Rolle legitimiert wird. Gerade wegen der ungleichen Machtverteilung ist es besonders wichtig, dass Aufträge und Machtbefugnisse des Therapeuten für den Patienten allzeit transparent gehalten werden. Insbesondere da, wo der Therapeut Maßnahmen für notwendig erachtet, denen der Patient nicht zustimmt, ist es weit besser, den Patienten mit der unterschiedlichen Beurteilung der Situation zu konfrontieren als – angeblich um das Vertrauen des Patienten nicht zu gefährden – hintenherum, über andere Instanzen, irgendwelche Entscheidungen zu konstellieren. Dies betrifft insbesondere Fragen der Zwangshospitalisation, der Berichterstellung an Justizbehörden, an Fürsorgeämter oder allfällige Auskünfte an Arbeitgeber. Wo immer möglich, führe ich Telefonate mit anderen Instanzen in direkter Anwesenheit des Patienten, damit er genau mitbekommt, wie und was ich über ihn spreche. Es ist weniger wichtig, dass der Patient dem Therapeuten zustimmt, wichtiger ist jedoch, dass der Patient genau weiß, was der Therapeut zu tun beabsichtigt. Der Therapeut muss in seinem Handeln vorhersehbar, berechenbar und verlässlich sein.

b) Feste Rahmenbedingungen

Die Beziehung zum Therapeuten ist häufig ambivalent. Der Patient steht im Zwiespalt von Abhängigkeitswünschen und Abhängigkeitsängsten, von Sehnsucht nach Vertrauen und tiefem Misstrauen, von regressiven Wünschen nach Symbiose und ängstlichem Bestreben, sich abzugrenzen. In dieser Ambivalenz ist das Festsetzen von Sitzungen zu fixen Zeiten in gleich bleibendem Abstand eine Sicherung des Kontaktes bei gleichzeitigem Schutz vor zu viel Nähe. Verschiebungen von Sitzungen oder Unterbrechungen durch Ferienabwesenheit lösen bei den Patienten oft große Beunruhigung aus. Die Sitzung hat oft einen rituellen Charakter und ist nicht selten das zentrale Ereignis der Woche bzw. des Monats. Da die Beziehung zum Therapeuten asymmetrisch ist, kann ein Ausgleich von Geben und Nehmen am ehesten über die Bezahlung des Therapeuten erreicht werden. Die Studie von Meyer und Budowski (1993), basierend auf den Vorarbeiten von Bösch (1991), zeigt deutlich, dass es wesentlich leichter ist, Hilfe zu geben als Hilfe zu empfangen. Hilfeempfänger setzen alles daran, Gegenseitigkeit herzustellen. Wenn keine Gegenleistung möglich ist, entsteht ein ungutes Gefühl von Schuld und Abhängigkeit.

c) Die Festigung der therapeutischen Beziehung durch Verschreibung von Medikamenten

Auch die Medikation ist Teil des Beziehungsrituals. Die ärztliche Verabreichung von Medikamenten gibt dem Patienten die Legitimation zum Kontakt mit dem Arzt. Vor sich selbst und dem Umfeld kann er darlegen, er müsse der Medikamente wegen regelmäßig zum Arzt. Die Medikamente geben dem Patienten auch dem Arzt gegenüber die Sicherheit, dass dieser ihn nicht einfach fallen lassen kann. Medikamente bilden also eine sichernde Brücke zwischen Patient und Therapeut. Oft klammern sich die Patienten an die Medikamente wie an einen Talisman. Sie sehen darin einen ausgeweiteten Schutz des als mächtig erlebten Arztes. Mit diesem Hinweis auf die Beziehungsdynamik der Medikation soll natürlich die pharmakologische Wirkung der Medikamente in der stützenden Therapie nicht übersehen werden.

d) «Wie verführe ich als ‹erfolgloser› Patient meinen Arzt?»

Jeder Patient möchte der beste und liebste Patient seines Therapeuten sein. Wie soll das ein chronischer Patient in stützender Therapie erreichen? Der Patient spürt deutlich, wenn der Therapeut sich als der große Veränderer verstehen möchte. Der Therapeut wünscht sich einen Erfolg für seinen therapeutischen Einsatz und verlegt seinen Ehrgeiz in das Erfinden von irgendwelchen Techniken, mit Hilfe derer er zu objektiv fassbaren Ergebnissen zu kommen hofft. Was soll der Patient tun, der dem Therapeuten kein Erfolgserlebnis anbieten kann? Wie kann er den Therapeuten dennoch zufrieden stellen und sein Interesse wachhalten? Um dieses Ziel zu erreichen, wählen Patienten verschiedene Strategien. Mit großer Intuition gelingt es manchen, im Therapeuten eine persönliche Ansprechbarkeit herauszufühlen und damit beim Therapeuten eine Sympathie zu wecken und ihn von seinem Erfolgsstreben abzulenken. So beispielsweise chaotische Patienten, die Sehnsüchte des Therapeuten nach Kontrollverlust und Acting-out ausleben, an denen dieser partizipieren kann. Andere bieten ihm die Faszination des Milieus, der Prostitution oder der Delinquenz an. Wiederum andere faszinieren den Therapeuten in ihrem skurrilen, verschrobenen Denken. Jeder in der Praxis tätige Psychiater wird eine ganze Reihe von Patienten haben, zu denen er über Jahre oder Jahrzehnte eine therapeutische Beziehung aufrechterhält, obwohl äußerlich gesehen seine Therapie wenig erfolgreich ist. Über solche Therapien wird kaum je etwas publiziert, weil sie die Standards zielgerichteter therapeutischer Arbeit nicht erfüllen.

An sich sollte eine stützende Therapie am sinnvollsten über Jahre bzw. auf unbegrenzte Dauer angeboten werden können. In der Realität brechen allerdings viele Patienten ihre Therapien immer wieder ab und suchen nach einer gewissen Zeit einen neuen Therapeuten auf. In unserer Psychiatrischen Poliklinik finden viele Patienten eine ideale Kompromisslösung zwischen Wechsel und Beständigkeit: Die Ärzte wechseln alljährlich, die Institution dagegen bleibt. Die große Angst vieler Patienten ist, der Therapeut werde das Interesse an ihnen verlieren und sie würden ihm nur zur Last fallen. In unserer Poliklinik stehen manche Patienten seit Jahrzehnten in stützender Therapie. Sie haben gelernt, wie man die Assistenzärzte für sich zu mobilisieren vermag, etwa dadurch, dass man über den vorangegangenen Kollegen schwärmt und damit den neuen Kollegen herausfordert. Oder indem man den neuen Kollegen im Vergleich zum vorangegangenen idealisiert und ihn damit auf ein höheres Engagement verpflichtet. Oder indem man die Kontakte zu Autoritäten und hierarchisch übergeordneten Kollegen herausstreicht und damit den Assistenzarzt zu eifrigem Bemühen anspornt.

6.7.2 Ein Hindernis der stützenden Therapie liegt im beruflichen Selbstverständnis des Therapeuten

Das allgemeine Desinteresse an stützender Therapie, welches im Widerspruch steht zu ihrer Bedeutung, liegt wahrscheinlich vor allem in einem «Gegenübertragungsproblem». Im Rahmen von Seminarien über das ökologische Modell der stützenden Therapie führte ich bei den Teilnehmern Befragungen durch, deren Ergebnisse sich mit Reimer (1991) decken.

Erste Frage: Mit welchen Diagnosegruppen möchten Sie am liebsten nichts zu tun haben?

- Sucht, Alkohol
- chronifizierte Depressionen
- Hypochondrie, Rentenbegehren, Somatisierungstendenzen bei Südländern
- passiv-aggressiv Entwertende
- histrionische Persönlichkeiten
- narzisstische Persönlichkeiten
- Borderline-Persönlichkeiten
- zwanghafte Persönlichkeiten

Zweite Frage: Welche Merkmale und Verhaltensweisen sind es besonders, die diese Gefühle auslösen?

- orale Anspruchshaltung, fordernd, unzuverlässig, uneinsichtig, anklammernd, hoffnungslos, entwertend
- agierend statt reflektierend, unecht, theatralisch, die Schuld externalisierend
- passiv, regressiv, parasitär
- fassadenhaft, abwehrend, emotional labil, mangelnder Tiefgang
- stur, starr, selbstgerecht

Dritte Frage: Welche persönlichen Reaktionen lösen diese Patienten bei Ihnen aus?

– Gefühl von Hilflosigkeit, Ohnmacht, Frustration, Ärger, Wut, Rachegefühle, Bestrafungstendenzen, Langeweile, Gefühl, ausgenützt zu werden.

Vierte Frage: Welche Qualitäten sollte ein Patient aufweisen, damit Ihnen die therapeutische Arbeit Freude bereitet?

– Der Patient sollte motiviert sein, affektiv schwingungsfähig, verlässlich, intelligent, beweglich, fähig, sich einzulassen, verbalisierungsfähig, introspektionsbegabt.

Die Quintessenz dieser Aussagen ist: Der ideale Patient ist der gesunde. Therapeuten sind am motiviertesten, Gesunde noch gesunder zu machen. Therapeuten verstehen sich als die großen Veränderer. Am meisten Faszination üben Therapiemethoden oder deren Erfinder aus, die in Aussicht stellen, in der Manier von Jahrmarktszauberern in ein bis zwei Sitzungen sämtliche Symptome heilen oder das Verhalten von Menschen bzw. familiäre Beziehungen verändern zu können. Eine magische Zielvorstellung von Therapeuten ist es oft, man müsse dem Patienten zur völligen Heilung verhelfen. Der Patient müsse nach der Therapie lebenslang alle Krisen und Belastungen selbst zu meistern vermögen.

Die Realität ist demgegenüber anders: Alle Menschen bewegen sich lebenslang zwischen den Polen von Gesundheit und Krankheit (Antonovsky, 1987). Ein bisschen Kranksein ist normal, Belastungen und Leiden gehören zum normalen Leben, Menschen, auch Psychotherapeuten, geraten im Laufe ihres Lebens immer wieder in Krisen, zu deren Bewältigung sie Unterstützung, eventuell auch eine weitere therapeutische Hilfe benötigen. Persönlichkeitsstörungen lassen sich auch in langen Therapien nur in begrenzter Weise verändern.

Patienten, die ideale Therapievoraussetzungen erfüllen, sind dank dieser Qualitäten in der Lage, sich im Leben selbst zurechtzufinden. Sie haben eine gute Spontanprognose. Wenn der Therapeut glaubt, bei diesen Patienten besonders effizient zu sein, ist er sich zu wenig bewusst, dass diese Patienten auch von nichtprofessionellen Beziehungen wesentlich profitieren können. Es ist eine bedenkliche Paradoxie, dass der Aufwand an Psychotherapie umso größer ist, je gesunder ein Patient ist. Wenn eine Therapie einem Patienten auf der Skala zur Globalbeurteilung des Funktionsniveaus (global assessment of functioning scale GAF) von 80 auf 90 hilft, d. h. von einem Zustand leichter Beeinträchtigung der sozialen und beruflichen Leistungsfähigkeit zu einer guten Leistungsfähigkeit auf allen Gebieten, so hat sie ihm immer noch weniger geholfen, als wenn sie einem psychisch Schwerkranken von 30 auf 60 verhilft, d. h. von einem Zustand mit deutlicher Beeinträchtigung der Leistungsfähigkeit in fast allen Bereichen (Patient bleibt den ganzen Tag im Bett, hat keine Arbeit, kein Zuhause und keine Freunde) zu einem Zustand mit mäßig ausgeprägten sozialen und beruflichen Schwierigkeiten.

Beziehungsprobleme des Therapeuten und therapeutische Kollusionen

Was soll der Therapeut tun, wenn ihm die Motivation zur stützenden Therapie fehlt oder die Sympathie für den Patienten mangelt, wenn er in den Sitzungen ungeduldig wird und sich langweilt? Am wichtigsten dünkt mich, dass der Therapeut seine Reaktionsweisen genau beachtet. Häufig wagen die Therapeuten nicht, dem Patienten mitzuteilen, was sie an der Beziehung stört oder über Gebühr belastet. Sie versuchen, den Patienten abzuschütteln durch Vorschützen mangelnder Zeit und beruflicher Überlastung, oder sie wollen den Patienten weiterweisen. Manche glauben, besonders herausfordernd zu sein durch entwertende Deutungen und unempathisches Verhalten, durch den Versuch, den Widerstand des Patienten zu zerschlagen, um damit endlich etwas in Bewegung zu bringen. Noch ungünstiger ist es, den Patienten zum Therapieabbruch zu provozieren, den man dann offiziell bedauert, sich hintergründig darüber jedoch erleichtert fühlt. Aus ihrer geschwächten Position heraus nehmen Patienten sehr sensibel wahr, was im Therapeuten vorgeht. Am wichtigsten wäre, dass der Therapeut in solchen Situationen seine Einstellung zum Patienten in einer Supervision klärt. Er sollte sich mit seinen therapeutischen Omnipotenzansprüchen konfrontieren und die Möglichkeiten seines Wirkens realistisch einschätzen. Wenn der Patient ihn über Gebühr belastet, so sollte er sich mit dem Patienten darüber auseinander setzen und die Grenzen seiner Belastbarkeit deklarieren.

Bleibt der therapeutische Erfolg aus, so kommt es immer wieder zu entwertenden, psychopathologischen Etikettierungen und Diagnosen durch die Therapeuten, selbst durch die Supervisoren. Es wird dem Patienten dann unterstellt, dass, um eine so pathologische Verhaltensweise aufrechtzuerhalten, es einer besonderen Ich-Stärke bedürfe, dass der Patient einen großen Krankheitsgewinn aus seiner Pathologie ziehe oder sich in masochistischer Weise selbst bestrafen wolle.

Besonders verhängnisvoll ist es, wenn der Therapeut dem Patienten zuerst sehr entgegenkommt, weil er mit seinem Helferauftrag überidentifiziert ist. Und wenn er dann spürt, dass der Patient von ihm abhängig wird, ihn in brüskierender Weise wieder zurückstößt und abzuschütteln versucht.

Kollusionen, wie sie im Kapitel über Paarbeziehungen beschrieben werden (siehe S. 156), können sich auch zwischen Therapeut und Patient bilden. Eine häufige Form ist die Helferkollusion, in welcher der Therapeut sich mit seiner progressiven Helferfunktion überidentifiziert und damit den Patienten in Regression festhält. Dies trifft insbesondere dann ein, wenn sich Patient und Therapeut gegen einen Dritten verbünden, gegen die Eltern, einen Ehepartner oder eine Behörde. Der Therapeut neigt dann dazu, die Sache des Patienten zur eigenen zu machen und an seiner statt zu kämpfen. Nicht selten schießt der Therapeut dabei über das Ziel hinaus und gefährdet die lebensnotwendigen Beziehungen des Patienten zu seinen Familienangehörigen oder zu unterstützenden Behörden. Eine andere Form von Kollusion ist der symmetrische Machtkampf, in welchem Therapeut und Patient versuchen, sich gegenseitig in die Knie zu zwingen, weil sie sich vom anderen klein und schwach gemacht fühlen. Der therapeutische Machtkampf kann sich entzünden beim Einhalten von Terminen, bei der Frage der compliance im Einnehmen von Medikamenten, bei der Anwendung gewisser Therapiemethoden, welche die Mitarbeit des Patienten erfordern (Tagebuch schreiben, Hausaufgaben). Sich nicht in den Machtkampf verwickeln zu lassen, ist für den Therapeuten besonders dann schwierig, wenn der Patient ihm zunächst mit Vorschusslorbeeren entgegengekommen ist und er nun feststellen muss, dass er vom Patienten genauso entwertet wird, wie es der Patient mit früheren Therapeuten getan hat. Fühlt sich der Therapeut unsicher, wie er sich in einer emotionalen Auseinandersetzung mit dem Patienten verhalten soll, ist es besser, zuzuhören und zuzuwarten, bis er in sich spürt, wie er dem Verhalten des Patienten therapeutisch begegnen soll.

Es kann in lang dauernden stützenden Therapien aber auch die Gefahr bestehen, dass Patient und Therapeut sich auf gemeinsame blinde Flecken einspielen. Oft entsteht ein Schonklima, in welchem brisante Themen von beiden Seiten vermieden werden.

6.7.3 Die Stärkung der Realitätsprüfung durch Tatbestandserhebung von Alltagsereignissen

Ein Kennzeichen aller Persönlichkeitsstörungen ist die ungenügende Realitätsprüfung. Die Patienten vermeiden die genaue Betrachtung von Alltagsereignissen, da diese meist in Frustration, Ohnmachtsgefühl und Kränkung ausmünden. Der Rückzug aus der kritischen Analyse des beantworteten Wirkens lässt jedoch die vorgefassten Meinungen und Schemata übermächtig werden (siehe S. 107) und bildet den Boden weiterer Misserfolgserlebnisse und automatischer Gedanken, eine Beobachtung, auf der der kognitive Ansatz gründet. Unser Ansatz geht einen Schritt weiter, indem wir uns nicht nur auf Fehlinterpretationen von Ereignissen konzentrieren, sondern auch die tatsächliche Konstellation von Bezugspersonen zu destruktiv-pseudopädagogischem Verhalten durch den Patienten und den sich daraus ergebenden Circulus vitiosus anvisieren.

Für die Bearbeitung von Alltagsereignissen bewährt sich die Anwendung der Konstruktdifferenzierung, einer therapeutischen Technik, die wir für die Paartherapie entwickelt haben (Willi et al., 1992). Diese Technik besteht in folgendem Vorgehen:

Als Erstes wird der Patient aufgefordert, ein Ereignis der letzten Tage, welches ihn jetzt noch beschäftigt, zu berichten. Der Ablauf dieses Ereignisses wird nun wie eine Tatbestandserhebung zunächst Schritt für Schritt als beobachtbare Interaktionssequenzen exploriert. Dann geht der Therapeut mit dem Patienten das Ereignis noch einmal durch, diesmal aber exploriert er, wie der Patient dieses Ereignis erlebt hat, welche inneren Stimmen und Bilder dabei aufkamen, welche Gefühle er dabei gehabt hat und was diese Gefühle sagen würden, wenn sie eine Sprache hätten. Was war die Ausgangssituation, was waren die ursprünglichen Intentionen des Patienten, was waren seine Motivationen, Wünsche, Emotionen, welches waren seine Pläne und Strategien, wie wollte er auf das Objekt bzw. die Bezugsperson einwirken? Wie hat er die Reaktionen des Objektes wahrgenommen, was hat diese Reaktion in ihm ausgelöst, wie hat er sie verarbeitet? In einem nächsten Schritt soll die Konstruktdifferenzierung aus der Sicht des Objektes bzw. der Bezugsperson durchgeführt werden. Der Patient soll versuchen, sich in die Intentionen des Objektes einzufühlen, welches waren die Motive und Pläne des Objektes, wie wollte dieses auf den Patienten einwirken und wie hat er auf die vermeintlichen Intentionen des Objektes reagiert? Die genaue Erhebung des Tatbestandes ist hilfreich, um die verzerrte Wahrnehmung der Intentionen des Objektes zu klären. Die Konstruktdifferenzierung ist eine wirksame Übung einer Beziehung auf Gegenseitigkeit und wirkt dem stressbedingten Egozentrismus entgegen. Die Patienten neigen dazu, sich auf ihre eigene Sichtweise zurückzuziehen, quasi als Schutz für ihr psychisches Überleben. Sie werden dadurch aber unflexibel und in ihren Wahrnehmungen eingeschränkt. Eine Sichtweise von Gegenseitigkeit fällt dem Patienten besonders schwer, da er unter den erlittenen Frustrationen und schweren Kränkungen kaum die Fähigkeit und Bereitschaft hat, sich in die Situation des Gegenübers einzufühlen. Häufig setzt der Patient der Einfühlung in das Objekt einen Widerstand entgegen, da er befürchtet, die Bereitschaft, die Situation vom Gegenüber aus anzusehen, hieße bereits, dem anderen Recht zu geben und sich als Versager anzuerkennen.

Patienten mit schweren Persönlichkeitsstörungen lassen sich oft nur auf dem Boden einer guten therapeutischen Beziehung gewinnen, Ereignisse so genau zu analysieren. Oft stehen emotionale Beunruhigung und persönliche Kränkung so im Vordergrund, dass den Patienten zuerst Raum gegeben werden muss, ihre Gefühle auszudrücken, bevor mit der Konstruktdifferenzierung begonnen werden kann.

Auch wenn in der Praxis die Konstruktdifferenzierung nicht immer in sauberer Form durchgeführt werden kann, bewährt es sich allgemein, Alltagsereignisse auf der Interaktionsebene genau durchzubesprechen.

6.7.4 Weitere technische Hinweise für die ökologisch-supportive Therapie

a) Kunst der kleinen Zielsetzungen

Therapeuten sehen sich gern als große Veränderer. Was soll ein Patient tun, der weiß, dass bei ihm keine fassbaren Fortschritte erreichbar sind? Eine Strategie, das Interesse des Arztes zu stimulieren, ist, ihm interessantes Material anzubieten und ihn zu therapeutischen Höhenflügen zu mobilisieren. So lässt sich etwa in der Krankengeschichte einer unserer Patientinnen nachweisen, wie sie den einen Arzt mit dem Bericht von Inzesterfahrungen mobilisierte, einen anderen mit interessanten Träumen, einen dritten mit einer faszinierenden Übertragungskonstellation und einen vierten damit, dass sie ihm die Gelegenheit anbot, an ihr auszuprobieren, was er eben in einem Kurs über NLP gelernt hatte. Bei jedem Arztwechsel verstand es die Patientin, im Arzt große therapeutische Erwartungen zu erzeugen, die Vorstellung, dass er jetzt den Schlüssel zum eigentlichen Kern ihrer Störung gefunden habe. Von dem geweckten hohen Interesse zeugen seitenlange Einträge in der Krankengeschichte. Objektiv hat keiner der Therapeuten mit der Bearbeitung eines spezifischen Themas bei der Patientin etwas Fassbares zu verändern vermocht. Wichtig für die Patientin war aber die Intensität des therapeutischen Interesses, die Bestätigung ihrer Wirksamkeit. Manche Patienten simulieren das Interesse der Therapeuten durch das Erlernen des therapeutischen Jargons. Sie haben gelernt, «ich» statt «man» zu sagen, sie haben gelernt, nein statt immer nur ja zu sagen, sie sprechen über sich und weniger über andere, sie verstehen, ihre Gefühle zu beschreiben und nicht nur äußere Ereignisse, sie entwerfen große therapeutische Zielsetzungen von Autonomie, Abgrenzung, Sich-selbst-Sein, Sich-selbst-Verwirklichen, oder sie verbünden sich mit dem Therapeuten gegen gemeinsame Feinde, gegen die Eltern, gegen Krankenkassen, gegen Autoritäten. Oder sie lassen sich in sexuelle Beziehungen ein und erzeugen damit im Therapeuten die Vorstellung, sei seien daran, sich eine Partnerschaft aufzubauen. All das tun manche Patienten, um den Therapeuten zu erreichen und ihn davon abzulenken, dass er mit ihnen nicht die von ihm erhofften Ziele zu erreichen vermag. Das Hauptziel der Therapeuten ist meist die Wiederherstellung der Erwerbsfähigkeit, ein Ziel, das oft viel zu hoch gegriffen ist, das zu erreichen die Therapeuten aber als ihre moralische Pflicht empfinden. Die vorangestellten Schwierigkeitsgrade in Beziehungen sollen dem Therapeuten einen Raster geben, um einzuschätzen, wo der Patient steht. Eine Arbeitsstelle innezuhaben heißt Gegenseitigkeit einer Beziehung, heißt Verbindlichkeit, heißt Anpassungsfähigkeit, Pünktlichkeit, Kontinuierlichkeit, alles Aspekte, deren Mangel nicht mit fehlender Motivation abqualifiziert werden kann.

Besser wäre es, wenn Therapeuten Zielsetzungen realistisch, aber differenziert zu formulieren vermöchten. Die Kunst der kleinen Zielsetzungen heißt nicht Resignation und therapeutische Untätigkeit, sondern Beschränkung auf das Erreichbare. Auf dem Boden einer

6 Ökologisch-supportive Psychotherapie 277

tragfähigen therapeutischen Beziehung ist eine stützende Therapie durchaus erfolgreich, erfolgreich im Vermeiden von negativen Reaktionen, destruktiven Abstürzen, psychiatrischen Hospitalisationen, Suizidversuchen und Rückfällen in Sucht, erfolgreich aber auch in der verbesserten Fähigkeit des Patienten, sich auf niedrigerem Anspruchsniveau eine regulierende Nischenbeziehung zu schaffen.

Ein wichtiger Fortschritt ist erreicht, wenn schwerere Zusammenbrüche der Selbstregulation und des beantworteten Wirkens nicht mehr oder zumindest weniger häufig auftreten. So werden etwa die Patienten nach wie vor unter Suizidimpulsen stehen, es ist jedoch entscheidend, ob sie diesen nachgeben und Suizidversuche unternehmen. Manche werden auch weiterhin unter Wahnideen stehen und halluzinieren, es ist jedoch für sie entscheidend, ob sie ein inadäquates Verhalten in der Öffentlichkeit zeigen, Menschen auf der Straße beschimpfen, bedrohen oder querulieren. Ihre Beziehungen zur sozialen Umwelt werden weiterhin schwierig sein. Beziehungen, die auf Gegenseitigkeit beruhen, insbesondere Partnerbeziehungen, werden nur selten über längere Zeit gelingen. Es wird jedoch von großer Bedeutung sein, ob sie Partnerbeziehungen durch Gewalttätigkeit, Wutausbrüche oder Abstürze in Suchtverhalten beendigen. Es wird ihnen nach wie vor schwer fallen, mit der sozialen Umwelt in einen aktiven und produktiven Austausch zu treten, sie können jedoch sehr wohl Beziehungen von geringerem Schwierigkeitsgrad herstellen und aufrechterhalten und so am sozialen Geschehen partizipieren. Es wird auch wichtig sein, ob es ihnen gelingt, in groben Zügen sich selbst zu regulieren, oder ob sie psychiatrisch hospitalisiert werden müssen. Ökologisch-supportive Therapie erreicht meist nicht abschließend ein definierbares Ziel. Sie kann zur lebenslangen Substitutionstherapie werden, was heute den Kostenträgern erklärt werden muss. Sie kann zur Rahmenbedingung, zur persönlichen Nische des Patienten werden, aus der alle seine Aktionen hervorgehen und in die sie eingeordnet werden müssen.

Gemäß der vorangestellten Schwierigkeitsskala von Beziehungen werden die meisten Patienten nie so weit kommen, eine auf Gegenseitigkeit und Kontinuität ausgerichtete Partner- und Arbeitsbeziehung herzustellen und ihr Potenzial zielgerichtet und produktiv zu entfalten. Vergleicht man jedoch den Lebenslauf dieser Patienten vor und unter der stützenden Therapie, so lassen sich oft eindeutige und anhaltende Verbesserungen bei relativ geringem therapeutischem Zeitaufwand feststellen.

b) Man soll dem Patienten nicht etwas wegnehmen, bevor er etwas Zusätzliches erworben hat

Viele Therapeuten neigen dazu, vorschnell vom Patienten die Normalisierung seines Verhaltens abzuverlangen. Sie geben sich dabei nicht genügend Rechenschaft darüber, dass das gestörte Verhalten häufig die dem Patienten zurzeit einzig mögliche Form der Lebensgestaltung ist im Dilemma «Wie kann ich Beziehungen eingehen, in denen ich als wirksam beantwortet werde, ohne mich übermäßig der Gefahr von Versagen, Kränkung und Zurückweisung auszusetzen?». Insbesondere da, wo Patienten mit anderen Menschen in destruktive Interaktionen verwickelt sind, wünscht sich der Therapeut eine Trennung und Abgrenzung zu erreichen in der Meinung, der Patient könnte sich dann freier entfalten. Therapeuten versuchen dann etwa, erwachsene Patienten dem Einfluss ihrer als pathogen diagnostizierten Eltern oder Partner zu entziehen, ohne zu beachten, dass diese außer dem Therapeuten die einzigen Bezugspersonen sind. Unsere Untersuchung hat deutlich gezeigt, dass psychisch gestörte Menschen gemäß der Gleichwertigkeitsregel meist nicht Kontakt zu Gesunden finden, sondern zu etwa gleich stark Behinderten. Obwohl Patienten unter destruktiven Interaktionen leiden, ist die Isolation nach Kontaktabbruch für viele noch unerträglicher. Statt zu versuchen, dem Patienten das wenige, was er an beantwortetem Wirken noch hat, wegzunehmen, sollte man eher anstreben, andere konstruktivere Nischenbezüge aufzubauen in der Hoffnung, damit die pathologischen Bindungen allmählich überflüssig zu machen.

c) Destruktives Agieren schädigt das Selbstwertgefühl

Wichtig ist, dass der Therapeut dem Patienten mit Respekt begegnet, insbesondere auch, wenn der Patient zu destruktivem Agieren neigt. Destruktives Agieren kann vorübergehend Entspannung und Erleichterung bringen, indem man die Kontrolle aufgibt und auf die mühselige Anpassungsarbeit verzichtet. Destruktives Agieren schädigt aber gleichzeitig das Selbstwertgefühl. Insbesondere bei plötzlichen Rückfällen in Suchtverhalten, in bulimische Attacken oder andere Impulshandlungen ist nicht nur der Therapeut über den Rückfall enttäuscht, sondern auch der Patient. Es kann für den Patienten sehr erleichternd sein, wenn der Therapeut den Rückfall als etwas hinnimmt, was erwartet werden musste und was nun Anlass geben soll, sich mit der Funktion von Kontrollverlusten auseinander zu setzen. Manchmal brauchen Patienten auch Rückfälle oder vermeiden Fortschritte, um dem Therapeuten zu signalisieren, dass die erzielten Fortschritte nicht dazu dienen sollten, das therapeutische Engagement zu reduzieren. Oft verfallen die Patienten aber auch dem Therapeuten gegenüber in destruktives Agieren. Wie Kernberg (1984/1988) ausführt, ist es wichtig, dass der Therapeut die Äußerungen intensiver Ambivalenz des Patienten erträgt. Dies gibt dem Patienten die Sicherheit, dass der Therapeut beständig ist und unter dem Ansturm seiner Aggression nicht zusammenbricht. Damit reduziert sich die Angst des Patienten vor seinen eigenen Impulsen und stärkt seine integrativen Ich-Funktionen. Rückfälle in destruktives Verhalten können im Sinne einer Rückfallprophylaxe angegangen werden. Wichtige Fragen dabei sind: «Was müsste geschehen, dass wieder ein Rückfall eintreten würde? Spüren Sie jeweils zum Voraus, wenn sich ein Rückfall anbahnt? Was würden sich in Ihrem Leben für Schwierigkeiten ergeben, wenn Sie auf einen Rückfall verzichten würden?»

d) Stütztherapie als niederfrequente Langzeittherapie

Gegenwärtig gibt es einen Boom von Kurztherapien. Bei einer stützenden Therapie bewährt sich eine derartige Haltung nicht. Es bewährt sich, die Intervalle zwischen den Sitzungen relativ groß zu halten (zwei bis vier Wochen), um damit die Zeit- und den Kostenaufwand für alle Beteiligten in akzeptablem Rahmen zu halten. Für die Patienten ist es weit wichtiger, einen regelmäßigen Kontakt über große Zeiträume zu haben, als eine kurz dauernde, intensive Therapie. Geht es dem Patienten besser, soll nicht die Therapie beendet, sondern das Sitzungsintervall vergrößert werden.

6.7.5 Einbezug der Angehörigen

Da, wo chronisch psychisch Schwerkranke mit Angehörigen zusammenwohnen, sollten diese in die Therapie miteinbezogen werden. Der Einbezug der Angehörigen soll primär ihnen selbst dienen und erst sekundär der Beratung, wie sie dem Patienten helfen könnten. Das Zusammenleben mit psychisch Gestörten belastet das Familienleben, die Ehe und die Beziehung der Geschwister untereinander bzw. die Eltern-Kind-Beziehung sehr. Leicht entwickelt sich eine familiäre Situation, in welcher das gestörte Familienmitglied im Zentrum des Interesses steht und andere innerfamiliäre Beziehungen vernachlässigt werden. Das gestörte Verhalten des Patienten löst in der Familie nicht selten Kettenreaktionen aus, in welchen Angehörige sich gegenseitig beschimpfen und entwerten. Zudem kommt es häufig zu einer Isolation der Familie gegenüber der Außenwelt. Es können wegen des gestörten Patienten kaum Gäste eingeladen werden, die Angehörigen sind in ihren Außenkontakten häufig eingeschränkt und werden auch nicht selten von der Umwelt gemieden. Im Rahmen einer Stütztherapie sollten die Angehörigen vom Therapeuten Anerkennung und Lob erhalten für all das, was sie im Zusammenleben mit dem Patienten auf sich nehmen. Es sollte mit ihnen konkret in Anwesenheit des Patienten beraten werden, wie sie mit den Störungen des Patienten umgehen können. Wichtig ist vor allem zu beachten, ob die Angehörigen auch genügend Möglichkeiten finden, um sich zu entlasten und sich zeitweilig von der schweren Belastung durch den Patienten frei zu stellen. Beratung und Betreuung der Angehörigen können eventuell wichtiger und wirksamer sein als jene des Patienten. Leider gibt es immer noch Therapeuten, die in den Eltern und Partnern die Ursache der Störung des Patienten sehen, sodass diese von den Therapeuten, statt Anerkennung, Trost und Unterstützung zu erhalten, Schuldzuweisungen und Feindseligkeit entgegennehmen müssen.

7 Ökologische Fokaltherapie als Einzeltherapie

Im vorangestellten Kapitel 6 über ökologisch-supportive Psychotherapie wurde gezeigt, wie Patienten mit schweren Persönlichkeitsstörungen in jenen Beziehungen am meisten Schwierigkeiten haben, die auf einem lang dauernden Prozess beruhen, auf Gegenseitigkeit des beantworteten Wirkens, einhergehend mit persönlicher Nähe und Selbstoffenbarung, sowie mit verpflichtenden Erwartungen und Bindungen, also mit den Eigenheiten einer koevolutiven Beziehung. Die ökologisch-supportive Therapie befasst sich mit der Unterstützung des Patienten im grundlegenden Schaffen und Erhalten einer Beziehungsnische. Im vorliegenden Kapitel 7 geht es nun um Beziehungsgestaltung mit höherem Anspruchsniveau, nämlich um die persönliche Entwicklung im Gestalten von Beziehungsprozessen (vgl. Abb. 5, S. 210).

Ausgangspunkt der ökologischen Fokaltherapie, welche in diesem Kapitel behandelt wird, ist meist eine zeitlich umschriebene Dekompensation und Symptombildung oder zumindest ein zeitlich umschriebenes Ereignis, welches den Patienten veranlasst, gerade jetzt einen Therapeuten aufzusuchen. Wir messen dem Faktum, dass der Patient sich gerade jetzt und nicht ein Jahr früher oder ein Jahr später zur Therapie meldet, große Bedeutung zu. In unserer ökologischen Therapie sehen wir das menschliche Leben als einen Prozess, wo die geschaffenen Tatsachen die Tür zu neuen Wirkräumen öffnen oder verschließen und somit Ausgangspunkt für neue Wünsche, neue Phantasien, neue Pläne und neues Wirken sind.

So gesehen sind therapeutisch nicht die Erfahrungen der frühen Kindheit die wichtigsten, sondern jene der letzten Monate und Jahre, in welchen sich eine Entwicklung anbahnte, die jetzt zur Stagnation führte. Es geht also um die Erfassung der Ausgangslage mit der Frage, was sich in letzter Zeit bzw. in der Zeit der Symptombildung in den Beziehungen verändert hat, und dann um die Frage, welcher Schritt in den Beziehungen jetzt anstehen würde, wenn er nicht durch einen selbst oder durch andere blockiert wäre. Wir schlagen eine schriftliche Fokusformulierung vor, in welcher neben dem blockierten Entwicklungsschritt auch die Ressourcen beachtet werden, die diese Entwicklung begünstigen können. Damit wird eine zu starke Pathologisierung des Patienten und seiner Bezugspersonen vermieden. Schließlich soll in dieser Formel noch ausgefüllt werden, woran sich Schritte in der anstehenden Entwicklung erkennen lassen würden. Die Fokusformulierung wird den Patienten nicht mitgeteilt und ist eher eine Fallkonzeption als eine therapeutische Technik. Sie hat sich in unserer Ausbildung und Supervision in Kurztherapie sehr bewährt. Sie erleichtert es dem Therapeuten, einen Überblick zu wahren und gezielter zu intervenieren. Sie gibt dem Therapeuten auch die Möglichkeit, das Therapieergebnis zu evaluieren. Der ökologische Fokus ist in erster Linie eine Fallkonzeption, die einen Rahmen bildet, innerhalb dessen der Therapeut mit verschiedenen Techniken arbeiten kann. Im Zentrum der Arbeit steht die verbesserte Gestaltung der aktuellen Beziehungen.

Was ist ökologische Fokaltherapie? Weshalb den über 30 etablierten Konzepten von Kurztherapien noch ein weiteres beifügen? Ähnlich wie mit der ökologisch-supportiven Therapie glaube ich, mit dem ökologischen Fokus vieles, was sich in der eklektischen Praxis bewährt hat, in einen konsistenten theoretischen Rahmen zu stellen. Die Plausibilität spricht nicht gegen, sondern für diesen Ansatz. Für die praktische Arbeit kann es ein wesentlicher Gewinn sein, wenn intuitiv gefundene Pragmatik theoretisch vertieft wird, weil damit das therapeutische Handeln einen Hintergrund und eine klarere Zielsetzung bekommt.

In der ökologisch-supportiven Therapie lag die Zielsetzung im Schaffen eines persönlichen Wirkungsfeldes, welches die persönlichen Kräfte in adäquater Weise herausfordert und strukturiert. In der ökologischen Fokaltherapie liegt der Schwerpunkt auf dem anstehenden Entwicklungsschritt in Beziehungsprozessen. Das Thema der persönlichen Entwicklung und des persönlichen Wandels in Beziehungen kann sinnvollerweise erst bearbeitet werden, wenn grundsätzlich gesichert ist, dass der Patient in der Lage ist, Beziehungsprozesse mit gegenseitigem Wirken zu schaffen und aufrechtzuerhalten.

7.1 Was heißt Entwicklung in der Gestaltung der Beziehungen?

Mit der anstehenden Entwicklung ist nicht eine Entwicklung zu höherer Reife, Weisheit und Menschlichkeit gemeint. Entwicklung hat nicht eine moralische oder ideologische Qualität, sondern meint ganz allgemein das Fortschreiten und Weiterspinnen der Lebensgeschichte in der Wechselwirkung mit der Entwicklung der kulturellen und mitmenschlichen Umwelt. Jedes Wirken verändert die Umwelt und wandelt die Beziehungen. Um wirksam zu bleiben, muss eine Person sich laufend neue Herausforderungen suchen. Ohne Herausforderungen lässt sich das Spannungsfeld, das für die Entfaltung psychischen Lebens Voraussetzung ist, nicht aufbauen und aufrechterhalten. Jeder Mensch möchte sich als wirksam erfahren. Bleibt das Beantwortetwerden im Vertrauten und Gewohnten, so vermittelt das wohl ein Gefühl von Sicherheit und Geborgenheit, löst aber wenig neue psychische Bewegungen und wenig intensives beantwortetes Wirken aus. Intensives beantwortetes Wirken ist andererseits der Inbegriff von Vitalität, Abenteuer und Risiko und macht die Faszination sportlicher Wettkämpfe oder krimineller und kriegerischer Aktionen aus, welche in den Medien einen breiten Raum einnehmen.

Menschen streben meist nicht bewusst und explizit ihre persönliche Entwicklung an. Persönliche Entwicklung ist eher ein implizites Nebenprodukt erzielter Wirkungen. Menschen sind dauernd tätig, dauernd im Austausch mit ihrer persönlichen Nische, auf die sie einwirken und von welcher sie beantwortet werden. Die Wirkungen schaffen Realitäten, die Ausgangspunkt neuer Pläne, neuer Intentionen, neuen Wirkens mit neuen Resultaten sind. Die Ergebnisse des

Wirkens beeinflussen die Motivation und die Einschätzung weiterer Wirkmöglichkeiten. Der Prozess des beantworteten Wirkens entwickelt seine Eigendynamik. In diesem Prozess entstehen jedoch immer wieder Brüche, dann nämlich, wenn die Fortsetzung des beantworteten Wirkens vonseiten der Person oder vonseiten der Bezugspersonen, durch Veränderung des Sinnzusammenhanges oder durch äußere Ereignisse nicht mehr stimmig ist. Die intentionale Korrespondenz zwischen Person und Bezugspersonen kann verloren gehen, es drängen sich Neudefinitionen von Zielen und Rollen in den Beziehungen auf. Es ist von großer Bedeutung, ob eine Person laufend neue Herausforderungen annimmt, sucht und sich ihnen stellt, oder ob sie diesen ausweicht und sie vermeidet, um das Bestehende zu erhalten. Es können Konflikte entstehen zwischen den übergeordneten Lebensplänen und den Möglichkeiten, diese in den Beziehungen zu realisieren (siehe dazu die Plananalyse von Franz Caspar, 1985). Die Person sieht sich etwa in einem Wirkungsfeld festgehalten, für welches sie nicht mehr motiviert ist. Oder sie fühlt sich aus einem befriedigenden Wirkungsfeld hinausgedrängt und findet in ihrer Kränkung nicht mehr die Motivation, ein neues Wirkungsfeld zu erschließen.

Viele Psychotherapiekonzepte basieren auf dem Konzept von psychischem Disstress, Überforderung der Anpassung und Bewältigung von Lebensbelastungen (coping). Persönliche Entwicklung ist jedoch mehr als bloße Anpassung an die Umwelt und Bewältigung von Belastungssituationen. Die persönliche Entwicklung wird geleitet von Lebensplänen, welche die Grundlage der Intentionen und des Wirkens bilden. Neue Pläne basieren auf neu geschaffenen Tatsachen. Die Realitäten sind der Stoff, aus dem sich die Phantasien bilden, die wiederum Ausgangspunkt intentionalen Wirkens sind. Das beantwortete Wirken muss sich sinnvoll einordnen lassen in übergreifende Perspektiven der Lebensentwicklung, um damit der Person eine Identifikation zu ermöglichen (sense of coherence, Antonovsky; Plananalyse, F. Caspar, 1985).

Im individuellen Lebenslauf gibt es Schwellensituationen, Übertritte in neue Lebensphasen, die einen gesellschaftlich erwünschten, normativen Charakter haben. Solche Übertritte sind im Allgemeinen im Berufsleben das Abschließen einer Ausbildung, die berufliche Verselbständigung, berufliche Beförderung, Stellen- oder Berufswechsel, Pensionierung. Im familiären Zusammenleben sind Schwellensituationen etwa das Zusammenziehen, Heiraten, die Geburt von Kindern, die Einschulung von Kindern, Wohnortswechsel, das Sich-Ablösen von Kindern, eventuell Scheidung, Wiederverheiratung, Neugründung einer Familie usw. Bronfenbrenner (1979/1881) spricht von ökologischen Übergängen, weil die Bewältigung von solchen Schwellensituationen jeweils nicht nur ein persönlicher Wandel ist, sondern mit umfassenden Veränderungen des Beziehungskontextes, der Nische einhergeht. Viele psychische Störungen treten im Zusammenhang mit der Belastung solcher Schwellensituationen auf. Der Übertritt in neue Lebensabschnitte erzeugt Angst, wird dabei doch etwas Vertrautes und Gewohntes verlassen und das Risiko des Scheiterns in einem neuen Wirkungsfeld eingegangen. Damit hängt das Vermeidungsverhalten gegenüber einem sich aufdrängenden persönlichen Entwicklungsschritt zusammen.

7.2 Ökologisches Prozessschema der Psychogenese psychischer Störungen

Bevor wir auf unser Konzept der ökologischen Fokaltherapie näher eingehen, soll anhand der Abbildung 6 (S. 289) der psychogene Anteil psychischer Störungen besprochen werden. Das Schema besagt, dass aufgrund einer spezifischen Beziehungslage ein situativ anstehender, angstbesetzter Entwicklungsschritt von der Person nicht vollzogen, sondern abgewehrt und vermieden wird. Die Vermeidung dieser notwendigen Entwicklung führt zur Einschränkung der persönlichen Wirksamkeit in Beziehungen, welche notdürftig durch Rückzug in phantasierte Wunschbefriedigung, Überkompensation (Persönlichkeitsstörung) oder Bildung krankhafter Störungen neutralisiert wird. Die Symptombildung bildet ein Moratorium, das von der unangenehmen Auseinandersetzung dispensiert. Dauert der dysfunktionale Zustand an, wird dessen Legitimation vor sich selbst und der Umwelt zu einem zentralen Anliegen. Es bildet sich eine störungszentrierte persönliche Nische, die zur Rechtfertigung und Fixierung des Zustandes beiträgt, was wiederum auf die Ausgangslage zurückwirkt und die Person im Vermeiden des anstehenden Entwicklungsschrittes weiter bestärkt. Auf diese Weise kann sich eine chronifizierte Störung entwickeln aus einer ungünstigen Korrespondenz von Person und Nische und einer sich wechselseitig fixierenden Vermeidungshaltung.

Was ist an diesem Schema ökologisch? Bei der Blockierung des anstehenden Entwicklungsschrittes handelt es sich um einen anstehenden Beziehungsschritt in der Gestaltung der Nische. Dieser wird vermieden aus Angst vor negativen Rückwirkungen in bestehenden Beziehungen oder aus Mangel an Unterstützung vonseiten der Bezugspersonen. Die blockierte Entwicklung kann auch das Vermeiden verbindlicher mitmenschlicher Beziehungen betreffen, das Vermeiden von Koevolution.

a) Ausgangslage

Die Ausgangslage gliedert sich in die situativ neuartige Herausforderung, die auf eine bestimmte persönliche und Beziehungskonstellation trifft.

Die persönlichen Ressourcen können reduziert sein durch Erschöpfung, Hoffnungslosigkeit und Mutlosigkeit. Es können Defizite vorbestehen durch Persönlichkeitsstörungen oder Charakterzüge (traits), welche die Flexibilität, auf die aktuelle Herausforderung zu reagieren, beeinträchtigen. Gehäufte Misserfolgserlebnisse und negative Vorerfahrungen führen zur Vermeidung von Risikosituationen. Es kann aber auch die Ausgangslage der Nische die Entwicklungsvermeidung begünstigen, so etwa die Abnahme von unterstützenden Ressourcen in Familie und Partnerschaft oder eine Einschränkung der Mobilisierbarkeit eines sozialen Unterstützungsnetzes, die Un-

288   Teil B: Praxis der ökologischen Psychotherapie

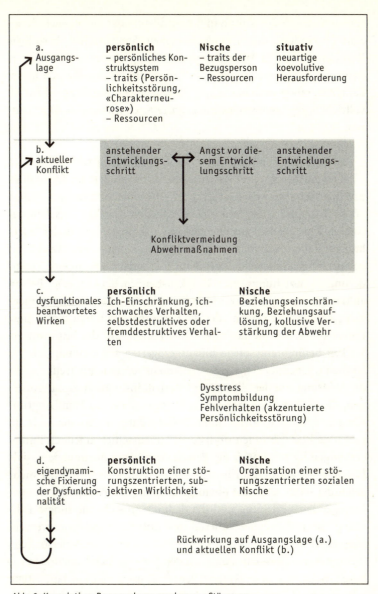

Abb. 6: Koevolutives Prozessschema psychogener Störungen

vertrautheit mit der Kultur, in der man lebt, oder die mangelnde soziale Einbindung durch Obdachlosigkeit, Stellenverlust, berufliche Zurückstufung oder Arbeitslosigkeit. Wichtig ist aber vor allem die situative Korrespondenz zwischen Person und Nische, die sich in der Fähigkeit, einen anstehenden, risikoreichen Entwicklungsschritt zu vollziehen, gegenseitig schwächen, anstatt sich wirksam zu unterstützen.

b) Aktueller Konflikt als blockierter Entwicklungsschritt

Der Ausbruch einer psychischen Störung oder der Entschluss, psychiatrische oder psychotherapeutische Hilfe aufzusuchen, stehen oft in Zusammenhang mit einem aktuellen Konflikt zwischen der Notwendigkeit, einen anstehenden Entwicklungsschritt in der Beziehungsgestaltung zu vollziehen, und dessen Blockierung. Was ist mit einem Entwicklungsschritt gemeint? Es handelt sich um eine Veränderung im Beziehungs- oder Tätigkeitsbereich, der sich einer Person aufdrängt, wenn sie ihre Wirksamkeit erhalten oder zumindest nicht verlieren will. Die Person oder die Bezugspersonen blockieren diese Entwicklung, weil sie negative Auswirkungen auf das beantwortete Wirken befürchten. Solche hinausgezögerten Entwicklungsschritte können die bereits erwähnten Schwellensituationen betreffen, etwa die Ablösung von den Eltern, der Übertritt ins selbständige Berufsleben, die Heirat nach jahrelanger Partnerschaft, die Familiengründung und Geburt eines Kindes, Entscheidungen also, die nicht an eine feste Zeit gebunden sind, deren Hinausschieben jedoch immer bedrängender wird, weil die Person damit in zunehmende soziale Isolation verfällt und ihr beantwortetes Wirken damit immer mehr gefährdet wird. Auch die hinausgeschobene Auflösung einer unbefriedigenden Beziehung und die dadurch entstehende innere Lähmung können zu einem überfälligen Entwicklungsschritt werden. Diesen Schritt zu vollziehen kann blockiert sein durch persönliche oder interaktionelle Umstände. Zu den persönlichen Umständen gehören Ängste vor jedem Wandel der Beziehungssituation, berechtigte oder unberechtigte Ängste vor Verlassenwerden, vor Endgültigkeit, dann aber auch Ängste, sich in eine Situation einzulassen, die man nicht mehr selbst zu kontrollieren vermag. Maßgeblich können auch Schuldgefühle sein, weil man mit dem Entwicklungsschritt kulturelle oder familiäre Regeln, Normen und Werte verletzt und dafür Strafe erwartet, dann aber auch Schamgefühle, weil man sich mit dem Vollzug des Entwicklungsschrittes dem Risiko von Kränkung, Blamage oder Versagen aussetzt. Die Angst vor Kränkung und Schmerz ist wohl die häufigste Ursache der Vermeidungshaltung.

Der Vollzug des anstehenden Entwicklungsschrittes kann jedoch auch mit der Rücksichtnahme auf Bezugspersonen zusammenhängen. Das, was in einer Beziehung für einen selbst ein Fortschritt ist, kann für die Bezugsperson ein Verlust sein. Jeder persönliche Entwicklungsschritt ist mit Veränderungen der Beziehung verbunden. Andere Personen können von diesen Veränderungen in Mitleidenschaft gezogen werden. Es kann zu Recht oder zu Unrecht befürchtet werden, dass Bezugspersonen mit dieser Verletzung nicht umgehen können und daran zerbrechen. Es können auch Loyalitätsbindungen und innere Verpflichtungen maßgebend sein, dass man eine Veränderung einer Bezugsperson nicht zumuten will.

c) Dysfunktionales beantwortetes Wirken

Fühlt sich die Person nicht in der Lage, den Konflikt über den anstehenden Entwicklungsschritt zu lösen, kann sie dazu neigen, diesen Konflikt aus ihrem Bewusstsein zu verdrängen. Die Person vermeidet die reflektierte Auseinandersetzung mit dem als unangenehm erlebten Konflikt, obwohl sie darunter leidet und unter zunehmenden inneren und äußeren Druck gerät. Durch das Erfordernis, den Konflikt innerlich abzuwehren, werden die psychischen Energien gebunden und die Person ist in ihrem Wirken unfrei und blockiert. Sie mag keine Pläne mehr schmieden, die dauernden Abwehrbemühungen machen sie starr, affektiv wenig schwingungsfähig und persönlich eingeschränkt. Sie neigt dazu, sich aus sozialen Beziehungen zurückzuziehen, sich überkompensierend falsch zu verhalten oder zu versuchen, sich der unerträglichen Situation mittels selbst- oder fremddestruktiven Verhaltens zu entledigen. Besonders verhängnisvoll wirkt sich aus, wenn die Bezugspersonen verstärkend auf dieses Fehlverhalten einwirken, indem sie sich zurückziehen und die Person sich selbst überlassen oder den Trotz der Person durch «pseudopädagogisches» Verhalten provozieren oder sich kollusiv mit der Abwehr der Person überidentifizieren und sich mit der Person gegen außen verbünden. Konfliktvermeidung und persönliche und kollusive Abwehrmaßnahmen führen somit zu einem eingeschränkten dysfunktionalen beantworteten Wirken.

Kommt es unter dem Disstress zur Dekompensation mit Entwicklung psychischer oder psychosomatischer Symptome, so bestärken diese das unerwünschte Rückzugsverhalten und dispensieren die Person von den Anforderungen, den anstehenden Entwicklungsschritt zu vollziehen. Durch die Symptombildung kommt es zu einer grundsätzlichen Umorganisation der Persönlichkeit und ihrer Nische. Das Thema der Symptombildung steht jetzt im Zentrum des psychischen Lebens und der Interaktionen. Das zuvor belastende Thema des anstehenden Entwicklungsschrittes wird neutralisiert und kann nun mit Hinweis auf die Symptombildung vermieden werden. Die Symptombildung bringt allerdings der Person und den Bezugspersonen auch viel persönliches Leiden. Oft ist dieses Leiden jedoch leichter zu ertragen als die Belastung durch eine nicht lösbare Konfliktsituation. An die Stelle des dysfunktionalen beantworteten Wirkens ist nun ein krankheitszentriertes beantwortetes Wirken getreten. Je länger der Zustand einer psychischen Störung andauert, desto mehr verfestigen sich die störungszentrierten Beziehungen. Die betroffene Person verliert oft ihre berufliche Position und nicht selten auch ihre Funktion in der Familie. Andere Personen nehmen ihren Platz ein und sind eventuell nicht bereit, diesen wieder abzutreten. Es entsteht nicht nur ein starker persönlicher Widerstand gegen die Veränderung der symptomzentrierten Lebenssituation, sondern auch ein Widerstand der Bezugspersonen. Je länger diese Situation andauert, desto mehr wird der auslösende Konflikt weggeschoben. Infolge der Symptombildungen entwickelt sich eine *eigendynamische Fixie-*

292 Teil B: Praxis der ökologischen Psychotherapie

rung. Therapeutisch sind in diesem chronifizierten Zustand die Patienten nicht mehr für eine Konfliktverarbeitung ansprechbar, sondern nur noch auf die Bewältigung ihres Leidens. Die innere und äußere Konfliktvermeidung vermittelt kurzfristig und vordergründig Erleichterung, Schutz des Selbstwertgefühls und Gewährleistung der Selbstkontrolle. Längerfristig schränkt sie jedoch den inneren und äußeren Aktionsradius der Person ein und beeinträchtigt das Selbstwertgefühl noch mehr.

d) Eigendynamische Fixierung der Dysfunktionalität

Die Unmöglichkeit, den anstehenden Entwicklungsschritt zu vollziehen, kränkt das Selbstwertgefühl. Dauert dieser Zustand an, so geht es nicht mehr um die Auseinandersetzung mit einem inneren oder äußeren Konflikt, sondern um die eigene Rechtfertigung und die Vermeidung weiterer Kränkungen. Person und Nische konstruieren eine störungszentrierte Wirklichkeit. Es werden nur noch jene Themen zugelassen, welche das Selbstwertgefühl trotz störungsbedingtem Versagen stützen und die subjektive Krankheitstheorie bestätigen. Die Ursachen gestörten Sozialverhaltens werden in äußeren sozialen Gegebenheiten lokalisiert, also etwa in Bezugspersonen oder Beziehungssituationen, die Ursachen psychischer oder somatischer Störungen in biologisch-physikalischen Gegebenheiten. Immer wieder unternommene Versuche, die psychischen Störungen zu überwinden, bestätigen deren Aussichtslosigkeit und fixieren die Lokalisierung der Ursachen in äußeren Umständen. Durch die Störungen dispensiert sich die Person von normalen Lebensanforderungen und wird darin von der Nische akzeptiert. Eine bewusste Auseinandersetzung mit dem Vermeidungsverhalten wird abgewehrt. In der Folge wird die soziale Ausgliederung immer stärker und die Beeinträchtigung des psychosozialen Funktionsniveaus immer größer. Vorbestehende Dispositionen zu Persönlichkeitsstörungen werden in ihrer Manifestation akzentuiert und dysfunktional-destruktiv verstärkt.

Die organisierte Persönlichkeitsstörung und krankheitsbestimmte persönliche Nische werden zur Ausgangssituation weiterer

Vermeidungen anstehenden Entwicklungsschritte und legitimieren die Fortsetzung dysfunktionaler Konfliktlösungen. Diese Fixierungen werden dann oft zur *Ausgangslage* (a) für die Vermeidung weiterer anstehender Entwicklungsschritte.

Nicht nur bei der Person, sondern auch bei der persönlichen Nische kommt es zu einer eigendynamischen Fixierung der Dysfunktionalität. Auch die Nische setzt der Veränderung und Infragestellung der Dysfunktionalität oft einen starken Widerstand entgegen. Oft ist es leichter, mit einer vertrauten Störung zu leben, als sich den Unwägbarkeiten und Risiken einer Veränderung auszusetzen. Die eigendynamische Fixierung der Dysfunktionalität wird zur negativen *Ausgangslage* (a) *der Nische.*

7.3 Der ökologische Fokus in der Einzeltherapie und dessen Formulierung

Der ökologische Fokus beruht auf einem einfachen Modell des Konfliktes zwischen einem anstehenden Entwicklungsschritt und dessen Blockierung. Der anstehende Entwicklungsschritt kann die Person, ihre Partner oder die persönliche Nische betreffen. Dieser Entwicklungsschritt wird vom Patienten abgewehrt, weil er die Wirksamkeit in aktuellen Beziehungen gefährdet. Entwicklungsschritte werden als Beziehungsschritte bearbeitet. Der Fokus soll nicht auf intraindividuelle Dynamik beschränkt werden, etwa auf das Bewusstwerden verdrängter Konflikte, sondern zentriert sich auf die Konflikte in den aktuellen Beziehungen.

Die von uns vorgeschlagene Formulierung des Fokus gliedert sich in fünf Absätze. Wir empfehlen die Formulierung mit folgender Formel:

Nachdem ich meine Beziehungen nach folgendem Leitbild gestaltet hatte ... was mir folgende persönliche Entwicklung ermöglichte ... und mir erlaubte, folgende Entwicklungen zurückzustellen

oder zu vermeiden ... traten folgende Veränderungen in meinen Beziehungen auf ... welche folgende Beziehungssituation herbeiführten ...
Jetzt stehen folgende Entwicklungen in meinen Beziehungen an ...
Welche erschwert werden durch folgende persönliche und situative Umstände ...
Welche gegenwärtig begünstigt werden durch folgende persönliche und situative Umstände ...
Erste Schritte in der angestrebten Richtung könnten sein ...

a) Die Formulierung des Beziehungs-Kontextes und der Ausgangslage: «Nachdem ich meine Beziehungen nach folgendem Leitbild gestaltet hatte ... was mir folgende persönliche Entwicklung ermöglichte ... und mir erlaubte, folgende Entwicklungen zurückzustellen oder zu vermeiden ... traten folgende Veränderungen in meinen Beziehungen auf ... welche folgende Beziehungssituation herbeiführten.»

Ausgegangen wird von der Formulierung der Leitidee, mit welcher der Patient seine bisherigen Beziehungen gestaltet hat. Dabei soll anerkannt werden, dass die bisherige Beziehungsgestaltung nicht durchwegs falsch oder verfehlt war, sondern vom Patienten und seinen Bezugspersonen als sinnvoll erfahren wurde und sich für das beantwortete Wirken ausreichend bewährt hat.

Häufig war das Bisherige gekennzeichnet von Rücksichtnahme und Sich-Zurückstellen, um damit bei anderen beliebt zu sein, andere nicht zu stören und keine offenen Konflikte oder Beziehungsabbrüche zu provozieren. Die bisherige Beziehungsgestaltung war durchaus eine Leistung, die viel Kraft und Anpassungsvermögen erforderte und der Person oft auch viel Leid verursacht hat. Dies sollte in der Fokusformulierung positiv anerkannt werden, bevor man sich mit dem nun anstehenden Entwicklungsschritt befasst.

Wir halten es, besonders in einer Kurztherapie, für wichtig, den Fokus nicht nur defizitorientiert zu formulieren, sondern die positiven Leistungen ausdrücklich anzuerkennen. Oft neigen Therapeuten, aber auch Patienten dazu, die vorangegangene Zeit rabenschwarz darzustellen, um das Gefälle zur verklärten therapeutischen Zukunft zu erhöhen. Patient und Angehörige müssen sich aber mit ihrer Vergangenheit versöhnen können. Der jetzt anstehende Schritt muss aus dem Vorangegangenen hervorgehen und ist nie etwas radikal Neues. Der Vollzug der anstehenden Entwicklung ist jetzt notwendig, weil Umstände eingetreten sind, für die das bisherige Verhaltensmuster nicht mehr ausreicht. Es braucht jetzt eine Erweiterung der bisherigen Perspektive und eine Differenzierung, Ergänzung und Änderung des bisherigen Verhaltensrepertoires. Die Anerkennung des bisher Geleisteten hat eine wichtige didaktische Funktion für die therapeutische Ausbildung. Der Therapeut wird dann eher fähig sein, kleine, bescheidene und persönlichkeitskompatible Modifikationen anzustreben und sich nicht in utopische therapeutische Maximalziele zu versteigen. Die Kunst der kleinen Zielsetzungen erscheint uns als eines der wichtigsten Ausbildungsziele, um sowohl dem Therapeuten wie dem Patienten verfehlte Ansprüche und Enttäuschungen zu ersparen.

Ausgangspunkt für die Therapie ist die Frage: «Why now?» (Stanton, 1992; Blaser, Heim et al., 1992). Warum ist die psychische Störung gerade jetzt aufgetreten oder hat sich jetzt verschlimmert? Welche Veränderungen in den Beziehungen haben sich ergeben, dass der Patient sich gerade jetzt und nicht ein Jahr früher oder ein Jahr später zur Therapie meldet? Möglicherweise wies der Patient schon über viele Jahre Persönlichkeitsstörungen auf, möglicherweise sogar Symptome, möglicherweise hat schon über Jahre eine schwere Konfliktsituation bestanden, die jedoch vom Patienten nicht angegangen wurde. Möglicherweise hat er die Auseinandersetzung jahrelang vermeiden können oder konnte schlecht und recht in dieser Situation leben. Was hat sich nun in der Nischenbeziehung verändert, dass es jetzt zur Dekompensation kam, dass jetzt eine Motivation entstand, einen Therapeuten aufzusuchen? Die Frage an den Patienten für die Formulierung des Kontextes lautet: «Was hat sich in Ihren familiären,

296 Teil B: Praxis der ökologischen Psychotherapie

beruflichen oder anderen Beziehungen verändert in der Zeit vor dem Ausbruch der aktuellen Störung bzw. in der Zeit, bevor Sie sich entschieden haben, mich jetzt aufzusuchen?»

b) Formulierung des anstehenden Entwicklungsschrittes in der Beziehungsgestaltung: «Jetzt stehen folgende Entwicklungen in meinen Beziehungen an ...»

Welchen persönlichen Entwicklungsschritt müsste der Patient vollziehen, um die aktuellen Herausforderungen in der Beziehungsgestaltung zu bewältigen? Oftmals konnten anstehende Entwicklungen aufgeschoben oder vermieden werden, weil die innere oder äußere Konstellation deren Bewältigung nicht erforderte. Die aktuelle Symptombildung oder Verschlechterung des Befindens weist jedoch darauf hin, dass ein weiteres Vermeiden der anstehenden Entwicklung mit einem gesunden Leben nicht mehr vereinbar ist. Die Frage an den Patienten geht in folgende Richtung: «Welche Veränderungen in Ihrem Beziehungsverhalten sind jetzt notwendig geworden?»

c) Erschwerende persönliche und situative Umstände: «Welche erschwert werden durch folgende persönliche und situative Umstände ...»

Die explorative Frage an den Patienten lautet: «Was steht dem Vollzug der Entwicklung entgegen, was blockiert sie?» Es kann sich dabei um persönliche Konstrukte handeln, die sich in den Erfahrungen der eigenen Lebensgeschichte gebildet haben, um persönliche Überzeugungen und Leitsätze, um Ängste vor Veränderung, vor Überforderung, vor persönlichem Versagen, vor Ohnmacht oder Selbstverlust, um Ängste vor Kontrollverlust, Angst vor unkontrollierbaren Affekten, insbesondere vor Aggressionen, um Ängste vor Kränkung, Zurückweisung, Isolation oder Liebesverlust. Neben persönlichen Ängsten, Scham oder Schuldgefühlen geht es insbesondere um Bedenken des Patienten, seinem Partner oder seinen Familienangehörigen den Entwicklungsschritt zuzumuten und damit das Risiko einzugehen, diesen Schaden zuzufügen, sie aus lebenswichtigen Aufgaben zu entlassen oder ihnen notwendige Unterstützung zu entziehen.

Das Anstreben der anstehenden Entwicklung kann aber auch blockiert sein durch Resignation über all die bisher gescheiterten Lösungsversuche. Hier ist sorgfältig zu prüfen, ob der anstehende Entwicklungsschritt eventuell gerade darin bestehen könnte, auf die Erfüllung einer mit inadäquatem Ehrgeiz angestrebten Karriere zu verzichten oder sich an einen unabwendbaren Verlust in Beziehungen oder im Wirkungsfeld anzupassen. Die Blockierung dieser Entwicklung liegt dann in einer tiefen Kränkung oder einem inneren Protest. Entwicklung heißt nicht immer mehr persönlicher Freiraum, mehr Unabhängigkeit oder erhöhte Wirksamkeit. Angesichts einer schweren Krankheit oder neu aufgetretener Behinderung des Partners kann ein Patient sich in Richtung einer persönlichen Verzichtleistung gezogen fühlen, gegen die sich ein Teil seiner selbst zur Wehr setzt. Es ist besonders wichtig für den Therapeuten, sich einer wertenden Stellungnahme zu enthalten und dem Patienten einen von der Meinung des Therapeuten abweichenden Entscheid zu ermöglichen.

d) Begünstigende persönliche und situative Umstände:
«Welche gegenwärtig begünstigt werden durch folgende
persönliche und situative Umstände ...»

Für die anstehende Entwicklung sind nicht nur die einschränkenden Defizite wichtig, sondern ebenso die unterstützenden Ressourcen. Dabei sollen in die Fokusformulierung nur jene Ressourcen einbezogen werden, die direkt und spezifisch die Bewältigung der anstehenden Entwicklung beeinflussen. Es geht also nicht um allgemeine persönliche Ressourcen wie normale Intelligenz, Gesundheit, gute berufliche Bewährung usw., sondern um Ressourcen, welche in der Therapie direkt fruchtbar gemacht werden können. Nicht selten handelt es sich dabei um dieselben persönlichen Eigenschaften, die auch als Defizite bezeichnet werden können. Abhängiges Verhalten kann eine besondere Fähigkeit sein, auf andere Bezug zu nehmen und auf sie einzugehen. Zwanghaftes Verhalten kann eine besondere Ernsthaftigkeit bedeuten. Emotionale Labilität kann eine belebende Wirkung auf Menschen haben, die eine strukturierende Aufgabe in einer Beziehung suchen. Bei den Ressourcen der situativen Umstände geht es sowohl um die soziale Nische, die materielle Nische, die kulturelle Nische sowie um die zeitlich-geschichtliche Verankerung, auf die der Patient im Vollzug der jetzt anstehenden Entwicklung zurückgreifen kann.

e) Erkennen ließe sich die angestrebte Entwicklung an folgenden Schritten: «Erste Schritte in der angestrebten Richtung könnten sein ...»

Um die Therapieziele möglichst konkret zu halten, soll auch formuliert werden, an welchen Verhaltensänderungen in Beziehungen es sich erkennen ließe, dass der Patient in die anstehende Entwicklung eingetreten ist und darin Fortschritte erzielt hat. Das Eintreten in die anstehende Entwicklung zeigt sich ja bereits in der Bildung eines psychogenen Symptoms, dessen Funktion es ist, eine sich bereits anbahnende Entwicklung zu blockieren. Ein weiterer Teilschritt kann im Aufsuchen eines Psychotherapeuten liegen, womit der Patient grundsätzlich die Bereitschaft signalisiert, durch Einbezug einer professionellen Außenperson eine unausweichlich gewordene Entwicklung in seinen Beziehungen in Betracht zu ziehen. Entwicklungsschritte sollten wo möglich in einer Veränderung der aktuellen Beziehungen fassbar sein, in Verhaltensänderungen oder in veränderten Einstellungen zu Partnern. Am Ende der Therapie sollte das beantwortete Wirken des Patienten verbessert sein. Dies kann erreicht werden durch Verbesserung der Beziehung zu der vorbestehenden Nische, es kann aber auch sein, dass eine Trennung von Bezugspersonen ansteht, ein Loslassen und Abschiednehmen und damit die Fähigkeit, in neue Beziehungen einzutreten.

Beispiel Andreas B.

Der Patient wurde unserer Psychiatrischen Poliklinik von der Neurologischen Klinik zugewiesen. Er ist ein 40-jähriger Angestellter in einem öffentlichen Betrieb, gelernter Schlosser, ledig und allein wohnend. Er leidet an Spannungskopfweh, Ohrensausen, Schwindel, Schlafstörungen, Essstörungen, Enge im Hals, Enge in der Brust und Angst vor Aids. Wiederholte HIV-Tests waren negativ. Er erwacht nachts schweißgebadet.

Zur Anamnese: Der Patient ist als jüngstes von drei Kindern aufgewachsen. Sein Vater ist 79-jährig, pensionierter Postbeamter; der Patient erlebte ihn in der Kindheit als schwach, wenig durchsetzungsfähig, gutmütig und selbstunsicher. Heute ist er trotz seines Alters sehr aktiv, gesund, kräftig und initiativ. Seine Mutter, 75-jährig, arbeitete früher als Putzfrau. Sie war sehr dominant und streng und erpresste die Familienangehörigen mit Weinen, gegen das sich niemand zu wehren verstand. Heute hat sie sich eher zurückgezogen und verhält sich passiv. Die ältere Schwester ist verheiratet, der vier Jahre ältere Bruder ist ebenfalls ledig, allein stehend, aber beruflich erfolgreich. Der Patient verbrachte eine unauffällige Kindheit. Er absolvierte eine Lehre; 20-jährig zog er von zu Hause aus. Zu dieser Zeit begannen seine persönlichen Schwierigkeiten. Er zog nach Zürich und verlor damit die dörfliche Geborgenheit. Er hatte dann eine erste, intensive Beziehung zu einer Freundin, mit deren Vater er gemeinsam ein Geschäft aufbaute. Der Vater der Freundin zog sich dann aber zurück, das Geschäft musste liquidiert werden, wobei der Patient viel Geld verlor. Er war Mitglied eines Motorrad- und eines Autoclubs. Er arbeitet nun seit vielen Jahren im gleichen Staatsbetrieb, wo er als Gruppenchef eingesetzt wird. In der Arbeit ist er unausgefüllt, die Arbeit steht unter seinem Ausbildungsniveau und seinen persönlichen Fähigkeiten. Er fühlt sich am Arbeitsplatz überflüssig, kann sich aber wegen der ausgebauten sozialen Sicherheit nicht entschließen, eine neue Stelle zu suchen. Er erlebt sich als Versager, weil er mit vierzig Jahren kein Erspartes hat, sondern über Fr. 15 000,– Schulden.

30-jährig ging er eine neue intensive Beziehung ein; die neue Freundin kam allgemein mit dem Leben schlecht zurecht. Er konnte ihr persönlich, aber auch finanziell wesentlich helfen. Nach drei Jahren wurde bekannt, dass diese Freundin HIV-positiv war. Der Schock über diesen Befund veranlasste sie in der Folge, harte Drogen, insbesondere Heroin einzunehmen. Mehrere Entzugsbehandlungen führten zu keinem Resultat. Vor zwei Jahren starb sie an Leberkoma infolge einer Hepatitis. Die Familienangehörigen des Patienten hatten diese Freundin immer abgelehnt. Der Patient fühlte sich jedoch von dieser Frau gebraucht. Er war aber nach ihrem Tod enttäuscht, dass ihre Angehörigen, aber auch die gemeinsamen Freunde ihn im Stich ließen und ihm keine Dankbarkeit zeigten. Der Patient zog sich allgemein aus allen sozialen Beziehungen zurück. Gleichzeitig trat in den letzten Monaten starkes Kopfweh auf, wodurch die Rückzugstendenzen des Patienten noch verstärkt wurden. Der Patient vertrieb sich die Zeit mit Fernsehen und ziellosem Herumfahren in seinem Auto. Im therapeutischen Gespräch gibt sich der Patient etwas wurstig, betont gemütlich und konfliktvermeidend. Er bietet sich als lieber Kerl und guter Kamerad an. Er ist eloquent und neigt – wenn er vom Therapeuten nicht unterbrochen wird – dazu, unstrukturiert vor sich hin zu sprechen, ohne dabei viel zu sagen. Stimmungsmäßig ist er subdepressiv. Seine Beschwerden verstärken sich vor allem über das Wochenende, wenn er allein ist.

Wir stellten die Diagnose eines Somatisierungssyndroms bei einer dependenten, konfliktvermeidenden Persönlichkeit. Die Therapie von 15 Sitzungen wurde durch Dr. Robert Frei durchgeführt. Im folgenden Ausschnitt aus dem zweiten Gespräch sind jene Passagen hervorgehoben, die für die Fokusformulierung bedeutsam waren:

1 P Ich habe Schwierigkeiten bekommen mit dem Kopf, es ist gesundheitlich nicht gut gegangen. Ich hatte Angst, als ich alleine war. Nach ihrem (der Freundin) Tod hing ich in der Luft. Da habe ich Angst bekommen, bin nachts erwacht. Das ist schon viel besser. Ich hoffe, dass es nächstes oder übernächstes Jahr sich wieder einpendelt.

2 T Sie haben lange gewartet, bis Sie zum Arzt gegangen sind.

3 P Ich habe das noch vom letzten Mal gekannt. Bei der letzten Tren-

nung war es nicht so schlimm, da habe ich gedacht, es geht jetzt halt etwas länger. Aber es ist immer schlimmer geworden.

4 T Sie haben gedacht, das vergeht wieder, aber es ist dann immer schlimmer geworden mit dem Druck auf dem Kopf.

5 P Es ist erst letzten Winter richtig schlimm geworden, als ich gar nichts mehr gemacht habe. Ich war einfach nur noch zu Hause, habe gar nichts mehr unternommen.

6 T Ist das parallel gegangen, dass Sie nichts mehr gemacht haben und der Druck hat zugenommen?

7 P Ja, ja.

8 T Und die Ängste haben auch zugenommen?

9 P Und schlecht ist mir auch geworden, so ein Würgen im Hals. Ich musste mich zwingen zum Essen. Dann habe ich mit dem autogenen Training angefangen. Und jetzt auch mit Sport. Es ist noch nicht gut, aber viel besser. Jetzt kann ich plötzlich nicht mehr gut zu Hause sein.

10 T Das ist jetzt neu, *früher sind Sie ganz allein zu Hause geblieben und jetzt halten Sie es nicht mehr aus?*

11 P *Ich möchte nicht, dass es mir wieder so schlecht wird, wenn ich immer zu Hause bleibe. Jetzt weiß ich, dass ich etwas machen muss, damit ich lebe.* Deshalb mache ich Sport, nicht aus Freude, sondern weil es gesund ist. Ich mache es, weil es gut tut. Ich habe gelesen, dass zu der Anspannung auch die Entspannung gehört. Wer regelmäßig mindestens 25 Minuten im Tag Sport treibt, der werde nicht mehr depressiv. Ich habe jetzt selber gesehen, dass es stimmt.

In 10 und 11 wird deutlich, wie der Therapeut lediglich Bewegungen verstärkt und unterstützt, welche der Patient selbst anstrebt.

12 T Das hat auch diese Wirkung gehabt?

13 P Ja, ich habe jeden Tag Appetit wie schon lange nicht mehr. Es ist schon besser, jetzt muss ich noch das Magnesium nehmen und die Vitamine in den nächsten Monaten. Von einem Tag auf den anderen geht das nicht.

14 T Aber Sie haben doch auch gemerkt, dass es parallel geht mit einem Rückzug aus dem Leben?

15 P *Mit dem Rückzug habe ich das bekommen. Ich bin wahrscheinlich keiner, der allein sein kann.* Ich habe niemanden gebraucht, habe nur meine Freundin gehabt, das ist tipptopp gegangen. Aber es war ein Fehler.

16 T Nachträglich kann man das so sagen, aber im Moment war es ja gut für Sie.

17 P Ich hatte keine körperlichen Beschwerden.

18 T Sie haben vorher noch etwas gesagt, was mich bemerkenswert dünkt. *Sie haben gesagt, Sie hatten sich zurückgezogen und waren dann nicht mehr nützlich, für niemanden von Nutzen.*

19 P Das ist auch jetzt noch so, ich weiß eigentlich gar nicht, wofür ich da bin. Klar mache ich das jetzt für mich, aber ...

20 T Aber ist das zu wenig nur so für sich, Sie möchten auch für jemand andern nützlich sein, meinen Sie das so?

21 P *Ich habe immer gerne anderen geholfen.* Ich bin zwar immer *ausgenützt* worden. Ich war immer *zu gutmütig, habe Geld gegeben,* das nicht mehr zurückgekommen ist.

22 T Ich glaube, Sie haben damit etwas Wichtiges angesprochen; ich glaube, dass sich bei Ihnen etwas meldet, das Ihnen anzeigt, dass eine Veränderung notwendig ist. Sie merken das vielleicht eher am Druck im Kopf, Ohrensausen, Hals zuschnüren. Das ist aber vielleicht eher ein Zeichen, dass sich etwas so entwickelt hat, dass es eine Korrektur braucht. Aber etwas Wichtiges ist darin noch nicht enthalten, nämlich, dass die Aktivitäten auch in Bezug auf jemand anderen einen Sinn haben können. Sie machen es im Moment allein für sich, ohne Wirkung nach außen. Zur Arbeit haben Sie gesagt, dass das kaum jemand merkt, wenn Sie nicht hingehen würden ... Dabei sind Sie aber jemand, der gerne hilft. Das geht doch ganz schlecht zusammmen. Dass Sie für niemanden mehr eine Aufgabe haben, niemand merkt, ob Sie überhaupt da sind.

23 P Ich könnte schon zu Kollegen gehen. Es fehlt nicht daran, aber

das ist nicht die Richtung, die ich gehen möchte. Es sind irgendwie nicht die richtigen Leute, es muss passen, damit ich näher auf sie zugehen kann. So suche ich immer Umwege, bringe Notlügen, damit es nicht zu eng wird.

24 T Was wäre denn nicht gut, wenn Sie sich mehr einlassen würden?

25 P Ich weiß eigentlich auch nicht recht, ich hatte immer nur Zweierbeziehungen, viele Kontakte hatte ich nie.

26 T Sie haben gesagt, es gäbe schon Leute, die sagen, komm, wir machen etwas miteinander, aber dann gehen Sie mehr auf Distanz.

27 P Genau o wie gestern, als ich im Pub war, da bin ich dann später zusammen noch mit dem Auto irgendwo hingefahren. So geht das schon, aber sobald es etwas Festes werden könnte, weiche ich aus. Festen Abmachungen gehe ich aus dem Weg.

28 T Können Sie sagen weshalb?

29 P Ich weiß es eigentlich auch nicht. Ich sage dann, ich komme vielleicht auch, obwohl ich genau weiß, dass ich nicht hingehe. Es ist eigentlich blöd.

30 T Das beschäftigt mich aber doch noch. Mir kommt es vor *wie ein Schutz, dass sie sich gar nicht in Verpflichtungen einlassen wollen.*

31 P *Genauso ist es. Ich habe genug davon,* dass ich so viele Taxidienste gemacht habe in den 6 Jahren. *Immer für die anderen. Am Schluss bin ich allein dagestanden mit Schulden, und kein Mensch hat sich um mich gekümmert ... Jetzt möchte ich mehr für mich schauen. Aber allein sein kann ich auch nicht.*

32 T Hat Sie das denn auch enttäuscht, dass Sie sich so eingesetzt haben für andere. Und zum Schluss kümmert sich niemand mehr um Sie.

33 P Ja, ja, allerdings bin ich zu Beginn froh gewesen, dass niemand da war. Aber mit der Zeit hat es mir doch wehgetan.

34 T Heißt das, wenn Sie jetzt wieder Beziehungen eingehen würden, dass Sie dann auch ausgenützt werden könnten, weil Sie *nicht nein sagen könnten, wenn man sie um etwas fragt?*

35 P *Das ist schon passiert, man hat mir wieder Geld abgebettelt, dann habe ich halt gegeben.*

304 Teil B: Praxis der ökologischen Psychotherapie

36 T Da konnten Sie auch nicht nein sagen?

37 P Ja, er hat schon versprochen, dass er es mir wieder zurückgibt.

38 T Das könnte Ihnen also wieder passieren, dass Sie als gutmütiger Kerl wieder ausgenützt würden. Dann halten Sie sich eher zurück und distanzieren sich von Beziehungen, damit das gar nicht erst passiert. Vielleicht ist das im Moment eine gute Reaktion.

39 P Deshalb *bin ich eigentlich gerne allein, dann muss ich niemandem Rechenschaft ablegen. Aber ich bin trotzdem nicht gerne allein.*

40 T Ich verstehe, dass die Schwierigkeit in Beziehungen darin besteht, dass Sie ausgenützt werden könnten. Sie geben gern und können nicht nein sagen. Dann entsteht ein Ungleichgewicht und eine Abhängigkeit. Sie werden dann ausgenützt und aus diesem Grund haben Sie lieber gar keine Beziehungen. Aber man könnte auch sagen, vielleicht würden die Beziehungen besser laufen, wenn Sie *sich klarer abgrenzen und die dabei auftretende Spannung aushalten,* dass Sie sich weniger ausnützen lassen, dass Sie sich eher *zurückhalten würden mit dem Geben und nicht zu viel helfen wollen.*

41 P Ja, *ich bin eben zu gutmütig.*

42 T Aber was ist es denn, dass Sie so gutmütig sind?

43 P Ich weiß es auch nicht. Ich *habe so eine Sehnsucht nach jemandem,* aber ich getraue mich trotzdem nicht mehr, auf jemanden zuzugehen. *Ich möchte sie dann nicht verlieren.* Das habe ich schon bei meiner Freundin so gemacht. Ich habe ihr die Drogen bezahlt, obwohl ich genau wusste, dass jemand, der der Freundin Drogen bezahlt, blöd ist, *aber ich wollte sie nicht verlieren. Und demjenigen, dem ich Geld gegeben habe, der hat mich auch hin und wieder geholt, als ich so allein war. Jetzt möchte ich ihn nicht wieder verlieren, obwohl wir gar nicht auf der gleichen Linie sind.*

44 T Das heißt aber, dass *Sie eher geben, weil Sie Angst haben, dass die anderen sonst nichts mehr von Ihnen wissen wollen.*

45 P *Ja genau.* Obwohl es wahrscheinlich gar nicht so ist. Vielleicht heißt es dann hinter meinem Rücken, der ist ein Dummkopf, dass der immer Geld gibt.

46 T Das heißt, die Gutmütigkeit hat auch etwas mit einer Angst zu tun, sonst allein zu sein. Und *dann sind Sie in der Gefahr, dass das ausgenützt werden kann.*

47 P *Ja, das merken die Leute natürlich.*

48 T Das heißt auch, dass Sie merken, dass das so nicht gut ist, und deshalb halten Sie sich mehr auf Distanz. Aber andererseits sind Sie so auch nicht glücklich.

49 P Nein, eben nicht.

Für die Fokusformulierung erschienen uns folgende Äußerungen aus den ersten zwei Sitzungen relevant: Der Patient fühlt sich zum sozialen Rückzug veranlasst aus Angst, in neuen Beziehungen keinen Widerstand leisten zu können, sondern sich erneut ausbeuten zu lassen. Er kann keine Konflikte aushalten, sondern will sich immer beliebt machen und fühlt sich aufgewertet, wenn er anderen helfen kann. Das hat ihn jedoch in schwere Schulden gebracht, die er seit dem Tod der Freundin vor zwei Jahren nun nahezu abgebaut hat. Der Patient gibt an, dass sein Selbstwertgefühl im Eimer sei, weil er mit 40 Jahren keine Ersparnisse habe und auch kein interessantes Hobby ausübe. Er ist der Meinung, er müsse zuerst über ausreichendes Geld verfügen und seine berufliche Position verbessern, um dann erst einer allfälligen Freundin mit begründetem Selbstbewusstsein entgegentreten zu können.

Es wurde in der Intervision folgender Fokus schriftlich formuliert:

— **Nachdem ich** immer wieder die Fähigkeit gezeigt hatte, mich anderen anzupassen, zu helfen und mich auf andere einzustellen und dabei immer wieder Beziehungen eingegangen bin, in denen ich beliebt war und gebraucht wurde, bekam ich nach dem Tod meiner Freundin den Eindruck, dass ich mich in Beziehungen immer wieder ausbeuten ließ, ohne dafür Dank und Anerkennung zu erhalten, sodass ich mich in der Folge allgemein aus Beziehungen zurückgezogen habe.

— **Jetzt steht als Entwicklung an,** dass ich Beziehungen anstrebe, in denen ich mehr Widerstand leiste, meine Interessen stärker zu vertreten wage und eigene Ansprüche in Beruf und Beziehungen stelle,

- **was erschwert wird** durch meine Angst, bei anspruchsvollen Aufgaben zu versagen, und durch meine Befürchtungen, weniger beliebt zu sein oder abgelehnt und verlassen zu werden, verbunden aber auch mit der Angst, mich in neuen Beziehungen wieder im Übermaß vereinnahmen zu lassen,
- **was erleichtert wird** durch meine Kontaktfähigkeit und Geselligkeit sowie meine gute Beziehung zum Therapeuten.
- **Schritte zu dieser Entwicklung wären,** dass ich meinen Rückzug überwinde und mir zuerst eine finanzielle Basis schaffe und mich beruflich verbessere, um mich damit besser behaupten zu können. Ferner dass ich mich in Freizeitgruppen einbringe und versuche, mich dort in Beziehungen besser abzugrenzen. Und dass ich trotz meiner Sehnsucht nach einer intimen Zweierbeziehung das konkrete Eingehen einer Partnerschaft noch zurückstelle.

Unmittelbar und unter der Therapie aktiviert sich der Patient. Er beginnt, wieder Sport zu treiben, unter die Leute zu gehen und sich in Kneipen mit Kollegen zu unterhalten. Er unternimmt auch Autofahrten mit Frauen, meidet jedoch verbindliche Beziehungen und achtet darauf, sich finanziell nicht ausbeuten zu lassen. Er hat mit Tauchen ein neues Hobby begonnen, das ihm viel Freude bereitet und ihm ebenfalls neue Kontakte verschafft. In erstaunlich subtiler Weise sieht er selbst die Notwendigkeit, vorläufig auf das Eingehen einer intimen Zweierbeziehung zu verzichten, obwohl er starke Sehnsucht nach einer Frau hätte. Er ist aber selbst der Meinung, zum jetzigen Zeitpunkt müsste eine Beziehung scheitern und bald wieder zu ähnlichen Mustern führen wie früher. Der Patient kann wenig mit sich allein anfangen, sondern scheint persönliche Fortschritte am ehesten im Erfahren neuer Beziehungen und Aktivitäten erreichen zu können.

Gesprächsausschnitt aus einem der letzten Gespräche der Therapiephase:

1 P Das nächste Jahr werde ich wieder einen Schritt mit Frauen machen. Das fehlt mir schon, auch wenn ich es nicht zugeben will. Wenn man sich noch nicht getraut, mit Frauen zusammen zu sein, sage ich mir halt, es ist noch zu früh. Dabei ist es nur die Angst, die mich hindert.

2 T Was für eine Angst ist es denn?

3 P Ja, zum Schluss war es eben nicht mehr schön mit meiner Freundin. Obwohl es sicher Frauen gibt, mit denen es total happy wäre. Aber ich könnte wieder in etwas hineingeraten, wo ich sagen würde: Oh, hätte ich nur nicht ...

4 T Das habe ich nicht recht verstanden.

5 P Die Beziehung war natürlich nichts mehr wert zum Schluss und das ist immer noch da. Gerade heute, als ich beim Letten vorbeigefahren bin ... Ich sehe die Mädchen dort, und so hat sie auch ausgesehen ... Dann ist es wieder da.

6 T Werden Sie dann traurig?

7 P Traurig nicht gerade, aber wenn ich Frauen betrachte ... Ich sitze im Kurs neben einer, die wäre vermutlich ganz anders, aber man weiß nie. Weil die Frauen auch nie die Wahrheit sagen ... Ich habe auch vieles nicht gewusst, ich habe nicht gewusst, dass meine Freundin tablettensüchtig war mit 18 und dass sie einen Freund hatte, der gefixt hat ... Das sind alles Sachen, die verschwiegen werden. Warum kann man nicht sagen, wer man ist?

8 T Sie sagen, dass Sie eher aus einer Angst heraus sagen, es ist noch zu früh, ich will jetzt noch keine. Ist es die Angst, dass Sie wieder hineinfallen könnten?

9 P Die Angst ist da, weil ich gar nichts habe, und wenn ich eine kennen lerne, die zwanzig-, dreißigtausend gespart hat, dann komme ich mir blöd vor, mit 40 Jahren. Dann kommt das Versagen hervor, weil ich viel Blödsinn gemacht habe.

10 T Dass Sie eher als Versager dastehen (und die Frauen haben etwas erreicht).

11 P Deshalb komme ich mit denjenigen sofort in Kontakt, bei denen

es auch nicht gegangen ist im Leben. Mit andern habe ich viel mehr Mühe ... mit jenen, die ein Ziel hatten. Eigentlich sollte ich mich diesen mehr anschließen als den andern. (Man sagt ja, ein Alkoholiker findet den andern sofort.) Ich merke das auch sofort, wenn jemand gerne trinkt ...

12 T Und in Bezug auf Frauen, heißt das, dass Sie dann auch Frauen finden, die ...

13 P Am liebsten hätte ich eine, die auch etwas durchgemacht hat im Leben ... keine, bei der alles perfekt ist, obwohl die besser wären für mich. Aber da habe ich Mühe ...

14 T Weil Sie sich als Versager vorkämen daneben?

15 P Ja, ich mache zwar gerne etwas, aber ich bin eben auch ein Hänger-Typ, der gerne die Beine hochlagert, etwas trinkt, raucht und nicht viel tut. Obwohl ich ja den ganzen Tag nicht viel zu tun habe. ... Ich unternehme jetzt etwas, damit es im Beruf interessanter wird. Dort liegt ein großer Frust. Den ganzen Tag habe ich die andern arbeiten gesehen, und ich habe wieder von oben zugeschaut und gewartet, bis Mittagpause war. ... Ich habe noch ein wenig Angst, weil ich weiß, dass ich eine Frau haben sollte, die mich führt und sagt jetzt machen wir das so.

16 T Warum meinen Sie, Sie brauchten eine solche Frau?

17 P Ich gerate leicht ins Schwärmen, dann bin ich spendierfreudig.

18 T Dann würden Sie zu viel verbrauchen?

19 P Ja, das würde schnell wieder anfangen ... Ich habe gerade heute wieder einen Brief einer Kleinkreditfirma erhalten, bei der ich vor Jahren Kunde war. Alles schon perfekt vorbereitet als Angebot zum Geldaufnehmen. Ich musste es sofort weglegen, aber es hat mich wieder gereizt. Viele Dinge, die ich kaufen könnte, sind mir durch den Kopf gegangen.

20 T Wenn Sie eine Frau kennen lernen würden, dann wären Sie eher in Gefahr.

21 P Ich bin da zu weich, zu spendierfreudig. Nach einem Glas Wein kann man mich um den Finger wickeln. Da kenne ich mich gut. Es geht jetzt noch drei Monate, dann habe ich alles zurückbe-

zahlt. Wenn es dann wieder einen Kredit gibt, dann habe ich es wenigstens einmal bis null geschafft. Das ist ein Ziel.

22 T Das ist ein Ziel, das Sie zuerst erreichen möchten?

23 P Auf null und 10 000 gespart, das wäre eine Leistung mit 40. Dann könnte ich sagen, jetzt habe ich es einmal durchgezogen.

24 T Wenn Sie aber jetzt eine Frau kennen lernen würden, dann könnte sie Sie wieder um den Finger wickeln und dann hätten Sie wieder Schulden?

25 T Ich kann dann nicht in der kleinen Wohnung bleiben, dann gingen wir aus, wo es viel kostet.

26 T Sie möchten dann der Frau etwas bieten?

27 P Das wäre schon ein Wunsch. Zu bieten habe ich ja nichts. Ich kann ihr nur das Herz schenken, sonst nichts … In den Inseraten steht, dass die Treue gesucht sei, aber letztlich geht es doch nur um das Materielle, nicht um die Liebe … Ich möchte lieber das Herz austauschen und das andere käme dann vielleicht von selbst. Ich bin eher romantisch.

28 T Wäre es auch denkbar, dass Sie anders reagieren könnten, wenn Sie wieder eine Frau kennen lernen? Dass Sie sich weniger einwickeln lassen und aus lauter romantischen Gefühlen Ihre Grundsätze vergessen?

29 P Wenn ich einmal im Plus bin, und aus der Abhängigkeit des Abzahlens heraus bin, ja. Mit der Miete und so bin ich nicht daneben. Wenigstens möchte ich keine Kredite am Hals haben.

30 T Was wäre der Unterschied, wenn Sie dann eine Frau kennen lernen?

31 P Dann könnte ich wenigstens sagen, das habe ich auch einmal erlebt, aber das ist Vergangenheit. Und ich habe es geschafft.

32 T Dann könnten Sie einer Frau auch anders gegenüberstehen?

33 P Ja, sonst hat man kein Selbstvertrauen … Man ist natürlich auf der untersten Stufe als Schuldner. Ich könnte nicht mit Millionenschulden leben und mich gut fühlen.

34 T Sie fühlen sich unterlegen, wenn Sie Schulden haben.

35 P Unterlegen, und eben 2. Klasse.

36 T Aber heißt das, dass Sie keine Frau kennen lernen können, solange Sie zweitklassig sind, weil Sie dann nur zweitklassige Frauen finden?

37 P Ich weiß nicht, der Freundin hat das zwar nicht viel ausgemacht. Die hat auch Kredite aufgenommen, da musste ich nicht groß dastehen.

38 T Aber Sie möchten ja nicht mehr in das Gleiche hineinrutschen?

39 P Nein, natürlich nicht, aber wenigstens da herauskommen … Zwar habe ich niemanden, aber auf der andern Seite ist es gut geworden bei mir. Wenn ich ehrlich sage, wie es mir geht, tut mir das besser, als wenn ich mich verstecken muss. Vordergründig mit Krawatte und schönem Auto, aber dahinter sind nur Schulden. So musste ich leben vorher. Wie die meisten. Ein Großteil der Bevölkerung kann keinen Monat überleben, wenn der Lohn einmal ausbleibt … So ist es auch bei mir. Jetzt gerade nicht, jetzt habe ich 4000 für einen Monat.

40 T Das heißt für Sie auch: Wenn Sie stärker dastehen, sicherer im Leben, dass Sie dann auch anders auf die Leute zugehen könnten?

41 P Ich glaube schon. Es würde mir gut tun, Fr. 50 000 zu gewinnen. Dann könnte ich noch ein paar Sachen kaufen, damit ich wieder Mensch bin. Das richtige Auto für einen 40-Jährigen und so. Man sollte auch ein wenig reifen. Ich habe gelesen, dass man nach 20 Jahren vom Erreichten leben sollte.

42 T Und das können Sie nicht?

43 P Nein, das kann ich nicht, ich musste zurückkrebsen. Mit 60 sollte man dann ernten können.

44 T Das haben Sie gelesen?

45 P Ja, mein Bruder hat ein Buch über Geld.

46 T Das ist mehr auf Geld ausgerichtet.

Bei Therapieende nach achtzehn Sitzungen haben sich folgende äußere Veränderungen ergeben: Die ursprünglichen körperlichen Symptome und nächtlichen Ängste sind bereits nach wenigen Sitzungen verschwunden. Der Patient ist aus der Wohnung, die er mit seiner Freundin bewohnt hatte, ausgezogen und fühlt sich dadurch befreit und zu einem Neuanfang bereit. Er hat sich in seinem Betrieb um einen anspruchsvolleren Posten beworben, wofür er gegenwärtig einen PC-Kurs absolviert. Er ist dabei erfolgreich, was sein Selbstbewusstsein stärkt. Das Abzahlen der Schulden verläuft programmgemäß und wird in drei Monaten abgeschlossen sein.

Das Neinsagen in Beziehungen übt er aktiv, indem er Nachtlokale aufsucht, in welchen er von thailändischen Animierdamen bedrängt wird, die von ihm zum Trinken eingeladen werden wollen. Dabei gerät er immer wieder in erhebliche Ängste, sich vereinnahmen zu lassen. Mit dem Eingehen einer Partnerbeziehung will er sich Zeit lassen. Nach achtzehn Sitzungen beendigt er die Therapie, indem er dem Therapeuten sagte: «Sie haben jetzt Ihren Job getan, nun muss ich meinen Teil selbst machen.» Im Kontrollgespräch nach einigen Monaten zeigt es sich, dass der Patient seine Fortschritte weiter konsolidiert und vertieft hat. Die ursprüngliche Fokusformulierung musste nicht revidiert werden. Der Therapieprozess und das Therapieergebnis liegen im Rahmen der schriftlichen Formulierung.

7.4 Wie entnimmt der Therapeut den Fokus aus den ersten Gesprächen?

Wie groß ist die Übereinstimmung verschiedener Therapeuten in der Fokusformulierung? Lassen sich objektivierbare Kriterien für die Identifikation des Entwicklungsschrittes finden?

Die Formulierung eines Fokus ergibt sich aus einer gemeinsamen Suchbewegung von Therapeut und Patient. Der Patient stimuliert die Hypothesengenerierung des Therapeuten durch das Material, das er ihm anbietet, der Therapeut stimuliert die Gestaltung des Materials des Patienten durch seine Fragen. Der Fokus entsteht aus der Wechselwirkung von *Themata, die der Patient anbietet,* und *Schemata des*

Therapeuten, die seine selektive Wahrnehmung strukturieren (Kächele et al., 1990). Es ist auch eine Leistung des Patienten, wenn er es dem Therapeuten möglich macht, das angebotene Material zu einer sinnvollen Gestalt zu ordnen, was wiederum auf den Patienten zurückwirkt und dessen Therapiebereitschaft stimuliert (Holm-Hadulla, 1990). Der Therapeut stellt mit den fünf Schritten der Fokusformulierung das Gefäß bereit, dessen Inhalt der Patient füllt und anreichert. Ausgangspunkt für das Entnehmen des Fokus ist die Frage, weshalb ein Patient sich gerade jetzt beim Therapeuten meldet, welche aktuellen Veränderungen in den Beziehungen Anlass gaben zum Auftreten oder zur Verschlimmerung von Störungen und Schwierigkeiten des beantworteten Wirkens.

Die Frage, wie der Therapeut wissen will, was für den Patienten der anstehende Entwicklungsschritt ist, lässt sich nur pragmatisch beantworten. Das selektive Ausrichten der Aufmerksamkeit des Therapeuten auf die Problemdarstellung des Patienten führt regelmäßig zu einer direkten oder indirekten Umschreibung des anstehenden Entwicklungsschrittes. Der Patient deutet selbst an, in welchen Beziehungs- und Tätigkeitsbereichen sich Veränderungen aufdrängen bzw. welche Beziehungs- und Tätigkeitsveränderungen er aus Angst vor deren Konsequenzen bisher vermieden hat. In dem im vorangestellten Beispiel aufgeführten Transkript handelt es sich dabei etwa um die Items Nr. 31, 34/35, 44–47.

Zur Frage nach der Übereinstimmung verschiedener Therapeuten ist es unsere Erfahrung, dass dank der Strukturierung der Fokusformulierung eine sehr hohe Übereinstimmung der Therapeuten erreicht wird. Wir haben im vorangestellten Beispiel die Zusammenfassung der Anamnese und den Videoausschnitt des Abklärungsgespräches in Therapieseminarien den Teilnehmern vorgelegt und sie aufgefordert, in Kleingruppen den Fokus nach vorliegendem Schema zu formulieren. Die Lesenden können sich selbst davon überzeugen, wie hoch die Übereinstimmung der drei Gruppen mit der ursprünglichen Fokusformulierung ist. Ähnliche Belege habe ich für ein Beispiel einer Paartherapie aufgeführt (siehe S. 393).

Hohe Übereinstimmung verschiedener Therapeutengruppen in der Fokusformulierung im Beispiel Andreas B.

Ausgangssituation	Original d. Therapeuten
bisherige Leitidee von Beziehungen	mich auf andere einstellen, beliebt sein
eingetretene Beziehungsveränderung	fühle mich nach Tod der Freundin ausgebeutet, habe mich aus allen Beziehungen zurückgezogen
anstehender Entwicklungsschritt in Beziehungen	Beziehungen eingehen, in denen ich Widerstand leiste und eigene Ansprüche stelle
was erschwert wird durch	meine Angst, bei anspruchsvollen Aufgaben zu versagen, weniger beliebt zu sein, mich in Beziehungen erneut vereinnahmen zu lassen
was erleichtert wird durch	meine Kontaktfähigkeit und Geselligkeit, gute therapeutische Beziehung
Erste Schritte zu dieser Entwicklung wären	mir eine bessere berufliche und finanzielle Ausgangslage zu schaffen, Freizeitgruppen, Zurückstellen von intimen Zweierbeziehungen

Gruppe 1	Gruppe 2	Gruppe 3
ganz für andere da sein	Aufgabe und Lebenssinn im anderen Helfen	(Angaben fehlen)
fühle mich missbraucht und habe mich zurückgezogen		hat zu Undank und Ausbeutung geführt mit nachfolgendem Rückzug und Leiden an Isolation
aus Isolation heraustreten, mich in Beziehungen einzulassen, in denen ich auch für mich etwas fordere und den Ansprüchen anderer Grenzen setze	in beruflichen und partnerschaftlichen Beziehungen aktiv Erwartungen äußern, Forderungen stellen und Widerstand leisten	mich in Beziehungen für meine Anliegen wehren
meine Angst vor Wiederholung alter Beziehungsmuster und Vorstellung, dass ich nur geliebt werde, wenn ich etwas gebe, sowie durch die Behinderung durch meine finanziellen Schulden	Angst vor Versagen und Vereinnahmtwerden, Angst, allein zu sein	Schwierigkeiten, in Beziehungen Spannungen auszuhalten, Bedürfnis, beliebt zu sein, nicht verlassen zu werden
durch meine sympathische Ausstrahlung und Kontaktfähigkeit und meine Motivation, mein Beziehungsverhalten zu verändern	Fähigkeit, leicht Beziehungen einzugehen (auch in der Therapie), lernbegierig sein	Wille, im Leben etwas zu verändern
in Beziehungen nein sagen	mehr hinausgehen in Freizeit, Gruppenanschluss suchen und dort das Neinsagen üben	(Angaben fehlen)

7.5 Weitere technische Besonderheiten der Fokusformulierung

a) Weshalb Formulierung in Ich-Form?

Mit Blaser, Heim et al. (1992) und Lachauer (1992) empfehlen wir die Formulierung in Ich-Form des Patienten, um damit die Identifikation des Therapeuten mit dem Patienten zu erhöhen. Eine Formulierung in Ich-Form veranlasst den Therapeuten, eine defizitorientierte, entwertende oder abstrakte Wortwahl zu vermeiden und eine Darstellung zu wählen, die vom Patienten selbst stammen könnte. Statt einer Formulierung wie «Diese Entwicklung wird durch die lügenhaften Tendenzen und die dependente Persönlichkeit des Patienten erschwert» würde es dann aus der Perspektive des Patienten heißen: «Dies wird erschwert durch meine Tendenz, dem Frieden zuliebe Streit auszuweichen, sowie durch meine fehlende Erfahrung, Konflikte offen und konfrontierend auszutragen.» Die Ich-Form trägt ferner dazu bei, dass der Therapeut für den Patienten angemessene, seinen therapeutischen Bereitschaften und Möglichkeiten entsprechende Ziele formuliert.

b) Soll der Fokus dem Patienten mitgeteilt werden?

Diese Frage hat in unserem Dozententeam und in unseren Seminarien viele Diskussionen ausgelöst, die noch nicht abgeschlossen sind. Es wäre durchaus denkbar, den Fokus in seinem vollen Wortlaut dem Patienten mündlich oder schriftlich mitzuteilen, um damit eine klare Zielsetzung für die Therapie zu haben. Einige haben auch versucht, den Fokus mit dem Patienten direkt zu erarbeiten. Mein Eindruck ist aber eher, dass es sich bewährt, den Wortlaut des Fokus dem Patienten nicht vollumfänglich mitzuteilen und sich bei der Besprechung der Zielsetzung der Therapie auf die Ausgangssituation zu beschränken, etwa in folgender Weise: «In der Zeit, in welcher sich Ihre Symptome gebildet haben, sind einige Veränderungen in Ihren Beziehungen aufgetreten, deren Bedeutung wir in der Therapie genauer anschauen müssen, um zu sehen, ob sich daraus einige notwendige Veränderungen ergeben.» Auch wenn der Patient den anstehenden Entwicklungsschritt in der Abklärungsphase selbst andeutet, hätte er diesen ja selbst vollzogen, wenn er nicht mit übergroßer Angst, Scham oder Schuldgefühlen verbunden wäre. Eine direkte Mitteilung oder gemeinsame Erarbeitung würde die Gefahr in sich bergen, eine oberflächlichere Formulierung zu wählen, die vom Patienten zu Therapiebeginn leichter akzeptiert werden könnte. Vor allem aber ist uns folgende Beobachtung wichtig geworden: Die Fokusformulierung ist eine Arbeitshypothese, welche der Therapeut im Hinterkopf behält. Ob diese Hypothese valide ist, muss laufend im Therapieprozess überprüft werden. Wenn der Fokus dem Patienten nicht mitgeteilt wird, fühlt sich der Patient auch nicht durch die Formulierung eingeengt, gebunden und verpflichtet. Der Patient ist frei, in den Stunden das vorzubringen, was ihn gerade beschäftigt und bewegt. Patient und Therapeut stehen in einem spannungsvollen Dialog: Der Patient mit seinen manchmal sprunghaft anmutenden Anliegen ist der Motor der Therapie, der Therapeut folgt ihm mit seiner selektiv fokussierten Wahrnehmung. Es ist Aufgabe des Therapeuten, laufend zu überprüfen, ob die Fokusformulierung noch auf das, was der Patient vorbringt, passt. Ist sie nicht mehr stimmig, so ist die Formulierung dem Patienten anzupassen und nicht der Patient dem Fokus.

In den Supervisionen unserer zeitlich limitierten Fokaltherapien schauen wir Videoausschnitte aus jeder Sitzung an. Zu unserem Erstaunen zeigt es sich immer wieder, dass die Patienten sich zwischen den Therapiesitzungen aus eigenem Antrieb in Richtung des Fokus bewegen. An sich ist das verständlich, denn der Fokus wurde ja aus der Darstellung des Patienten entnommen. Wenn es unsere Erfahrung ist, dass zwischen verschiedenen Therapeuten eine hohe Übereinstimmung in der Formulierung des Fokus liegt, so ist auch eine hohe Übereinstimmung zwischen Therapeut und Patient zu erwarten. Manchmal macht es den Anschein, als ob die Arbeit, welche in der Supervisionsgruppe zur Formulierung des Fokus aufgewendet worden war, sich telepathisch auf den Patienten übertragen hätte.

c) Was soll der Therapeut tun, wenn der Fokus nicht oder nicht mehr greift?

Der Fokus beinhaltet nicht eine Wahrheit. Er muss auf den Patienten passen. Ob und wie lange er gut gewählt ist, zeigt sich ausschließlich daran, ob der Patient darauf ansprechbar ist und ob mit Hilfe des Fokus ein therapeutischer Prozess stimuliert werden kann. Der Fokus ist nicht eine Geheimformel, mit welcher der Therapeut den Patienten zu manipulieren vermag, sondern eine Arbeitshypothese, die so viel taugt, wie sie therapeutisch hilfreich ist. Der Fokus muss in jeder Therapiestunde laufend validiert werden. Wo nötig, muss er im Laufe der Therapie erweitert und korrigiert werden. Dennoch setzt die Fokusformulierung einem zu raschen Oszillieren der therapeutischen Aufmerksamkeit einen Widerstand entgegen und gibt dem Therapeuten eine gewisse Kontinuität in seiner Sichtweise.

Meist kann der Fokus noch nicht nach dem ersten Abklärungsgespräch formuliert werden, sondern erst nach dem zweiten bis vierten. Wenn der Fokus gut liegt, so ist er auf die verschiedensten Bereiche anwendbar: auf die Beziehung zum Partner, zum Arbeitgeber, zu einer Gelegenheitsbekanntschaft im Flugzeug, auf Phantasien wie auf äußere Realitäten.

Aus didaktischen Gründen empfehlen wir eine schriftliche Formulierung des Fokus in der Supervisionsgruppe.

d) Ist die Fokusformulierung für die Entwicklung des Patienten nicht eher hinderlich als förderlich?

Nicht selten hören wir den Einwand, unsere Fokusformulierung zwinge den Patienten in ein Korsett und schreibe ihm vor, worin seine persönliche Entwicklung zu liegen habe. Das ist ein Missverständnis, das bei praktischer Arbeit mit dem Fokus rasch gegenstandslos wird. Der Fokus wird nicht dem Patienten übergestülpt, der Patient füllt das Gefäß des Fokus selbst mit Inhalt. Dieser Inhalt kann aus den Gesprächen des Patienten direkt herausgehört werden. In Workshops und Seminarien sind wir von der hohen Übereinstimmung der Teil-

nehmenden in der Identifikation des anstehenden Entwicklungsschrittes immer wieder überrascht.

e) Sollten nicht weitere Aspekte in den Fokus integriert
werden?

Wir beschränken uns in der Fokusformulierung auf fünf Aspekte. Wäre es nicht angezeigt, noch weitere Aspekte in den Fokus zu
integrieren, so etwa die subjektive Krankheitstheorie, die bisherigen
Lösungsversuche usw. Die Fokusformulierung halten wir nur für
sinnvoll, wenn der Therapeut praktisch damit arbeiten kann, d. h.,
wenn er in den Therapiesitzungen sich die fünf Aspekte laufend vor
Augen halten kann. Werden die Aspekte über fünf erweitert, so geht
diese Möglichkeit verloren. Wir glauben generell, dass es ein Vorteil
ist, wenn der Therapeut in einer Kurztherapie sich auf wenige Aspekte beschränken muss, auf die er sich im Laufe der begrenzten Zeit
konzentriert. Eine Einjahres-Katamnese von 30 ökologischen Fokaltherapien hat das bestätigt (Frei, Begemann, Willi, 2000).

7.6 Weitere Beispiele

Beispiel Maria C.

Die 44-jährige geschiedene Patientin wurde von Dr. St. B., Assistenzarzt an unserer Psychiatrischen Poliklinik, konsiliarisch auf der
Neurologischen Poliklinik des Universitätsspitals untersucht, wo sie
sich wegen intensiven nuchalen Spannungskopfschmerzen gemeldet
hatte. Die Patientin leidet seit 25 Jahren an diffusen frontoparietalen
Kopfschmerzen, die sich jedoch von den jetzigen Nackenschmerzen
unterscheiden. Diese sind vor sechs Monaten aufgetreten und verstärken sich vor allem unter Streitigkeiten und Spannungen mit
ihrem Freund Beat sowie am Arbeitsplatz. Die Patientin gibt an, sie
reagiere seit jeher auf Belastungen körperlich. Früher vor allem mit
Magenbeschwerden. Die Patientin steht in einer komplizierten Bezie-

hungssituation. Mit 17 Jahren lernte sie Peter, ihren späteren Ehemann, kennen, mit dem sie im Hause ihrer Eltern eine Wohnung hatte. Sie waren zwölf Jahre lang verheiratet. Da die Patientin den Eindruck hatte, ihr Mann interessiere sich zu wenig für sie, und er ihr wiederholt untreu war, trennte sie sich vor 2 $\frac{1}{2}$ Jahren von ihm und wohnt nun seit zwei Jahren mit ihrem jetzigen Freund Beat zusammen. Dieser ist ebenfalls geschieden und hat zwei Kinder, die bei seiner Exfrau leben. Der Exehemann Peter lebt seit der Trennung jedoch mit der Mutter der Patientin in derselben Wohnung zusammen. Der 72-jährige Vater der Patientin ist seit zwölf Jahren angeblich wegen Altersdepression psychiatrisch hospitalisiert. Nachdem die Beziehung zum Freund anfänglich positiv verlief, gab es in den letzten Monaten zunehmende Spannungen. Die Patientin fühlt sich vom Freund in die Ecke gedrängt und in den Auseinandersetzungen dominiert. Sie sieht die Belastungssituation mit dem Freund als eigentlichen Auslöser ihrer Kopfschmerzen.

Die Patientin machte dem untersuchenden Arzt den Eindruck einer verunsicherten Frau, die im Gespräch sehr bemüht war, die Erwartungen des Arztes zu erfüllen. Dennoch blieb sie zurückhaltend bis misstrauisch, was sie in Zusammenhang brachte mit den negativen Erfahrungen, die sie mit den Psychiatern ihres Vaters gemacht hatte. Die Patientin ist auffällig abhängig von ihrer Mutter, gibt eine schwere Selbstwertproblematik an und ist nach Überwindung des anfänglichen Misstrauens leicht für eine Psychotherapie zu gewinnen, da sie meint, an ihrem Leben etwas verändern zu müssen, denn so könne es nicht mehr weitergehen.

Die Patientin wurde im Rahmen des Fokaltherapie-Programms unserer Poliklinik vom voruntersuchenden Arzt Dr. St. B. in Therapie mit einer Sitzung pro Woche genommen. Der Fokus wurde nach der vierten Sitzung formuliert, hier folgen die wichtigsten Angaben aus den vier ersten Sitzungen.

In der ersten Sitzung nahm sich der Therapeut eingehend Zeit, die Patientin über das Konzept unserer Fokal-Therapie zu informieren, um ihre Skepsis abzubauen und die Therapie transparent zu gestalten. Es kam heraus, dass es die Mutter war, welche den Kontakt zur Neurologischen Klinik hergestellt hatte, da die Patientin von sich aus nichts gegen ihre Kopfschmerzen unternommen hätte. Sie brauche immer jemanden, der für sie sorge, für sich selbst könne sie nichts fordern. Auffallend war, wie die Patientin eine sensible Wahrnehmung für andere Menschen, insbesondere für ihren Vater und ihre Mutter zeigte, jedoch eine schlecht ausgebildete Wahrnehmung für sich selbst und ihre Partnerbeziehung.

Als Hauptprobleme wurden von der Patientin genannt:
– zunehmende Müdigkeit insbesondere im Geschäft, Lustlosigkeit bei der Arbeit als Sekretärin, depressive Stimmung,
– Angst, wie ihr Vater eine chronische Klinikpatientin zu werden,
– Ratlosigkeit bezüglich Fortsetzung der Beziehung mit ihrem Freund Beat, von dem sie sich nicht verstanden fühlt.

In der zweiten Sitzung wurde das Thema der Selbstwahrnehmung vertieft. Die Patientin fühlt sich oftmals wie ein Clown. Sie habe in ihrem Leben immer die Rolle einer unbeschwerten, problemlosen und allzeit fröhlichen Frau übernommen, um ihre eigene Verletzbarkeit zu schützen und niemandem zur Last zu fallen. Auf Anraten des Therapeuten beginnt die Patientin ein Tagebuch zu führen. Es fällt auf, dass sie ihre Erlebniswelt schwarz oder weiß beschreibt, Grautöne fehlen. Entweder ist etwas total gut oder total schlecht. Aktuell belastet die Patientin das Problem mit ihrem Vater, der wegen ausgeprägtem Parkinsonismus – wahrscheinlich medikamentös bedingt – mit seinen 72 Jahren in ein Pflegeheim verlegt werden soll, was der Mutter einen schweren Schock versetzt habe. In der dritten und vierten Sitzung berichtete die Patientin, es gehe ihr wesentlich besser, ihre Stimmung habe sich unter dem verabreichten Antidepressivum aufgehellt, sie fühle sich wieder aktiver und freier, die Gespräche tun ihr gut, es sei sehr viel in Bewegung geraten. Die Patientin bringt dem Therapeuten Pralinen mit. Es kommt zu einer intensiven Besprechung der familiären Koevolution, welche analog zum Familienbrett auf einem Stuhl optisch dargestellt wird. Es ergibt sich eine Familiengeschichte, in welcher intergenerationelle Grenzüberschreitungen Tradition haben.

Ihre Mutter hatte mit dem Schwiegervater, dem Großvater der Patientin, eine erotisierte Beziehung, während der Vater der Patientin zeitlebens mehr an seine Mutter als an seine Frau gebunden war. In der Zeit, in welcher die Mutter des Vaters wegen eines Schenkelhalsbruches hospitalisiert war und nach Nahrungsverweigerung starb, wurde der Vater vor zwölf Jahren erstmals psychiatrisch hospitalisiert. Zum gleichen Zeitpunkt ergab sich jedoch eine weitere wichtige Veränderung, nämlich die Heirat der Patientin mit ihrem Freund, der zuvor bereits fünfzehn Jahre lang mit der Patientin und ihren Eltern im gleichen Haus gelebt hatte. Dadurch intensivierte sich die Beziehung von Peter, ihrem Freund und nun Ehemann, zur Mutter der Patientin. Der Vater habe damit zu Hause keinen Platz mehr gehabt und wurde wegen Depressionen psychiatrisch hospitalisiert. Vorangegangen war eine langjährige Phase, in welcher die Mutter den Vater laufend kritisierte und entwertete und ihn als einen geizigen Versager bezeichnete. Peter war als Waisenkind aufgewachsen und sehnte sich intensiv nach einer Mutterbeziehung. Die Mutter der Patientin sei ihm immer näher gestanden als die Patientin selbst. Auch der Vater der Patientin litt zuerst an Kopfschmerzen und wurde auf Veranlassung der Mutter einer psychiatrischen Poliklinik zugewiesen. Auch er litt damals an Entscheidungsschwierigkeiten. Unter Medikamenten wurde er psychisch verwirrt, habe unverständlich gesprochen, was zur Hospitalisation führte. Der Patientin wird bewusst, dass von der Mutter, aber auch von ihr selbst nie ein ernsthafter Versuch unternommen worden war, den Vater nach Hause zurückzuholen.

Die Visualisierung der familiären Koevolution löste bei der Patientin eine Erschütterung aus, die über die ganze Therapie hinweg nachwirkte. Es wurde ihr klar, dass der Vater durch Peter entthront worden war und dass Mutter und Exehemann als Komplizen ihn aus der Familie hinausgedrängt hatten. Es wurde ihr aber auch klar, dass ihre Angst, selbst psychotisch zu werden, in engem Zusammenhang steht mit den vielen Parallelen, die zwischen ihrer aktuellen Situation und der Situation des Vaters vor Ausbruch der Psychose bestanden. Mit dem Wegzug zu ihrem Freund Beat fühlte sich die Patientin auch in ihrer engen Bindung an die Mutter gefährdet und fürchtete, von Peter verdrängt zu werden. Die Bindung an die Mutter wurde zusätzlich intensiviert durch eine Nierenkrankheit der Mutter, welche die Patientin veranlasste, sie für Arztbesuche zu begleiten.

Aufgrund der Informationen der ersten vier Stunden kamen wir zu folgender Fokusformulierung:

— **Nachdem ich** mit dem Leitbild gelebt hatte, auch als Erwachsene den Eltern nahe zu bleiben, und eine Ehe konstelliert hatte, die mir das ermöglichte, dann aber daran scheiterte und jetzt durch die Spannungen mit Beat in eine Entscheidungskrise geraten bin, ob ich wieder zur Mutter zurückkehren soll,

— **steht als Entwicklung an**, mich mit der Mutter auseinander zu setzen und die Beziehung zu Beat zum Zentrum zu machen,

— **was erschwert wird** durch meine Angst, meinen Platz bei der Mutter an meinen Exehemann Peter zu verlieren, aber auch durch Schuldgefühle, wenn sich die Mutter stärker sich selbst überlassen fühlt,

— **was aber auch erleichtert wird** durch die Notwendigkeit, einer Wiederholung des Schicksals meines Vaters zuvorzukommen und mein Leben mehr in die eigenen Hände zu nehmen.

— **Schritte zu dieser Entwicklung wären**, in die familiären Verstrickungen Ordnung zu bringen, mich klarer von der Mutter abzugrenzen und mich tiefer in die Beziehung zum Freund Beat einzulassen.

In den folgenden Sitzungen zeigte es sich, dass die Kopfschmerzen der Patientin in Zusammenhang standen mit dem «Dazwischenstehen». Ihr Kopfweh begann mit Beginn des Schulalters, als sie zwischen den Eltern stand und vermitteln musste. Verstärkt wurden die Kopfschmerzen zur Migräne, als ihr Freund in die Familie zuzog (Patientin war damals 17-jährig). Als die Patientin sich scheiden ließ und von zu Hause weg zu ihrem jetzigen Freund Beat zog, gab es eine Periode ohne Kopfschmerzen. Sobald jedoch die Unstimmigkeiten mit Beat entstanden, zog es sie wieder stärker nach Hause zur Mutter, worauf die jetzigen nuchalen Kopfschmerzen mit großer Heftigkeit auftraten. Unter der Therapie verschwanden die Kopfscherzen nach wenigen Sitzungen.

In der sechsten Sitzung berichtete die Patientin Erstaunliches: Seit zehn Tagen ginge es ihrem Vater wesentlich besser. Die Patientin hatte sowohl mit der Mutter wie mit dem Vater intensive Aussprachen über die Geschichte der familiären Beziehungen. Der Vater erschien nun wesentlich offener, gelöster und gesprächsbereiter. Er wirkte auch auf das Pflegepersonal verwandelt, insbesondere auch dadurch, dass er nicht mehr einnässte. Die Tränensäcke unter seinen Augen hätten sich zurückgebildet. Es kam auch zu intensiven Auseinandersetzungen zwischen dem Vater und der Mutter. Die Mutter fasste den Plan, den Vater wieder nach Hause zu nehmen. Die Patientin erlebte diese Veränderungen wie ein Wunder und glaubte, dass unbewusste Energieströme von der Therapie auf die Eltern übergegangen seien. Auch die Mutter veränderte sich und wirkte ernster und nachdenklicher. Sie bat um ein Gespräch mit dem Therapeuten. Der Patientin wurde dabei deutlich, dass sich die Situation, die sie mit dem Exehemann gehabt hatte, mit dem Therapeuten zu wiederholen drohte, nämlich dass sie den Mann ihres Vertrauens (früher der Exehemann, jetzt der Therapeut) mit der Mutter teilen müsse. Mit großer innerer Anstrengung setzte sie diesmal der Mutter eine Grenze und beanspruchte den Therapeuten für sich allein. Es kam in ihr das Bild hoch, dass sie in ihrem Lebensraum bisher immer nur randständig gewesen war und jetzt erstmals ins Zentrum rückte, was ihr neben einem Gefühl der Befreiung auch Angst verursache.

Es kam zu deutlichen Veränderungen der familiären Beziehungen. Die Mutter akzeptierte die deutlichere Abgrenzung der Patientin und begab sich erstmals ohne Begleitung der Patientin zu den ärztlichen Konsultationen. Nachdem die ersten Versuche positiv verlaufen waren, verbrachte der Vater nun regelmäßig die Wochenenden in der Wohnung der Mutter. Er zeigte Interesse an seiner Umgebung und genoss das gute Essen. In dem Ausmaß, wie sich die Beziehung zum Vater verbesserte, konnte die Mutter den Abstand zur Patientin annehmen. Die Beziehung der Mutter zu Peter dagegen wurde distanzierter. Dieser wandte sich vermehrt seiner Freundin zu. Am Ende der Therapie machte die Mutter Pläne, gemeinsam mit dem Vater in eine kleinere, bequemere Wohnung zu ziehen. Die Beziehung der Patientin zu ihrem Freund Beat schlug um in ein Gefühl von Glück und Harmonie. Dabei fiel dem Therapeuten jedoch die undifferenzierte Weise auf, in welcher die Patientin diese Beziehung schilderte. Für sie schien es nur totales Glück, totale Harmonie oder Abbruch der Beziehung zu geben. Der Therapeut versuchte an konkreten Situationen, die Wahrnehmungsfähigkeit der Patientin zu schärfen. Der Freund, der bisher phantomhaft als gut oder schlecht beschrieben wurde, bekam allmählich menschlichere Eigenschaften. Auch er hatte die Scheidung seiner Ehe noch nicht verarbeitet, er neigte zu Grübelei, hatte aber auch die Tendenz, Spannungssituationen auszuweichen und sich dem Alkohol zu ergeben. Die Hintergründe der Streitigkeiten der Patientin mit dem Freund wurden deutlich. Die Mutter der Patientin hatte sich mit der Mutter des Freundes getroffen und von dieser einige negative Berichte über den Freund erhalten. Sie verbreitete die Meinung, die Patientin wäre zu schade für das Zusammenleben mit diesem Mann. So streute die Mutter Gift in die Beziehung der Patientin zu ihrem Freund.

Allmählich wurde die Patientin etwas konfliktfähiger mit ihrem Freund. Es kam manchmal zu heftigen Auseinandersetzungen, in welchen die Patientin Geschirr zerschlug – es war das Geschirr, das der Freund aus seiner früheren Ehe mitgebracht hatte und das nun zu ersetzen war mit gemeinsam gekauftem Geschirr. Die Notwendigkeit, das Alte zu verlassen, zeigte sich auch in einer anderen Begebenheit: Die Patientin konnte neuerdings nicht mehr gut schlafen, sie fühlte sich von der Bettdecke erdrückt. Es handelte sich um eine Decke, die sie aus ihrer früheren Ehe mitgebracht hatte. Nachdem sie diese durch eine neue, gemeinsam mit dem Freund gekaufte Decke ersetzt hatte, konnte sie wieder gut schlafen. Generell fiel auf, wie gering das Konfliktlösungspotenzial der Patientin ist, wie rasch sie bei Spannungen zu Flucht und Vermeidung neigt und wie sie Unstimmigkeiten in erster Linie körperlich wahrnimmt.

Deshalb wurde nach der 13. Stunde der Fokus umformuliert:

— **Nachdem ich** immer noch über die Psychose des Vaters und über mögliche Parallelen in meinem Leben beunruhigt bin,

— **steht als Entwicklung an**, Konflikte und Probleme wahrzunehmen und mich offen Auseinandersetzungen zu stellen,

— **was erschwert wird** durch mein Lebensmuster, mein inneres Gleichgewicht aufrechtzuerhalten, indem ich Streitigkeiten vermeide und überall beliebt sein möchte,

— **was aber auch erleichtert wird** durch die positive Erfahrung, die ich im Laufe der Therapie machen konnte, dass offene Auseinandersetzungen eine positive Wirkung auf das Zusammenleben haben.

— **Schritte zu dieser Entwicklung wären**, meine Fähigkeit mehr zu beachten, Spannungen anhand von Körperempfindungen wahrzunehmen und anhand konkreter Gelegenheiten anstehenden Problemen nicht mehr auszuweichen.

Eine Gelegenheit bot sich dazu anlässlich einer Auseinandersetzung im Geschäft. Der Chef hatte sich mit einer Mitarbeiterin in eine persönliche Beziehung eingelassen, derentwegen diese Mitarbeiterin häufig abwesend war und die Arbeit der Patientin übergab. Diese grenzte sich von diesem Vorhaben ab und setzte sich zur Wehr, was sich wohltuend auswirkte.

Gegen Ende der Therapie wurde die Übung mit dem Familienbrett wiederholt. Diesmal setzte sich die Patientin in natürlicher Weise ins Zentrum gemeinsam mit ihrem Freund, in einigem Abstand davon standen die beiden Eltern, nebeneinander, und noch weiter weg der Exehemann mit seiner Freundin. Die vorbesprochene Beendigung nach 15 Sitzungen fiel der Patientin nicht leicht. Sie hätte sich gerne privat weiterhin mit dem Therapeuten getroffen. Es war für sie eine positive Erfahrung, dass der Therapeut diesem Wunsch

Grenzen entgegensetzte, ohne dass sich deswegen die Beziehung zueinander verschlechtert hätte.

Dieses Beispiel zeigt die koevolutive Dynamik besonders eindrücklich. Die Beziehung zu ihrem früheren Mann Peter war eine Partnerwahl, die der Tendenz, die Ablösung von den Eltern zu vermeiden, entgegenkam, da er zugleich ihre persönliche Entwicklung hemmte. Peter entsprach dem Wunsch der Mutter, die Patientin bei sich zu behalten. Die Eifersucht auf den Ehemann lähmte die Patientin in der phasenentsprechenden Ablösung von der Mutter, weil sie damit ihren Platz in der Familie an Peter zu verlieren drohte. Dazu kam, dass sie ambivalent mit dem Vater verstrickt war, für den sie angesichts seiner Entfremdung von der Mutter da sein wollte. Sie fühlte sich schuldig, da er wegen ihres Exehemannes aus der Familie hinausgedrängt worden war.

Mit ihrem jetzigen Freund Beat hatte sie sich einen Partner gewählt, der die Ablösung von der Mutter herausforderte. Er stellte sie vor die Wahl zwischen ihm und der Mutter. So war jetzt der richtige Moment, um mit Hilfe des Therapeuten die überfällige Ablösung voranzutreiben. Den anstehenden Entwicklungsschritt, den die Patientin mit der ersten Partnerwahl selbst blockiert hatte, hat sie mit der zweiten Partnerwahl provoziert, auch wenn sie sich zum Vollzug dieses Entwicklungsschrittes aus eigener Kraft nicht befähigt gefühlt hatte.

Seit Beginn der Therapie hatte die Patientin keine Kopfschmerzen mehr, ihre Angst, psychotisch zu werden, hatte sie verloren, ihr Energieniveau lag deutlich höher als vor der Therapie, am Arbeitsplatz konnte sie sich besser durchsetzen.

Wir führen jeweils nach drei Monaten ein Nachgespräch durch, zum einen, weil es für den Therapeuten wichtig ist, sich ein Bild über die längere Wirkung der Therapie zu machen. Zum anderen ist dieses Nachgespräch jedoch auch für die Patienten von großer Bedeutung, weil sie sich so nicht ganz sich selbst überlassen fühlen. Bei der Nachbesprechung gab die Patientin an, es gehe ihr in jeder Hinsicht gut, die Kopfschmerzen seien nicht mehr aufgetreten, das depressive Zustandsbild habe sich zurückgebildet, sie sei daran, ihre Stelle zu wechseln. Sie gab kein Bedürfnis für eine Fortsetzung der Therapie an.

Wäre diese Therapie nicht besser als Familientherapie geführt worden? Ich glaube nicht. Bereits der Entscheid zur Einzeltherapie war eine wichtige therapeutische Aktion, weil damit kundgetan wurde, dass die Patientin ihre Probleme selbst, ohne Hilfe und Einmischung der Mutter, bearbeiten wird. Der Ausschluss der Mutter aus der Einzeltherapie ist ein hier notwendiger Abgrenzungsschritt. Dennoch hatte diese Einzeltherapie eine intensive familientherapeutische Wirkung.

Beispiel Verena S., 50-jährig

Die Patientin meldete sich selbst in unserer Poliklinik an wegen zunehmender innerer Unruhe, Zittern, Schlafstörungen und Panikattacken verbunden mit Benzodiazepinabusus. In letzter Zeit war sie wegen der Panikattacken nicht mehr arbeitsfähig und konnte das Haus nicht mehr verlassen. Sie weist auch phobische Ängste vor Hunden und in der Dunkelheit auf.

Die Patientin ist seit 30 Jahren verheiratet. Ihr Mann ist zwölf Jahre älter. Sie lernte ihn bei der Tätigkeit als Serviertochter kennen. Er war damals verwitwet und hatte ein Kind. Die Patientin ihrerseits hatte mit sechzehn Jahren eine uneheliche Tochter geboren. Gemeinsam mit ihrem Mann hat die Patientin einen 29-jährigen Sohn, der seit einigen Jahren von zu Hause ausgezogen ist. Die Ehe war immer schwierig. Nach zehn Jahre dauernder Ehe hatten sie eine erste große Krise. Die Patientin hatte die Absicht, sich vom Mann scheiden zu lassen, da er so einengend, starr und patriarchalisch war. Es ging dann wieder besser, bis der Mann vor fünf Jahren einen Herzinfarkt erlitt. Seither ist er in der Darstellung der Patientin krankhaft und grundlos eifersüchtig. Die Patientin arbeitet halbtags als Kassiererin in einem Spielsalon. Die Arbeit ist ihr sehr wichtig, um unter andere Leute zu kommen. Der Mann ist wegen des Herzinfarktes vorzeitig pensioniert worden und verlegt sich nun ganz auf die Kontrolle seiner Frau, die er kaum allein ausgehen lässt. Unter dieser einengenden Situation sind die Beschwerden der Patientin aufgetreten. Sie wagt es nicht, sich offen gegen den Mann zur Wehr zu setzen und mit ihm zu streiten. So orientierte sie ihn auch nicht über ihre Absicht, in unserer Poliklinik Hilfe zu suchen. Sie glaubt, der Mann wäre sehr beunruhigt, wenn sie mit einem Psychiater ihre Probleme besprechen würde. Dazu kommt, dass die sexuellen Beziehungen seit dem Herzinfarkt des Mannes praktisch aufgehört haben. Heute aber hat die Patientin eine sexuelle Aversion und erträgt keine Berührungen mehr von ihm. Vor einem Jahr begab sie sich für eine Woche auf eine Gesundheitsfarm, um an Gewicht abzunehmen. Diese Zeit genoss die Patientin sehr. Sie fühlte sich befreit und blühte auf wie eine Blume.

Die Patientin zeigt eine deutliche Konfliktvermeidung, sie verhält sich überangepasst, gefügig, wirkt dabei aber unecht und nicht fassbar. Es stellt sich die Frage, ob sie eine leichte, süchtige Wesensveränderung aufweist. In den Gesprächen wirkt sie fassadenhaft, deutlich bemüht, angenehm und freundlich zu wirken und dem Therapeuten keine Angriffsflächen zu bieten. Sie löst beim Therapeuten ein konfrontierendes Verhalten aus und erweist sich in der Therapie erstaunlich belastbar. Durch die offene Art des Therapeuten fühlt sie sich nicht entwertet, sondern ernst genommen. Diese Art von Gespräch ist für sie offensichtlich eine neue Erfahrung. Zunächst zeigte die Patientin eine starke Tendenz, die Sitzungen zu benützen, um über ihren Mann zu klagen und zu tratschen.

Es folgt eine Passage aus dem Erstinterview. Vorangehend berichtete die Patientin, das Xanax (Benzodiazepin) sei ihr vom Rheumatologen verschrieben worden, weil sie es mit den Nerven habe. Sie sei dann vom Xanax abhängig geworden, weil sie die häusliche Situation sonst nicht mehr ertragen hätte.

Ausschnitt aus Erstinterview:

1 P Ich weiß nicht, wie ich es Ihnen erklären soll, mein Mann ist hart, er hat sich das Leben lang geplagt mit Krankheiten, Eifersucht, anfänglich dachte ich, das gehöre einfach dazu. (Sie erzählt einige Beispiele.) Es waren lauter Kleinigkeiten, die gingen mir an die Nerven.

2 T   Sie sind seit 30 Jahren verheiratet, da ging es immer mal auf und ab. Gab es Schwierigkeiten, wenn Sie einmal etwas für sich wollten? Konnte der Mann die Eifersucht auf etwas Konkretes lenken?

3 P   Ich war im Service (Serviererin), es waren alles Frauen, alle verheiratet, ich hatte damals ja kleine Kinder.

4 T   Ob der Mann wirklich Grund zur Eifersucht hatte, lassen wir einmal weg. Gab es konkrete Personen, auf die sich seine Eifersucht richtete, oder hatte er allgemein etwas dagegen, wenn Sie etwas selbständig unternehmen wollten?

5 P   Eher das Zweitere. Ich war immer ein *umgänglicher Typ*, lebenslustig.

6 T   So sind Sie.

7 P   So war ich, wir sind immer miteinander ausgegangen, zu Hause machte er dann Szenen, wenn ich einmal gerne tanzen gegangen bin, er geht nicht gern tanzen, er war dann ja auch immer dabei.

8 T   Ließen Sie sich durch ihn einschränken?

9 P   Ja. *Ich streite nicht gern, statt mich zu stellen, weiche ich aus*, dummerweise, nachträglich denke ich, *ich hätte mich stellen sollen*, ich kenne da andere Frauen, mit denen ich zusammengearbeitet hatte, wir halten auch heute noch zusammen, keine von diesen Frauen musste zu Hause fragen, ob sie allein ausgehen durfte. Der Mann aber ging, ohne zu fragen, wenn er allein gehen wollte. Ich kannte das ja, weil ich früher in einem Restaurantbetrieb aufgewachsen war. Ich wollte ihn nicht einengen, wenn er einmal überhockte. Ich wusste ja, wo er ist. Wenn ich dann einmal irgendwo war, wollte er genau wissen wo. Wenn er weg war, konnte ich mich zu Hause beschäftigen. Er hat sich alle *Freiheiten genommen, ich aber gar nicht*. Das stößt mir jetzt auf. Schon 1975 hatten wir eine schwere Krise, da reichte ich die Scheidung ein. Ich gab nicht auf. Er ließ es bis zum Äußersten kommen. Erst zuallerletzt gab er nach. Früh bekam ich dann Rücken- und Gelenkschmerzen, war ständig in Behandlungen.

330   Teil B: Praxis der ökologischen Psychotherapie

10 T Damals hatten Sie mit dem Mann einen Kampf auszufechten, wo Sie siegten, nach Punkten, doch das hielt offenbar nicht an?

11 P Der Mann hatte immer Angst vor dem Alleinsein.

12 T Wären Sie geschieden, wie wäre er heute dran?

13 P Das kann ich nicht sagen, unter Umständen hätte er wieder jemanden gefunden, oder er hätte sich zurückgezogen. Sein Herzinfarkt kam nicht von ungefähr. Er hatte schon vorher Gesundheitsprobleme. Das wirkte sich auch sexuell bei ihm aus. Ich musste auch da Verständnis für ihn aufbringen. Er ging dann in psychiatrische Behandlung.

14 T Wann war das?

15 P 1988.

16 T Angenommen, Sie hätten die Scheidung durchgezogen, wie wäre das herausgekommen?

17 P Ich hätte gearbeitet und wäre psychisch nicht so tief gesunken. Der Mann wurde im letzten Dezember frühzeitig pensioniert. Er arbeitete beim Telefon. Er ist ein schwerer Asthmatiker geworden. Die Bronchien sind nicht mehr gut. Jetzt ist der Druck zu Hause noch viel größer geworden. *Jetzt sitzt er dauernd zu Hause* und fragt mich dauernd aus. Die *schönsten Stunden* habe ich an der Arbeit. Dort habe ich *Kontakt mit anderen Menschen.*

18 T Hätten Sie sich scheiden lassen, hätten Sie die gesundheitlichen Probleme nicht? Wie erklären Sie sich das?

19 P Ich hätte dann im Leben machen können, was ich will.

20 T Jetzt sind Sie aber krank geworden. Wie sind Sie das geworden? Haben Sie Überlegungen dazu gemacht?

21 P Ich hatte auf der Brust einen Druck, man hat alles untersucht und nichts gefunden, im Moment beruhigte ich mich, aber die Beschwerden habe ich weiterhin, man sagte mir, es sei psychisch.

22 T Wie fassten Sie das auf?

23 P Wir hatten einen sehr guten Hausarzt. Der schickte mich dann zum Rheumatologen, der mir dann Xanax gab. Er sagte, ich könne sie ohne schlechtes Gewissen nehmen.

Nach der zweiten Sitzung kamen wir in der Supervisionsgruppe zu folgender Fokusformulierung:

– **Nachdem ich** mit meinem Mann eine lange, oft schwierige Ehe geführt habe, die mir Sicherheit und Geborgenheit vermittelte, und er sich wegen seiner Pensionierung und Krankheit noch mehr als früher auf mich ausrichtet,

– **steht als Entwicklung an**, in der Auseinandersetzung mit dem Mann mehr Freiraum für mich zu beanspruchen unter Rücksichtnahme auf die unterschiedliche Lebensphase und persönliche Situation des Mannes,

– **was erschwert wird** durch meine Tendenz, mich rasch mit unbefriedigenden Lösungen zufrieden zu geben und durch den Mangel an Vertrauen in meine Fähigkeiten, Konflikte offen und direkt auszutragen, und meine Verpflichtung, mich um den kranken Mann zu kümmern,

– **was erleichtert wird** durch den Rückhalt, den ich in unserer langen gemeinsamen Geschichte und in den guten Beziehungen zu meinen Kolleginnen am Arbeitsplatz finde.

– **Schritte zu dieser Entwicklung wären** eine erhöhte Bereitschaft, mich mit meinem Anteil am Beziehungsproblem auseinander zu setzen und die Wechselwirkung unseres Verhaltens besser wahrzunehmen, um den Einwirkungen des Mannes angemessenen Widerstand entgegenzusetzen.

Damit die Therapie keinen Schaden anrichte, weder bei der Patientin noch bei ihrem Mann, richteten wir uns darauf aus, der Patientin womöglich innerhalb der bestehenden Verhältnisse zu Entspannung und mehr Freiraum zu verhelfen. Die Patientin äußerte deutlich, dass sie ihren Mann weder verlassen wolle noch könnte. Sie wollte den Mann nicht in die Therapie einbeziehen, sondern sich allein mit dem Therapeuten auseinander setzen.

Deutlicher als zu Beginn der Therapie trat ihre Benzodiazepin-Abhängigkeit und Alkoholabhängigkeit zutage. In ihrer Herkunftsfamilie gab es Fälle von Alkoholismus. Auch der Ehemann neigte zum

Alkohol. Die Patientin schämte sich ihres Zitterns. Sie konnte sich entschließen, das Xanax von 3 mg auf 1,5 mg täglich zu reduzieren. Von der fünften Sitzung an kam sie ohne Medikation in die Sitzungen.

In der Mittelphase trat scheinbar ein therapeutischer Stillstand auf, mit welchem der Therapeut die Patientin konfrontierte. Sie hatte die Tendenz, immer und immer wieder dasselbe zu erzählen, ohne emotional davon berührt zu wirken. Der Therapeut konfrontierte sie mit ihren Ausweichtendenzen und setzte sie ziemlich unter Druck. Die Patientin fühlte sich unbehaglich und reagierte mit Magenkrämpfen. Dann begann sie, dem Therapeuten gegenüber Unmut zu äußern, und war der Meinung, die Therapie bringe nichts Positives. Sie warf dem Therapeuten vor, nicht zu verstehen, was sie wolle. Es war für sie eine erstmalige und wichtige Erfahrung, sich mit jemandem konstruktiv und offen zu konfrontieren, ohne auszuweichen und sich hinter ihrer Fassade zu verstecken, aber auch ohne in unkontrolliertes Verhalten zu verfallen. Die Patientin begann, sich dann auch mit ihrem Mann mehr auseinander zu setzen. Dieser zeigte mehr Interesse für die Patientin und half auch im Haushalt mehr mit. Die Patientin fühlte sich durch die Therapie gestärkt, der Mann klagte darüber, unter ihren Pantoffel zu geraten.

Allmählich kam in der Patientin Traurigkeit auf. Es ging ihr schlechter, was auch von ihren Kolleginnen bemerkt wurde.

Es drängte sich eine Umformulierung des Fokus in folgender Weise auf:
- **Nachdem ich** immer bereit war, mir die Sorgen anderer anzuhören,
- **steht jetzt als Entwicklung an**, mich dem Mann und meinen Kolleginnen in meiner Trauer zuzumuten und von ihnen Anteilnahme abzufordern.
- **Dem steht entgegen** meine Angst, mich mit den unerfüllten Seiten meines Lebens und meiner Beziehung zum Mann auseinander zu setzen.
- **Was aber auch begünstigt wird** durch die spürbare Bereitschaft meiner Bezugspersonen, auf diese Erwartungen einzugehen.

In der Schlussphase der Therapie setzte sich die Patientin vor allem mit der Langeweile in ihrer Ehe auseinander. Der Mann saß allzeit vor dem Fernsehen, war nicht bereit, irgendetwas zu unternehmen mit Ausnahme der Kontrolle über die Patientin. Die offeneren Auseinandersetzungen mit der Patientin führten beim Mann einen Wandel herbei. Er begab sich eine Woche allein in die Ferien nach Mallorca. Er nahm sein früheres Hobby, das Fischen, wieder auf und begab sich tagelang in die Natur, wo er den Flüssen entlang fischte. Sein Kontrollverhalten der Patientin gegenüber reduzierte sich. Die Patientin verlor die Panikattacken und nervösen Beschwerden. In ihrer Stimmung war sie depressiver, aber als Persönlichkeit wesentlich fassbarer und echter. Ihre frühere Fassade hatte offensichtlich dazu gedient, sich vom Absturz in eine Depression zu bewahren. Neu und überraschend war es für die Patientin, dass ihre Arbeitskolleginnen, die früher all ihre Sorgen bei der Patientin abluden, nun plötzlich Interesse an ihrem Befinden äußerten.

Es folgt eine Passage aus der Schlusssitzung:

1 P   Ich spreche jetzt mit meiner Kollegin über meine Probleme, aber nicht mehr nur über meine Rückenbeschwerden. Sie sagte mir auf den Kopf zu, dass es mir nicht so gut gehe.

2 T   Es wäre wichtig, dass Sie das, was in Ihrem Inneren vorgeht, auch nach außen zeigen können, dem Mann und den Kolleginnen gegenüber. Anfänglich zeigten Sie auch mir ein Sonnenscheinlächeln, ein Bemühen, immer freundlich und ausgeglichen zu wirken, obwohl das gar nicht mit Ihrem Inneren übereinstimmte. Damit behindern Sie den Kontakt und entfernen sich immer mehr von Ihrem Gesprächspartner.

3 P   Mit jener Kollegin, die ich nächste Woche treffe, sie hatte auch Krisen und wurde geschieden, da war es gerade umgekehrt, sie hatte sich mir anvertraut, sie musste damals Tabletten nehmen, jetzt ist sie wieder verheiratet und ist glücklich, deshalb hat sie auch Verständnis für meine Situation.

4 T   Sodass Sie deren Unterstützung beanspruchen können?

5 P Sie sagte mir auf den Kopf zu, man sehe es mir an, dass es mir nicht gut gehe. Gestern fragte sie am Telefon, wie es mir geht, ich sagte, ein Stück besser.

6 T Vielleicht sieht man jetzt einfach eher, wie es Ihnen geht. Die Tabletten halfen Ihnen zuvor, nicht zeigen zu müssen, wie es Ihnen geht. Jetzt sieht man es Ihnen äußerlich an, so kann man Ihnen aber eher Unterstützung geben. So passiert etwas. Wenn man nur den strahlenden Sonnenschein sieht, dann kann man Sie nicht unterstützen. Wie geht es Ihnen denn jetzt innerlich?

7 P Schon viel besser, zwar noch nicht gut, aber viel besser. Es stimmt, ich hatte früher noch nie gehört, dass jemand sagte, es gehe mir schlecht. Ich habe immer nur über die Probleme der anderen gesprochen. Heute fragen sie mich eher, wie geht es dir?

8 T Sie wollten gar nicht, dass man Sie in Ihren Schwierigkeiten sieht?

9 P Es war auch schön, dass alle mir so viel Vertrauen entgegenbrachten und mir Intimes erzählten und sie wussten, dass ich das niemandem sonst erzähle. Das hätte ich aber auch für mich gebraucht.

10 T Das stärkt eher das Vertrauen. Ich sehe das genau gleich. Es tritt das Gegenteil ein von dem, was Sie befürchteten. Wenn Sie sich zeigen als jemand, der auch Hilfe braucht, dachten Sie zuvor, Sie müssten sich schämen. Jetzt forcieren Sie sich nicht mehr, mich anzulächeln, Sie wirken vielleicht ernster, älter, reifer, gefestigter. Ich muss jetzt nicht mehr sagen, Sie seien wieder daran, aus- und abzuweichen, so wie ich es in den ersten Stunden immer tun musste.

11 P Man muss auch lernen, so mit jemandem zu sprechen.

Der Therapeut führte nach Abschluss der fünfzehn Sitzungen dauernden Kurztherapie Nachbesprechungen drei Monate und zehn Monate nach Therapieabschluss durch. Nach drei Monaten ging es der Patientin sehr gut. Sie war beschwerdefrei trotz gestiegener Belastung durch Ausfall ihrer Chefin, welche die Patientin am Arbeitsplatz vertreten musste. Zittern und unangenehme Gefühle erlebte sie nicht mehr. Hingegen klagte sie über Rückenschmerzen, unter denen sie schon früher gelitten hatte. Die Paarbeziehung hatte sich wesentlich verbessert. Verschiedentlich konnte sie sich mit dem Mann konstruktiv auseinander setzen und ohne verletzend zu sein mehr für sich beanspruchen. Zu ihrer Überraschung äußerte der Mann dasselbe Bedürfnis, sodass sie sich jetzt in einer entspannteren Atmosphäre mehr Raum geben. Sexuell möchte sie von ihrem Mann nichts abverlangen, um ihn wegen seiner Krankheit und seiner Medikation nicht zu überfordern. Es sei jedoch zu zärtlichen Annäherungen gekommen.

Nach zehn Monaten äußerte die Patientin, die Gespräche hätten immer noch eine gute Nachwirkung. Sie sei selbstsicherer geworden, was ihr auch von ihren Kolleginnen im Geschäft gesagt worden sei. Sie schlucke nicht mehr alles in sich hinein und könne die Situationen ruhiger nehmen. Die Beziehung zum Ehemann sei jedoch erneut belastend. Sein Gesundheitszustand habe sich stark verschlechtert. Er leide jetzt an massiver Dyspnoe. Es sei für die Patientin schwer zu ertragen, wie dieser große kräftige Mann zerfalle. Trotz gesteigertem Appetit nehme er immer mehr an Gewicht ab. Seine Extremitäten würden immer dünner, sein Bauch blähe sich auf. Sie bemerke, dass er heimlich Alkohol konsumiere, und werde an die Leberzirrhose, an welcher ihre Mutter gestorben war, erinnert. Das Xanax konnte die Patientin nicht weiter reduzieren, sie nehme jetzt immer noch täglich $1\frac{1}{2}$ Tabletten ein.

Mit diesem Beispiel möchte ich zeigen, dass der Fokus auch für Therapien angewandt werden kann mit begrenzter Zielsetzung. Die Patientin ist bereits 50-jährig und weist eine deutliche abhängige und wohl auch süchtige Persönlichkeit auf. Trotz vieler persönlicher und situativer Einschränkungen lässt sich zwanglos ein anstehender Entwicklungsschritt identifizieren, der mit der veränderten Beziehung zu ihrem Mann in Zusammenhang mit dessen Herzinfarkt und Pensionierung steht. Die mit der Fokusformulierung anvisierten Ziele konnten erreicht werden. Die Patientin ist mit der anhaltenden Besserung ihres Befindens sehr zufrieden.

Beispiel: Cornelia M., 36-jährig

Die Patientin meldete sich selbst auf Rat ihres Gastroenterologen in unserer Poliklinik, da sie im Leben nicht mehr weiterwisse. Die Abklärung und Behandlung wurde von Frau Dr. M. L. übernommen. Die Patientin hatte sich an einen Gastroenterologen gewandt wegen andauernder Übelkeit und Magenbeschwerden. Eine organische Ursache konnte nicht eruiert werden. Die Beschwerden waren aufgetreten vor acht Monaten im Zusammenhang mit einem Burn-out-Syndrom. Die Patientin kündigte damals ihre Stelle, nachdem sie sich bei der Arbeit erschöpft hatte, sich gegen den zunehmenden Arbeitsdruck nicht abzugrenzen vermochte, laufend Überstunden arbeitete und, als sie sich zur Wehr zu setzen versuchte, von ihrem Chef als «Motztante» und «Emanze» abqualifiziert worden war. Seither konnte sie sich nicht mehr aufraffen, eine neue Stelle zu suchen, aus Angst, sie könnte erneut in dieselben Schwierigkeiten hineingeraten. Immer lasse sie alles mit sich geschehen und schlucke allzu lange alles in sich hinein. Eben hat sie eine Vertretungsstelle für zwei Wochen angenommen, obwohl sie das eigentlich gar nicht möchte. Sie hatte jedoch nicht mehr den Mut, auf die Stelle zu verzichten.

Die Patientin wohnt in einem Bauernhaus mit großem Garten. Sie hält das Alleinsein sehr schlecht aus und gibt sich selbst eine Tagesstruktur durch intensive Gartenarbeit. Sie schildert sich als einen Menschen ohne Maß und Grenzen. Sie neige, wo immer sie hinkomme, zu Überengagement. In ihrem Leben gebe es keinen roten Faden. Sie könne niemandem nein sagen und verausgabe sich bis zur Erschöpfung.

Befragt nach aktuellen Beziehungen verfällt die Patientin zunächst in einen Stupor. Mit einigem Zögern und Verlegenheit berichtet sie dann, sie habe seit einem Jahr einen Freund, ein kurdischer Asylbewerber, für den sie sich sehr verantwortlich fühle. Eben habe er von den Behörden Bericht erhalten, dass er nicht in der Schweiz bleiben könne. Müsse er jedoch in die Türkei zurückkehren, hätte er mit Folter und Gefängnis zu rechnen. Nur durch die Heirat mit diesem Freund könnte sie ihn vor diesem Schicksal bewahren. Die Patientin hat die Absicht, den Freund zu heiraten, obwohl sie nicht sicher ist, dass dieser sie wirklich liebt, und sie, nach der negativen Erfahrung in ihrer früheren Ehe, eigentlich gegen eine erneute Heirat eingestellt sei. Sie habe mit ihrem Freund ungeschützten Sexualverkehr. Sie nehme keine Antikonzeptiva. Sie spreche nicht gerne über diese Beziehung, weil alle Leute ihr davon abraten und ihr für sie untaugliche Ratschläge erteilen.

Die Patientin wünscht Hilfe im Umgang mit ihrer aktuellen schwierigen Situation. Sie hat den Eindruck, allein nicht mehr weiterzukommen und sich in Nebensächlichem zu verzetteln. Es wird ihr eine auf zwanzig Sitzungen beschränkte Kurztherapie angeboten mit einer Wochenstunde.

Befund: Die intelligente junge Frau ist introspektionsbegabt und kann ihre Situation anschaulich darstellen. Sie wirkt gedrückt, hilflos und wenig strukturiert. Ihr Denken wirkt etwas chaotisch und ungeordnet, ihre Darstellung recht emotional. Sie stehe manchmal wie unter einer Gedankenflut. Sie ist der Therapeutin sympathisch. Es stellt sich rasch ein intensiver therapeutischer Kontakt her. Die Patientin ist für eine Psychotherapie motiviert.

Kommentar in der Supervisionsgruppe: Es beschäftigte uns vor allem die Beziehung der Patientin zum kurdischen Asylbewerber. Unser Eindruck war, dass die Patientin sich aufgrund ihres schlechten Selbstwertgefühls in eine Situation hineinmanövriert hat, in welcher sie sich aufgewertet fühlt durch eine Position, in welcher sie über Leben und Tod ihres Freundes entscheidet. Aber auch hier entscheidet sie nicht über ihr Schicksal, sondern lässt es darauf ankommen, was mit ihr passiert. Möglicherweise will sie sich mit einer Schwangerschaft von der Entscheidungslast befreien, ob sie den kurdischen Freund heiraten will. Sie überlässt sich den äußeren Umständen, welche ihr die Entscheidung abnehmen, wobei das Unglück vorprogrammiert scheint.

Zusammenfassung der Anamnese: Die Patientin ist neben einem fünf Jahre jüngeren Bruder und einem gleichaltrigen Adoptivbruder in geordneten familiären Verhältnissen aufgewachsen. Sie fühlte sich insbesondere von der Mutter immer entwertet und klein gehalten. Die Mutter habe wiederholt Bemerkungen fallen gelassen, die Patientin werde einmal beim Fürsorgeamt enden. Die Patientin habe sich diese Aussage zu Eigen gemacht. Bis heute möchte sie den Eltern beweisen, dass sie eine gute Tochter ist.

Die Schulzeit verlief problemlos. Die Patientin bestand die Aufnahmeprüfung an der Kunstgewerbeschule, wurde dann aber von den Eltern zu einer kaufmännischen Lehre gedrängt, die sie dann absolvierte. Bis heute hat sie den Eindruck, die Eltern hätten ihr die Möglichkeit genommen, ihr Leben selbst zu gestalten. Nach Lehrabschluss arbeitete die Patientin kurze Zeit als Sekretärin und heiratete dann vor neun Jahren einen Akademiker. Die Eltern waren stolz auf den sozialen Aufstieg der Patientin. Die Ehe blieb dann aber ungewollt kinderlos, was die Beziehung, aber auch die Patientin sehr belastete. Sie fühlte sich von ihrem Mann entwertet und nie ernst genommen. Früher war sie Triathlon-Wettkämpferin, sportlich und aktiv. Vor fünf Jahren machte sie jedoch eine Enzephalitis durch und ist seither wesentlich passiver und energieloser. Während dieser schweren Krankheit fühlte sich die Patientin von ihrem Mann allein gelassen. Dazu kam, dass die Schwiegereltern für das junge Paar eine Eigentumswohnung kauften gegen den Willen der Patientin. Der Mann war noch stark von seinen Eltern abhängig und wagte nicht, ihnen zu widersprechen. Die Patientin stellte ihn vor ein Ultimatum. Als er sich nicht für den Willen der Patientin entschied, trennte sie sich von ihm und ließ sich vor einem Jahr scheiden.

Diese negative Erfahrung bestärkte die Patientin in der Vorstellung, selbst nichts wert zu sein, keine Ansprüche stellen zu dürfen und eine äußere Fassade aufrechterhalten zu müssen. Wichtig war ihr, sich nicht gehen zu lassen und die Kontrolle über ihr Verhalten immer aufrechtzuerhalten. Auch am Arbeitsplatz wagte sie nie zu äußern, was sie denkt. Am ehesten gelingt ihr das noch, indem sie die Rolle als Clown annimmt.

Aufgrund der ersten drei Sitzungen kamen wir in der Supervisionsgruppe zu folgender Fokusformulierung:

- **Nachdem ich** mit der Vorstellung gelebt hatte, persönliche Entscheidungen anderen zu überlassen und ihre Anerkennung durch totalen Einsatz zu erwerben, bin ich nach den negativen Erfahrungen in der Ehe und im Beruf genötigt, meine Lebensführung zu verändern.
- **Als Entwicklung steht an**, persönliche Entscheidungen mehr in eigene Hände zu nehmen und dafür selbst die Verantwortung zu tragen,
- **was erschwert wird** durch Zweifel an meinen Fähigkeiten und Angst, mich in Beziehungen und in der Arbeit übermäßig zu verausgaben,
- **was aber auch erleichtert wird** durch mein äußeres Ungebundensein und die Motivation, mit Hilfe der Therapie etwas zu verändern.
- **Schritte zu dieser Entwicklung wären**, in der Beziehung zu meinem Freund Entscheide in eigener Verantwortung zu treffen, eine neue Stelle mit adäquaten beruflichen Anforderungen zu finden und dort meinen Kräften entsprechend zu arbeiten, ohne mich überfordern zu lassen.

Anfangsphase: In der vierten Sitzung kam das Thema der Beziehung zu ihrem Freund erneut zur Sprache. Es ergab sich für die Therapeutin ein wesentlich positiveres Bild dieser Beziehung. Die Patientin gab an, dass sie an diesen Freund weniger Erwartungen habe als an ihren früheren Ehemann. Die großen kulturellen Unterschiede verhindern eine allzu große Nähe und Symbiose und fordern von beiden Seiten Toleranz und Respekt füreinander ab unter Anerkennung der Verschiedenheit und der damit bestehenden persönlichen Distanz. Gerade weil die Patientin sich nicht an diesen Freund anlehnen kann, werde sie in dieser Beziehung zu weit größerer Selbständigkeit und Selbstverantwortlichkeit herausgefordert. Es zeigte sich auch, dass der Freund recht geschickt mit den kollusiven Neigungen der Patientin umgeht. Immer und immer wieder neigt sie dazu, ihre Ängste zu äußern, vom Freund bald einmal verlassen zu werden, da sie für einen

Mann nicht attraktiv sei und auch die Befürchtung hege, nicht schwanger werden zu können. Sie möchte einen Mann dazu drängen, ihr laufend zu versichern: «Nein, nein, du bist die Beste, so etwas würde ich nie denken.» Ihr Freund aber spielt da nicht mit. Er sagt mit Bestimmtheit, sie langweile ihn mit diesen dauernden bohrenden Fragen. Er zeige ihr ja, dass er sie liebe, da brauche es keine Worte. So muss sie mit der Ungewissheit selbst zurechtkommen. Beim genaueren Hinsehen ergeben sich auch genügend Hinweise darauf, dass der Freund sich für sie interessiert: Er fragt regelmäßig, wann er sie wieder treffen könnte, er gibt ihr deutlich zu verstehen, dass er sie sehen will. Die Patientin hat den Eindruck, dass er sich unter ihrem Einfluss sehr stark und positiv verändert habe. Zu Beginn der Beziehung wollte er sich nicht in der Öffentlichkeit mit ihr zeigen und schon gar nicht den Arm um sie legen oder sie gar küssen. Die sexuellen Beziehungen sind mit diesem Freund lustvoll und bedeuten der Patientin sehr viel. Die Beziehung sei direkter und körperlicher. Das tue ihr gut. Mit den geringeren Erwartungen fühlt sich die Patientin auch weniger kränkbar und selbstsicherer. Die Patientin bleibt in der Beziehung initiativer. Wenn sie etwa eine Kunstausstellung besuchen will, der Freund dazu aber keine Lust hat, geht sie allein hin, was sie in der früheren Beziehung nicht getan hätte. Gelegentlich ärgert sie sich, dass sie so viel allein machen muss, dann aber denkt sie, es sei gut so. Sie entwickeln miteinander eine Art Streitkultur. Anfänglich schwieg der Freund sie nach einem Streit während einer Woche trotzig an. Ihr Exmann dagegen bagatellisierte Streitigkeiten und versuchte, die Patientin abzulenken. Die Patientin neigt zu Schwarz-Weiß-Denken und lehnt Kompromisse ab. Allmählich lernen die beiden miteinander, in konstruktiver Weise zu streiten, was das Selbstwertgefühl der Patientin wesentlich anhebt.

Zur Technik: Anhand dieser Sitzung wurde uns deutlich, wie vorteilhaft es sein kann, den Fokus der Patientin nicht direkt mitzuteilen. Die Therapeutin würde damit zu viel Verantwortung für die Therapie übernehmen und direktiv die Themen des Gespräches bestimmen.

Damit würde jedoch die wesentliche Eigeninitiative der Patientin geschwächt. Aufgrund unserer anfänglichen Einschätzung der Beziehung zum Freund hielten wir es zunächst für ein wichtiges Ziel der Therapie, der Patientin von einer unbedachten Heirat abzuraten und die Entscheidungen über die Zukunft dieser Beziehung hinauszuschieben. Die Patientin war darauf nicht ansprechbar, sodass die Therapeutin Gefahr lief, die Patientin zurechtzuweisen und immer wieder auf dieses Thema zurückzuführen. Die Fokusformulierung zeigte uns die Gefahr, dass auf der Ebene der therapeutischen Beziehung eine wesentliche therapeutische Chance verpasst zu werden drohte. Wenn wir dort formulierten, die anstehende Entwicklung wäre, dass die Patientin die Entscheidung für die anstehenden Entwicklungsschritte selbst übernimmt, so gilt das auch für die Therapie. Es ist nicht Aufgabe der Therapeutin, der Patientin die Verantwortung abzunehmen und ihre Angst vor erneutem Scheitern mitzuagieren. Erst allmählich erkannten wir, dass sich die Patientin mit der Beziehung zu ihrem Freund intuitiv selbst in Richtung des Fokus bewegte. Mit ihrem kurdischen Freund war sie eine Beziehung eingegangen, welche sie vor kollusiver Selbstentwertung und Unselbständigkeit bewahrte und sie koevolutiv herausforderte zu mehr Verantwortung und eigenen Entscheidungen. Im Idealfall unterstützt der Therapeut mit seinen aus dem Fokus hervorgehenden Interventionen die Spontanbewegungen der Patienten.

Mittelphase (7.–13. Sitzung): In der Mittelphase der Therapie lösten die Themen verschiedener Lebensbereiche einander ab. Interessant ist, wie der Fokus als gemeinsamer Nenner sich in den verschiedensten Tagesereignissen und Lebensbereichen abbildet. Ein wichtiges Problem bildete die Stellensuche. Die Patientin war sehr beunruhigt von der Frage, wie sie sich bei einer Stellenbewerbung präsentieren soll. Soll sie wie früher möglichst angepasst, motiviert, fröhlich und problemlos erscheinen, oder soll sie sich so zeigen, wie sie sich wirklich fühlt? Die konkrete Vorstellung verlief für die Patientin unerwartet positiv. Sie hatte sich laufend die Therapeutin vor Augen gesetzt. Es gelang ihr, ihre guten Zeiten, aber auch ihre Schwächen adäquat darzustellen und sie war überrascht, die Stelle zugeteilt zu bekommen.

Einen anderen Bereich betrifft das Engagement der Patientin in der Kurdenorganisation. Obwohl sie die Arbeit unentgeltlich verrichtete, ließ sie sich von den Ansprüchen der Kurden immer mehr verausgaben, bis zur Erschöpfung. Sie glaubt immer, nicht genug getan zu haben, und erwartet Bestrafungen und Abweisungen, wenn sie Grenzen setzt. Gleichzeitig ärgert sie sich über ihre Unfähigkeit, die eigene Position zu vertreten. Sie war stolz darauf, dass es ihr gelang, im Rahmen der Therapie ihre Meinung der Kurdenorganisation gegenüber so zu vertreten, dass sie die gewünschte Wirkung erzielte. Bei der Bearbeitung all dieser Themen bewährte sich die therapeutische Technik, die wir von der Konstruktdifferenzierung ableiten. Es geht darum, Ereignisse zunächst auf der Ebene der Tatsachen genau anzuschauen, insbesondere auf der Ebene der Interaktionssequenzen. Sehr häufig können nämlich Wahrnehmungsverzerrungen festgestellt werden. In einem zweiten Schritt geht es darum, die mit diesen Interaktionen verbundenen eigenen Vorstellungen, Gefühle und inneren Bilder zu klären und in einem dritten Schritt dieselben Vorstellungen des Konfliktpartners. Ziel ist nicht, dass die Patientin lernt, ihre Gefühle frei herauszulassen und sich zu entladen. Ziel ist vielmehr, dass sie in adäquater Weise auf die Bezugspersonen einwirkt, um die gewünschte Beantwortung zu erreichen.

Wie in den meisten Fällen ging auch diese Therapie mit einer deutlichen Idealisierung der Therapeutin einher. Die Patientin war offensichtlich stark auf die Therapeutin ausgerichtet und war bemüht, von ihr Anerkennung zu erlangen. Mit fortschreitendem Therapieprozess und unter genauer Betrachtung der Videobänder in der Supervision nahm sich die Therapeutin in ihren Bestätigungen und Unterstützungen schrittweise zurück, um die Verantwortung für die anstehenden Entwicklungen immer mehr der Patientin zu übertragen.

7 Ökologische Fokaltherapie als Einzeltherapie 343

Schlussphase (14.–20. Sitzung): Die Schlussphase gestaltete sich wesentlich schwieriger. Die Patientin heiratete, ohne diesen Entscheid mit der Therapeutin zu reflektieren, ihren kurdischen Freund. Seither wurde diese Beziehung kaum mehr thematisiert. Ganz ins Zentrum rückte ihre neue Arbeitsstelle. Sie hatte einen sehr anspruchsvollen Posten als rechte Hand einer effizienten, dynamischen Sozialpolitikerin erhalten. Die Arbeit war interessant, doch es entwickelte sich schon bald wieder das alte Problem: Das unabgegrenzte Überengagement der Patientin führt rasch zu Erschöpfung, die Patientin kann jedoch diese Erschöpfung nicht wahrnehmen und nicht artikulieren, sondern wird laufend krank. Sie wird wegen schlechten Aussehens von der Chefin nach Hause geschickt und von der Ärztin krankgeschrieben, obwohl kein klarer körperlicher Befund erhoben werden kann. Es entwickelt sich ein ständiges Hin und Her zwischen beruflichem Sich-Verausgaben und Rückzug ins Bett. Gleichzeitig fallen angeblich krankheitsbedingt die Therapiesitzungen wiederholt aus, ohne dass die Patientin sich abmeldet. Die hoffnungsfrohe Motivation der Therapeutin und der Supervisionsgruppe zu Beginn der Therapie wird stark gedämpft. Mit dem nahenden Therapieende scheint ein fassbarer Fortschritt auszubleiben. Allmählich entwickelt sich bei uns ein ziemlicher Unmut. Es kommen Vorstellungen auf, man müsste die Patientin zurechtweisen, sie könnte sich etwas zusammenreißen und auch zu den Therapiesitzungen erscheinen, wenn sie sich gesundheitlich nicht wohl fühlt. Doch dann wird uns bewusst, dass wir damit Gefahr laufen, in die «Übertragungsfalle» zu treten. Im Grunde erwartet die Patientin Vorwürfe und Entwertungen vonseiten der Arbeitgeberin und der Therapeutin, so wie sie diese bereits von ihrer Mutter verinnerlicht hat. Dadurch, dass die Therapeutin sich weigert, in dieses Spiel einzutreten, und sich sogar zur Neuvereinbarung von Terminen bei der Patientin meldet, fühlt sich diese auf eigene Füße gestellt und spürt ein anhaltendes Interesse der Therapeutin an ihrem Ergehen. Zu den letzten Sitzungen erscheint die Patientin wieder regelmäßig zu den vereinbarten Terminen und geht dann wieder zur Arbeit. Die Therapeutin führt eine Arbeitsstruktur ein, mit welcher die Patientin angeleitet werden soll, Erschöpfungszustände zu vermeiden. Zu jeder Stunde soll die Patientin während zehn Minuten innehalten und ihr Befinden auf einer Skala von 1 bis 10 einschätzen und in einem Tagebuch notieren. Damit gelingt es der Patientin erstmals zu spüren, woran ihre Erschöpfung feststellbar wäre, nämlich an Augenbrennen, Verspannung im Rücken, Gereiztheit und dem Wunsch, ins Bett zu gehen. Es wird vereinbart, dass diese Selbstwahrnehmung fortan der Maßstab für die Notwendigkeit sein soll, sich krankzumelden. Die Patientin soll damit darauf verzichten, von anderen ihr Kranksein und ihre Arbeitsfähigkeit feststellen zu lassen. Ab Stufe 7 bis 8 soll die Patientin sich von der Arbeit abmelden und nach Hause gehen.

In der Schlusssitzung wird eine Standortbestimmung über den halbjährigen Therapieverlauf durchgeführt. Was sich in der Therapie nicht verändert hat, ist die Beziehung zur Mutter. Diese zeigt sich nach wie vor schroff, abweisend und desinteressiert. Die aktuelle Beziehung zur Mutter scheint jedoch für die Patientin von untergeordneter Bedeutung zu sein. Die positivste Veränderung betrifft die Beziehung zu ihrem früheren Freund und jetzigen Ehemann. Diese Beziehung sei das Positivste in ihrem Leben überhaupt. Der Mann sei zu ihr lieb, besorgt, er kümmere sich um sie, aber nicht so intensiv, dass sie sich ihm gegenüber zu Dank verpflichtet fühle. Das Gefühl zu haben, dass es überhaupt jemandem wichtig sei, wie es ihr ergehe, gebe ihr Halt und bewahre sie davor, erneut in ein «Loch» zu fallen. Aber auch sie habe ihm viel geben können. Als Kurde sei er zu Beginn nicht in der Lage gewesen, Gefühle zu zeigen, insbesondere hätte er sich geschämt, sie öffentlich zu berühren oder gar zu küssen. Bei Auseinandersetzungen habe er sich zurückgezogen. Jetzt aber sei er offen, sei fähig zu Auseinandersetzungen, könne Freude und Liebe zeigen, könne mit ihr streiten. Sie seien beide in dieser Beziehung aufgegangen wie Blumen.

7 Ökologische Fokaltherapie als Einzeltherapie 345

Mit der Patientin wird ein Kontrolltermin nach drei Monaten vereinbart. Bis dahin soll sie versuchen, ohne therapeutische Hilfe zurechtzukommen.

Evaluation der Therapie an der Fokusformulierung: Die Fokusformulierung hat sich als Leitlinie der Therapie sehr bewährt, obwohl im Laufe der Therapie die einzelnen Sätze eine veränderte Bedeutung erhalten haben. Bei Therapiebeginn schien es uns vor allem wichtig, dass die Patientin sich gegen die Entwertung der Eltern und deren Bevormundung wehrt bzw. dass sie nicht laufend provoziert, von den Eltern strukturiert zu werden. Es schien uns aber auch wichtig, dass sie sich mit ihrem kurdischen Freund nicht vollendete Tatsachen schafft durch Heirat und Schwangerschaft, um sich nachträglich als Opfer widriger Umstände zu beklagen. Die Beziehung zu den Eltern erwies sich als weniger bedeutend als zu Beginn der Therapie vermutet. Die Beziehung zu ihrem Freund zeigte sich als koevolutiver Glücksfall: Es war der Patientin damit möglich, sich jenes Spannungsfeld aufzubauen, das ihre Entwicklung stimuliert und ihr dadurch, dass sie auch die Entwicklung des Freundes zu stimulieren vermag, Selbstbestätigung und Selbstsicherheit zu vermitteln vermag. Problematisch ist zwar immer noch ihre Arbeitsbeziehung, doch scheint die Patientin diesbezüglich in eine wichtige Entwicklung eingetreten zu sein. Nach vorangegangener gewollter Arbeitslosigkeit hat sie gewagt, sich wieder eine anspruchsvolle Stelle zu suchen. Sie sieht die Notwendigkeit, mit ihren Kräften in eigener Verantwortung umzugehen, und ist daran, sich die dafür notwendigen Strukturen zu schaffen. Die Weigerung der Chefin wie auch der Therapeutin, sich von der Patientin zu Vorwürfen provozieren zu lassen, hat ihr die Notwendigkeit bewusst gemacht, in eigener Verantwortung das ihr zuträgliche Arbeitspensum zu bestimmen.

7.7 Die Behandlung spezifischer Syndrome mit dem ökologischen Fokus

In den letzten Jahren wurde die Behandlung spezifischer Syndrome in der Psychiatrie intensiv erforscht. Besonderes Interesse fanden Angst-Zwangs-Syndrome, Depressionen und Essstörungen. In der gegenwärtigen wissenschaftlichen Diskussion stehen zwei Behandlungsmethoden ganz im Vordergrund:

– die psychopharmakologische Behandlung mit Benzodiazepinen und Antidepressiva, insbesondere Serotonin-Wiederaufnahmehemmern,
– die kognitive Verhaltenstherapie.

Psychodynamisch orientierte Therapien, aber auch systemische Therapien finden demgegenüber weniger Beachtung. Es wird ihnen vorgeworfen, sie seien in ihrer Wirksamkeit zu wenig überprüft. Neuere, kontrollierte Studien ergaben allerdings ein weit weniger eindeutiges Bild über die Überlegenheit der kognitiven Verhaltenstherapie. Psychotherapieforschung ist nach wie vor ein sehr komplexes Forschungsgebiet, dessen Resultate mit Vorbehalt aufzunehmen sind. Viele Fragestellungen lassen sich mit statistischen Methoden nicht abschließend beantworten. Der größte Gewinn der Psychotherapieforschung liegt bis jetzt in einer generell kritischeren Beurteilung psychotherapeutischer Effekte. Klinische Beschreibungen sind nach wie vor für die Beurteilung psychotherapeutischer Methoden unumgänglich.

Ich möchte am Beispiel der Behandlung von Panikattacken darstellen, wie in der Phase intensiver Panik die kognitive Therapie wahrscheinlich das Mittel der Wahl ist, wie aber beim Zurückgehen von Panik es sinnvoll, ja notwendig sein kann, das Auftreten von Panikanfällen in einen lebensgeschichtlichen Zusammenhang zu stellen.

Blanes und Raven (1995) zeigen in einer Literaturübersicht, dass die Resultate der Behandlung von Panikattacken mit kognitiver Therapie noch wenig gesichert sind. Goisman et al. (1994) fanden, dass in den USA psychodynamische Therapien immer noch die verbreitetste Therapieform von Panikattacken sind, obwohl ihre Wirksamkeit nicht überprüft ist. Gemäß dieser Literaturübersicht scheint sich kognitive Therapie vor allem zu bewähren für die Behandlung von Panikattacken mit wenig agoraphobem Vermeidungsverhalten, für Vermeidungsverhalten wird dagegen Expositionsbehandlung empfohlen. Für Patienten mit weniger ausgeprägten Panikstörungen werden andere psychologische Therapien empfohlen.

Die von David Clark et al. (1994) mit kognitiver Therapie erreichte Besserung der Fehlinterpretation von Körperfunktionen ist nicht unumstritten. Basoglu et al. (1994) fanden Besserungen von Panikattacken ohne kognitive Therapie und stellen die spezifische Wirksamkeit der Korrektur körperlicher Fehlinterpretationen in Frage. Shear et al. (1994) fanden eine nicht vorschreibende Behandlung (reflektierendes Zuhören) ebenso wirksam wie kognitive Therapie sowohl am Ende der Therapie wie sechs Monate danach. Sie waren überrascht, dass diese zunächst für die Kontrollgruppe konzipierte «Scheintherapie» dieselben Behandlungseffekte zeigte wie eine aktive Therapie. Sie denken, dass kognitive Therapie nicht notwendig ist für die Behandlung von Panikattacken.

Wir glauben, dass eine Differenzierung notwendig ist. Nach unserer Meinung bewährt sich die kognitive Therapie von Panikattacken nach David Clark insbesondere für die symptomzentrierte Therapie in jener Phase, in welcher der Patient durch die Symptome in höchstem Maße alarmiert ist und sich innerlich ganz auf die Symptome ausrichtet. In diesem Stadium kann ein psychodynamischer Ansatz kaum greifen, weil es dem Patienten nicht gelingt, eine innere Distanz von seinen Symptomen zu finden. Sie brauchen eine Therapie, die eindeutig auf das Wiedergewinnen von Kontrolle über die Panikstörungen konzentriert ist. In dieser Phase sind die kognitiven Verfahren und die Pharmakotherapie deutlich überlegen über einen rein psychodynamischen Ansatz.

Sind die Symptome weniger ausgeprägt oder stark gebessert, so bietet der kognitive Ansatz kaum ein Konzept, die Therapie fortzusetzen. David Clark (mündliche Mitteilung, 1994) ist denn auch der Meinung, dass die Therapie beim Verschwinden der Symptome beendet werden kann und dass die allfälligen (psychodynamischen) Probleme des Patienten sich von selbst gelöst haben oder lösen werden. Im Unterschied dazu sehen wir, dass die Patienten bei der deutlichen Symptombesserung oft noch keineswegs reif für eine Therapiebeendigung sind. Wir halten es für notwendig, den Ausbruch der Panikattacken in einen lebensgeschichtlichen Zusammenhang zu stellen. Mit großer Regelmäßigkeit finden wir in den Wochen bis Monaten vor Ausbruch der Panikattacken wichtige Beziehungsveränderungen als Grundlage der Panikanfälle. Wir sehen in der koevolutiven Fokusformulierung eine wichtige Ergänzung der kognitiven Therapie. Der koevolutive Fokus ist wie eine Klammer, die die kognitive Therapie in sich einschließt, jedoch eine Fortführung mit einer stärker psychodynamisch-koevolutiven Perspektive ermöglicht. Wir glauben auch, dass die Patienten selbst das Bedürfnis nach einer Klärung der Ursache ihrer Panikattacken haben. Es ist für sie wichtig, einen Sinnzusammenhang herstellen zu können, der die Panikattacken nicht nur auf eine biologische Störung oder Vulnerabilität zurückführt.

Beispiel: Eine 35-jährige Ärztin, Mutter von zwei Söhnen (drei- und eineinhalbjährig), wendet sich notfallmäßig und höchst alarmiert an mich wegen heftigen Panikattacken und Todesangst. Sie erscheint in Begleitung ihres Ehemannes, selbst auch Arzt, zum vereinbarten Notfalltermin. Sie ist kreidebleich, zeigt kaltschweißige Hände, einen flackrigen Blick. Sie wirkt gespannt und angsterfüllt. Nach ca. zehnminütigem Gespräch steigert sie sich in einen Panikanfall. Ich bleibe dabei ruhig und sachlich und fordere sie auf, ihre Körperempfindungen genau zu beobachten und mir zu beschreiben. Sie spürt einen Druck über der Brust und ein Würgegefühl im Hals, sie atmet kaum noch. Ich fordere sie auf, mit mir im Gleichtakt ruhig und tief zu atmen. Ich frage sie dann, ob sie ihren Puls spüre. Sie glaubt, einen rasenden Puls zu haben. Ich heiße sie, selbst den Puls zu zählen. Er ist im Normbereich. Inzwischen hat die Patientin sich wieder entspannt. Sie klagt über kalten Schweiß den Rücken hinunter und befürchtet, durchzudrehen und psychotisch zu werden. Ihr Urgroßvater väterlicherseits hat in Depression Suizid begangen, eine Tante väterlicherseits ebenfalls. Sie war Alkoholikerin und die Lieblingstochter der Großmutter väterlicherseits, so wie die Patientin die Lieblingstochter ihrer Mutter sei. Die Großmutter wurde daraufhin depressiv und starb 84-jährig nach jahrelangem Aufenthalt in einer psychiatrischen Klinik.

Unter den Panikanfällen glaubt die Patientin, Extrasystolen festzustellen. Es komme zu Schweißausbrüchen und Ohnmachten, die Panikattacken dauern 15 bis 30 Minuten, situative Zusammenhänge kann die Patientin nicht erkennen. Sie zeigt keine begleitende Agoraphobie und kein Vermeidungsverhalten.

Vor drei Jahren hatte die Patientin erstmals einen Panikanfall, als sie sich bei einer ambulanten Zahnoperation einer Lokalanästhesie unterziehen musste und plötzlich die Vorstellung aufkam, sie könnte an der Spritze sterben und ihren damals sechs Monate alten Sohn allein zurücklassen. Vier Monate später wiederholte sich ein Panikanfall in einer Redaktionssitzung einer medizinischen Zeitschrift, an der sie beteiligt ist. Vor gut zwei Jahren trat wieder ein Panikanfall auf anlässlich des Besuches bei den Eltern, als die Patientin mit dem zweiten Kind fünf Monate schwanger war.

Die jetzigen Panikattacken begannen vor zehn Tagen, als die Patientin mit einer Kollegin, die auf der Redaktion einer Zeitschrift arbeitet und eben entlassen worden war, am Mittagstisch saß. Seither hat sie täglich mehrere Anfälle gehabt, die weit schlimmer waren als jene in den vorangegangenen Jahren.

Die Patientin verweigert die Einnahme von Psychopharmaka. Sie ist selbst im Vertrieb alternativmedizinischer Medikamente tätig und betreibt mit einem Kräuterpräparat Selbstmedikation.

Ich bestelle die Patientin zwei Tage später zur zweiten Sitzung ein. Auch in dieser Sitzung tritt wieder ein Panikanfall auf. Wieder glaubt die Patientin, einen rasenden Puls zu haben. Ich lasse sie in sich hineinspüren und den Puls wahrnehmen, ohne mit den Fingern die Pulsader zu berühren. Sie kann den Herzschlag spüren, die Frequenz liegt zwischen 60 und 70. Ich lasse sie sich entspannen und ruhig atmen.

Nach wenigen Minuten ist der Anfall vorbei. Die Patientin lernt so wahrzunehmen, dass sie die Anfälle selbst zu beeinflussen vermag. Es bleibt jedoch eine quälende Psychotophobie. Ich fordere sie auf, ein Tagebuch zu führen mit genauer Registration der Panikattacken nach Puls, Atemfrequenz, Dauer und äußerer Situation, Einschätzung der Stärke der Angst und begleitenden Phantasien.

Von der dritten der nun wöchentlich stattfindenden Sitzungen an hat sich die Patientin beruhigt. Es treten nur noch vereinzelte, leichtere Panikattacken auf. Die Tagebuchführung hilft ihr, genauer wahrzunehmen, was in ihr vorgeht. Es bleibt aber immer noch eine Beunruhigung über allfällige Rückfälle.

Schon in der ersten Sitzung hatte ich begonnen, ihre Lebenssituation zu explorieren. Sie hatte, als sie noch im Studium stand, geheiratet, war nach Studienabschluss als Ärztin tätig und schloss einen Facharzttitel ab. Sie fühlte sich im Zusammenleben mit ihrem etwas trockenen Ehemann emotional wenig befriedigt und fand auch im Beruf nicht die volle Erfüllung. Sie wünschte sich dringend Kinder. Bezüglich Kinderbetreuung hatte sie absolute Maßstäbe und war der Ansicht, eine Mutter müsse für die Kinder alles zurückstellen und für sie dauernd präsent sein. Sie gibt die Kinder praktisch nie weg und will alles für die Kinder selbst erledigen. Nachts schlafen die Kinder im Ehebett der Eltern. Das Paar hat sich dafür ein speziell großes Bett angeschafft. Die Patientin erledigt nebenher einige Arbeiten als Medizinjournalistin und für den Vertrieb von alternativen Heilmitteln. Diese Arbeiten kann sie zu Hause erledigen. Ihre Kolleginnen warnen sie davor, die ärztliche Tätigkeit aufzugeben oder zu vernachlässigen. Die Patientin fühlt sich jedoch als Mutter insuffizient. Sie glaube, eine Mutter müsste ruhig, ausgeglichen und allzeit fröhlich sein, während sie hektisch, gestresst und überspannt sei. Um den hohen Mutteridealen zu genügen, hat sie die Absicht, ihre berufliche Tätigkeit ganz einzustellen. Gleichzeitig beunruhigt sie jedoch der Gedanke, den Anschluss an den Beruf damit definitiv zu verlieren, ohne die Gewähr zu haben, später einmal von den Kindern den erwarteten Dank zu erhalten.

Fokusformulierung nach der dritten Sitzung:

- **Nachdem ich** ganz für die Kinder da sein und meine persönlichen Bedürfnisse zurückstellen wollte, ich mich dann aber als Mutter insuffizient und zunehmend eingeengt gefühlt hatte,
- **steht als Entwicklung an,** dass ich mir mehr eigenen Raum verschaffe und mich den Kindern gegenüber abgrenze,
- **was erschwert wird** durch mein hohes Ideal, eine perfekte Mutter zu sein, und durch meine Angst, die emotionale Zuwendung der Kinder zu verlieren und mit meinem trockenen Mann in eine Krise zu geraten,
- **was erleichtert wird** durch mein Vertrauen in meine eigenen Fähigkeiten und in meinen Therapeuten sowie durch die stabile Unterstützung durch meinen Mann.
- **Schritte zu dieser Entwicklung wären** ein besseres Abgrenzen meines persönlichen von meinem ehelichen und familiären Bereich, die Organisation einer Kinderbetreuung und die Auseinandersetzung mit meinem Mann.

In der vierten Sitzung, kurz vor Weihnachten, berichtet die Patientin, dass sie selbst darauf gekommen sei, ihre Lebensführung verändern zu müssen. Sie müsse auch im Dienste der Kinder darauf achten, sich nicht zu überfordern und für sich mehr Raum schaffen. Erstmals hat sie es gewagt, die Eltern nicht zum Weihnachtsfest einzuladen, was bei der Mutter eine befremdete Reaktion auslöste. Sie hat aus eigener Initiative ein Kindermädchen angestellt, durch welches sie sich halbtags entlasten kann.

In der Zwischenzeit hatte sie aber wieder einen starken Panikanfall mit Beklemmung über der Brust, Globusgefühl und Hyperventilation. Sie konnte die Angst jedoch besser aushalten. Die Tagebuchführung erweist sich weiterhin als hilfreich. Ich lasse die Patientin den Passus über die Panikattacken im ICD-10 vorlesen. Bisher hatte sie es vermieden, sich über die Panikanfälle genauer zu informieren. Sie kann damit selbst feststellen, dass Psychotophobie eine bekannte Form von Phobie ist.

In der Folge beginnt die Patientin, in ihr Leben mehr Ordnung zu bringen. Nachts kommt der eineinhalbjährige Sohn nicht mehr zu ihr ins Bett. Die Patientin berichtet, wie sehr sie sich durch ihre Mutter eingeengt fühlt, die sich früher ebenfalls völlig für ihre Kinder verausgabt hatte, ihnen heute jedoch mangelnden Dank vorwirft. Die Patientin wird sich bewusst, dass sie mit ihrer Aufopferung die intensive emotionale Zuwendung der Kinder sucht und in sich bereits Phantasien nährt, die Kinder auch später intensiv an sich zu binden, um das, was sie in die Kinder investiert habe, von ihnen zurückzuerhalten. Es wird ihr insbesondere auch bewusst, dass die Kinder vieles kompensieren müssen, was sie bei ihrem Ehemann vermisst. Immer deutlicher wird die Paarbeziehung zum zentralen Problem.

Nach einigen heftigen Auseinandersetzungen mit der Mutter und anschließenden leichteren Panikattacken neigt die Patientin nun eher wieder dazu, sich mit der Mutter und dem Ehemann zu arrangieren. Die weiterbestehenden Ängste vor erneuten Panikattacken blockieren sie auf der einen Seite, die anstehende Entwicklung zu vollziehen, lassen auf der anderen Seite diese Entwicklung aber auch als unausweichlich erscheinen. Die phobischen Ängste breiten sich eher noch aus. Zur Psychotophobie kommen Karzinophobie und Aidsphobie. Die phobischen Störungen erreichen allerdings nicht eigentlichen Krankheitswert.

Die Patientin will sich mit dem Mann intensiver auseinander setzen. Von der 8. Sitzung an wird die Therapie als Paartherapie fortgeführt.

Die Patientin wirft dem Mann vor, das Zusammenleben mit ihm sei langweilig. Sie sei viel lieber mit den Kindern zusammen, da er für sie gar nicht spürbar sei. Der Mann, der dazu neigt, sich vor den Angriffen der Frau durch Rückzug zu schützen, erhält nun in den Sitzungen Gelegenheit, seine Sichtweise zu artikulieren. Er hat den Eindruck, dass die Patientin sich seit der Geburt der Kinder von ihm zurückgezogen und ausschließlich den Kindern zugewandt habe. Sie verlange einerseits, dass er sich mehr um die Kinder kümmere, gebe ihm andererseits aber keine Chance dazu, indem sie alles in eigenen Händen behalten wolle. Er fühle sich zu Hause ausgeschlossen und frustriert. Es zeichnet sich ein Circulus vitiosus ab: Je mehr die Patientin sich ausschließlich den Kindern zuwendet, desto mehr verkümmert die Ehebeziehung, je mehr die Ehebeziehung verkümmert, desto stärker wendet sich die Patientin den Kindern zu.

Bei der Partnerwahl waren beide intensiv ineinander verliebt und ermöglichten sich gegenseitig wichtige Entwicklungen. Der Mann, der etwas älter ist als die Patientin und einen soliden und belastbaren Eindruck macht, half ihr bei der schwierigen Ablösung von ihren Eltern. Der Mann wuchs mit einer emotional zurückhaltenden Mutter auf, von der er nie warmherzige Zuwendung erhalten und im Ausdrücken von Gefühlen kein Vorbild gehabt hatte. Unter der intensiven Zuwendung seiner Frau konnte sich sein Gefühlsleben bis zu einem gewissen Grade entfalten, worüber er sehr beglückt war. Mit der Geburt der Kinder wandte sich die Frau von ihm ab und überließ ihn seinen vorbestehenden Schwierigkeiten. Jetzt neige die Frau dazu, ihn zu bedrängen mit dem Ergebnis, dass er sich noch mehr verschließe und damit die Situation noch verschlimmere.

Die etwas hilflose und verhaltene Art, wie der Mann sich seiner Frau in den Therapiesitzungen mitteilte, berührte die Frau. Während sie zuvor der Meinung war, der Mann könnte sich sehr wohl emotional stärker aufschließen, wenn er nur wollte, erkannte sie jetzt, dass er in dieser Hinsicht in seinen Möglichkeiten begrenzt ist. Diese Erkenntnis veränderte die Einstellung der Frau und ermöglichte ihr, den Mann so zu akzeptieren, wie er ist. Beide sahen ein, dass sie mehr Zeit und Kraft füreinander einsetzen müssen und die Ansprüche der Kinder in ein für ihr Zusammenleben kompatibles Maß eingrenzen müssen. Die Therapie wurde nach elf Sitzungen abgeschlossen. Eine Nachbesprechung nach fünf Monaten ergab, dass die Patientin in der Zwischenzeit noch zwei Panikattacken hatte, beide Male im Zusammenhang mit öffentlichen Auftritten bei Vorträgen und Diskussionen. Die Patientin konnte die Zustände jedoch unter Kontrolle halten, da sie wusste, dass die Angst vorbeigehen wird. Während sie den Vortrag bzw. die öffentliche Diskussion führte, war sie ganz ruhig. Dennoch weist die Patientin weiterhin leichtere phobische Ängste auf, die jedoch keinen Krankheitswert erreichen und nicht zu Vermeidungsverhalten führen. Sie fühlt sich unwohl bei Spitalbesuchen, leidet an einer gewissen Flugangst oder hat eine phobisch überwertete Angst vor Wunden.

Die eheliche Beziehung hat sich erfreulich verbessert. Die Patientin kann heute die drei Bereiche Zusammenleben mit den Kindern – Zusammenleben mit dem Mann – persönlicher Bereich klarer voneinander abgrenzen. Sie gönnt sich mehr Zeit für sich selbst, auch für Tätigkeiten, die sie sich bisher wegen Schuldgefühlen nicht leisten konnte, wie etwa den Konsum von Fernsehsendungen. Sie könne sich auch besser gegen die dauernden Vorwürfe von Seiten ihrer Mutter abgrenzen, ohne den Kontakt mit ihr völlig zu vermeiden.

Die ökologische Fokusformulierung kann als eine Fallkonzeption verstanden werden, die einen Rahmen für die gesamte Behandlung der Panikattacken abgibt, ohne damit die Technik der therapeutischen Arbeit festzulegen. Es kann sehr wohl im Rahmen des koevolutiven Fokus mit einem kognitiven Ansatz gearbeitet werden. Der koevolutive Fokus bietet darüber hinaus jedoch die Möglichkeit, die Therapie im psychodynamischen Sinne zu erweitern, was uns in vielen symptomzentrierten Therapien notwendig und wichtig erscheint.

Es ist in unserer Psychiatrischen Poliklinik eine prospektive Studie am Laufen, um den Effekt der koevolutiven Fokusformulierung bei Panikattacken zu evaluieren (Willi, Frei, Günther, 2005).

7.8 Indikation zur ökologischen Fokaltherapie

In einer psychiatrischen Poliklinik wird das ganze Spektrum von psychischen Störungen nach Diagnose und Grad der Beeinträchtigung des psychosozialen Funktionsniveaus gesehen. Es melden sich bei uns Patienten jeden Alters und jeder sozialen Schicht, häufig auch Gastarbeiter und Migranten. Für unsere praktische Tätigkeit ist wichtig zu differenzieren zwischen folgenden Behandlungsformen:

- Soziotherapie (Wohnen, Arbeit, Geld),
- Pharmakotherapie,
- ökologisch-supportive Therapie,
- ökologische Fokaltherapie,
- Paar- und Familientherapie.

Die Arbeit mit dem ökologischen Fokus setzt voraus, dass der Patient fähig und bereit ist, einen Zusammenhang seiner Störung mit seiner Beziehungssituation nicht auszuschließen und an der Verbesserung dieser Situation zu arbeiten. Er muss eine gewisse Bereitschaft zeigen, auf eine ausschließliche Projektion der Ursache seines Leidens auf seine Bezugspersonen oder auf seinen Körper zu verzichten und sich mit den eigenen Möglichkeiten, die Situation zu verändern, kritisch auseinander zu setzen. Soziotherapie und Pharmakotherapie sind durchaus mit der ökologischen Fokaltherapie kombinierbar, sollten aber auch in der Wahrnehmung des Patienten nicht den Hauptakzent der Therapie bilden.

Wir sehen eine breite, aber wenig spezifische Indikation für die Behandlung leichter bis mittelschwerer psychischer Störungen aller Art. Die meisten unserer Patienten haben erst einen Hausarzt aufgesucht wegen somatoformer Störungen, vegetativer Regulationsstörungen oder funktionellen Beschwerden. Die Symptombildung war meist wenig umschrieben. Der Arzt erkannte, dass das präsentierte Symptom zwar Anlass war, ihn aufzusuchen, das eigentliche Problem jedoch psychologischer Art ist. Derartige Patienten finden sich in einer Hausarztpraxis häufig. Oft werden sie über längere Zeit mit Tranquilizern behandelt. Ein erheblicher Teil dieser Patienten ist zumindest zunächst nicht zu einer Psychotherapie bereit. Die Erarbeitung einer Therapiebereitschaft ist eine wichtige Aufgabe des Hausarztes. Kann der Patient akzeptieren, dass seine Störung mit seiner Lebenssituation zusammenhängt, und dass er versuchen wird, diese Lebenssituation in der Zusammenarbeit mit dem Therapeuten zu verändern, liegen gute Voraussetzungen für eine Kurztherapie vor. Am geeignetsten sind Fälle, bei denen eine Ausgangslage durch eine spezifische Veränderung in den Beziehungen entstanden ist, welche eine persönliche Veränderung des Patienten notwendig macht. «So kann und darf es nicht weitergehen!» Akut aufgetretene Beschwerden oder Symptome sind ein guter Ansatzpunkt, weil diese meist hinweisen auf eine veränderte Lebenssituation, in der es für den Patienten nicht mehr weitergeht.

Aber auch bei Persönlichkeitsstörungen kann durchaus eine Indikation für eine Fokaltherapie vorliegen, wenn der Patient an einen Punkt kommt, wo er nicht mehr weiterkommt. So etwa wurden mit guten Erfolgen verschiedentlich Borderline-Patienten nach Suizidversuchen behandelt oder dependente Persönlichkeiten nach Scheidung oder Stellenverlust. Im aktuellen Anlass bestand eine umschreibbare Krise, welche die Notwendigkeit ergab, eine Veränderung der persönlichen Lebenssituation an die Hand zu nehmen.

Wann sollen Persönlichkeitsstörungen eher mit ökologisch-supportiver Therapie, wann eher mit ökologischen Fokaltherapie behandelt werden? Der Unterschied beider Therapieformen liegt in der Arbeitsweise:

– Die Formulierung eines ökologischen Fokus greift am besten bei einer Konstellation, welche den Vollzug eines bisher vermiedenen Entwicklungsschrittes in den Beziehungen notwendig macht. Sie geht von der Einmaligkeit und Spezifität des aktuellen Anlasses aus, um in der Veränderung der Beziehungssituation einen ersten Schritt zu tun in Richtung eines konstruktiveren Gestaltens des beantworteten Wirkens in der persönlichen Nische. Solche Anlässe finden sich beispielsweise häufig bei Borderline-Patienten oder anderen Patienten mit bewegter Lebensweise. Die ökologische Fokaltherapie kann bei Persönlichkeitsstörungen als ein zeitlich begrenzter therapeutischer Einsatz mit umschriebener Zielsetzung gesehen werden, der eventuell zu späteren Zeitpunkten wiederholt wird.

– Bei der ökologisch-supportiven Therapie dagegen wird in einer niederfrequenten Langzeittherapie eine bessere Verankerung und Regulation des Patienten in seiner Beziehungsumwelt (persönliche Nische) angestrebt. Die Zielsetzung ist hier weniger definiert, die Therapie wird stärker vom Patienten gestaltet, der Therapeut versteht sich eher als Begleiter und Trainer im Bemühen, mit der Beziehungsumwelt ein konstruktiveres beantwortetes Wirken aufzubauen.

Eine scharfe Abgrenzung der beiden Therapieformen ist nicht sinnvoll. Manchmal sind Störungen leichter anhand eines spezifischen Anlasses zu bearbeiten, manchmal besser in einer kontinuierlichen Arbeit über längere Zeiträume.

7.9 Die therapeutische Beziehung

7.9.1 Kritische Bemerkungen zum Konzept der Übertragung

In der Führung jeder Therapie muss der Therapeut laufend mit einem Auge darauf achten, was sich auf der Beziehungsebene abspielt, insbesondere wie der Patient sein Problem in der Beziehung zum Therapeuten zu reinszenieren versucht. Obwohl bei der Fokusformulierung die therapeutische Beziehung meist nicht im Zentrum der Beachtung steht, konstelliert sich der anstehende Entwicklungsschritt meist auch als Schritt in der Beziehung zum Therapeuten. Ist der Therapeut nicht in der Wahrnehmung dieser Reinszenierung geübt, verpasst er leicht, dem Patienten die Chance zu dieser «korrigierenden emotionalen Erfahrung» (Alexander & French, 1946) anzubieten. Die häufigste Konstellation, die oft nicht leicht zu erkennen ist, ist folgende: Im Bestreben, die Kurztherapie möglichst effizient zu gestalten, übernimmt der Therapeut zu viel Initiative, Aktivität und Verantwortung, mit der Folge, dass der Patient sich erneut von einer anderen Person, hier vom Therapeuten, bestimmen lässt, ohne sein Leben selbst in die Hände zu nehmen.

Nach psychoanalytischer Auffassung manifestieren sich neurotische Konflikte in der therapeutischen Beziehung als Wiederholung von Kindheitskonfliktmustern. Die Kindheitsneurose wird von den meisten psychodynamischen Kurztherapiekonzepten als Kernkonflikt verstanden (Malan, 1976; Davanloo, 1980; Strupp & Binder, 1984; Luborsky, 1984). Derivate des Kernkonfliktes kommen dem Therapeuten gegenüber in der Übertragung zum Ausdruck. Die Aufgabe für den Therapeuten besteht darin, einen Zusammenhang zwischen Übertragungen und Kindheitserlebnissen herzustellen. Die Suche nach lebensgeschichtlichen Zusammenhängen wird allerdings von manchen neueren Autoren (Spence, 1982; Strupp & Binder, 1984) als problematisch angesehen. Stattdessen analysieren sie, inwieweit sich Verhaltensweisen, mit denen der Patient auf Kindheitserlebnisse reagiert hat, immer noch auf seine heutigen Beziehungen auswirken. Sie verzichten auf die fragwürdige Rekonstruktion der Lebensgeschichte. Es genügt, davon auszugehen, dass gegenwärtige emotionale Störungen und zwischenmenschliche Schwierigkeiten ein Produkt dieser Geschichte sind (Strupp & Binder, 1984/1991, S. 51).

Unabhängig davon, ob ein direkter Kausalzusammenhang zwischen Kindheitserfahrungen und aktuellem Übertragungsverhalten hergestellt wird oder das aktuelle Verhalten zum Therapeuten als Produkt seiner Lebensgeschichte angesehen wird, von zentraler Bedeutung bleiben die frühkindlichen negativen Beziehungserfahrungen als Grundlage des aktuellen Fehlverhaltens. Unseres Erachtens lässt die Wiederholung von immer gleichen Konfliktkonstellationen durch die Lebensgeschichte hindurch auch eine andere Erklärung zu. Es könnte sein, dass der Patient aufgrund konstitutioneller oder sonst wie tief in seiner Persönlichkeit verankerter Dispositionen von Geburt an seine Bezugspersonen immer wieder zu ähnlichem Verhalten konstelliert hat. Das heutige Verhalten ist nicht Folge traumatisierender oder neurotisierender Kindheitserfahrungen, sondern ist lediglich die Wiederholung einer Beziehungskonstellation, welche der Patient von Geburt an inszeniert hat. Wir denken dabei an Analogien zur interaktionistischen Sicht weiblichen und männlichen Verhaltens. Frauen verhalten sich weiblich und Männer männlich, nicht weil sie zu Frauen oder Männern gemacht und erzogen worden sind. Vielmehr weisen Mädchen und Knaben von Geburt an gewisse Verhaltenseigentümlichkeiten auf, welche die Eltern veranlassen, diese Eigenheiten zu fördern. Wenn Mädchen häufiger und früher lallen als Knaben, so stimuliert das die Eltern, aus dem Kind sprachliche Laute hervorzulocken und somit das Mädchen sprachlich intensiver zu fördern als Knaben. Wenn Knaben schon als Säuglinge mehr Freude zeigen als Mädchen, wenn sie in die Luft geworfen werden oder man sich mit ihnen herumbalgt, so werden die Eltern Knaben mehr motorisch fördern als Mädchen.

Geschwister sind von Geburt an ziemlich verschieden voneinander. Ein Kind, das eher passiv und schwächlich ist, wird die Eltern eher veranlassen, es zu führen und ihm Verantwortung abzunehmen, was später, in einer Psychotherapie, interpretiert werden kann, als ob die Eltern den Patienten unselbständig gehalten und in seiner Autonomieentwicklung eingeschränkt hätten. Nach unserer Sicht ist ein Patient für seine Kindheitserfahrungen immer Täter wie Opfer. In der Regel entwickelt sich zwischen Patient und Eltern ein Interaktionszirkel in folgender Weise:

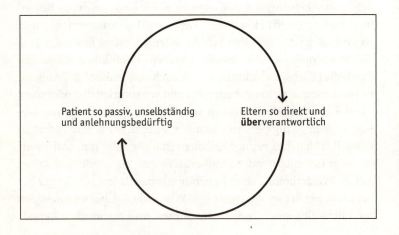

Der Patient wird also dazu neigen, die gegenwärtige therapeutische Beziehung ähnlich wie alle Beziehungen in seinem Leben so zu konstellieren, dass der Therapeut direktiv und überverantwortlich agiert.

Sicher wird der Eigenanteil an der Entstehung eines Fehlverhaltens immer unterschiedlich sein. Sicher gibt es Eltern, die ihre Kinder zu wenig fördern und herausfordern oder sie traumatisieren und entmutigen. Die Frage ist nur, was ist der heuristische und therapeutische Gewinn, wenn der Patient als Opfer traumatisierender Umstände und die Eltern als Täter gesehen werden.

Konsequenzen einer derartigen therapeutischen Sichtweise sind:

a) Der Patient kann sein bisheriges persönliches Fehlverhalten besser akzeptieren, wenn er sich als Opfer unverschuldeter Umstände und die Eltern als Täter und Sündenböcke sieht.

b) Die therapeutische Bearbeitung der traumatisierenden Situation – die wohl in den meisten Fallen stark verzerrt dargestellt wird – ist eine intensive emotionale therapeutische Erfahrung, welche sowohl den Patienten wie den Therapeuten aufwühlt und beide zu Verbündeten gegen die Eltern macht.

c) Die Eltern stehen als Sündenböcke und Täter da, was es dem Patienten erleichtert, sich von den Eltern abzugrenzen und sich von den Eltern zu distanzieren.

d) Die Eltern sind gekränkt über die Vorwürfe des Patienten und fühlen sich ungerecht behandelt. Meist verhalten sie sich rein defensiv und versuchen sich zu rechtfertigen, ohne auf die Anliegen des Patienten einzugehen. Therapeuten gehen vorschnell davon aus, dass Eltern in ihren Ansichten nicht zu verändern sind und dass der Bruch in den Beziehungen zu den Eltern unvermeidlich ist. Die Eltern als vermeintliche Täter werden zu Opfern der Psychotherapie.

Demgegenüber nehmen wir eher an, dass Menschen, die bis ins mittlere Erwachsenenalter passiv und abhängig geblieben sind, auch nach einer Therapie wenig aktiv und selbständig sein werden. Im

7 Ökologische Fokaltherapie als Einzeltherapie 361

Rahmen der Therapie werden sie herausgefordert, sich mit ihren Eltern oder ihren Partnern in einer konstruktiven Weise auseinander zu setzen. Werden die Eltern oder die Partner als Täter und Sündenböcke gesehen, so entfremden sich die Patienten – wie es leider oft der Fall ist – von ihren Angehörigen, oft auch von ihren Kindern, und lehnen sich jetzt an die therapeutische Subkultur an. Die Abhängigkeit von dieser Subkultur wird meist kaum hinterfragt. Eine bescheidenere Zielsetzung wäre: Eine relativ passive und anlehnungsbedürftige Person wird sich in ihrem Wesen auch in einer Therapie nicht völlig ändern. Sie kann aber lernen, mit ihrer Anlehnungsbedürftigkeit in Beziehungen in konstruktiverer Weise umzugehen und mit ihrer Anlehnungsbedürftigkeit so zu leben, dass sie sich den Respekt ihrer Bezugspersonen verschafft und Entscheidungen und Verantwortungen für ihr Leben stärker in eigene Hände nimmt.

Es kann notwendig und unausweichlich sein, im Rahmen einer Therapie eine Beziehung aufzulösen. Das Ziel einer Psychotherapie besteht jedoch nicht darin, den Patienten zu befähigen, allein und auf sich bezogen zu leben, sondern beziehungsfähiger zu werden und wo immer möglich bestehende Beziehungen konstruktiver zu gestalten, was mit den aufgeführten Beispielen illustriert wird. Von den Beziehungen sind ja nicht nur die Patienten, sondern auch ihre Bezugspersonen betroffen. Für die Patienten wie für die Bezugspersonen sind Beziehungen die Nahrung der Seele.

7.9.2 Soll der Therapeut die Übertragung aktiv fördern und sie zum Thema der Therapie machen?

Man kann der Meinung sein, dass in der Übertragung der zentrale Beziehungskonflikt des Patienten quasi unter Laborbedingungen zur Darstellung kommt und als solcher mit großer Effizienz bearbeitet werden kann. In manchen psychodynamischen Konzepten wird deshalb empfohlen, die Übertragung durch direkte Provokation zu verstärken und damit die Beziehung des Patienten zum Therapeuten zum zentralen Thema der Therapie zu machen. Uns scheint es wichtig zu reflektieren, wie sich die Bearbeitung intensiver Gefühle für den Therapeuten auf die Alltagsbeziehungen der Patienten auswirkt. Durch das besondere Interesse des Therapeuten an der Übertragung kommt es nicht selten zu einer libidinösen Überbesetzung der therapeutischen Beziehung, womit den Partnerbeziehungen libidinöse Besetzung entzogen wird und diese im Vergleich zur therapeutischen Beziehung entwertet werden. Der Partner der Patientin reagiert dann beunruhigt und versucht sie der Einflusssphäre des Therapeuten zu entziehen, was wiederum negative Reaktionen des Therapeuten auf den Partner provoziert und damit zum häufigen Ergebnis beiträgt, dass eine Partnerbeziehung durch eine intensive Einzeltherapie zur Auflösung gebracht wird. Da, wo ein Patient oder eine Patientin in einer wichtigen Partner- oder familiären Beziehung steht, sollte der Therapeut den Alltagsbeziehungen erste Priorität für die therapeutische Bearbeitung zumessen. Aus einer unreflektierten Rivalität mit den Angehörigen bereitet es vielen Therapeuten Mühe, die Situation der von der Therapie ausgeschlossenen Partner wahrzunehmen. Allfällige Reinszenierungen gestörter Beziehungsmuster in der therapeutischen Beziehung sollen dann zurückgespiegelt werden auf die meist ähnlich gelagerten Beziehungsmuster zu den Eltern oder zum Partner. Statt die Übertragung von Alltagsbeziehungen auf die therapeutische Beziehung soll eher eine Übertragung von der therapeutischen Beziehung auf die Alltagsbeziehungen angestrebt werden.

7.9.3 Die Übertragungsbeziehungen nicht nur deuten, sondern agierend korrigieren

Trotz dieser kritischen Bemerkung über die Handhabung der «Übertragung» sind wir mit den psychodynamischen Autoren einig, dass die Bildung der therapeutischen Beziehung oft die zentralste Möglichkeit für eine Bearbeitung zentraler Beziehungsschwierigkeiten anbietet. Sicher ist es wichtig, wie die kognitiv-behavioralen Therapeuten betonen, dass die therapeutische Arbeit in einer konstruktiven und wohlwollenden Beziehungsatmosphäre stattfindet und der Therapeut ausgebildet ist, eine derartige Beziehung herzustellen und aufrechtzuerhalten. Darüber hinaus sollten die spezifischen Beziehungsschwierigkeiten, welche der Patient in der Therapie reinszeniert, eine spezielle Beachtung finden. Es muss aber kritisch bedacht werden, ob die verzerrten Vorstellungen und inadäquaten Verhaltensweisen dem Therapeuten gegenüber als Übertragung gedeutet werden sollen, als Wiederholung und Reinszenierung früherer, traumatischer Beziehungserfahrungen, insbesondere gegenüber dem Vater und der Mutter.

Der Wert von Übertragungsdeutungen wird durch neuere empirische Forschungen zunehmend in Frage gestellt (Silberschatz et al., 1986; Fretter et al., 1994). Pieper et al. (1991, cit. Grawe, 1994, S. 779) werteten 22 500 therapeutische Interventionen aus 64 psychoanalytischen Kurztherapien aus und fanden dabei, dass die Häufigkeit von Übertragungsdeutungen signifikant negativ mit der Qualität der Therapiebeziehung und dem Therapieergebnis korrelierte. Andere Untersuchungen zeigten Ähnliches: Therapeuten, die häufiger die Übertragung deuteten, wurden vom Patienten als feindseliger, weniger unterstützend, autoritärer, defensiver und weniger bestätigend eingeschätzt. Übertragungsdeutungen sind kein gutes Mittel, um eine schwierige Beziehung zu verbessern (Grawe, 1994, S. 788). Die Deutung, dass der Patient im Therapeuten den Vater oder die Mutter sehe, kann als Verschiebung des Objekts und damit als ein klassisches Abwehrmanöver des Therapeuten aufgefasst werden. Ein derartiges Abwehrmanöver kann für den Patienten kränkend sein, weil seine Gefühle für den Therapeuten damit nicht als real genommen werden, sondern «als ob» es sich dabei um Vater oder Mutter handeln würde.

Wir halten es für effektiver, die spezifischen Beziehungsangebote des Patienten als Kollusionsangebote (siehe S. 158 ff.) zu beachten. Patienten konstellieren die therapeutische Beziehung genauso kollusiv wie ihre aktuellen Partnerbeziehungen. Sie gehen die therapeutische Beziehung mit ähnlichen Ängsten vor Kränkung, Verlassenwerden, Zurückweisung und Vereinnahmung ein und versuchen in ähnlicher Weise, den Therapeuten zur Erfüllung ihrer unreifen Bedürfnisse zu gewinnen. Wie Weiss und Sampson (1986, 1993, 1995) zu Recht betonen, streben die Patienten im Grunde aber nicht die Wiederholung ihrer negativen Beziehungserfahrung an, sondern im Gegenteil: Sie hoffen, in der Therapie ihre bisherigen pathogenen Glaubenssätze über sich und ihre Beziehungen zu andern zu widerlegen und unterziehen den Therapeuten einem Test. Sie hoffen, dass der Therapeut sich nicht so verhalten wird, wie es ihre Glaubenssätze voraussagen. Wenn der Therapeut den Test des Patienten besteht, macht der Patient in der Therapie entscheidende Fortschritte.

Der Therapeut kann in sich Tendenzen wahrnehmen, in ebenso destruktive Muster hineinzugeraten wie die aktuellen Konfliktpartner des Patienten. Wichtig ist, dass der Therapeut ausgebildet ist im Wahrnehmen von dem, was der Patient in ihm auslöst, was er mit ihm machen will, in was er ihn verwickeln und einziehen will. Das bewusste Erkennen, wie sich der Fokus in der therapeutischen Beziehung abbildet, genügt oft bereits, dass der Therapeut den Kollusionsangeboten des Patienten zu widerstehen vermag. Ein direktes Ansprechen der Gefühle des Patienten dem Therapeuten gegenüber führt häufig zu Abwehr und Verleugnung. Leichter und wirksamer ist es oft, wenn der Therapeut direkt ausspricht, was der Patient in ihm für Gefühle auslöst. Der Therapeut soll dabei ganz bei seinen eigenen Empfindungen bleiben, ohne diese weiter zu interpretieren. «In der Diskussion, die wir eben geführt haben, spürte ich einen zunehmenden Ärger in mir aufkommen ... Ich spürte die Tendenz, Ihnen um jeden Preis beweisen zu wollen, dass meine Sichtweise die richtige ist ... Ich spürte Erwartungen an mich herangetragen, die ich nicht zu erfüllen vermag ... Ich fühlte mich versucht, die Verantwortung für Entscheidungen zu übernehmen, die Sie selbst treffen müssen ...» Dadurch dass der Therapeut klar zu seinen Empfindungen steht und den Patienten mit diesen in einer nicht verletzenden Weise konfrontiert, bietet er ihm die Möglichkeit zu einer konstruktiven persönlichen Auseinandersetzung an, die für den Patienten Modellcharakter haben kann. Für viele Patienten ist es eine neue Erfahrung, dass eine offene Auseinandersetzung erleichternd wirken und die Beziehung verbessern kann. Manchmal ist es aber besser, wenn der Therapeut die Kollusionsangebote des Patienten nicht direkt anspricht, sondern ihnen mit seinem Verhalten Widerstand entgegensetzt. Es geht für den Therapeuten darum, die «Übertragungsbeziehung» agierend zu korrigieren.

Wann soll der Therapeut die Gefühle, die der Patient in ihm auslöst, direkt äußern? Psychodynamische Therapeuten haben eine gute Faustregel: Man soll die «Übertragung» dann ansprechen, wenn sie dem Therapeuten oder für die Therapie zum Problem wird. Dasselbe lässt sich für das direkte Aussprechen der Gefühle des Therapeuten sagen. Wichtig ist jedoch auch, die Belastbarkeit und Konfliktfähigkeit des Patienten zu beachten. Je zerbrechlicher die therapeutische Beziehung ist, je schwerer die Beziehungsstörung des Patienten, desto eher soll der Therapeut die Beziehung nicht direkt zum Thema machen, sondern durch sein Verhalten korrigierend auf den Patienten einwirken.

7.10 Therapeutischer Widerstand

Jede Form von Psychotherapie und insbesondere von konfliktverarbeitender Therapie rührt an Themenbereiche, die mit Schmerz, Angst, Scham und Schuldgefühlen verbunden sind und deren Bearbeitung deswegen bisher vermieden und verdrängt wurde bzw. die zu lösen sich bisher als aussichtslos erwiesen hat. Der Patient ist an den Punkt gekommen, wo er allein nicht mehr weiterkommt und Hilfe braucht, gleichzeitig aber ist das Beanspruchen von Hilfe auch eine persönliche Kränkung. Der Patient wird sich also nur widerstrebend dazu bewegen lassen, sich auf die Problembearbeitung einzulassen.

Jeder therapeutische Ansatz muss sich mit der Bearbeitung dieses Widerstandes auseinander setzen. Die einen Methoden versuchen, den Patienten mit Widerstand zu konfrontieren, andere Methoden versuchen eher, mit dem Widerstand zu gehen, diesen zunächst zu stützen und in seiner Funktion für den Patienten anzuerkennen, eine dritte Möglichkeit besteht darin, das ängstlich vermiedene Thema der schmerzlichen oder schambesetzten Hintergründe einer Störung zu umgehen und sich ausschließlich mit deren Folgen, den bisher versuchten Lösungen zu befassen in der Erwartung, dass mit deren Veränderung die Konflikte gegenstandslos werden (Watzlawick, Weakland & Fisch, 1974; de Shazer, 1989).

Aus ökologisch-koevolutiver Sicht wird Widerstand gegen eine therapeutische Veränderung nicht vorschnell als pathologisch oder verfehlt angesehen, vielmehr wird versucht, mit dem Patienten zu prüfen, inwiefern dieser Widerstand auch berechtigt ist.

7.10.1 Der Patient kann sich persönlich von den Zielsetzungen des Therapeuten überfordert fühlen

Nicht jede Form von Widerstand dem Therapeuten gegenüber ist pathologisch. Der Patient kann zu Recht den Eindruck haben, der Therapeut schätze den zur Verfügung stehenden persönlichen Spielraum für Veränderungen nicht richtig ein. Insbesondere in der zweiten Lebenshälfte sind Menschen oft so komplex vernetzt, dass es eine Illusion wäre zu glauben, das Zerreißen ihrer Netzwerke führe automatisch zu einem produktiven Neuanfang. Oft ist es besser, eine unbefriedigende Ehe- oder Familiensituation auszuhalten und den therapeutischen Spielraum in den bestehenden Beziehungen auszuweiten, als Beziehungen abzubrechen, ohne die Möglichkeit zu haben, ein neues Beziehungsnetz aufzubauen. Dasselbe trifft auf unbefriedigende Berufssituationen zu. Manchmal sind sanfte Veränderungen und Einstellungsänderungen oder sogar die Unterstützung im Ertragen schwieriger Situationen therapeutisch die größere Hilfe als eine radikale Veränderung. Therapeuten bevorzugen jedoch oft radikale und drastische Veränderungen, ohne sich Gedanken zu machen, ob die Befreiung des Patienten aus Bindungen auch eine eigenständigere Gestaltung von Beziehungen ermögliche. Der Gradmesser des therapeutischen Erfolges ist nicht eine illusionäre mitmenschliche Unabhängigkeit, sondern die Verbesserung des mitmenschlich beantworteten Wirkens, wozu insbesondere die Fähigkeit gehört, Mitmenschen für Beziehungen zu gewinnen.

Wenn sich ein Patient weigert, auf die angebotene therapeutische Technik einzusteigen, so gibt es zwei häufige Formen, wie Therapeuten damit umgehen:

– verleugnete persönliche Kränkung: Der Therapeut ist persönlich gekränkt und ärgerlich, will sich diese Kränkung jedoch nicht eingestehen und neigt nun dazu, den Patienten in seinem Widerstandsverhalten zu pathologisieren und zu entwerten. Es wird dem Patienten Ich-Schwäche attestiert, Mangel an Introspektionsvermögen oder gar Ich-Stärke bezüglich der Kraft, mit welcher der Patient sich den therapeutischen Intentionen widersetzt. Nicht selten zeigt sich der Ärger des Therapeuten auch in feindseligen Deutungen oder in der Belustigung der Supervisionsgruppe.

– den Widerstand knacken: Wenn der Patient sich den Intentionen des Therapeuten widersetzt, werden oft Strategien entwickelt, um den Widerstand des Patienten zu überwinden. Dabei sind sich Therapeuten oft nicht bewusst, dass ein starker Widerstand oft auch ein für den Patienten notwendiger Widerstand ist. Wird starker Widerstand durch irgendwelche Tricks überwunden, so kann beim Patienten eine Psychose ausgelöst werden. Manche Therapeuten nehmen dann aber nicht einmal die Psychose ernst, sondern sehen darin ein notwendiges Durchgangsstadium. Oft kommt es allerdings vorzeitig zu einem Therapieabbruch. In anderen Fällen unterwirft sich der Patient dem Therapeuten, was ein fragwürdiger Gewinn sein kann. Aus einer Identifikation mit dem Aggressor begibt sich der Patient in ein Hörigkeitsverhältnis. Er wechselt von der Abhängigkeit von Angehörigen zur Abhängigkeit vom Therapeuten. Insbesondere in Gruppenveranstaltungen kann das Aufgeben von Widerstand zu einem Initiationsritual werden, um damit die Gruppenzugehörigkeit zu erwirken. In Identifikation mit der Gruppe wird der Feind nun nach außen projiziert und der Patient stellt sich mit der Gruppe gegen seine Angehörigen. Oft missbrauchen Patienten die Autorität und Ideologie des Therapeuten oder der Gruppe, um sich gegen die Angehörigen effektvoller zu behaupten.

7.10.2 Der Widerstand kann in der Rücksichtnahme auf die Angehörigen begründet sein

Häufig setzt ein Patient den therapeutischen Veränderungen weniger aus persönlichen Gründen Widerstand entgegen, sondern aus Rücksicht auf die Auswirkungen einer therapeutischen Veränderung auf die Angehörigen. Die Berechtigung dieser Rücksicht wird von den Therapeuten oft nicht ernst genommen, sondern übergangen in der Überzeugung, die Therapie zentriere sich auf die Hilfe für den Patienten, der das schwächste Glied der Familie sei und es nicht verstehe, sich gegen die Unterdrückung durch die Angehörigen zur Wehr zu setzen. Das Zögern, sich von den Eltern abzulösen, sich vom Partner zu trennen, sich zu scheiden und wieder zu verheiraten, kann neurotisch begründet sein, kann aber auch auf einer realistischen Einschätzung der Folgen dieser Veränderungen beruhen. Eltern können real dekompensieren, wenn die Kinder sich von ihnen lösen, Partner können einer Depression oder dem Alkoholismus verfallen oder Suizid begehen im Zusammenhang mit einer Trennung. Kinder können Schäden davontragen bei Scheidung oder Wiederverheiratung ihrer Eltern. Letztlich ist es eine ethische Finge, ob der Therapeut der Meinung ist, die individuelle Entwicklung des Patienten sei ohne Rücksicht auf Verluste zu fördern, oder ob es ihm ein Anliegen ist, die individuelle Entwicklung des Patienten auf jene der Angehörigen so weit wie möglich abzustimmen. Tatsache ist, dass die Verselbständigung des Patienten therapeutisch nicht erreichbar ist, wenn der Therapeut die Widerstände und Bedenken nicht zum realen Nennwert nimmt. Schon Boszormenyi-Nagy (1972 und 1986) hat immer wieder darauf hingewiesen, wie Jugendliche sich einer Psychotherapie verschließen oder diese abbrechen, weil der Therapeut ihre Loyalitätsbindungen den Eltern gegenüber nicht beachtet oder in diesen lediglich eine infantile Abhängigkeit sieht. Wenn Empathie des Therapeuten den Angehörigen gegenüber spürbar ist, wird es dem Patienten leichter gemacht sich über diese auszusprechen, als wenn er den Eindruck hat, er müsse die Angehörigen vor der einseitigen Parteinahme des Therapeuten für ihn schützen. Die koevolutive Sicht der persönlichen Entwicklung lässt erkennen, dass es nicht nur neurotisch verzerrte Schuldgefühle gibt, sondern auch tatsächliche Schuld gegenüber den Angehörigen. Es kann real schwierig sein, die persönliche Entwicklung durchzusetzen, wenn Angehörige davon schwer betroffen sind. Statt eine maximale Lösung anzustreben, ist es oftmals besser, aus Rücksicht auf die Angehörigen nach einer optimalen Kompromisslösung zu suchen.

Sicher ist zu beachten, dass es auch Angehörige gibt, die aktiv den Widerstand des Patienten gegen den Therapeuten induzieren und den Patienten unter Druck setzen, die Therapie abzubrechen, sobald sich beziehungsverändernde Auswirkungen abzeichnen. Respektiert man das beantwortete Wirken der Angehörigen, so wird man als Therapeut das Verhalten der Angehörigen nicht vorschnell als reines Macht- und Besitzdenken interpretieren, sondern anerkennen, dass gegenwärtig für manche Angehörige der Verlust oder die Reduktion der Beziehung zum Patienten verheerende Folgen hat. Der Therapeut erreicht oft wenig, wenn er sich in Machtkämpfe mit den Angehörigen verwickelt und sich zum Anwalt des noch abhängigen und ichschwachen Patienten macht. Angehörige sind für notwendige Beziehungsveränderungen jedoch oft erstaunlich zugänglich, wenn sie vom Therapeuten Wohlwollen, Geduld und Verständnis spüren.

7.11 Das Arbeiten mit dem Fokus auf den drei Schwerpunkten innere Situation des Patienten – innere Situation der Bezugspersonen – Interaktionssequenzen

Ziel der ökologischen Fokaltherapie ist, das beantwortete Wirken des Patienten zu verbessern. Wenn wir uns den ökologischen Zirkel (s. S. 55) vergegenwärtigen, so ergeben sich drei Schwerpunkte, die sich der Therapeut laufend vor Augen halten muss:

a) Die intrapersonelle Ebene des Patienten: die Konstrukte (Schemata, Glaubenssätze, «innere Objekte») als Grundlage seiner Intentionen, Pläne und Handlungen.

b) Die intrapersonelle Ebene der Bezugsperson mit ihren Konstrukten als Grundlage ihrer Intentionen, Pläne und Handlungen.

c) Die interaktionelle Ebene: die Wechselwirkungen zwischen Patient und Bezugsperson, das reale Wirken des Patienten und dessen reale Beantwortung durch den Partner.

Der Patient neigt dazu, seine Nische so zu wählen und zu konstellieren, dass sie seine bisherigen Lösungen als die einzig richtigen legitimiert und ihn real daran hindert, anstehende Entwicklungsschritte zu vollziehen. Meist spielen sich Patient und Nische auf Kollusionen ein, auf eine uneingestandene Komplizenschaft bezüglich eines Beziehungsarrangements, bei dem jedes sein Verhalten mit dem Verhalten des anderen rechtfertigt und somit den eigenen Beitrag zum Aufrechterhalten des Beziehungsarrangements ausblenden kann.

Die meisten einzeltherapeutischen Konzepte konzentrieren sich auf die Bearbeitung des inneren Dialogs. In der kognitiven Therapie werden die inneren Überzeugungen und Glaubenssätze auf Widersprüchlichkeiten der Begründung und der Bedeutungszumessung exploriert, mit dem Ziel, die dysfunktionalen Kognitionen zu korrigieren. In der analytischen Therapie wird versucht, verdrängte Vorstellungen und den inneren Dialog mit den Objektrepräsentanzen bewusst zu machen. Doch weder die Korrektur der dysfunktionalen

Kognitionen noch die Bewusstwerdung von Abgewehrtem kann vom Patienten realisiert werden ohne Veränderung seiner Beziehung zur Nische. Die Nische ist jedoch mit dem Patienten meist so verhängt, dass sie derartigen Korrekturen einen eigenen Widerstand entgegensetzt. Von Epiktet (80 v. Chr.) stammt die Aussage: «Nicht die Dinge an sich stören uns, sondern die Sicht, die wir von ihnen haben.» Dieser Satz wird von kognitiven und systemisch-konstruktivistischen Therapeuten gerne zitiert als Therapieziel, dem Patienten zu einer veränderten Sichtweise der Dinge zu verhelfen. Doch die Veränderung der Sichtweise ist dem Individuum nicht allein anheim gestellt. Unsere Theorie des ökologischen Zirkels zeigt, dass der Patient existenziell auf das beantwortete Wirken angewiesen ist. Nur wenn es dem Patienten gelingt, seine Nische zu veranlassen, ihn so zu beantworten, dass ihm eine veränderte Sichtweise möglich wird, wird er eine veränderte Sichtweise realisieren können. Oft wird dem Patienten in der Einzeltherapie dazu geraten, sich unabhängig von der Sichtweise seiner Umwelt zu machen. Nicht selten wird damit ein autistisches Verhalten des Patienten gefördert, welches sich negativ auf seine Beziehungen und auf seine Bezugspersonen auswirkt. Jede persönliche Veränderung korrespondiert mit einer Beziehungsveränderung. Nicht nur der Patient hat Angst vor einer Beziehungsveränderung, sondern auch seine Partner. Wenn wir die Partner nicht direkt in die Therapie mit einbeziehen, müssen wir das zumindest in der Vorstellung tun und mit dem Patienten gemeinsam reflektieren, was er unternehmen könnte, um die Partner für eine veränderte Sichtweise zu gewinnen. Erst wenn ernsthafte und sorgfältige Versuche, mit den Partnern neue Beziehungsperspektiven auszuhandeln, gescheitert sind, wird der Patient sich die Legitimation geben, notwendige Beziehungsveränderungen auch gegen den Willen seiner Bezugspersonen zu realisieren. In der Bearbeitung des Wirkens des Patienten, der inneren Situation des Partners und dessen Verhalten sehen wir einen wichtigen ergänzenden Beitrag der ökologischen Fokaltherapie. In psychodynamischen Therapien wird die intrapersonelle Ebene des Patienten sorgfältig und differenziert bearbeitet, die interpersonelle Ebene aber häufig vernachlässigt. Vorschnell wird angenommen, Eltern oder Partner seien zu keinem Einstellungswandel bereit. Dabei müsste der Therapeut mit dem Patienten mit gleicher Sorgfalt versuchen, sich in die Sichtweise der Bezugsperson einzufühlen, die ja der Meinung ist, mit ihrem Verhalten im Recht zu sein. Die Interaktionsabläufe müssen detailliert und exakt exploriert werden. Oft werden nur die Reaktionen der Partner beachtet, ohne zu sehen, womit der Patient diese provoziert hat. Oder die Partner werden vorverurteilt, ohne genau hinzusehen, was sie tatsächlich gesagt haben.

Die drei Schwerpunkte innere Ebene des Patienten – innere Ebene der Bezugspersonen – interaktionelle Ebene sind ein zentraler Bestandteil der ökologischen Therapie. Bei der in Kapitel 3.2 (S. 106) beschriebenen Neigung, unter Belastung zu Egozentrismus zu regredieren, ist eine interaktionelle Sichtweise oft die Voraussetzung für ein verbessertes beantwortetes Wirken.

7.12 Evaluation

Es ist zu unterscheiden zwischen der klinischen Evaluation des Therapieergebnisses am Fokus und einer empirischen Evaluation der ökologischen Fokaltherapie.

7.12.1 Klinische Evaluation des Therapieergebnisses am Fokus

Der ökologische Fokus ist so aufgebaut, dass er sich gut zur abschließenden Evaluation einer Therapie eignet. Es kann überprüft werden, inwiefern der Patient Fortschritte in der Verwirklichung der anstehenden Entwicklung erreicht hat und inwiefern vor allem die unter Punkt 5 aufgeführten konkreten Schritte oder andere Schritte in diese Richtung realisiert worden sind. Da es sich um konkrete Formulierungen von Verhaltens- und Einstellungsänderungen in Beziehungen handelt, lassen sich diesbezügliche Veränderungen meist klar erfassen. Diese klinische Evaluation erweist sich als große Hilfe für den Psychotherapeuten, nicht zuletzt für seine Psychohygiene. Immer wieder erleben wir, dass Therapeuten am Ende der Therapie spontan enttäuscht sind, weil sie – trotz besseren Wissens – viel zu hohe Therapieerwartungen haben und eine idealtypische persönliche Vollkommenheit für den Patienten anstreben. Die Therapeuten sind dann positiv überrascht, wenn sie anhand des Fokus feststellen können, dass die Therapieergebnisse recht gut mit den ursprünglich formulierten Therapiezielen in Einklang stehen.

Die Evaluation soll aber auch überprüfen, ob der Fokus realistisch und praktikabel gewählt wurde. Ließ sich mit dem Fokus arbeiten? War er genügend spezifisch, um an konkreten Problemen zu bleiben, und war er gleichzeitig genügend offen, um unerwartete, neue Themen in sich aufzunehmen? Passt im Nachhinein der Fokus zum Therapieprozess?

7.12.2 Empirische Evaluation der ökologischen Fokaltherapie

Über die Wirksamkeit der ökologischen Fokaltherapie liegen 2005 zwei Studien vor:

a) **Katamnestische Untersuchung der Ökologischen Kurztherapie (Frei, Begemann, Willi, 2000):** 28 Patienten, die im Zeitraum 1990 bis 1995 in der Psychiatrischen Poliklinik des Universitätsspitals Zürich eine Kurzpsychotherapie mit rund 15 Sitzungen (11 bis 21 Sitzungen) absolvierten, konnten nach einem Katamnesenzeitraum von mindestens einem Jahr nachuntersucht werden. Sie waren von den Assistenzärzten der Psychiatrischen Poliklinik psychotherapeutisch unter Anwendung des ökologischen Fokus behandelt worden. Die Therapiesitzungen wurden alle auf Video aufgenommen und intensiv supervidiert.

Zu Beginn wiesen alle Patienten eine psychiatrische Diagnose gemäß der IDCL (Internationale Diagnose-Checkliste) auf, wobei Angstsyndrome, somatoforme Störungen, Anpassungsstörungen und affektive Störung im Vordergrund standen. Bei der Nachuntersuchung wiesen 43 % keine psychiatrische Diagnose mehr auf. Zu Therapiebeginn wiesen 86 % eine deutliche Beeinträchtigung des psychosozialen Funktionsniveaus auf (GAF <80), zum Katamnesenzeitpunkt waren es nur noch 25 %.

Subjektiv waren 85 % der Befragten mit der Therapie und ihrem Ergebnis zufrieden/sehr zufrieden. Bei Therapieabschluss wiesen die Patienten ein Ergebnis auf, das der Drittelsregel vieler Katamnesen entspricht: $1/3$ unverändert, $1/3$ gebessert, $1/3$ stark gebessert/geheilt. Erstaunlicherweise verbesserte sich dieses Ergebnis erheblich nach Therapieabschluss. Zum Katamnesenzeitpunkt beurteilte sich nur noch ein Patient (3,6 %) als unverändert, während sich 71,4 % als stark gebessert/geheilt einschätzten.

7 der 28 Probanden wiesen gemäß der IDCC eine Persönlichkeitsstörung auf. Erstaunlicherweise profitierten diese Patienten von der Kurztherapie ebenso stark wie Patienten ohne Diagnose einer Persönlichkeitsstörung.

Unsere Resultate können die häufig geäußerte Meinung, dass Kurztherapien nur einen vorübergehenden Erfolg aufweisen, nicht unterstützen. Im Gegenteil entsteht der Eindruck, dass mit Hilfe des Psychotherapie nach ökologischem Ansatz eine Entwicklung in der Gestaltung der Beziehungen angestoßen wurde, die nach Therapieende vom Patienten selbständig und erfolgreich fortgeführt werden konnte.

b) **Outcome- und Follow-up-Studie beziehungsökologischer Fokaltherapien bei Paniksyndrom:** 2001 ist eine deskriptive Arbeit über die therapeutische Anwendung des ökologischen Fokus in der Psychotherapie des Paniksyndroms publiziert worden (Willi, Frei, Günther). Beim Paniksyndrom ließ sich besonders eindrücklich belegen, dass dem Auftreten erster Panikattacken eine wichtige Veränderung in den Beziehungen zeitlich vorangegangen ist, welche den Vollzug eines anstehenden Entwicklungsschrittes in der Gestaltung der Beziehungen notwendig machte. Die Patienten spürten die Notwendigkeit einer Veränderung in der Beziehungsgestaltung, ließen sich halbwegs darauf ein, blockierten dann aber diese Entwicklung aus Angst vor Überforderung oder vor den damit einhergehenden Folgen. Unter dem damit verbundenen Stress, so unsere Hypothese, kam es zum Auftreten der Panikanfälle. Die klinischen Erfahrungen wurden nun mit einer prospektiven Studie (Willi, Frei, Günther, 2005, zur Publikation eingereicht) empirisch überprüft. 24 Fälle wurden mit Hilfe von Fragebogen untersucht bei Therapiebeginn, bei Therapieende nach 20 Sitzungen, nach weiteren 3 Monaten und mehr als einem Jahr nach Therapieende. Die Patienten wurden aus der Angstsprechstunde der Psychiatrischen Poliklinik rekrutiert. Die Behandlungen wurden vor allem durch Assistenzärzte unter engmaschiger Videosupervision nach dem Konzept der ökologischen Fokaltherapie durchgeführt. Die schriftliche Formulierung des ökologischen Fokus in der Supervision diente als Fallkonzeption.

Ergebnisse:

Der Schweregrad der Panikanfälle ging in der Skala von Bandelow von T1 (Behandlungsbeginn) zu T3 (Therapieende nach 20 Sitzungen) erheblich zurück. Bei Behandlungsbeginn handelte es sich in 46 % um schwere Fälle, bei Behandlungsende gab es nur noch einen schweren Fall (4,3 %), während 44 % remittiert waren und 35 % nur noch ein leichtes Paniksyndrom aufwiesen. Diese positiven Ergebnisse blieben im Katamnesenzeitraum von mehr als einem Jahr uneingeschränkt erhalten. Ebenso ging die Depressivität zurück. Die Effektstärke zwischen Behandlungsbeginn und Therapieende betrug 2.13, zwischen Behandlungsbeginn und Katamnesenzeitpunkt nach mehr als einem Jahr 2.27, was im Vergleich mit anderen Therapieverfahren gemäß Metaanalyse von Ruhmland und Margraf (2001) ein sehr gutes Resultat ist. Ebenso trat eine Arbeitsunfähigkeit (5–10 Tage im letzten

Monat) bei Therapieende und im Katamnesenzeitraum in keinem Fall auf, gegenüber 6 Fällen bei Behandlungsbeginn. Zu Arztbesuchen im letzten Monat kam es im Katamnesenzeitraum nur noch in einem Fall, gegenüber 11 Fällen bei Behandlungsbeginn.

Die ökologische Hypothese wurde mit einem Beziehungsfragebogen überprüft. 90 % der Fälle gaben an, dass es in mindestens einem von vier Lebensbereichen (Partnerschaft, Familie, Beruf, andere) zu wichtigen äußeren Veränderungen gekommen ist. Rund $1/_3$ der Patienten bemerkten eine derartige Veränderung bei Behandlungsbeginn noch nicht, sondern wurden erst im Lauf der Therapie darauf aufmerksam. Bestätigt wurde ferner, dass diese äußeren Veränderungen meist schon vor Therapiebeginn mit einem (inneren) Einstellungswandel in diesem Lebensbereich einhergingen. Während der Therapie bejahten $2/_3$ der Probanden, dass weitere Veränderungen in diesem Bereich notwendig seien. Zum Katamnesenzeitpunkt gaben $2/_3$ der Befragten an, dass es ihnen heute zunehmend besser gelingt, sich gemäß ihren persönlichen Möglichkeiten zu entfalten und sich eine Lebenssituation zu schaffen, die ihnen entspricht. Der Angstbereich trat im Lauf der Therapie zunehmend zurück. Bei Therapieende waren in der Hälfte der Fälle Probleme in Beruf, Partnerschaft oder Familie an erste Stelle gerückt. Dieser Trend blieb im Katamnesenzeitraum erhalten.

Diese zwei Ergebnis- und Katamnesen-Studien belegen in eindrücklicher Weise, dass mit ökologischer Fokaltherapie überraschend positive Ergebnisse erzielt werden können, die mehr als ein Jahr nach Therapieende erhalten geblieben sind oder sich sogar weiter verbessert haben. Es entsteht der Eindruck, dass durch die ökologische Fokaltherapie eine persönliche Entwicklung in der Gestaltung der Beziehungen angestoßen wurde, die vom Patienten bereits vorbereitet und vor Therapiebeginn eingeleitet worden war.

8 Koevolutive Fokusformulierung in der Paar- und Familientherapie und die Arbeit im Einzel-, Paar- oder Familiensetting

Das Buch behandelt die ökologische Einzeltherapie. In diesem Kapitel soll nun die Brücke zur Paar- und Familientherapie geschlagen werden. Unsere ökologische Fokusformel ist ebenso auf Krisen und Störungen des Zusammenlebens als Paar und Familie anwendbar, die sich als blockierte anstehende Entwicklungen verstehen lassen. Das Konzept der koevolutiven Paartherapie wurde in einem späteren Buch eingehend dargestellt (Willi, 2002). Auch bei Paaren und Familien geht es um einen anstehenden Entwicklungsschritt, der vermieden wird, weil die Angst entsteht vor negativen Auswirkungen auf die Beziehung oder auf die am Zusammenleben Beteiligten. Auch hier liegt das Bestreben des Therapeuten darin, neben den blockierenden Aspekten auch die Ressourcen zu erfassen, d. h. die Beziehungsumstände, welche den anstehenden Wandel begünstigen könnten. Am Ende der Fokusformulierung stehen mögliche Schritte, an denen das Eintreten in die anstehende Entwicklung erkannt werden könnte. Der Fokus kann für jeden der Partner individuell formuliert werden oder für das Paar oder die Familie als Ganzes unter Beachtung der individuellen Beiträge. Der koevolutive Fokus bezieht sich aber weniger auf die Familie als Einheit oder System, sondern eher auf Partnerschaft und Familie als Nische, welche die Partner für ihre persönlichen Entwicklungen nutzen, wobei ihre Entwicklungen durch die Korrespondenz des beantworteten Wirkens aufeinander bezogen sind.

In diesem Kapitel wird ferner die Besonderheit der Arbeit im Einzel-, Paar- und Familiensetting behandelt in ihren besonderen Möglichkeiten und Grenzen. Wir sind daran, Einzeltherapie einerseits und Paar- und Familientherapie andererseits in ihrer Abgrenzung zu relativieren, indem wir die systemische Perspektive individualisieren, gleichzeitig aber besonderes Gewicht auf die Feststel-

lung legen, *dass jeder Mensch sich in Beziehungen, also im korre-spondierenden beantworteten Wirken entwickelt.*

Nachdem ich bisher vor allem über Paarpsychologie und Paar-therapie publiziert hatte, mag es die Leser und Leserinnen erstaunen, dass im vorliegenden Buch der Schwerpunkt auf der Einzeltherapie liegt und die Paartherapie nur am Rande erwähnt wird. Wir sind in unserer Arbeitsgemeinschaft Koevolution daran, ein Manual für die koevolutive Paar- und Familientherapie auszuarbeiten. Hier soll le-diglich die Brücke der ökologischen Einzeltherapie zur koevolutiven Paar- und Familientherapie geschlagen werden. Ich beschränke mich auf zwei Themen:

1. Fokusformulierung in der Paar- und Familientherapie,
2. koevolutive Arbeit im Einzel- oder Paar- und Familiensetting.

8.1 Koevolutive Fokusformulierung in der Paar- und Familientherapie

Im Kapitel 5 wurde beschrieben, wie im familiären Zusammen-leben jedes Mitglied bestrebt ist, die familiären Ressourcen optimal zu nutzen und sich in der Familie eine Beziehungsnische zu schaffen, in welcher es in seinem familienbezogenen Wirken beantwortet wird. Dieses Bestreben ist zwar eigennützig, kann sich jedoch nur verwirk-lichen unter Berücksichtigung der Ansprechbarkeit und korrespon-dierenden Entwicklungsinteressen der anderen Familienmitglieder. Familienmitglieder sind in ihrer familienbezogenen Verwirklichung aufeinander angewiesen und organisieren sich zur Erreichung ihrer Ziele zu familiären Systemen. *Die Dynamik einer Ehe oder Familie er-gibt sich aus der koevolutiven Korrespondenz, aus der Art und dem Um-fang, wie die Partner sich gegenseitig Entwicklung ermöglichen und die Beziehung für ihre Entwicklung nutzen, aus Umfang und Qualität des Einander-im-Wirken-Beantwortens.* Doch diese Korrespondenz legt nicht nur konstruktive Entwicklungen frei, Korrespondenz kann auch in einer kollusiven Entwicklungsbehinderung oder einer kollusiven Regression bestehen.

Der koevolutive Fokus in der Paar- und Familientherapie ist analog aufgebaut wie jener der Einzeltherapie (siehe S. 294) und gliedert sich in:

a) Ausgangssituation,
b) anstehender Entwicklungsschritt im Zusammenleben als Paar oder Familie,
c) erschwerende persönliche und situative Umstände,
d) begünstigende persönliche und situative Umstände,
e) Schritte in Richtung der anstehenden Entwicklung.

a) Ausgangssituation

Auch der koevolutive Fokus der Paar- und Familientherapie geht von der Anerkennung aus für das, was die Partner sich bisher im Zusammenleben gegenseitig ermöglicht haben. Dies zu betonen scheint uns für die therapeutische Ausbildung von großer Bedeutung zu sein. Besonders in der Paartherapie neigen die Patienten, wenn sie in die Therapie kommen, dazu, ihre Beziehung zu entwerten. Sie fühlen sich in der Bewältigung ihrer Streitigkeiten gescheitert. In Familien neigen Eltern dazu, sich als Versager in der Erziehung der Kinder zu sehen bzw. die verleugneten Schuldgefühle durch Überkompensation und Rechtfertigung zu überspielen. Vieles von dem, was zunächst eine durchaus konstruktive Entwicklung im Zusammenleben förderte, erweist sich später als hinderlich und veränderungsbedürftig. Das heißt nicht, dass es falsch war. Das heißt lediglich, es muss jetzt verändert werden.

Insbesondere bei dyadischen Kollusionen können wir regelmäßig feststellen, dass die Partner sich zunächst echte und wichtige persönliche Entwicklungen ermöglichten, die sie sich zuvor nicht zugetraut hatten und für die sie einander gegenseitig benötigten. Die progressiven Partner bekamen eine Aufgabe angetragen, dem anderen zu helfen, ihn zu führen, zu strukturieren und für ihn zu sorgen. Der regressive Partner fand den Mut, sich jemand anderem anzuvertrauen, sich von ihm helfen zu lassen, sich an ihn anzulehnen und ihn zu bewundern. Kollusionen sind nicht einfach unreife, neurotische Abwehrarrangements, sondern sind für viele Personen Formen von Partnerbeziehungen, die sie sich erstmals zutrauen, die sie aber auch ängstigen, und die einzugehen sie wagen, weil ausreichende Schutzmöglichkeiten des kollusiven Aufeinander-angewiesen-Seins vorliegen. Entscheidend ist lediglich, wie es weitergeht. Ob die Partner den Mut aufbringen, sich aus der kollusiven Enge hinauszuentwickeln zu einer freieren Beziehungsform, in welcher sie sich gegenseitig herausfordern, begrenzen und unterstützen, ohne einander die Verantwortung für das eigene Leben abzunehmen bzw. zu übergeben.

So kann ein Paar sich zunächst auf ein kollusives Leitbild ausgerichtet haben, das ihre Beziehung als etwas ganz Besonderes, Ideales und Einmaliges definiert, wie es im Stadium des Verliebtseins häufig der Fall ist. Ungünstig aber ist, wenn eine übergroße Angst vor Veränderung dieses ursprünglichen Leitbildes besteht bzw. die Tendenz, die Beziehung rasch abzubrechen, wenn Harmonie und mystifizierte Idealisierung durch alltägliche Gewohnheiten und Streitigkeiten angetastet werden. Nicht das ursprüngliche Ideal war falsch, sondern das Sich-Anklammern daran, die Unfähigkeit, es zu korrigieren, oft gründend in schlechten Vorerfahrungen oder schlechtem Selbstwertgefühl. Das Abrücken vom Ideal wird dann bereits als Anfang destruktiver gegenseitiger Entwertung oder als Gefahr des Verlassenwerdens interpretiert.

Auch bei Paar- und Familientherapien stellen wir die Frage: «Why now?» (Stanton, 1992). Weshalb meldet das Paar sich gerade jetzt, wo ein Paarkonflikt evtl. schon seit Jahren bestanden hat und ein gemeinsamer Entwicklungsschritt schon längst ansteht. Oft braucht es einen Anstoß von außen, nicht selten durch eine Drittperson, insbesondere eine Geliebte oder einen Geliebten. Häufig bleiben eheliche Zerwürfnisse verdeckt durch die gemeinsame Aufgabe für die Kinder, häufig werden bestehende Beziehungen plötzlich verändert durch eine veränderte Umwelt – ein Umzug, eine veränderte Wohnsituation, eine berufliche Veränderung, eine veränderte Zusammensetzung der Familie. Das Ansprechen gewisser Konflikte und Unstimmigkeiten kann jahrzehntelang vor sich hergeschoben werden, bis dann plötzlich der Punkt kommt, wo ein weiteres Ausweichen nicht mehr möglich ist.

In vielen Fällen ist der Auslöser eine klassische Schwellensituation wie Heirat, Geburt eines Kindes, berufliche Beförderung, Arbeitslosigkeit, Ablösung der Kinder, Wohnungswechsel, Pensionierung, Krankheit oder Gebrechlichkeit.

b) Anstehender Entwicklungsschritt im Zusammenleben als Paar oder Familie

Beim anstehenden Entwicklungsschritt ist sowohl die Entwicklung jedes Einzelnen bzw. der miteinander in Konflikt stehenden Familienmitglieder als auch der Partnerschaft bzw. Familie als Ganzes zu beachten. Die Fokusformel ist so aufgebaut, dass sie sowohl für jeden Einzelnen als auch für das System formuliert werden kann. Meist integrieren wir die individuellen und die systemischen Aspekte in *eine* Formulierung. Didaktisch ist es für die Ausbildung aber ein Gewinn, zunächst eine Formulierung für jeden Einzelnen durchzuführen. Eine ausschließlich systemische Formulierung läuft nämlich Gefahr, die einzelnen Personen wie Elemente eines kybernetisch regulierten Systems zu betrachten. In koevolutiver Sicht beteiligt sich jeder Einzelne am Zusammenleben so, wie es für ihn persönlich stimmt. System und Person verhalten sich zueinander wie Form und Inhalt. Die koevolutiven Erfordernisse organisieren sich systemisch, die psychische Dynamik aber kommt von den Personen. Die Art, wie das Paar bzw. die Familie sich als System organisiert und reguliert, steht in enger Abhängigkeit zum Leitbild des Zusammenlebens. Das Leitbild des Zusammenlebens wiederum ist die Rahmenbedingung, innerhalb welcher die einzelnen Personen in ihrer Entwicklung voranschreiten. Manchmal müssen diese Rahmenbedingungen zuerst geändert werden, um eine veränderte persönliche Entwicklung zu ermöglichen. Manchmal muss eine Person sich zuerst abweichend entwickeln, um eine Veränderung der Rahmenbedingungen zu veranlassen.

c) Erschwerende persönliche und situative Umstände

Entwicklungen können blockiert werden durch korrespondierende Ängste der Partner: Angst vor Autonomie und Selbstverantwortung, Angst, verlassen oder nicht geliebt zu werden, Angst, wie die persönliche Entwicklung sich auf den Partner und die Familienangehörigen auswirken wird, Angst, mit den Angehörigen in Streit zu geraten, aber auch Angst, vor den Reaktionen des Partners. Entwicklungen können auch blockiert werden durch das Bestreben, die Entwicklung des Partners zu behindern, ihn auf das bisherige Leben festzunageln, Angst, die exklusive Intimität zu ihm zu verlieren, wenn beide in einen Entwicklungsprozess eintreten. Aus schlechtem Selbstwertgefühl und negativen Beziehungsvorerfahrungen neigen manche Personen zu einem Schwarz-Weiß-Denken: Entweder die Beziehung läuft ideal oder dann destruktiv, entweder ist sie abgesichert oder sie entgleist der Kontrolle, entweder ist man dauernd aufeinander bezogen oder man verliert sich, entweder ist man in der Entwicklung eng aufeinander abgestimmt oder man geht auseinander. Kennzeichen einer reiferen Beziehungsform ist die Differenzierung: Es gibt mehr Freiheit gleichzeitig mit mehr Bindung, es gibt mehr Selbständigkeit gleichzeitig mit mehr Zugehörigkeit, es gibt mehr Autonomie gleichzeitig mit dem Bedürfnis nach Gemeinschaft.

d) Begünstigende persönliche und situative Umstände

Die Ressourcen zu beachten ist in der Paar- und Familientherapie besonders wichtig. Lang dauernde Paarbeziehungen und Familienbeziehungen werden in ihrer Kraft und Beständigkeit von Therapeuten immer wieder unterschätzt. Paare und Familien schaffen sich ihre eigene Welt, ihre Konstruktsysteme und ihre materiellen und sozialen Nischen, welche die tragfähigsten und belastbarsten Beziehungssysteme sind, über die eine Person verfügt. Arbeitsbeziehungen und Freundschaften treten ihnen gegenüber meist ganz in den Hintergrund. Auch wenn die Beziehungen in einer Partnerschaft oder in einer Familie unbefriedigend, in Gewohnheiten erstarrt oder von Hass und Streit erfüllt sind, ist es ein Irrtum, vorschnell zu glauben, ihre Auflösung werde sich als die bessere Lösung erweisen als ihre Bewahrung.

e) Schritte in Richtung der anstehenden Entwicklung
Analog zur Fokusformulierung der Einzeltherapie soll hier eingetragen werden, woran konkrete Schritte in der anstehenden Entwicklung erkennbar sein könnten, konkrete Schritte der Beziehung als Ganzes wie auch konkrete Schritte der Partner.

8.1.2 Die Formel des koevolutiven Fokus der Paar- und Familientherapie

a) Ausgangssituation:

Nachdem wir unsere Beziehung nach folgendem Leitbild gestaltet hatten... was uns folgende persönliche Entwicklung ermöglichte ... und uns erlaubte, folgende Entwicklungen zurückzustellen oder zu vermeiden ...
traten folgende Veränderungen in unserer Beziehung auf ... welche folgende Beziehungssituation herbeiführten

b) Anstehender Entwicklungsschritt

Jetzt stehen folgende Entwicklungen in unserer Beziehung an ...

c) Erschwerende persönliche und situative Umstände

Welche erschwert werden durch folgende persönliche und situative Umstände ...

d) Begünstigende persönliche und situative Umstände

Welche gegenwärtig begünstigt werden durch folgende persönliche und situative Umstände ...

e) Erste Schritte in der angestrebten Richtung könnten sein ...

8.1.3 Beispiele

a) Kurzes Beispiel zur Illustration der Fokusformulierung

Ein 72-jähriger Schriftsteller ist seit über 20 Jahren mit einer jetzt 50-jährigen Deutschlehrerin verheiratet. Sie lernten sich kennen, als Anita im Studium war und im Rahmen der Ausarbeitung ihrer Dissertation mit ihm, der damals frisch geschieden war, in Kontakt kam. Ihre Ehe blieb gewollt kinderlos. Sie hatten eine sehr intensive und lebendige Beziehung geführt, wobei sich die meisten Kontakte über die schriftstellerische Tätigkeit des Mannes ergeben hatten und die Frau wenig eigene Ansprüche stellte und ganz auf ihn bezogen lebte. Das Paar meldete sich jetzt zur Therapie, nachdem der Mann in den letzten Jahren sexuellen Beziehungen immer mehr ausgewichen ist bzw. bei sexuellen Beziehungen wiederholt versagt hatte. Diese Vorkommnisse waren beiden unangenehm. Der Mann hatte früher eine vieljährige Psychoanalyse absolviert. Er neigt generell zu einer forcierten Offenheit und Selbstbezichtigung. Er entschuldigt sich laufend, dass er seiner Frau sexuell nicht mehr das bieten kann, was ihm früher möglich war, und erhofft sich von Therapie die Wiederherstellung seiner vollen sexuellen Funktionsfähigkeit.

Wir keinen bei diesem Paar zu folgender Fokusformulierung:

— **Nachdem wir** miteinander das Leben eines nicht alltäglichen Künstlerehepaars geführt haben, in welchem ich (Peter) Anita als Lehrer neue Lebensmöglichkeiten erschließen konnte und ich (Anita) mich durch die Beziehung zu Peter aufgewertet gefühlt hatte und ihm durch meine Bewunderung viel Unterstützung vermitteln konnte, ist jetzt mit dem Älterwerden unsere Altersdifferenz spürbarer geworden und haben sich unsere Kräfteverhältnisse verändert,

— sodass **als Entwicklung ansteht**, dass ich (Peter) mein Älterwerden akzeptiere und ich (Anita) mein Leben etwas eigenständiger gestalte und wir unsere Rollenerwartungen und unser Rollenverhalten den veränderten Realitäten anpassen,

— **was erschwert wird** durch meine (Peter) Verleugnung des Altwerdens und meine Weigerung, mir einzugestehen, dass ich überfordert bin, die sexuellen Erwartungen von Anita zu erfüllen und durch meine (Anita) Schwierigkeiten, seinen Alterungsprozess zu akzeptieren, durch meine Angst vor seiner Schwäche und meine Befürchtung, von ihm als Frau nicht mehr als attraktiv empfunden zu werden,

— **was erleichtert wird** durch unser langjähriges reichhaltiges Zusammenleben, in welchem wir uns gegenseitig viel gegeben haben.

— **Schritte zu dieser Entwicklung wären**, unsere Sexualität altersentsprechend und bedürfnisorientiert zu gestalten, die Einschränkung des Alters zu erkennen und in unser Zusammenleben zu integrieren, uns in den gegenseitigen Erwartungen zu entlasten und uns in der Bearbeitung der individuellen und gemeinsamen Anteile des Probleme zu unterstützen.

Es handelte sich um eine narzisstische Kollusion, in welcher der Mann die Position des grandiosen und bewunderten Lehrers und die Frau die Position der komplementären narzisstischen Bewunderin aufgeben mussten, wobei die Beziehung jedoch genügend Substanz hatte, um auch ein gewöhnlicheres Leben zu ermöglichen, in welchem der Mann zu seinen altersbedingten Schwächen stehen lernte, die Frau aber wagen konnte, aus der Rolle der Bewunderin herauszutreten und mehr Verantwortung für ihre persönliche und berufliche Entwicklung zu übernehmen.

b) Ausführlicheres Beispiel einer koevolutiven Fokusformulierung in der Paartherapie

Das Paar meldet sich auf Anraten des Therapeuten, bei welchem der Mann seit 7 Jahren in einer analytisch gerichteten Einzeltherapie steht. Anlass ist die zunehmende Häufung von destruktiven ehelichen Auseinandersetzungen, die nicht selten in gegenseitigen Gewalttätigkeiten enden, bei welchen der Mann der Frau sogar einmal das Nasenbein eingeschlagen hat. Das Paar ist seit 7 Jahren verheiratet. Die

Frau Susanne ist eine 40-jährige Sprachlehrerin. Sie ist daran, eine eigene Sprachschule Englisch-Deutsch aufzubauen. Sie ist während 4 Tagen in der Woche beruflich absorbiert. Der 2 Jahre ältere Mann Bob ist Engländer, ohne Berufsausbildung. Er übernimmt die Funktion eines Hausmannes, was damit begründet wird, dass die 6-jährige Tochter Anne einen psychomotorischen und wahrscheinlich auch einen intellektuellen Entwicklungsrückstand von rund 3 Jahren aufweist mit Wahrnehmungsstörungen, sprachlicher Behinderung und motorischer Ungeschicklichkeit. Sie wurde im Universitätskinderspital abgeklärt, es konnten vereinzelt epileptische Potenziale festgestellt werden, deretwegen sie Medikamente erhält. Sie ist eher hyperaktiv, unruhig, sie besucht einen Sprachheilkindergarten. Das zweite Kind ist der 1$^1/_2$-jährige Dave, der als ruhig, angepasst und gutmütig beschrieben wird. Der Mann ist durch die behinderte Tochter 24 Stunden im Tag ausgefüllt. Da die Tochter in ihrem Verhalten deutlich gestört ist, kann sie außerhalb des Sprachheilkindergartens kaum Anschluss an gleichaltrige Kinder finden. Die beiden Geschwister lieben einander und spielen gerne miteinander. Die Familie wohnt in einer Genossenschaftssiedlung, ist jedoch nach außen isoliert. Mann und Frau haben den Kontakt zu ihrer Herkunftsfamilie abgebrochen bzw. stark reduziert. Die Frau ist das jüngste von 10 Kindern und hat offenbar frustrierende Familienerinnerungen. In ihrer Familie seien Frauen immer stark entwertet worden. Er stammt aus einer Familie aus England mit Häufung von Alkoholismus und Gewalttätigkeit. Offenbar kam in der Familie auch Inzest vor.

Die Partner lernten sich vor 9 Jahren kennen, als die Frau dem Mann, der damals frisch in der Schweiz weilte, Deutschunterricht erteilte. Er hatte eine dramatische Beziehungserfahrung hinter sich. Er war mit einer Schweizerin verheiratet, die ihn vor 9 Jahren verließ, worauf er in eine schwere Depression verfiel und in England mehrere Wochen lang in einer psychiatrischen Klinik behandelt werden musste. Als er aus England zurückkehrte, beging seine Frau Suizid. Die Ehe war kinderlos gewesen. Die jetzige Ehefrau hatte mehrere unbefriedigende Beziehungen gehabt, in welchen sie sich immer von den Männern dominiert gefühlt hatte. Sie wollte nicht heiraten, sondern lediglich ein Kind für sich haben. Sie wurde dann von Bob ungeplant schwanger und heiratete ihn deswegen. Beide hatten eine große Sehnsucht nach häuslicher Geborgenheit. Sie war nicht nur seine Sprachlehrerin, sondern kümmerte sich auch mütterlich um ihn. Er neigte zu Alkoholkonsum und war allgemein ein eher hilflos wirkender Mann. Sie entwickelten offenbar eine stark symbiotische Beziehung, waren ständig miteinander, hatten kaum andere Kontakte, konnten sich voneinander nur schwer abgrenzen. Beide haben vor Jahren eine Einzeltherapie begonnen und sind der Meinung, sie hätten sich unter der Therapie persönlich sehr entwickelt. Anfänglich sei der Mann zu Hause nur passiv herumgelegen, die Frau habe ihn geschont und mütterlich betreut. Jetzt habe sie angefangen, ihn mehr herauszufordern und Ansprüche an ihn zu stellen. Sexuell hatten sie anfänglich ein gutes Einvernehmen, doch seit der Geburt von Anne hat die Frau eine zunehmende sexuelle Aversion entwickelt.

Beide Partner sind mir sympathisch. Der Mann ist offensichtlich sehr mit seiner Hausmannfunktion identifiziert, lebt ganz für die Familie und die Kinder, sodass für ihn aller Voraussicht nach eine eheliche Trennung eine Katastrophe wäre. Bei der Frau spüre ich wenig, ob sie ihren Mann je geliebt hat und jetzt noch liebt. Allgemein fällt auf, wie sehr die Frau sich für alles überverantwortlich fühlt, so auch für die Bewältigung seines Alkoholproblems. Sie scheint in progressiver Funktion den Mann regressiv abhängig zu halten, wie folgende Passage belegt.

Transkript einer Passage aus der zweiten Therapiesitzung:
(T = Therapeut, B = Bob, S = Susanne)

1 T   Haben Sie etwas gegen den Alkohol unternommen?

2 B   Nein, wenn es mir schlecht geht, flüchte ich in Alkohol.

3 S   Aber nicht immer, ich spüre es, wenn es sich anbahnt, er ist dann gereizt, das ist ein biologischer Rhythmus.

4 T   Könnte es auch sein, dass Bob etwas in sich hineinfrisst?

5 B   Ich war bekannt, dass ich nicht gewalttätig bin, sondern friedensstiftend.

6 T (zur Frau) Wäre es für Sie wichtig, dass er keinen Alkohol trinkt, oder können Sie damit umgehen?

7 S Nein, das wäre Bedingung für das weitere Zusammenleben. Zu Beginn sagte ich jeweils: Ja, er ist halt betrunken. Das kann so passieren. Heute weiß ich, dass ich reagieren muss, sonst bin ich an seinem Alkoholismus mitschuld. Ich bin die einzige Person, auf die alles projiziert wird. Ich versuche ruhig zu bleiben, mich nicht zu ärgern und mir den Fluchtweg offen zu halten, wenn Gewalttätigkeit droht. Wenn er nicht gewalttätig ist, wird er depressiv. Aber ich sehe ihn dann leiden. Das ist auch schwierig für mich. Ich habe dann Angst, dass er in Gewalt gegen sich selbst enden könnte. Er hat sich auch schon selbst geschlagen.

8 T (zur Frau) Glauben Sie, er brauche Gewalttätigkeit?

9 S Ja – ja (zögert), er braucht den Alkohol oder etwas anderes. Er braucht etwas, um sich abzureagieren, eventuell auch Wetten oder Kompensation durch Süßigkeiten.

10 T (zum Mann) Brauchen Sie Gewalttätigkeit?

11 B Ich brauche etwas, das ich mit Erfolg tun kann.

12 S Gewalt ist bei ihm ein Ausdruck von Hilflosigkeit, es ist nicht, dass ihm die Gewalt Freude machen würde.

13 B Ich bin dann hilflos, ich bin am Ende und weiß nicht mehr, wie ich reagieren soll.

Nach der zweiten Sitzung kam ich zu folgender Fokusformulierung:

— **Nachdem die Familie** unser zentralster Lebenswert gewesen ist und wir wegen unserer behinderten Tochter eine binnenzentrierte Familie mit wenig Außenkontakt aufgebaut haben, in der ich (Bob) Haushalt und Kindererziehung übernehme, was mir (Susanne) erlaubt, volles berufliches Engagement mit Familienleben zu verbinden, ist zwischen uns eine destruktive Gehässigkeit aufgetreten.

— **Als Entwicklung steht an**, dass ich (Bob) mich über meine «Mutterfunktionen» hinaus nach außen öffne und den Kontakt zu gleichaltrigen Männern suche, und dass ich (Susanne) Bob nicht als schonungsbedürftigen Patienten behandle, von dem ich mich andererseits ausgenützt fühle, sondern eigene Ansprüche und Forderungen an ihn stelle,

— **was erschwert wird** durch unsere beidseitige Angst, den engen Zusammenhalt zu verlieren, wenn wir uns gegenseitig mehr Eigenverantwortung abfordern,

— **was erleichtert wird** durch die hohe Motivation, die Familie zu erhalten und die Einsicht in die Notwendigkeit, unsere Beziehung zu verändern, zusätzlich erleichtert durch die Erfahrungen in den vorangegangenen Einzeltherapien.

— **Schritte zu dieser Entwicklung wären**, dass ich (Susanne) Bob klarere Grenzen setze und deutlicher artikuliere, was ich will, und ich (Bob) bereit wäre, einen Teil meiner Mutterfunktionen an Susanne abzugeben, um mehr aus der Familie hinauszutreten.

Bob hat sich in die ihm überlassene Mutterfunktion hineinentwickelt und es Susanne damit ermöglicht, sich im Beruf zu verwirklichen. Dabei ist sie doppelt frustriert, weil sie einerseits im Beruf wenig erfolgreich ist, obwohl sie sehr hart arbeitet, und andererseits glaubt, ihr Leben als Mutter zu verpassen. Im Bestreben, die Kinder an sich zu binden, ist sie ihnen gegenüber nachgiebig und verwöhnend, was Bob veranlasst, sie der erzieherischen Inkompetenz zu bezichtigen. Bob seinerseits möchte Susanne aus der Übernahme von Mutterfunktionen heraushalten und beansprucht die Kinder im Grunde genommen ganz für sich. Das, was ursprünglich beiden eine positive Entwicklungsherausforderung schien, erweist sich jetzt als Entwicklungsbehinderung. Bob fühlt sich von Susanne in dem, was er für die Kinder tut, zu wenig ernst genommen und anerkannt. Er fühlt sich von ihr in perfider Art entwertet durch Ausschweigen, Rückzug und Provokation zu Erregungszuständen. In seiner unkontrollierten Erregung setzt er sich laufend ins Unrecht, schreit Susanne an oder betrinkt sich und bestärkt damit Susanne in ihrer entwertenden Haltung.

Der Fokus wurde nach der achten Therapiesitzung leicht modifiziert in folgender Weise:

— **Nachdem wir** wegen unserer behinderten Tochter eine binnenzentrierte Familie aufgebaut und gemeint hatten, in unserer Funktionsteilung von Hausmann und Berufsfrau eine unseren individuellen Bedürfnissen entsprechende, moderne Lösung gefunden zu haben, dabei aber eine zunehmende Spannung zwischen uns entstanden ist,

— **steht jetzt als Entwicklung an,** dass ich (Susanne) klarer zu meiner Eifersucht auf Bob stehe, weil er die Mutterfunktionen ganz für sich beansprucht und ich mich zunehmend in den Berufsbereich verbannt fühle, und dass ich (Bob) die Mutterbedürfnisse von Susanne mehr beachte und ihnen Raum gebe, ohne mich immer gleich in meiner Rolle und Zuständigkeit bedroht zu fühlen, aber auch ohne durch unkontrollierte Erregungszustände Susanne Anlass zu geben, mich zu entwerten,

— **was erleichtert wird** dadurch, dass uns viel daran gelegen ist, für die Kinder ein gutes familiäres Klima zu schaffen und wir auch bemüht sind, uns mit den Problemen zu konfrontieren.

— **Schritte zu dieser Entwicklung wären,** dass ich (Bob) Susanne zeitweilig die Mutterfunktionen klar überlasse, und ich (Susanne) die gute Erziehungsarbeit von Bob anerkenne, gleichzeitig aber auch meine Ansprüche klarer stelle und mich mit Bob offener konfrontiere.

Mit dieser Fokusformulierung ließ sich für den Rest der 18 Sitzungen dauernden Paartherapie gut arbeiten. Es wurde deutlich, dass, wenn Bob erreichen wollte, dass er von Susanne nicht wie ein Patient behandelt wird, er den Alkoholkonsum, unter dem er jeweils seine Erregungszustände bekommen hatte, ganz einstellen und auf lautes Schreien und Gewalttätigkeit verzichten muss. Mit seinen alkoholbedingten Kontrollverlusten hatte er sich laufend ins Unrecht gesetzt und Susanne zum Opfer gemacht. Bob sah die Notwendigkeit dieser Änderung ein und vermochte sich abstinent zu halten.

Es wurde auch deutlicher, weshalb Susanne gerade jetzt Bob gegenüber gereizter und eifersüchtiger geworden war. Sie hatte bis jetzt Dave gestillt und ihn nachts zu sich ins Bett genommen, was ihr eine besondere, exklusive Nähe zu ihm vermittelte, die sie mit dem gegenwärtigen Abstillen zu verlieren fürchtete.

Susanne wie Bob kamen darauf, wie sehr sie sich in dem engen familiären Zusammenleben nach außen isoliert hatten und wie wichtig es für beide wäre, Beziehungen zu Freundinnen bzw. Freunden zu suchen.

Als es bereits den Anschein machte, dass eine Besserung in der Beziehung eingetreten sei, was sich unter anderem in der Wiederaufnahme sexueller Beziehungen zeigte, äußerte die Frau in der 14. Stunde – die der Weihnachts- und Neujahrspause folgte – die Absicht, sich von Bob zu trennen. Es kam zu einer sehr schwierigen Zeit besonders für Bob, welcher von der Frau hören musste, dass sie eigentlich gar nie mit ihm zusammenleben wollte. Der Mann bewahrte eine erstaunlich reflektierte Haltung. Er war wohl sehr traurig, äußerte aber, er habe immer gewusst, dass er sich früher oder später von Frau und Kindern werde trennen müssen. Es kam nicht zu einem Rückfall in Alkoholkonsum oder zu Erregungszuständen und Kontrollverlust. Nach zwei sehr offenen Konfrontationen in der Therapie, in welchen es der Frau möglich war, ihre Gefühle offen auszusprechen, trat eine erneute, überraschende Wende ein. Die Frau war erleichtert gewesen, dass Bob weder mit Suizid gedroht hatte noch ihr gegenüber ausfällig geworden war, was ihr erstmals die Freiheit gab, sich offen mit ihrer Einstellung zu Bob auseinander zu setzen. Jetzt, wo sie wagte, die Möglichkeit einer Trennung offen ins Auge zu fassen, spürte sie wieder positivere Gefühle für Bob. Insbesondere empfand sie Respekt für seine Art, die Kinder zu erziehen, die wesentlich emotionaler war, als es ihr entsprach. Sie sah, wie sehr die Kinder an ihm hingen und wie erfolgreich er in der Erziehung war. Erstmals konnte sie ihm Anerkennung zollen. Bob äußerte die Absicht, in jedem Fall sich um die Wiederaufnahme einer Berufstätigkeit zu kümmern, um nicht im Übermaß von Susanne abhängig zu werden. So konnte die Therapie mit einem die Zielsetzungen des Fokus erfüllenden Resultat beendet werden.

8.1.4 Hohe Übereinstimmung in der Fokusformulierung durch verschiedene Therapeuten

Ich führte das Erstinterview mit dem obigen Paar in unserem Ausbildungskurs. Die Kursteilnehmer formulierten dann in Kleingruppen den koevolutiven Fokus nach unserem vorgegebenen Raster. Als Information stand den Teilnehmern ein Blatt mit den Sozialdaten sowie der auf Seite 388f. transkribierte Videoausschnitt zur Verfügung. Um den Lesern und Leserinnen die Möglichkeit zu geben, sich ein Bild von der hohen Übereinstimmung der Fokusformulierung verschiedener Therapeuten zu machen, werden nachfolgend drei Alternativformulierungen aufgeführt, die eine in ganzen Sätzen, die zwei anderen in Stichworten.

Alternativfokusformulierung A der Paartherapie Bob und Susanne:

— **Nachdem wir bisher** unsere Beziehungen nach dem Leitbild «Familie als Hort der Sicherheit und Geborgenheit» gelebt und eine klare Rollenaufteilung als Hausmann und Berufsfrau verwirklicht haben und es in letzter Zeit zunehmend zu destrukiven Streitigkeiten mit Gewalttätigkeit gekommen ist, besonders unter Alkoholeinfluss aufseiten Bobs,

— **steht jetzt als Entwicklung an,** unsere Familie nach außen zu öffnen und die starke Polarisierung in Berufsfrau und Hausmann abzubauen.

— **Was erschwert wird** dadurch, dass es für mich (Bob) schwierig sein wird, berufliche oder soziale außerfamiliäre Kontakte und Bestätigung zu bekommen, und dass es für mich (Susanne) wichtig ist, Führungs- und Verantwortungsfunktionen in eigenen Händen zu behalten und mir den Weg, Bob zu verlassen, offen zu halten, sowie durch den Umstand, dass Annes Entwicklungsrückstand hohe elterliche Aufmerksamkeit beansprucht.

– **Was aber auch erleichtert wird** durch unsere große Therapiebereitschaft und -vorerfahrung, sowie dadurch, dass mit Annes Schulbesuch für mich (Bob) mehr Freiraum und neue Kontaktmöglichkeiten entstehen.

– **Schritte zu dieser Entwicklung wären,** dass ich (Bob) mehr Außenkontakte finde und aufkommende innere Spannungen artikuliere, bevor es zu Alkoholexzessen und Gewalttätigkeiten kommt, und dass ich (Susanne) Bob einen klaren Widerstand entgegensetze und ihm eigene Verantwortung für sein Handeln abfordere.

Alternativformulierung B der Paartherapie Bob und Susanne:

Nachdem wir in unserer Beziehung nach folgendem Leitbild gelebt und uns gegenseitig folgende Entwicklungen ermöglich hatten	eigenes Heim, von Herkunftsfamilie unabhängige Existenz, Elternschaft und persönliche Entwicklung, neue soziale Rollen
sich dann aber folgende Beziehungsveränderungen ergeben haben:	Tätlichkeiten, teils massiv unter Alkohol
steht folgende Entwicklung in unserer Beziehung an	Bob: brauche Außenkontakte, Freizeit und Berufstätigkeiten, ich darf nicht mehr trinken, damit ich meine Frau nicht verliere Susanne: brauche weitere Bezugspersonen (Entlastung, Rückzugsmöglichkeiten) und berufliche/finanzielle Entlastung

Was erschwert wird durch persönliche Faktoren sowie situative Umstände	Bob: Ausbildung, Alkohol, Vorgeschichte, soziale Isolation Susanne: fehlende Wertschätzung als Frau, situativ angespannte wirtschaftliche Situation, soziale Isolation, behindertes Kind
Was erleichtert wird durch folgende persönliche und situative Umstände	positive Einstellung zu einer Veränderung, Reflexionsfähigkeit, gemeinsame Verantwortung für Kinder
Schritte zu dieser Entwicklung wären	Freizeitbeschäftigung, Ausbau nachbarschaftlicher Beziehungen, Kinderhütedienst, Berufsberatung für den Mann

Alternativformulierung C der Paartherapie Bob und Susanne:

1.	Ausgangssituation:	Geborgenheit und Sicherheit in emotionaler und finanzieller Hinsicht, damit ermöglichte der Mann der Frau beruflichen Aufstieg und Mutterschaft, die Frau dem Mann eine Aufgabe trotz fehlender Ausbildung und einen sozialen Aufstieg. Trotzdem entwickelt sich ein Machtgefälle, welches sich in Alkohol und Gewaltanwendung des Mannes entlädt.
2.	Anstehender Entwicklungsschritt:	Für den Mann mehr Erfolg nach außen, für die Frau mehr Entspannung und Lust.
3.	Erschwerende persönliche und situative Umstände:	Für den Mann keine Ausbildung, Alkoholproblem, fremde Kultur und Ausländerstatus, für die Frau ihre Angst vor mächtigen Männern und unsichere weibliche Identität.

8 Koevolutive Fokusformulierung

Situative Umstände: fehlende Freunde und Verwandte, behindertes Kind, unsichere finanzielle Zukunft.

4. Begünstigende persönliche und situative Umstände: Für beide Intelligenz, Introspektionsfähigkeit, Therapiemotivation, Leidensdruck, gegenseitige Zuneigung, Kinder als Modell für Autonomiestreben.

5. Schritte zu dieser Entwicklung wären: Außenkontakte zur Arbeitswelt oder Freunden mit Möglichkeit, Anerkennung zu finden. Für die Frau mehr Zeit, mit den Kindern zu spielen.

Persönlich bevorzuge ich die Formulierung in ganzen Sätzen, weil sie einem mehr unter die Haut geht, aber auch weil ich bei der Formulierung in Stichworten die Gefahr sehe, dass zu viel in den Fokus hineingepackt wird. Wir legen großen Wert darauf, dass der Fokus handschriftlich den Umfang einer A4-Seite nicht überschreitet. Wichtig ist, dass der Therapeut lernt, Akzente zu setzen und sich auf Wesentliches zu beschränken. Nur so ist es ihm möglich, den Fokus im therapeutischen Gespräch präsent zu behalten.

Die schriftliche Formulierung des Fokus erachten wir für die Ausbildung wichtig. Sind einmal die fünf Schritte der Fokusformel internalisiert, so wird der Therapeut freier mit der Fokusformulierung umgehen. Ich selbst erlebe jedoch immer wieder, dass die schriftliche Ausformulierung zwar zeitaufwendig ist, aber jeweils für die Konzeptualisierung der Therapie und für die Konsistenz der therapeutischen Arbeit viel bringt. Man kann die schriftliche Formulierung etwas abkürzen, indem man ein Formular verwendet, auf welchem die einleitenden Sätze bereits vorgedruckt sind.

8.1.5 Beispiel der koevolutiven Fokusformulierung in der Familientherapie mit Übergang in Einzeltherapie beider Eltern

Das folgende Beispiel zeigt, wie die Möglichkeit, die gleiche Formel als Fokus sowohl für die Familie wie für Einzelpersonen zu verwenden, dem Therapeuten mehr Flexibilität und Überblick in einem komplexen therapeutischen Geschehen vermittelt.

Es handelt sich um eine Familie, die sich zusammensetzt aus dem Vater, einem erfolgreichen und reichen Geschäftsmann, der Mutter, von spanischer und einfacher familiärer Herkunft, dem 20-jährigen Carlo, einem äußerst tüchtigen Studenten mit besten Leistungen, der 18-jährigen Patientin Bettina und dem 10-jährigen Nachzügler Oliver. Anlass zur Behandlung war die Notwendigkeit, die eingeleitete Einzeltherapie Bettinas durch eine Familientherapie zu ergänzen. Bettina wies eine Bulimie auf, sie erbrach häufig ins Badezimmer oder in den Hausflur, ohne das Erbrochene aufzuwischen. Sie erledigte ihre Schulaufgaben nur unter der Anleitung ihrer Mutter und hielt die Mutter in den letzten Monaten zunehmend mit theatralischen Suiziddrohungen in Atem. Der Vater war bis zum Äußersten beruflich beansprucht und hatte die Erziehungsaufgabe vollumfänglich an die Mutter delegiert, die darin ihre eigentliche Existenzberechtigung sah. Der Vater war stark an seine eigene Mutter gebunden, welche von Anfang an gegen die Ehe ihres Sohnes eingestellt war.

Nach der zweiten Familiensitzung kam ich zu folgender *Fokusformulierung*:

— **Nachdem wir** das Leben einer wohlhabenden und leistungsorientierten Familie geführt haben, in welcher ich als Mutter mich mit den guten Schulleistungen der Kinder dem Vater gegenüber bestätigte, und jetzt durch die Bulimie und das destruktive Agieren Bettinas erstmals eine schwere familiäre Krise ausgebrochen ist,

— **steht als Entwicklung an**, dass wir als Eltern mehr Eigenverantwortung von Bettina abfordern,

— **was erschwert wird** durch die selbst auferlegte Leistungsverpflichtung und die Schwierigkeit, uns in der Ablösungsphase der Kinder neu zu orientieren und uns in den erzieherischen Aufgaben zu entlasten und der Angst von mir (Bettina), nach meiner Ablösung meinen Platz in der Familie zu verlieren,

— **was erleichtert wird durch** den von allen geteilten Wunsch, die familiären Beziehungen zu erhalten und uns mit den anstehenden Veränderungen auseinander zu setzen.

— **Schritte zu dieser Entwicklung wären,** dass ich (Bettina), die Verantwortung für Schulbesuch und Schulleistungen selbst übernehme, und wir Eltern das Risiko, dass Bettina dabei scheitert, in Kauf nehmen, und dass ich als Vater mehr Verantwortung in der Erziehung der Kinder übernehme, und damit mir als Mutter eine Neuorientierung in der zweiten Lebenshälfte ermöglicht wird.

Die kollusive Korrespondenz besteht also darin, dass die Mutter das destruktive Agieren von Bettina benützt, um sich in ihrer Mutterfunktion unentbehrlich zu machen, und dass Bettina den fehlenden Widerstand der Mutter ausnützt, um ihre anstehende Ablösung und Selbständigkeit zu hintertreiben. Es besteht eine Korrespondenz zwischen der Entwicklungsvermeidung von Mutter und Bettina und ein wechselseitiges Sich-Benützen zum Ausleben regressiver, entwicklungsblockierender Tendenzen.

Zunächst wurde vereinbart, dass Bettina nicht mehr weiter von der Mutter in die Schule gebracht wird, dass sie die Schulaufgaben selbständig erledigt und darin einmal wöchentlich vom Vater kontrolliert wird. Damit beruhigte sich die häusliche Szene umgehend, die Schulleistungen Bettinas aber blieben unbefriedigend. Die erzieherische Entlastung verbesserte das Befinden der Mutter allerdings nicht, vielmehr wurde sie zunehmend depressiv und unzufrieden. Zu einer grundlegenden Veränderung der Familiendynamik kam es, als Bettina den Entschluss fasste, in eine andere, befreundete Familie umzuziehen, wo sie weniger unter Leistungsdruck stehen würde und ihre emotionale Seite mehr entfalten könne. Der Auszug Bettinas brachte in der Familie sehr viel in Bewegung. Bettina, bisher das schwarze Schaf der Familie, wurde nun plötzlich deren Idol. Die Mutter und der Vater idealisierten Bettina als ihr lebensfrohes und gemütswarmes Ideal. Der ältere Bruder Carlo, der bislang als Musterschüler der Star der Familie gewesen war und sich Bettina gegenüber abschätzig und arrogant benommen hatte, wurde sich nun plötzlich seiner einseitigen persönlichen Entwicklung bewusst. Mit seinen zwanzig Jahren hatte er noch keine Erfahrung im Umgang mit Mädchen und hatte sich auch kaum in persönliche Beziehungen zu gleichaltrigen Kollegen eingelassen.

Bettina gab schließlich das Gymnasium auf und zog in die Heimatstadt der Mutter, wo sie eine Kunstschule absolvierte. Die Bulimie war für eine längere Zeit verschwunden. Der Verlust durch den Wegzugs Bettinas wurde von der Mutter ersetzt, indem sie sich die offene, emotionale und direkte Art von Bettina zum Ideal nahm. Sie eiferte ihr nach, was nun zu offenen Streitigkeiten mit ihrem Mann führte, dem sie insbesondere mehr emotionale Zuwendung abforderte. Zwischen Bettina und den Eltern kamen bei den Besuchen erstaunliche Gespräche zustande. Die Mutter äußerte, Bettina habe ihr Leben verändert. Sie habe ihr, der Mutter gezeigt, wie sie sich durch depressive Opferhaltung in der Familie durchsetze und nie direkt sage, was sie eigentlich wolle. Die Mutter nahm sich Bettina zum Vorbild, wurde wesentlich emotionaler und insbesondere dem Ehemann gegenüber aggressiver. Damit ging es ihr stimmungsmäßig deutlich besser. Auch körperlich blühte sie auf und begann, der hübschen Tochter auch äußerlich zu gleichen. Nachdem die Familientherapie beendet war, begann die Mutter bei mir eine niederfrequente Einzeltherapie, um sich mehr mit ihrer eigenen Entwicklung auseinander zu setzen. Für diese Einzeltherapie wurde folgender Fokus formuliert:

Fokusformulierung für die Mutter:

— **Nachdem ich** versucht hatte, mich mit den Leistungen der Kinder dem Mann und der Schwiegermutter gegenüber zu behaupten und damit mich und die Kinder zu stark auf ein Leistungsideal eingeschränkt hatte,

— **steht als Entwicklung an**, dass ich mich mehr mit meiner eigenen Entwicklung auseinander setze, mir neue Aufgaben im Leben suche und damit den Kindern den Weg für eine autonome Lebensführung freigebe.

— **Was erschwert wird** durch meine Angst vor einer schweren depressiven Krise bzw. Gefährdung unserer Ehe, wenn ich meine Wut und Frustration gegenüber dem Manne zulasse, von dem ich mich nie wirklich geliebt gefühlt habe.

— **Was erleichtert wird** durch die erfreuliche Erfahrung, dass die Kinder trotz Ablösung eine intensive Beziehung zur Familie bewahren.

— **Schritte zu dieser Entwicklung wären**, wenn es mir möglich wäre, beruflich oder anderweitig eine mich erfüllende Tätigkeit zu finden, und wenn ich mir neben der Ehe andere, emotional befriedigendere Beziehungen schaffen könnte.

Im Rahmen dieser Gespräche wurde der Mutter bewusst, wie sehr sie in Carlo einen Ersatzgatten gesucht hatte, weil sie von ihrem Mann so wenig bekam. Es wurde ihr aber auch bewusst, wie sehr sie sich als Frau und mit ihr auch Bettina vom Mann entwerten ließ und voller Angst war, von ihm nicht weiter im Haus geduldet zu werden. Jahrelang hatte sie demutsvoll alle Entwertungen des Mannes geschluckt und war dabei immer selbstunsicherer geworden.

Die Mutter berichtete einen Traum, der sich wiederholte: Ihr Rachen ist mit klebriger Masse ausgefüllt, die sie nicht herauskriege und an der sie beinahe ersticke. Sie ziehe mit der Hand an dieser kaugummiartigen Masse und gerate dabei immer mehr in Panik. Immer mehr von diesem Zeug komme heraus, es sind auch Organe mit drin, und doch bleibe noch ein Rest. Bei der Wiederholung dieses Traumes stehe ein Mann neben ihr, der die gleichen Schuhe trage wie ich als Therapeut. Es kommen viele Organe mit, die sie diesem anwesenden Mann zeige. Er sage: «Das ist noch nicht alles, das ist erst die Leber, das Herz muss auch noch raus.» Die Mutter hatte den Eindruck, in diesen Träumen reiße sie all das, was sie in der über zwanzigjährigen Ehe in sich hineingefressen hatte, aus sich heraus. Alles, selbst das Herz, ihr Lebenszentrum, sei davon infiziert. Ein anderer Traum, der sie sehr beeindruckte, war folgender: Sie sieht einen Sarg auf dem Friedhof, im Krematorium. Der Friedhofsgärtner ist da. Er hat der gleichen Haare wie ich, das Gesicht ist nicht zu sehen, sie vermutet, es sei der Therapeut. Der Friedhofsgärtner öffnet den Sarg. Es ist aber niemand drin, worüber die Patientin sehr erschrickt. Nun sieht sie etwas von ihr entfernt am Boden ein Kind sitzen. Beim genaueren Hinschauen erkennt sie in diesem Kind ihre Tochter Bettina in den ersten Lebensjahren. Plötzlich steht Bettina auf und wird größer und größer. Der Friedhofsgärtner sagt: «Ja, jetzt ist sie zu groß, jetzt kann man sie nicht mehr in den Sarg tun.» Die Mutter entnimmt dem Traum die therapeutische Anweisung, ihre Tochter nicht in den Sarg einzusperren, sondern sie leben zu lassen. Sie sieht in diesem Kind aber auch ihr eigenes, inneres Kind, das nun heranwächst und groß wird. Hatte das Emanzipationsstreben der Mutter zunächst noch eine starke Spitze gegen den Mann und die Familie, so entwickelte sie sich nun zunehmend für sich selbst. Sie fand eine befriedigende Tätigkeit als Lehrerin, ihrem früheren Beruf. Sie war nicht mehr depressiv, sondern wirkte wesentlich vitaler und fröhlicher und nahm die Kompromisse, welche das Leben ihr abforderte, auf sich. Der wunde Punkt blieb die Beziehung zu ihrem Mann. Sie schaffte sich einen Hund an, mit dem sie täglich längere Spaziergänge unternahm und dabei viel von emotionaler Zuwendung bekam, die sie sonst in ihrem Leben vermisste.

Die Einschränkung der dienenden Haltung der Frau hatte auf den Mann eine verunsichernde Wirkung. Lachend gab er in einer Paarsitzung seiner Beunruhigung Ausdruck: «Ich bezahle mit der Therapie der Frau mein eigenes Begräbnis.» Er steigerte sich immer mehr in seine Arbeit hinein und hielt sich über die weltweiten Börsenkurse Tag und Nacht auf dem Laufenden, sodass er sich kaum noch Schlaf gönnte. Er verspekulierte sich dann schwer. So wie der Wert seiner Papiere fiel, fiel auch seine Stimmung. In einer deutlichen Depression fand er die Bereitschaft zu einzeltherapeutischen Gesprächen.

Fokusformulierung für den Vater:

- **Nachdem ich** mich beruflich über viele Jahre verausgabt habe in der Meinung, meine Familie damit glücklich zu machen, und ich jetzt feststelle, wie sehr ich und unsere familiären Beziehungen dabei verkümmerten, steht als Entwicklung an, mich den emotionaleren Seiten des Lebens zu öffnen und den Wert meines beruflichen und finanziellen Erfolges zu relativieren,
- **was erschwert wird** durch meine Angst vor beruflichem Versagen,
- **was aber auch erleichtert wird** durch die Erkenntnis, dass es mit mir so nicht weitergehen kann und mir die Erhaltung guter familiärer Beziehungen den höchsten Wert darstellt.
- **Schritte zu dieser Entwicklung wären** die Reflexion meiner Lebensgeschichte, die Erschließung emotionaler Lebensbereiche, insbesondere in persönlichen Beziehungen, eine bessere Abgrenzung von Arbeit und Freizeit.

Auch der Vater fand in Bettina eine wichtige Gesprächspartnerin. Von ihr fühlte er sich emotional verstanden und vermisste sie, die im Herkunftsland der Mutter lebte, sehr. Er war der Lieblingssohn seiner Mutter gewesen und fühlte sich ein Leben lang zu Höchstleistungen verpflichtet, um ihren Stolz auf ihn zu rechtfertigen. Von der Pflege und Umsorgung der Frau war er weit abhängiger, als er äußerlich erkennen ließ. Als die Frau vor zwei Jahren wegen einer Krankheit hospitalisiert worden war, musste sie vorzeitig aus dem Spital zurückkehren, weil der Mann einer schweren Depression verfallen war. Er hatte durch die Hospitalisiation der Frau den Boden verloren und begab sich täglich in die Kirche, wo er Geld spendete und Gott anflehte, ihm die Frau wieder gesund zurückzugeben. Obwohl er die Frau laufend entwertete, stellte er sie innerlich auf ein Piedestal und betrachtete sie als eine moralisch ihm weit überlegene Heilige. Dennoch vermisste er in der Beziehung zu ihr die Gemütswärme. Nach seiner Meinung sprach Bettina genau das aus, was er selbst empfand, nämlich, dass zu Hause die Liebe fehlte, dass immer nur Leistung gefordert worden sei, aber keine Wärme da war.

Beruflich kam es zu einschneidenden Veränderungen. Nachdem er über Jahrzehnte dem Geschäft riesige Gewinne eingebracht hatte, wurde ihm sein erster finanzieller Rückschlag vom Verwaltungsrat sehr übel genommen. Es wurde ihm klar, in welchem Ausmaß er eine auswechselbare Marionette war. Erstmals fragte er sich, wem der extreme berufliche Einsatz eigentlich diene. Nachdem er noch einige Kränkungen einstecken musste, zog er die Konsequenzen und eröffnete eine private Finanzberatung. Das ermöglichte ihm, sich mehr Zeit für andere Lebensbereiche zuzugestehen. Das Erschließen emotionaler Bereiche gelang ihm mit dem Kokettieren mit außerehelichen Liebschaften, welche seine Frau in Rage brachten. So wurde ihre Ehe viel emotionaler, allerdings nicht in einer konstruktiven Weise. Die laufenden Streitigkeiten der Ehepartner bewahrten beide vor dem früheren Absinken in Depressionen. Später wandte der Vater sich mehr dem jüngsten Sohn Oliver zu, der ein gutmütiger und liebenswürdiger Junge ist, der gerne mit seinem Vater über das Wochenende fischen ging.

Die Evaluation des Therapieergebnisses am ursprünglich für die Familie, für die Mutter und für den Vater formulierten Fokus lässt feststellen, dass die anstehenden Entwicklungsschritte durchwegs in Gang gekommen sind und dass die formulierten Schritte in Richtung der anstehenden Entwicklung erfüllt wurden. Natürlich kann man das Therapieergebnis auf höherem Anspruchsniveau mit einigen Fragezeichen werten und Bedenken über die weitere Entwicklung der Familienmitglieder äußern. So aber ist das Leben. Ein Ziel unserer Ausbildung liegt gerade darin, nicht Maximalziele zu formulieren, sondern in den Unvollkommenheiten des praktischen Lebens zu bleiben.

Aus diesen Fokusformulierungen wird ersichtlich, wie die Lebensentwicklungen der einzelnen Familienmitglieder koevolutiv aufeinander bezogen sind, wie die Entwicklung des einen die der anderen zu blockieren vermag und wie die Freisetzung von Entwicklung beim einen die Entwicklung der anderen auslösen kann.

8.2 Koevolutiver Fokus und Kollusionskonzept

Wie steht der koevolutive Fokus zum früher formulierten kollusiven Fokus (Willi, 1975, 1978)? Meine damalige, noch stark von der Psychoanalyse beeinflusste Fokusformulierung bestand aus einem Eingangssatz, mit der Formulierung eines beiden Partnern (unbewussten) Grundbedürfnisses, das in der früheren Lebensgeschichte schon immer frustriert worden war und dessen Befriedigung nun von der Partnerbeziehung erhofft wurde, und einem Nachsatz, der sich auf das aktuelle Abwehrverhalten in verteilten Rollen gegenüber diesem angstbesetzten Bedürfnis bezieht (Willi, 1978, S. 73).

Im Zentrum der Therapie stand damals die Auflösung der Kollusion, heute eher die anstehende Entwicklung der Partner. Unser heutiger Ansatz ist zukunftsorientierter, befasst sich weniger damit, was die Partner aufgeben sollten, als damit, wohin ihre weitere Entwicklung führen könnte.

Da, wo wir uns früher stärker auf die Wechselwirkung und zirkuläre Verstärkung der Partner konzentrierten, interessieren uns heute mehr die individuellen Entwicklungen in Partnerbeziehungen. Früher sah ich die Partnerbeziehung stärker als einen ganzheitlichen Ideenprozess, der sich in den Partnern ausdifferenziert in einem polarisierten Spannungsfeld (siehe Willi, 1985, S. 274). Im Bemühen, das gemeinsame Unbewusste zu erforschen, entwickelten wir die Technik der Konstruktdifferenzierung (Willi, Limacher, Frei, Brassel, 1992), wobei wir eine unerwartete Entdeckung machten. Es zeigte sich nämlich, dass die Partner ein und dasselbe Ereignis oft unterschiedlich erlebten, ohne sich dessen bewusst zu sein. Die Gemeinsamkeit ihrer psychischen Prozesse war oft lediglich eine vermeintliche, von den Partnern und uns irrtümlich angenommene Gleichheit. Die Erfahrungen mit der Konstruktdifferenzierung führten uns von der Erforschung gemeinsamer unbewusster Phantasien weg, so interessant dieses Thema an sich wäre. Zumindest therapeutisch erwies es sich als wichtiger, den Partnern zu helfen, die Verschiedenheit ihres Denkens und Fühlens klarer wahrzunehmen und zu lernen, diese

Verschiedenheit einander ohne Angst und Schuldgefühle zuzumuten und ohne persönliche Kränkung voneinander zu akzeptieren. Ziel der Therapie ist es nun eher, einander Entwicklungsräume beantworteten Wirkens zu öffnen.

Wie zeichnet sich diese Entwicklung in unserer praktischen Fokusformulierung ab? Dazu ein Beispiel, wie wir den Fokus früher formuliert hätten und wie wir ihn heute formulieren.

Beispiel: Zwei Partner sind seit 26 Jahren verheiratet. Der Mann ist ein bärenstarker Riese von dominantem Auftreten, von Beruf Polizist. Die Frau ist seit langem kränklich, war wegen Depression und Suizidversuch psychiatrisch hospitalisiert und steht seit Jahren in Einzel-Psychotherapie. Sie haben sich durch eine unkontrollierte Kaufsucht in erhebliche finanzielle Schulden gebracht. Sie leben gemeinsam mit ihrem zwanzigjährigen Sohn in sehr beengten Verhältnissen. Die Frau war bei Pflegeeltern aufgewachsen, der Mann bei seinen Großeltern, beide kannten keine familiäre Geborgenheit. In die Paartherapie kamen sie, nachdem die Frau gesagt hatte, sie sei nicht mehr bereit, die Bevormundung ihres Mannes zu akzeptieren und beabsichtige, sich von ihm zu trennen, um endlich selbständiger zu werden. Es handelt sich um eine klassische anal-sadistische Kollusion mit dem Leitsatz von Liebe als Gewährleistung von Sicherheit durch gegenseitige Abhängigkeit: Der Mann in der progressiven Rolle war es gewohnt, der Frau zu befehlen. Sie unterzog sich ihm, gelegentlich zwar mit Weinen und leisem Aufbegehren, was aber den Mann lediglich veranlasste, durch klare Direktiven die Hackordnung wiederherzustellen. Der Mann ist jetzt sehr beunruhigt durch die Scheidungsabsichten der Frau. Beide zeigen sich für die Paartherapie engagiert.

Unsere frühere kollusive Fokusformulierung hätte gelautet:

– «Wir streben eine Beziehung an, die uns Sicherheit dadurch bietet, dass ich (Werner) als Führer und Beschützer unentbehrlich bin und ich (Brigitte) so unselbständig bin, dass ich Werner als Beschützer benötige. Die Gefahr, vom anderen verlassen zu werden, ist gebannt, solange wir durch Krankheit und finanzielle Schulden fest aneinander gebunden sind.»

Unsere heutige Fokusformulierung lautet:

- **Nachdem ich** (Brigitte) mir eine Partnerschaft zuzutrauen wagte, weil ich mich unter Werners Schutz sicher fühlte, und ich (Werner) eine Aufgabe darin fand, Brigitte zu beschützen,
- **steht jetzt als Entwicklung an**, dass ich (Brigitte) mir mehr Autonomie in der Beziehung abfordere und ich (Werner) mich als Beschützer zurücknehme und Brigitte in ihrer Verselbständigung respektiere,
- **was erschwert wird** durch unsere beidseitige Angst vor Verselbständigung in der Beziehung und unser langjährig eingeübtes Rollenverhalten sowie durch die enge räumliche und finanzielle Abhängigkeit voneinander,
- **was erleichtert wird** durch meine (Brigitte) Erkenntnis, dass ich in der bisherigen Form nicht mehr mit Werner zusammenleben kann und meine (Werner) Bereitschaft, die Forderungen Brigittes ernst zu nehmen, um unsere Beziehung zu erhalten.
- **Schritte zu dieser Entwicklung wären,** dass ich (Brigitte) darauf verzichte, von Werner laufend Beachtung und Anweisungen zu erhalten, und ich (Werner) mich der Erfahrung öffne, dass Brigittes Emanzipation unsere Beziehung bereichert.

8.3 Koevolutive Arbeit im Einzel- oder Paar- und Familiensetting

Jede Therapie ist ein chirurgischer Eingriff in ein bestehendes Beziehungssystem. So wie bei einer Operation sind mit dem Patienten Chancen und Risiken der Therapie im Voraus zu bedenken. Da von diesem Eingriff Angehörige, insbesondere Lebenspartner, persönlich betroffen sind, müssen sie in die Therapiekonzeption miteinbezogen werden. Das bedeutet jedoch nicht unbedingt die physische Präsenz von Partnern und Familienangehörigen in der Therapie. Beziehungsprobleme lassen sich nicht nur und nicht einmal immer effizienter in der direkten Anwesenheit des Partners oder der Angehörigen bearbeiten.

Die Wahl des Einzelsettings kann trotz Vorliegen einer Familienproblematik der erste notwendige Autonomieschritt sein, wie dargestellt im Beispiel Maria C. (s. S. 319). Häufig stellt sich auch gar nicht die Frage Einzeltherapie *oder* Paar-/Familientherapie, es gibt auch fließende Übergänge. Für die Wahl des Settings ist es notwendig, sich Vor- und Nachteile, Chancen und Risiken des Einzelsettings bzw. des Paar- und Familiensettings für den Patienten, für die Angehörigen und für den Therapeuten vor Augen zu führen (siehe dazu auch Willi, 1978; Riehl-Emde, 1988; Feldman, 1992).

8.3.1 Charakteristika des einzel-, paar- und familientherapeutischen Settings für die Bearbeitung von Beziehungsproblemen

a) Charakteristika der Einzeltherapie
Für den Patienten:
Vorteile: Der Patient hat den Therapeuten ganz für sich allein und kann das, was ihn bewegt, ungefiltert äußern, ohne sich rechtfertigen zu müssen, ohne dauernd Rücksicht nehmen zu müssen, was die Wirkung seiner Worte sein könnte. Der Patient kann damit die Kontrolle über seine Darstellung dem Therapeuten übergeben und sich tiefer in die Problematik einlassen. Er kann bisher ängstlich vermiedene Themen und Gefühle zulassen im Vertrauen darauf, dass der Therapeut ihn schützen wird. Der Patient kann sich über partnerschaftliche Belastungen kathartisch äußern, ohne seine Darstellung in realistische Proportionen stellen zu müssen. Er kann inadäquate Lösungen ausphantasieren und sich in der Vorstellung Probehandlungen hingeben, ohne dass diese gleich reale Konsequenzen hätten.

Gefahren: Der Patient kann in große Abhängigkeit vom Therapeuten geraten, er kann eine intensive emotionale Bindung an den

Therapeuten entwickeln mit erotischen Qualitäten, die ihn in Loyalitätskonflikt zu seinem Partner bringen.

Für den Partner:

Vorteile: Der Partner kann entlastet sein, den Patienten dem Therapeuten zu übergeben, der in professioneller Weise sich mit dessen Problemen auseinander setzt.

Gefahren: Der Partner kann sich ausgeschlossen fühlen von einem intensiven Prozess, von dem er indirekt betroffen ist. Die Vorstellung, dass der Patient alle partnerschaftlichen Streitigkeiten dem Therapeuten unterbreitet und dieser nur vom Patienten informiert ist, kann beunruhigend sein. Der Patient kann Äußerungen des Therapeuten in partnerschaftlichen Auseinandersetzungen als Kampfmittel einsetzen. Der Partner kann spüren, dass der Patient dem Therapeuten Intimitäten berichtet, die er ihm verschweigt, und dass der Patient zum Therapeuten eine erotische Bindung entwickelt, die der partnerschaftlichen Beziehung entzogen wird. Reaktionen von Eifersucht und Neid sind dazu geeignet, die Situation des Partners noch zu verschlechtern. Jeder therapeutische Fortschritt, jeder Wandel des Patienten wirkt sich auf die Partnerbeziehung aus. Der Partner bleibt in der Verarbeitung dieser Veränderungen allein. Er fühlt sich in den Einzelsitzungen des Patienten persönlich verhandelt, ohne die Darstellungsweise des Patienten korrigieren zu können.

Für den Therapeuten:

Vorteile: Der Therapeut kann sich ungeteilt dem Patienten zur Verfügung stellen, er kann den Patienten empathisch unterstützen und ihm Verständnis und Anteilnahme zeigen, ohne laufend die Auswirkungen auf den Partner in Rechnung stellen zu müssen. Er hat einen besseren Überblick über den therapeutischen Prozess und kann sich schrittweise an Angst und Scham erregende Themen heranarbeiten. Er kann die therapeutische Beziehung zum eigentlichen Medium der Therapie machen, welches dem Patienten erste korrigierende emotionale Erfahrungen ermöglicht. Die Arbeit an der «Übertragung» gehört zum faszinierendsten Aspekt des therapeutischen Berufes.

Nachteile: Es kann eine zu starke Bindung des Patienten an den Therapeuten zustande kommen, die – selbst wenn der Therapeut dies vermeiden will – die Partnerbeziehung ungünstig beeinflusst. Das Setting kann Spaltungstendenzen des Patienten begünstigen, indem dieser den Therapeuten idealisiert, den Partner jedoch entwertet. Das Einzelsetting ermöglicht die Bearbeitung von tiefen persönlichen Ambivalenzen dem Partner gegenüber, deren Aussprechen für den Partner verletzend und überfordernd wäre, da sie möglicherweise weniger mit ihm persönlich zu tun haben als mit allgemeinen Beziehungsambivalenzen des Patienten, die sich auch in anderen Beziehung zeigen oder gezeigt haben.

Folgerungen für die therapeutische Arbeit

Meldet sich ein Patient, der mit Lebenspartnern oder Familienangehörigen zusammenlebt, zur Einzeltherapie, so ist zu klären, ob die Problematik, die der Patient vorbringt, primär etwas mit den Beziehungen zu diesen Partnern zu tun hat. Die Partner werden zwar in jedem Fall von einer Therapie mitbetroffen sein, auch wenn es um ein Problem am Arbeitsplatz geht oder um ein allgemeines persönliches Problem, welches sich in den verschiedensten Beziehungsbereichen zeigt. Eine positive Einstellung der Partner kann eine Therapie entscheidend fördern, eine negative Einstellung blockieren. Liegt offensichtlich das Hauptproblem in der Beziehung zum Lebenspartner/ Familie, so sollten diese zumindest zu einem einmaligen Gespräch eingeladen werden. Der Therapeut hat damit die Möglichkeit, sich ein eigenes Bild von den Partnern zu machen, und wird weniger leicht zur Überidentifikation mit dem Patienten neigen. Der Partner hat die Möglichkeit, seine Sichtweise des Problems persönlich zu vertreten, womit er eine aus seiner Sicht verzerrte Darstellung durch den Patienten korrigieren kann. Er hat zudem die Möglichkeit, den Therapeuten kennen zu lernen und eigene Vorstellungen von dessen Arbeitsweise zu bekommen. Der Patient seinerseits wird in seinen Möglichkeiten, dem Therapeuten eine stark verzerrte Sichtweise des Konfliktes zu präsentieren, eingeschränkt. Nach unserer Erfahrung lassen sich die Partner fast immer zu einem einmaligen Gespräch gewinnen, wenn die Patienten diese Aufforderung nicht selbst sabotieren. Bei diesem einmaligen Gespräch kann der Therapeut in Anwesenheit des Patienten mit dem Partner auch besprechen, wie die Therapie sich möglicherweise auf die Beziehung auswirken könnte, welche unerwünschten Entwicklungen möglich wären und inwiefern die Einflussmöglichkeiten des Therapeuten auf den Verlauf der Therapie beschränkt sind.

Der Therapeut sollte meines Erachtens in jedem Fall den Patienten fragen, ob der Partner zu einem einmaligen Gespräch einzuladen wäre. Stimmt der Patient diesem Vorhaben nicht zu, so sind die Motive zu klären. Es kann sein, dass der Patient den Therapeuten ganz für sich haben möchte und eine Einmischung des Partners in den Therapieprozess vermeiden will. Der Therapeut muss dann darauf achten, dass er sich nicht mit dem Patienten gegen den ausgeschlossenen Dritten solidarisiert, der zum gemeinsamen Projektionsfeld für alle unerwünschten therapeutischen Hindernisse werden kann. Er sollte im Gegenteil sorgfältig darauf achten, vom Patienten nicht im Kampf gegen den Partner missbraucht zu werden. Gelingt ihm das, so kann es sogar ein Vorteil sein, wenn der Therapeut den Partner gar nicht kennt. Der Therapeut spürt dann aus der Gegenübertragung oft genau das, was vermutlich im Partner vorgeht. Der Therapeut kann dann etwa sagen: «Wenn ich Ihnen zuhöre, spüre ich in mir Gefühle aufkommen, die offenbar ähnlich sind wie jene Ihres Partners. Obwohl ich Ihren Partner gar nicht kenne, könnte ich mir vorstellen, dass in ihm jeweils das und das vorgeht ...» Auf diese Weise wird das Problem dem Patienten zurückgespiegelt und er wird aufgefordert, sich mit seinem Anteil des Problems auseinander zu setzen.

Es kann aber sein, dass der Partner den Therapeuten nicht kennen lernen will. Auch hier sind die Motive zu klären. Es kann sein, dass der Partner Angst hat, selbst zum Patienten gemacht zu werden, dass er befürchtet, als der Schuldige am Beziehungsproblem hingestellt zu werden, es kann aber auch sein, dass er allgemein von Psychotherapie und vom Psychotherapeuten nichts hält und höchstens negative Auswirkungen auf die Beziehung befürchtet. Das Tragische ist, dass durch die Weigerung, den Therapeuten kennen zu lernen, oft genau das eintritt, was vermieden werden sollte: dass sich die Therapie nämlich aus der Sicht des Partners negativ auf die Beziehung auswirkt und er am Ende als der Verursacher der aktuellen Problematik dargestellt wird.

Der Therapeut kann die gemeinsame Sitzung mit dem Partner so einleiten: «Ich danke Ihnen, dass Sie bereit sind, an der heutigen Sitzung teilzunehmen. Es ist für mich wichtig, Ihre Sichtweise der Probleme, die Sie miteinander haben, kennen zu lernen.» Wenn der Partner betont, dass die Probleme ausschließlich den Patienten betreffen, kann der Therapeut weiterfahren: «Auch wenn in unserer Behandlung das Problem Ihres Partners (des Patienten) das zentrale Anliegen ist, interessiert es mich, wie Sie bisher mit diesem Problem des Partners zurechtgekommen sind, inwiefern Sie sich dadurch belastet und mitbetroffen fühlen und was sich durch dieses Problem in Ihrer Beziehung verändert hat.» Der Therapeut soll dem Partner eine eingehende Information über das Wesen einer Einzeltherapie geben und dabei insbesondere auch darauf hinweisen, dass es für einen Partner schwierig sein kann zu wissen, dass die Beziehung zu ihm in der Einzelsitzung verhandelt wird, ohne dass er selbst darauf Einfluss nehmen könnte. Der Therapeut soll dem Partner zeigen, dass er Verständnis für dessen Beunruhigung über die Veränderungen des Patienten hat. Er soll den Partner fragen, welche Reaktionen des Patienten er im Therapieprozess erwartet und welche ihm besondere Schwierigkeiten bereiten würden. Schließlich soll er klären, welche Auswirkungen es auf die Beziehung hätte, wenn das Problem bzw. das Symptom verschwinden würde.

Selbst ein einmaliger Einbezug des Partners hat eine eminente Wirkung auf den Therapieverlauf:

Für den Patienten wird die Gefahr des Missbrauchs der Einzeltherapie in Auseinandersetzungen mit dem Partner reduziert, da der Patient eine einseitige Identifikation des Therapeuten mit seiner

Sichtweise nicht mehr so leicht erreichen kann. Auch wenn die Freiheitsgrade des therapeutischen Prozesses dadurch teilweise eingeschränkt werden, entstehen weniger Schuldgefühle dem Partner gegenüber, aber auch weniger Schamgefühle, wenn der Patient im Laufe der Therapie sich dazu gedrängt fühlt, seine einseitige Sichtweise zu korrigieren. Für den Partner ist es ein entscheidender Unterschied, ob er spürt, dass der Therapeut ihn in der Vorstellung in die Therapie einbezieht und überhaupt daran interessiert ist, die Partnerbeziehung als Realität wahrzunehmen und zu beachten. Für die Therapeuten ist es immer wieder überraschend, wie sehr die persönlichen Einstellungen zum Partner, aber auch zum Patienten sich verändern, wenn man den Partner selbst kennen lernt.

Eine positive Einstellung des Partners zur Therapie kann eine Einzeltherapie entscheidend fördern. Wenn wir davon ausgehen, dass der Patient sich in jedem Fall in seiner persönlichen Nische verändern muss und dass jede Veränderung koevolutiv vom Partner beantwortet wird, kann es nur im größten Interesse des Therapeuten sein, die partnerschaftlichen Synergien zu nutzen.

Beispiel einer Einzeltherapie mit Orientierungsgespräch mit der Partnerin

Ein 62-jähriger Manager, seit einigen Jahre vorzeitig pensioniert, meldet sich in unserer Poliklinik zur Therapie, weil er sehr unter der Beziehung zu seiner neun Jahre jüngeren Freundin Erika leidet, zu der er seit drei Jahren eine intensive Beziehung unterhält. Anlass, einen Therapeuten jetzt aufzusuchen, war, dass Erika ihn nicht zu einer Geburtstagsparty einlud. Allgemein leidet er darunter, dass sie ihm keine deutlichen Signale gibt, ob sie ihn wirklich liebt. Am meisten stört ihn ihre Unpünktlichkeit, mit welcher sie ihm zeige, dass er ihr wenig wichtig sei und seine Zeit wenig zähle.

Erika ist sehr auf die Wahrung ihrer Selbständigkeit bedacht. Sie hatte zeitlebens immer nur engere Beziehungen zu verheirateten Männern. Sie lebte noch nie mit einem Mann zusammen und betont sehr, dass sie das auch mit dem Patienten nicht möchte.

In der Beziehung geht es vor allem schlechter, seit sich der Patient vor einem Jahr von seiner Frau, mit welcher er über zwanzig Jahre verheiratet war, scheiden ließ, wozu die Beziehung zu Erika den äußeren Anlass gab. Die Ehebeziehung war jedoch schon längst zerrüttet. Dennoch reagierte Erika auf seine Scheidung eindeutig negativ, sie verschloss sich ihm sexuell und fürchtete, durch größere Ansprüche des Patienten fortan eingeengt zu werden.

Der Patient ist ein gut aussehender Mann, eher wortkarg und verschlossen, offensichtlich hochgradig kränkbar und über die Entwicklung der Beziehung zu Erika verzweifelt.

Da es sich um ein Partnerproblem handelt, stellte sich dem Therapeuten Dr. R. K. die Frage, ob eine Paartherapie nicht adäquater wäre. Dabei stellt sich heraus, dass der Patient es nicht gewagt hatte, Erika mitzuteilen, dass er einen Therapeuten aufgesucht habe, weil Erika eine sehr negative Sicht von Psychotherapie habe und überzeugt sei, dass Therapeuten in der Regel Partnerbeziehungen auseinander brächten. Andererseits fürchtete der Therapeut zu Recht, dass der Patient die Problematik vor allem so darstellt, dass Erika als deren Ursache dasteht, wozu Ansätze sich schon damit anbieten, dass sie offensichtlich ein Problem hat, verbindlichere Beziehungen mit Männern einzugehen.

Auf das Beharren des Therapeuten hin, er möchte Erika zumindest in einem einmaligen Gespräch kennen lernen, damit sie ihre Sicht der Problematik selbst darstellen könne und auch sie den Therapeuten kennen lernen könne, war sie bereit, dem Patienten zuliebe einmal mitzukommen. Es wurde in diesem einmaligen Paargespräch deutlich, dass Erika viel an der Beziehung zum Patienten liegt und sie viele Gemeinsamkeiten haben, sie sich aber ihre Freiheit und insbesondere ihren Freundeskreis bewahren will. Sie befürchtet, dass mit dem Zusammenziehen oder gar Heiraten beim Patienten Besitzansprüche stimuliert würden, ein Bedenken, das der Patient selbst als nicht unberechtigt erklärte. Direkt auf ihre Bedenken zur Therapie angesprochen, schilderte sie einen Fall in ihrer Bekanntschaft, in welchem sich die Psychotherapie negativ auf die Partnerbeziehung ausgewirkt habe. Obwohl sie das Gespräch positiv empfunden hatte, wollte sie sich nicht weiter an der Therapie beteiligen. Das kam dem Wunsch des Patienten auch sehr entgegen, der nach diesem Gespräch den Eindruck hatte, der Therapeut habe sich zu sehr auf ihre Seite gestellt und ihr in allem Recht gegeben.

Wir kamen in der Supervisionsgruppe zu folgender Fokusformulierung:

- **Nachdem ich** nach frühzeitiger Pensionierung und definitiver Trennung von meiner Frau über viel Freiraum verfüge, den auszufüllen mir Mühe bereitet, und ich mich in das Leben Erikas zu wenig einbezogen fühle und deshalb mit Eifersucht und Kränkung reagiere,
- **steht als Entwicklung an**, dass ich meine Lebensperspektive über die Beziehung zu Erika hinaus öffne und mir neue Herausforderungen suche,
- **was erschwert wird** durch meine Schwierigkeiten, mich mit Ängsten vor Vereinsamung auseinander zu setzen und mich anderen Menschen gegenüber persönlich zu öffnen,
- **was erleichtert wird dadurch**, dass ich zu dieser Entwicklung gute persönliche Voraussetzungen habe, dass es so mit mir nicht weitergehen kann und ich in der Beziehung zu Erika eine wichtige Ressource habe.
- **Schritte zu dieser Entwicklung wären**, dass ich mir neben der Beziehung zu Erika neue Beziehungen und Interessengebiete schaffe.

Der Therapeut vollzog einen wichtigen therapeutischen Einstellungswandel damit, dass er sich konsequent auf die persönliche Situation des Patienten konzentrierte und damit die therapeutische Aufmerksamkeit vom Verhalten Erikas auf die Problematik des Patienten verschob. Die Pensionierung war vom Patienten noch nicht richtig verarbeitet worden. Er ist persönlich verunsichert, da er bei Frauen offensichtlich nicht mehr so viel zähle wie damals, als er noch Chef eines Unternehmens war. Es irritiert ihn, dass Erika beruflich voll engagiert ist und abends müde heimkehrt, während er dann noch etwas mit ihr unternehmen möchte. Er verfügt über zu viel Zeit, die er nicht richtig auszufüllen versteht. Er hat begonnen, wieder vermehrt Schlagzeug zu spielen, was er schon in früheren Zeiten gemacht hatte. Es leuchtet dem Patienten ein, dass er vermehrt Interessen entwickeln sollte, die er unabhängig von Erika pflegen kann.

Dennoch schien es wichtig, dass der Patient auch lernt, Erika als Person umfassender wahrzunehmen. Die Kunst für den Therapeuten bestand allerdings darin, sich nicht provozieren zu lassen, Erikas Verhalten pathologisierend zu deuten, sondern lediglich den Patienten aufzufordern, genauer hinzuschauen, wie Erika lebt. Eine wichtige Erkenntnis war die große Bedeutung, welche die Beziehung zur Mutter für Erika hat. Diese verstand es, in Erika laufend Schuldgefühle zu erzeugen mit Hinweisen, sie wisse schon, dass sie allen im Wege sei und am besten sterben würde. Erika verbringt sehr viel Zeit, oft ganze Wochenenden, mit ihrer Mutter. Die Mutter versucht offenbar auch die Beziehung zum Patienten zu hintertreiben. Es ist denkbar, dass die enge Bindung an die Mutter Erika bisher gehindert hatte, sich fester mit Männern einzulassen. Das Bestreben des Therapeuten war es, den Patienten anzuhalten, Erika genau anzusehen, aber nicht, um sie zu therapieren, sondern um sie so zu nehmen, wie sie ist. In diesem Sinne erkannte der Patient, dass die Unpünktlichkeit Erikas nicht so sehr bedeutet, dass sie ihn nicht ernst nimmt, sondern vielmehr, dass sie sich jeweils von etwas nicht losreißen kann, um Termine exakt einzuhalten.

Im Laufe der 15-stündigen Fokaltherapie traten erfreuliche Veränderungen ein. Erika war bereit, gegen den Willen ihrer Mutter zweiwöchige Ferien mit dem Patienten auf einem Segelboot in der Karibik zu verbringen. Er hatte sich früher einmal als Segellehrer betätigt und konnte Erika jetzt anleiten, wobei sie bereit war, sich von ihm etwas zeigen zu lassen. Der Patient erlebte Erika viel liebevoller und auch sexuell offener, sodass er mit der inneren Gewissheit zurückkehrte, dass ihr die Beziehung zu ihm doch sehr viel bedeute. Andererseits hatte er Fortschritte gemacht, sich ein erfüllteres Leben in

Abwesenheit Erikas zu schaffen. Es ist ihm gelungen, den Zugang zu einer Jazzband zu finden, sodass er sein Schlagzeugspiel in diese Band integrieren kann.

Das Beispiel zeigt sehr schön, wie eine koevolutive Perspektive nicht nur dem Patienten hilft, sondern auch die Beziehung verbessert und dabei Entwicklungen unterstützt, die Patienten und ihre Partner aus eigener Initiative in Gang setzen. Wir glauben, dass es für die Therapie von großer Bedeutung war, Erika zumindest für ein Gespräch einzubeziehen.

b) Charakteristika der Paartherapie
Für die Patienten:

Vorteile: Die Problembearbeitung ist wesentlich konfrontierender. Die Partner sind sich gegenseitig schonungslose Kritiker, Ausweichen in bagatellisierende und beschönigende Darstellungen ist weniger möglich, die Auseinandersetzung ist direkter und emotionaler, die Gefahr des Zerredens der Probleme ist geringer. Beide Partner sind in gleicher Intensität in den Therapieprozess einbezogen, beide sind symmetrisch in Patientenrolle, beide sind aufgefordert, an der Bewältigung des Problems und der Veränderung der Beziehung mitzuarbeiten. Insbesondere manche Männer würden von sich aus nicht eine Einzeltherapie aufsuchen, können jedoch von einer Paartherapie wesentlich profitieren.

Nachteile: Die Probleme werden vorwiegend auf Interaktionsebene abgehandelt, sie können oft nicht ausreichend individuell vertieft werden. Die oft heftigen Auseinandersetzungen verstärken die Tendenz der Partner, sich zu rechtfertigen und zu verteidigen anstatt sich selbstkritisch zu öffnen. Alles, was in der Sitzung vorgebracht wird, kann anschließend gegeneinander verwendet werden. Ansätze zu neuen Sicht- und Verhaltensweisen werden zwischen den Sitzungen nicht selten durch die Partner wieder zerstört. Es fehlt oft der Schonraum, um schambesetzte Gefühle und Phantasien äußern zu können. Problematisch ist, wenn die Paarsitzungen missbraucht werden sollen, um Geheimnisse des Partners zu erfahren, um den Partner zu kontrollieren, um die Abhängigkeit innerhalb der Paarbeziehung zu festigen. Oder wenn die unkorrigierbare Erwartung besteht, der Therapeut werde den Partner zurechtweisen und für einen Partei ergreifen. Die oft harte Konfrontation mit den Motivationen und Phantasien einer Paarbeziehung können gelegentlich die Patienten überfordern, sodass bei einer Paarbeziehung, deren Fortsetzung von beiden Partnern zu Beginn der Therapie gewünscht wurde, eine destruktive Eskalation einsetzen kann mit Beendigung der Therapie in einer ursprünglich beidseits nicht gewünschten Trennung. In einer Einzeltherapie kann mit verletzenden Phantasien freier und schonender umgegangen werden.

Für den Therapeuten:

Vorteile: Die Beziehung zum Therapeuten wird weniger intim. Es entstehen weniger Abhängigkeit, weniger Erotik und weniger Dreiecksprobleme, da der Therapeut im Gegenüber von beiden Partnern mehr um Wahrung von Neutralität und Gleichgewicht von Sympathie und Zuwendung bemüht sein wird.

Nachteile: Der Therapeut kann sich von «Gegenübertragungsproblemen» überfordert fühlen, insbesondere wenn er konfrontiert wird mit Gewalt, Alkoholismus, außerehelichen Beziehungen, Scheidung usw. Er kann größere Mühe haben, sich persönlich aus Verwicklungen und einseitigen Parteinahmen rauszuhalten. Die Auseinandersetzungen der Patienten in der Sitzung verlaufen nicht selten destruktiv und in hasserfüllter Atmosphäre, die sich auch auf den Therapeuten übertragen kann. Der Therapeut wird häufiger von Sinnkrisen über den Wert seiner Arbeit befallen.

Generell ist die Paartherapie für Patienten und Therapeuten eine Schulung in stereoskopischer Problemsicht und dialektischer Wahrheitsfindung, die sich auch für das Kommunikationsverhalten in anderen Bereichen, insbesondere im Beruf, positiv auswirken.

8.3.2 Settingwechsel von der Einzeltherapie zur Paartherapie

Aus koevolutiver Sicht gibt es keine scharfe Abgrenzung von Einzel- und Paartherapie, weil der Therapeut in jedem Fall in koevolutiven Vorstellungen arbeitet. Dennoch ist sorgfältig zu bedenken, ob und wann ein Settingwechsel empfohlen werden kann. Oftmals geht es nicht um einen prinzipiellen Entscheid Einzeltherapie oder Paartherapie, sondern auch um differenziertere Zwischenformen. Bei Patienten in fester Partnerschaft gibt es folgende Möglichkeiten:

a) Einzeltherapie mit Orientierungsgespräch mit dem Partner

Der Partner wird zu Beginn und eventuell im Verlauf der Einzeltherapie zu einem Orientierungsgespräch eingeladen mit dem Ziel, destruktive Auswirkungen der Einzeltherapie auf die Paarbeziehung zu verhindern, eine unterstützende Einstellung des Partners zur Einzeltherapie des Patienten zu gewinnen und Überforderungen des Partners durch therapeutische Veränderungen des Patienten frühzeitig zu erkennen.

b) Einbezug des Partners bei einer stützenden Therapie des Patienten

Anlass zur stützenden Therapie ist die Bewältigung von schweren Belastungen durch Körperkrankheiten, Verlusterlebnissen, beruflichen Problemen usw., von denen der Partner mitbetroffen ist und an deren Bewältigung er mitwirken kann, auch wenn er nicht direkt vom Problem betroffen ist. Der Partner bleibt in kotherapeutischer Position, soweit es um die Unterstützung des Patienten geht, er wird aber auch als Mitpatient einbezogen, wenn er selbst unter der Belastung des Patienten erheblich leidet.

c) Settingwechsel von der Einzeltherapie zur Paartherapie

Nicht selten lässt sich in einer Einzeltherapie ein Problem bearbeiten, sodass es beim Patienten zu einer Veränderung des Verhaltens und der Einstellungen kommt, die sich nun aber problematisch auf die Paarbeziehung auswirken. Es kann sich eine Fortsetzung der Therapie als Paartherapie empfehlen. Eine Fortsetzung beim gleichen Therapeuten ist dann schwierig, wenn die ausgesprochene und unausgesprochene Meinung entstanden ist, dass der Partner im Grunde das Problem bildet, das jetzt zur Veränderung ansteht. Wenn es aber dem Therapeuten gelingt, dem Partner den Therapieprozess transparent zu machen und ihn nicht als den Schuldigen und Verursacher der Störung, sondern als Mitbeteiligten am Veränderungsprozess bezeichnet, kann es gelingen, eine Einzeltherapie als Paartherapie fortzusetzen. Dabei ist jedoch auch die emotionale Einstellung des Patienten und des Therapeuten zu prüfen. Der Einzelpatient verliert die intime Sonderbeziehung zum Therapeuten und muss diesen fortan mit seinem Partner teilen. Bisher war er frei in der Darstellung des Partners dem Therapeuten gegenüber, jetzt wird der Partner seinen Part selbst vertreten. Der Therapeut seinerseits verliert die exklusive Nähe zum Einzelpatienten und muss sich jetzt mehr auf beide Partner einstellen, seine Sympathien auf beide verteilen und beiden gerecht werden. Da es für alle drei nicht leicht ist, diese Schwierigkeiten zu bewältigen, empfiehlt es sich oft eher, eine Paartherapie bei einem anderen Therapeuten anzuschließen, bei welchem die Patienten in paralleler Ausgangssituation die Therapie beginnen können.

d) Parallel laufende Einzeltherapien

Werden sie bei zwei verschiedenen Therapeuten durchgeführt, hat jeder Patient im Therapeuten seinen Sekundanten. Der Vorteil ist, dass jeder Patient sich in Ruhe und in einem geschützten Rahmen mit seinem Anteil an der Problematik auseinander setzen kann. Der Nachteil ist, dass sich die Therapeuten aus der einseitigen Information heraus oft mit ihrem Patienten identifizieren und der Konflikt zwischen den Patienten zum Konflikt zwischen den Therapeuten werden kann. Von daher gesehen ist es ein Vorteil, wenn der Therapeut, der als Zweiter eine Einzeltherapie beginnt, sich im Einverständnis mit dem Patienten mit dem ersten Therapeuten in Beziehung setzt und zu erwartende Probleme vorausbespricht.

Bei parallel laufenden Einzeltherapien beim gleichen Therapeuten muss der Therapeut das, war er von jedem zu hören bekommt, zusammenfügen. Die Gefahr besteht, dass jeder der Patienten sich veranlasst fühlt, die vermuteten Mitteilungen des Partners zu korrigieren und sein Verhalten zu rechtfertigen. Es entwickelt sich auch leicht eine Eifersucht zwischen den Partnern um die Gunst des Therapeuten. Es kann die Gefahr bestehen, dass die Patienten Äußerungen des Therapeuten als Kampfmittel gegeneinander benützen. Meist empfehlen sich Einzelsitzungen beim gleichen Therapeuten nur im Rahmen einer Paartherapie zur Bearbeitung einer umschriebenen Fragestellung im geschützten Rahmen.

e) Paartherapie mit Einzelsitzungen beim gleichen Therapeuten

Die Einzelsitzungen dienen dazu, heikle Themen im geschützten Einzelsetting bearbeiten zu können. Dazu gehören etwa Tendenzen zu Sadismus, Masochismus, Vergewaltigung, Homosexualität usw., deren Mitteilung in der Regel die Partner verletzen und überfordern, ohne dass daraus ein wesentlicher Gewinn gezogen werden könnte. Für die betroffenen Patienten ist es andererseits wichtig, dass sie diese Phantasien als einen Teil ihrer selbst zu akzeptieren lernen. Im Rahmen einer Paartherapie empfiehlt es sich, Einzelsitzungen alternierend in gleicher Häufigkeit für beide Partner durchzuführen. Der Therapeut muss sich im Klaren sein, dass jeder von beiden Partnern sich mit der Frage beschäftigen wird, was in der Einzelsitzung des andern, von der er ausgeschlossen ist, abgehandelt wird. Der Therapeut kann in den Einzelsitzungen über Geheimnisse informiert werden, etwa über außereheliche Beziehungen oder außerehelich gezeugte Kinder, deren Wissen ihn in der Beziehung zum anderen Partner behindert. Er muss dann mit dem Patienten einen Weg suchen, wie das Geheimnis zumindest so weit dem Partner mitgeteilt werden kann, dass die Paartherapie dadurch nicht blockiert wird.

f) Paartherapie mit zeitweiliger Fokussierung auf einen
der Patienten in Anwesenheit des anderen

Seit der Einführung der Konstruktdifferenzierung als paartherapeutische Technik gehen wir etwas freier um mit dem Erfordernis, die Zuwendung zu beiden Patienten laufend auszubalancieren. Wir haben gute Erfahrungen gemacht, sich zeitweilig eingehender mit dem einen Patienten in Anwesenheit des anderen zu befassen und ihm in der Paartherapie einen geschützten Rahmen zu verschaffen, um sich tiefer mit seinen Motivationen und Phantasien auseinander zu setzen. Es hat sich als sehr positiv erwiesen, wenn der Partner dabei zuhört, ohne intervenieren zu können und damit Gelegenheit bekommt, aus einer gewissen Distanz die Erlebnisweise des Patienten wahrzunehmen. Die zeitweilige Versetzung des Partners auf die «Zuschauerbank» erweist sich oft als heilsam.

g) Übergang von Paartherapie in Einzeltherapie

Es kann sein, dass die Paartherapie zum Abschluss kommt, sich aber eine vertiefte Nachbehandlung eines individuellen Problems empfiehlt. Der Settingwechsel kann ein Vorteil sein, wenn es darum geht, dass der Patient sich in eigener Verantwortung vertieft mit seinem Problem auseinander setzt und dazu nicht laufend auf den Partner zurückgreifen kann, z. B. bei einem Suchtproblem. Der Settingwechsel kann sich aufdrängen, wenn es im Rahmen einer Paartherapie zur Trennung kommt. Es ist dann aber sorgfältig zu überlegen, welches die Auswirkungen des Settingwechsels auf den nicht mehr einbezogenen Partner sein können. Der Partner kann entlastet sein, wenn er etwa im Rahmen einer Trennung froh ist, den depressiv gewordenen Partner dem Therapeuten zu überlassen, es kann aber auch sein, dass er paranoid darauf reagiert.

Wir glauben, dass es bezüglich Settingwechsel und Settingkombinationen keine festen Regeln gibt. Therapeuten werden das Setting nach ihren persönlichen Vorlieben und Fähigkeiten gestalten. Wichtig ist, dass der Therapeut laufend kritisch beachtet, was das aktuelle Setting ermöglicht und was es behindert bzw. verschlimmert. Für jedes Setting sollte ein Fokus formuliert werden. Mit diesem Fokus sollte therapeutisch gearbeitet werden, zumindest bis zum Erreichen einzelner Teilschritte. Settingwechsel kann auch zum Agierfeld werden und Zeichen der Konzeptlosigkeit des Therapeuten sein. An sich kann eine Einzeltherapie auch als imaginierte Paartherapie geführt werden, wenn der Therapeut in der Vorstellung den Partner laufend in die Therapie miteinbezieht. Eine Paartherapie kann auch als Einzeltherapie geführt werden, wenn sie zur Einzelarbeit in Anwesenheit des Partners wird. Da jeder Settingwechsel gravierende Umstellungen in den Beziehungen aller Beteiligten zueinander hat, sollte er nicht unbedacht durchgeführt werden.

8.3.3 Settingwechsel zwischen Familientherapie, Einzeltherapie und Paartherapie

Der Settingwechsel drängt sich vor allem in Therapien mit einem kindlichen Indexpatienten auf. In der Abklärungsphase werden Eltern regelmäßig einbezogen, manchmal vom Patienten getrennt, manchmal mit diesem zusammen, manchmal im Rahmen der Familie als Ganzes. Auch für die therapeutische Arbeit gibt es sehr unterschiedliche Settingkombinationen. Es kann mit dem Kind allein und parallel dazu mit den Eltern gearbeitet werden. Gelegentlich wird die Therapie des Kindes ausschließlich als Elterntherapie, d. h. als Erziehungsberatung geführt. Im Rahmen einer Elterntherapie kann sich die Notwendigkeit ergeben, Differenzen zwischen den Eltern als Paartherapie zu bearbeiten. Der Wechsel von der Elterntherapie zur Paartherapie ist jedoch besonders heikel. Entscheidend ist der Auftrag der Eltern. Es gibt Eltern, die ihre Paarbeziehung nicht mehr bearbeiten möchten, da sie diese abgeschrieben haben. Sie sind jedoch motiviert, miteinander an einer Verbesserung der Erziehung ihrer Kinder zu arbeiten. Es ist eine Kunst für den Therapeuten, nicht der Versuchung zu verfallen, den Eltern darzulegen, der eigentliche Grund der Schwierigkeiten liege in der Paarbeziehung. Eltern haben demgegenüber oft eine viel realistischere Sicht des therapeutisch Machbaren. Der Therapeut sollte sich an den therapeutischen Auftrag halten.

Der Einbezug der Geschwister ist vor allem in der Abklärungsphase eines Problems von großer Bedeutung. Von den Geschwistern kommen oft die objektivsten und präzisesten Informationen. Da die Durchführung von Familiensitzungen mit allen Familienmitgliedern oft auf erhebliche organisatorische Probleme stößt – die Geschwister müssen wegen der Sitzungen in der Schule fehlen –, genügt es oftmals, nur mit dem Indexpatienten und den Eltern zu arbeiten. Im Übrigen lassen sich die meisten der unter Paartherapie angeführten Gedanken auf die Familientherapie übertragen.

Eltern stehen zur therapeutischen Einzelarbeit mit dem Kind oft ambivalent. Auf der einen Seite hoffen sie auf einen Therapieerfolg, auf der anderen Seite ist es für sie kränkend, dass ein Therapeut im Umgang mit ihrem Kind weiter kommen und erfolgreicher sein soll als sie selbst. Sie fürchten, das Kind könnte ihnen vom Therapeuten entzogen werden. Sie reagieren evtl. paranoid auf die Vorstellung, ihr Erziehungsverhalten werde in den Therapiesitzungen abgehandelt und sie stünden als Sündenböcke da.

Schlusswort

Ich sehe in der Theorie und Praxis der ökologischen Psychotherapie den Grundriss einer psychotherapeutischen Dimension, die bisher wenig beachtet wurde. Im ökologischen Ansatz werden teilweise triviale Beobachtungen, die psychiatrisch-psychotherapeutisches Allgemeingut betreffen, verwertet und in neue, konsistente Zusammenhänge gestellt. So etwa die Bedeutung der eigenen Wirksamkeit für die gesunde Entfaltung der Person, welche etwa in der Arbeits- und Beschäftigungstherapie psychiatrischer Kliniken längst beachtet wird, bisher aber kaum in psychotherapeutische Konzepte Eingang gefunden hat. Oder die Bedeutung der persönlichen Nische, der Behausung für den Zusammenhalt eines Paars, die an sich bekannt ist, aber als Schaffen einer gemeinsamen Welt bisher in der Paartherapie wenig konzeptualisiert worden ist. Ein neues Bedeutungssystem erfordert aber auch neue Begriffe.

Bei den Vorträgen, die ich über die ökologische Dimension der Psychotherapie gehalten habe, reagieren manche Zuhörer in folgender Weise: Psychoanalytiker sagen, das ist das, was wir schon immer gesagt haben, aber in anderen Begriffen, kognitive Verhaltenstherapeuten sagen dasselbe und nochmals dasselbe die systemischen Therapeuten. Wie ist das möglich? Offenbar beinhaltet der ökologische Ansatz manches, was diesen Ansätzen gemeinsam ist. Wir glauben, dass der ökologische Ansatz eine in dieser Konsequenz neue Dimension in die Psychotherapie einführt mit der Beachtung, in welch hohem Maße persönliche Lebensläufe durch die selbst geschaffenen Wirkungen und Lebensumstände geleitet werden. Ich glaube, mit dem beantworteten Wirken und mit der selbst geschaffenen Umwelt als persönliche Nische werden den persönlichkeitszentrierten Ansätzen ergänzende Perspektiven angeboten, die stärker die reale Beziehungsgestaltung beachten. Die psychoanalytische Sicht der frühen Kindheit wird ergänzt durch die stärkere Beachtung der nahen Vergangenheit (des Perfekts, der vollendeten Gegenwart), als Vorfeld der aktuell einmaligen Konstellation eines Beziehungskonflikts und Aus-

424 Teil B: Praxis der ökologischen Psychotherapie

gangspunkt des jetzt anstehenden Entwicklungsschrittes. Im Unterschied zur kognitiven Verhaltenstherapie wird weniger von typischen verzerrten Denkmustern ausgegangen als von inadäquaten Wirkungen. Es wird also an einer anderen Stelle in den Zirkel zwischen Denken und Verhalten/Wirken eingestiegen. Im Vergleich zu systemischen Therapeuten wird weniger die familiäre Konstruktion der Wirklichkeit und die kybernetische Regelung des familiären Problemsystems beachtet, sondern stärker von Personen ausgegangen, die einander koevolutiv für ihre persönliche Verwirklichung benötigen. Der ökologisch-koevolutive Ansatz befasst sich stärker mit den persönlichen Motiven der Partner, die sich gegenseitig stimulieren, miteinander verbinden oder einander blockieren können.

Manchmal wird eingewandt, es würden ja alle Ansätze mit dem Konzept der blockierten Entwicklung arbeiten. Blockierung kann aber Unterschiedliches bedeuten. Eine Person kann blockiert sein durch repetitive zentrale Beziehungskonflikte, durch fixierte systemische Muster oder durch ängstliches Vermeidungsverhalten. Wir messen der koevolutiven Dimension große Bedeutung bei, nämlich der Beobachtung, wie der anstehende individuelle Entwicklungsschritt durch reale Beziehungen blockiert, aber gegenwärtig auch herausgefordert wird. Die Deblockade betrifft meist auch Partner und Angehörige. Therapieziel ist nicht einfach Förderung von Autonomie, sondern bessere Gestaltung von Beziehungen. Eine geglückte Einzeltherapie verbessert Beziehungen meist auch für die anderen daran Beteiligten.

Ich sehe in der Darstellung der Theorie und Praxis der ökologischen Psychotherapie den Grundriss einer psychotherapeutischen Dimension, die noch weiterer Bearbeitung bedarf. Unsere Hoffnung ist, dass sich möglichst viele Therapeuten und Therapeutinnen anregen lassen, die ökologische Dimension in ihrer Praxis reflektierter wahrzunehmen und in ihren Therapien nutzbar zu machen. Wir hoffen aber auch, dass sich theoretische Forscher stimulieren lassen, ökologisch-koevolutive Fragestellungen zu bearbeiten, insbesondere in den Bereichen Persönlichkeitspsychologie, Entwicklungspsychologie und Sozialpsychologie. Wichtig zu erforschen wäre die Bedeutung der persönlichen Wirksamkeit für die Entwicklung und Erhaltung der psychischen Grundfunktionen und für die Gesundheit, etwa bei Drop-outs, bei Alten, Behinderten, sozial Ausgegliederten oder Immigranten, die Bedeutung geschaffener Tatsachen für die zeitliche Gliederung der weiteren Entwicklung der Person, insbesondere in der Lebenslaufforschung der zweiten Lebenshälfte, die Bedingungen für das Gelingen lang dauernder koevolutiver Prozesse usw. Im psychiatrischen Bereich wären Klärungen wichtig über den koevolutiven Prozesscharakter von Persönlichkeitsstörungen, über die Bedeutung für psychisch Schwerkranke, sich eine eigene Nische schaffen zu können, über die Möglichkeiten psychisch Kranker sich ein geschütztes beantwortetes Wirken zu ermöglichen oder über die Bedeutung der Symptombildung für die Vermeidung anstehender Entwicklungsschritte in der Gestaltung konkreter Beziehungen. Wichtig wäre schließlich die Psychotherapieforschung, sowohl was die ökologisch-koevolutiven Interventionen anbetrifft wie auch die Evaluation der Therapieergebnisse.

Selbstevaluation anhand von 19 Fragen

Anhand einiger Fragen, die mir häufig über dieses Buch gestellt werden, soll Lesern und Leserinnen die Möglichkeit zur Selbstevaluation geboten werden.

1. Was ist ökologische Psychotherapie?

Ökologische Psychotherapie arbeitet mit einem theoretischen Ansatz, der dem Schaffen der eigenen Umwelt als Ausgangspunkt weiterer Entwicklungsschritte besondere Beachtung schenkt. Sie will dem Patienten zum wirksamen Gestalten seiner Beziehungsnische und seiner Beziehungsprozesse helfen. (Definition Vorwort 2005: Therapie, die in besonderer Weise die Entwicklung der Person in der Wechselwirkung mit der Entwicklung ihrer Lebensumstände beachtet.)

2. Woher wird die ökologische Psychotherapie hergeleitet?

Ihre theoretische Wurzeln liegen vor allem in der Begegnungsphilosophie Martin Bubers sowie in der Verhaltensökologie, von welcher wir Modellvorstellungen übernommen haben wie die Begriffe der Nische und der Koevolution, aber auch der Gemeinschaftsbildung aus Eigennutz.

3. Welches sind die zentralen theoretischen Grundannahmen der ökologischen Psychotherapie?

Eine zentrale These ist, dass der Mensch sich nicht aus sich selbst entwickelt, sondern im Spannungsfeld seiner Beziehungen. Eine andere These besagt, dass der Lebenslauf einer Person durch die eigenen Wirkungen und selbst geschaffenen Tatsachen geleitet wird.

4. Wie werden im ökologischen Ansatz psychische Störungen verstanden?

Das Bestreben, in seinem Wirken beantwortet zu werden, birgt das hohe Risiko, abgelehnt, frustriert und gekränkt zu werden. Viele

Menschen mit Dispositionen zu psychischen Störungen sind besonders empfindsam und schützen sich vor Verletzungen durch Rückzug und Vermeidungsverhalten. Damit drohen sie, in einen Circulus vitiosus einzutreten, wo Rückzugsverhalten zu einem Mangel an Realitätserfahrung und verstärktem Egozentrismus führt mit Überhandnehmen unüberprüfter, innerer Vorstellungen über die Feindseligkeit und Gefährlichkeit der Umwelt, was weiteren Rückzug fördert.

5. Können sich Menschen vor dem Verlust dieses wichtigen Umweltbezugs schützen?

Menschen setzen aus eigenem Antrieb ökologische Abwehrmaßnahmen ein, mit welchen sie die Beziehung zu ihrer persönlichen Nische stabilisieren und absichern wollen. Diese Abwehrmaßnahmen haben strukturell Ähnlichkeit mit den psychischen Abwehrmechanismen: Es wird versucht, bedrohliche oder unerträgliche Vorstellungen *aus der Beziehung herauszuhalten*, sie zu verdrängen, zu verleugnen oder durch Rationalisieren unter Kontrolle zu halten oder mittels Reaktionsbildungen oder Projektionen für die Beziehung unschädlich zu machen. Der Versuch, Beziehungen zu stabilisieren, entzieht ihnen aber die affektive Dynamik und koevolutive Wirksamkeit. Während die psychischen Abwehrmechanismen (Anna Freud) der Stabilisierung des inneren, psychischen Gleichgewichts dienen, stabilisieren ökologische Abwehrmaßnahmen eine gefährdete Nischenbeziehung.

6. Was wird unter dem Begriff «persönliche Nische» verstanden?

Die persönliche Nische ist der Beziehungsraum einer Person, also jener Umweltausschnitt, mit welchen sie real in Beziehung steht. Die Nische setzt sich zusammen aus den Beziehungen zur dinglichen, sozialen und kulturellen Umwelt. Die Nische bildet eine wichtige persönliche Ressource. Die Reichhaltigkeit des Beziehungsinventars ist bei psychischen Störungen eingeschränkt.

7. Was ist für die Person der wichtigste Unterschied in den Beziehungen zur belebten und unbelebten Umwelt?

Da die unbelebte Umwelt keine eigene Aktivität entwickelt, ist sie berechenbarer in der «Beantwortung» der Wirkungen der Person. Die Beziehung zur belebten, insbesondere zur mitmenschlichen Umwelt hat dagegen koevolutiven Charakter, in dem zwei oder mehrere Zentren interagieren, was mehr Dynamik und mehr Freiheitsgrade zu reagieren und zu agieren einschließt.

8. Was meint der Begriff «Koevolution»?

Unter Koevolution verstehen wir die gegenseitige Beeinflussung der persönlichen Entwicklung von Menschen, die zusammenleben. Die Dynamik der Koevolution ergibt sich durch ein gegenseitiges Sich-Herausfordern, Unterstützen und Begrenzen in den Bereichen ihrer intentionalen und thematischen Korrespondenz.

9. Was ist der Unterschied zwischen Koevolution und Kollusion?

Kollusion ist eine pathologische Form von Koevolution. Die Partner weisen eine unbewusste Komplizenschaft auf in der Abwehr und Vermeidung anstehender Entwicklungen und im Ausweichen und Verharren in unrealistischen Beziehungswünschen. In gesunden Beziehungen setzt ein Partner den unreifen und unerfüllbaren Beziehungsvorstellungen des anderen einen Widerstand entgegen.

10. Wodurch lässt sich die Koevolution in ehelichen Partnerschaften charakterisieren?

Eine eheliche Koevolution besteht nicht nur im dynamischen Wechselspiel von gegenseitigem Herausfordern und Beantworten, sondern auch in strukturellen Aspekten. Die Partner schaffen sich miteinander ihre eigene Welt, die sie bewohnen, ihre innere Welt als dyadisches Konstruktsystem, als gemeinsamer Erfahrungsschatz und gemeinsame Geschichte sowie ihre äußere Welt, als dyadische Nische in der Form einer gemeinsamen Behausung, einer Familie, die sie miteinander gründen, im gemeinsamen sozialen Beziehungsnetz und gemeinsamem Besitz. Diese inneren und äußeren Strukturen wirken wie Leitplanken, welche die weitere Entwicklung der Partner und der Partnerschaft lenken und in vertrautem Rahmen halten.

11. Wodurch lässt sich die familiäre Koevolution charakterisieren?

Kinder internalisieren die Familiengeschichte und den Erfahrungsschatz ihrer Eltern. Ihr persönliches Konstruktsystem bildet sich im Rahmen des familiären Konstruktsystems. Kinder versuchen, mit ihrem Leben als Erwachsene fehlgelaufene Entwicklungen ihrer Eltern zu korrigieren, familiären Demütigungen und Kränkungen Genugtuung zu verschaffen und wertvolles Erfahrungspotenzial weiterzuentwickeln. Die spätere Berufs- und Partnerwahl und die Art, eigene Kinder zu erziehen, stehen oft in Zusammenhang mit dem Bestreben, die familiäre Geschichte mit dem eigenen Leben auszukorrigieren und in einer sich wandelnden Welt weiterzuentwickeln.

12. Wo lässt sich die Theorie der ökologischen Psychotherapie einordnen? Erhebt sie Anspruch auf Originalität?

Die ökologische Theorie macht zwar in ihren Elementen viele Anleihen bei anderen psychotherapeutischen Theorien, insbesondere in ihren interpersonellen und systemischen Aspekten, ist aber in ihrer Gesamtgestalt neu und eigenständig. Sie erweitert die *interpersonellen Theorien* vor allem durch die ökologischen Strukturen, d. h. durch die Beachtung der materiellen und sozialen Nische, welche als Beziehungsraum geschaffen wird, in welchem die Person sich aktuell entwickelt und in welchem eine Person Tatsachen schafft, die Ausgangspunkt für die Bildung des nachfolgenden Beziehungsraumes sind.

Unsere therapeutische Anwendung der ökologischen Theorie unterscheidet sich von der Theorie der *systemischen Paar- und Familientherapie* dadurch, dass sie die Entwicklung der Person als Beziehungswesen ins Zentrum stellt. Das Suchen, Wählen und Schaffen einer korrespondierenden Beziehungsumwelt folgt einer anderen

Modellvorstellung als jene kybernetisch sich regulierender Beziehungssysteme. Der therapeutische Schwerpunkt liegt weniger auf der Verstörung systemischer Beziehungsmuster als auf der Verwirklichung koevolutiver Prozesse.

13. Wo liegt das praktische Anwendungsgebiet der ökologisch-koevolutiven Theorie?

In der ökologisch-koevolutiven Theorie sehen wir eine brauchbare Grundlage für die Einzel-, Paar- und Familientherapie mit fließenden Übergängen zwischen diesen drei Settings. Sie bildet aber auch eine theoretische Begründung für die Praxis der stationären Psychiatrie und Sozialpsychiatrie. In diesem Buch wird die ökologisch-koevolutive Theorie auf die Einzel-Psychotherapie angewendet.

14. Was ist das Besondere des ökologischen Ansatzes der ökologisch-supportiven Psychotherapie?

Immer wieder wird beklagt, dass die stützende Therapie einer theoretischen Begründung ermangle. Der ökologische Ansatz eignet sich dazu in besonderer Weise, weil er weniger defizitorientiert ist als Konzepte, die mit stützender Therapie vor allem Abwehr und Verdrängung stärken oder das Wiedererreichen von Arbeitsfähigkeit und Wohnfähigkeit erreichen wollen. Der ökologische Ansatz interessiert sich dafür, wie es auch einem schwer gestörten Patienten gelingt, sich eine differenzierte Nische zu schaffen, in welcher er sich beantwortet fühlt unter ausreichender Gewährleistung von Kränkungsschutz und Selbständigkeit. Die Therapie konzentriert sich mehr auf das, was der Patient sich als Nische zu schaffen vermag, als auf das, was ihm fehlt.

15. Was ist ökologische Fokaltherapie?

Im Unterschied zur ökologisch-supportiven Therapie, die dem Patienten helfen soll, sich unter Berücksichtigung seiner Verletzbarkeit eine differenzierte Beziehungsnische zu schaffen, sucht die ökologische Fokaltherapie dem Patienten zu helfen, sich in der Gegenseitigkeit koevolutiver Prozesse zu entwickeln. Die aktuelle psychische

Dekompensation wird in Zusammenhang mit der Blockierung eines anstehenden Entwicklungsschrittes in seinen Beziehungen gesehen. Der Vollzug dieses Schrittes drängt sich aus der aktuellen Veränderung seiner Beziehungskonstellation auf, wird aber aus Angst vor seinen Folgen vermieden. Kernstück dieser Kurztherapie bildet eine schriftliche Fokusformulierung in einer vorgegebenen Formel, in welcher neben den erschwerenden Umständen auch die den Wandel begünstigenden Ressourcen aufgeführt werden.

16. Was ist neu an dieser Therapieform?

Neu ist vor allem die Fallkonzeption mit der ökologischen Fokusformel mit dem Ziel, anstehende Entwicklungsschritte in Beziehungen zu vollziehen. Ein Element, durch welches sich die ökologische Fokaltherapie von vielen anderen Therapien unterscheidet, ist die Fokussierung auf den Zeitraum, der einer Symptombildung oder Dekompensation bzw. dem Entscheid, einen Therapeuten aufzusuchen, unmittelbar vorangegangen ist. Sie fragt, welche spezielle Konstellation den Patienten veranlasst, gerade jetzt und nicht früher oder später ein Symptom zu bilden und sich zur Therapie zu melden. Neu ist ferner die Anwendung einer Technik in der Einzeltherapie, die wir zuvor als Konstruktdifferenzierung für die Paartherapie entwickelt haben. In den Therapiesitzungen wird der eingehenden Besprechung aktueller Ereignisse Raum gegeben, die auf drei Ebenen geklärt werden: auf der Tatbestandserhebung des Interaktionsablaufes, auf den dieses Ereignis begleitenden inneren Vorstellungen, Bildern und Stimmen des Patienten und auf den inneren Vorstellungen, die dabei vermutlich im Partner aktiviert werden.

Neu ist auch die Möglichkeit, eine Fokusformel der Einzeltherapie in die Fokusformel der Paar- und Familientherapie zu integrieren.

17. Gibt es spezielle Anwendungsgebiete der ökologischen Fokaltherapie?

Diese Frage ist zurzeit noch nicht ausreichend geklärt. Die Therapie ist auch wirksam bei der Behandlung von Persönlichkeitsstörungen, bei welchen nicht eine akute Dekompensation im Vordergrund steht, sondern anhaltende Beziehungsschwierigkeiten. Auch hier bewährt es sich, anhand konkreter Ereignisse die inneren und äußeren Aspekte koevolutiver Prozesse zu explorieren. Eine Evaluation der bisher an unserer Psychiatrischen Poliklinik durchgeführten Therapien ist im Gang, eine prospektive Studie der ökologischen Fokaltherapie von Panikattacken ist angelaufen.

18. Wie steht die koevolutive Einzeltherapie zur koevolutiven Paar- und Familientherapie?

Einen wesentlichen Gewinn sehen wir in der Möglichkeit, dieselbe Fokusformel auch auf die Paartherapie oder Familientherapie anzuwenden und damit die anstehenden Entwicklungen der Einzelnen wie auch des Beziehungsprozesses als Ganzes miteinander zu korrelieren.

19. Was sind die weiterführenden Perspektiven dieses Buches?

Wir hoffen, mit dem ökologischen Modell die Grundlagenforschung von Beziehungen zu stimulieren, insbesondere durch das Konzept der Wirksamkeit in der persönlichen, dyadischen und familiären Nische, aber auch die Erforschung von Beziehungsprozessen unter Beachtung der Korrespondenz der Entwicklungsbereitschaften der Partner. Die praktischen Anwendungsmöglichkeiten der Theorie sind bei weitem noch nicht ausgeschöpft.

Literatur

Adler, A. (1928). Characteristics of the first second and third child. *Children 3*, 14–52.

Alexander, F. & French, T. M. (1946). *Psychoanalytic therapy. Principles and applications.* Ronald Press, New York.

Andresen, B., Stark, F. M., Gross, J. (Hrsg.). (1992). *Mensch, Psychiatrie, Umwelt.* Psychiatrie Verlag, Bonn.

Antonovsky, A. (1987). *Unravelling the Mystery of Health.* Jossey-Bass, San Francisco.

Antonovsky, A. (1993). Gesundheitsforschung versus Krankheitsforschung. In A. Franke & M. Broda (Hrsg.), *Psychosomatische Gesundheit.* dgvt Verlag, Tübingen.

Baltes, P. B. (Hrsg.). (1979). *Entwicklungspsychologie der Lebensspanne.* Klett-Cotta, Stuttgart.

Bank, S. P. & Kahn, M. D. (1994/1982). *Geschwister-Bindung.* Deutscher Taschenbuch Verlag, München (The Sibling Bond. Basic Books, New York).

Banzen, D. H. (1966). Coevolution of mutualism between ants and acacias in Central America. *Evolution 20*, 24–275.

Basoglu, M., Marks, I. M., Kilic, K., Brewin, C. R. & Swinson, R. P. (1994). Alprazolam and exposure for panic disorder with agoraphobia: Attribution of improvement to medication predicts subsequent relapse. *British Journal of Psychiatry, 164*, 652–659.

Beck, A. T., Rusch, A. J., Shaw, B. F. & Emery, G. (1981/1979). *Kognitive Therapie der Depression.* Urban und Schwarzenberg, München (Cognitive Therapy of Depression. Guildford Press, New York).

Beck, A. T., Freeman, A. et al. (1993/1990). *Kognitive Therapie der Persönlichkeitsstörungen.* Beltz, Weinheim (Cognitive Therapy of Personality Disorders. Guilford Press, New York).

Begon, M., Harper, J. L. & Townsend, C. R. (1991/1990). *Ökologie. Individuen, Populationen und Lebensgemeinschaften.* Birkhäuser, Basel (Ecology – Individuals, Populations, Communities. 2nd edition. Blackwell Scientific Publications, Oxford).

Bekoff, M. (1977). Mammalian dispersal and the ontogeny of individual behavioral phenotypes. *American Naturalist, 111*, 715–732.

Berger, P. L. & Kellner, H. (1965). Die Ehe und die Konstruktion der Wirklichkeit. *Soziale Welt, 15*, 220–235.

Blanes, T. & Raven, P. (1995). Psychotherapy of panic disorder. *Current Opinion in Psychiatry, 8*, 167–171.

Blaser, A., Heim, E., Ringger, Ch. & Thommen, M. (1989). *Problemorientierte Psychotherapie.* Huber, Bern.

Boesch, E. (1980). Kultur und Handlung. Huber, Bern.

Bösch, J. (1991). *Nachbarschaftshilfe für Gesunde und Kranke. Eine empirische Untersuchung in einem Zürcher Stadtquartier über Zusammenhänge zwischen psychosozia-*

ler Belastung, sozialer Unterstützung und Gesundheit sowie über die Mobilisierbarkeit von Nachbarschaftshilfe. Rüegger, Chur.

Boscolo, L., Cecchin, G., Hoffman, L., Penn, P. (1988/1987). *Familientherapie – Systemtherapie. Das Mailänder Modell.* Verlag Modernes Lernen, Dortmund (Milan Systemic Therapy. Conversations in Theory and Practice. Basic Books, New York).

Boszormenyi-Nagy, I. & Spark, G. (1981/1973). *Unsichtbare Bindungen.* Klett-Cotta, Stuttgart (Invisible Loyalties. Harper & Row, Hagerstown).

Boszormenyi-Nagy, I. & Krasner, B. R. (1986). *Between Give and Take. A Clinical Guide to Contextual Therapy.* Brunner/Mazel, New York.

Bowen, M. (1972). On the Differentiation of Self. In J. Framo (Ed.), *Family Interaction – A Dialogue between Family Researchers and Family Therapists.* Springer Publishing Company, New York.

Bowers, K. D. (1973). Situationism in psychology. An analysis and a critique. *Psychological Review, 80,* 307–336.

Bowlby, J. (1973/1951). *Mütterliche Zuwendung und geistige Gesundheit.* Kindler, München 1973 (Maternal Care and Mental Health. Bulletin of the World Health Organization 3, 355–534).

Bronfenbrenner, U. (1981/1979). *Die Ökologie der menschlichen Entwicklung.* Klett, Stuttgart (The Ecology of Human Development. Harvard University Press, Cambridge/Mass.).

Bronfenbrenner, U. (1983). The context of development and the development of context. In H. M. Lerner (Ed.), *Developmental psychology,* pp. 147–184. Erlbaum, Hillsdale, NJ.

Bronfenbrenner, U. (1989). *Who cares for children?* Early Childhood Education. UNICEF, Paris.

Buber, M. (1973). *Das dialogische Prinzip.* 3. Auflage. Lambert Schneider, Heidelberg.

Bundesministerium für Familien und Senioren (1994). *Familien und Familienpolitik im geeinten Deutschland.* Fünfter Familienbericht, Bonn.

Carter, E. A. & McGoldrick, M. (Ed.). (1980). *The family life cycle: A framework for family therapy.* Gardner, New York.

Case, R. (1985). *Intellectual development. Birth to adulthood.* Academic, New York.

Caspar, F. (1986). Die Plananalyse als Konzept und Methode. *Verhaltensmodifikation, 4,* 235–256.

Caspar, F. (1989). *Beziehungen und Probleme verstehen. Eine Einführung in die psychotherapeutische Plananalyse.* Huber, Bern.

Clark, D. M., Salkovskis, P. M., Hackmann, A., Middleton, H., Anatasiades, P. & Gelder, M. (1994). A comparison of cognitive therapy, applied relaxation and Imipramine in the treatment of panic disorder. *British Journal of Psychiatry, 164,* 759–769.

Conte, H. R. (1994). Review of Research in Supportive Psychotherapy: An Update. *American Journal of Psychotherapy, 48,* 494–504.

Literatur 435

Cramer, B. (1995). Das Kind als Therapeut. *System Familie, 8,* 226–233.

Davanloo, H. (Ed.). (1978). *Basic principles and techniques in short-term dynamic psychotherapy.* Spectrum, New York.

Darwin, C. R. (1963/1859). *Die Entstehung der Arten durch natürliche Zuchtwahl.* Reclam, Stuttgart (On the origin of species. J. Murray, London).

Dawkins, R. (1976). *The selfish gene.* Oxford University Press, Oxford.

de Shazer, St. (1989/1988). *Der Dreh. Überraschende Wendungen und Lösungen in der Kurztherapie.* Auer, Heidelberg (Clues, Investigating Solutions in Brief Therapy. Norton, New York).

Dewald, P. A. (1994). Principles of Supportive Psychotherapy. *American Journal of Psychotherapy, 48 (4),* 505–518.

Dörner, K. (Hrsg.). (1987). *Neue Praxis braucht neue Theorie.* Van Holdis, Gütersloh.

Duhl, F. M. (1981). The use of the chronological chart in general systems family therapy. *Journal of Marital and Family Therapy, 7,* 361–373.

Dunn, I. & Plomin, R. (1991), Why are Siblings so Different? The Significance of Differences in Sibling Experience within the Family. *Family Process, 30,* 271–283.

Eisenberg, L. (1995). The Social Construction of the Human Brain. *American Journal of Psychiatry, 151,* 1563–1575.

Elton, C. S. (1927). *Animal Ecology.* Methuen, London.

Endler, N. S. (1983). Interactionism: a personality model, but not yet a theory. *Nebr. Symp. Motiv.,* 155–200.

Endler, N. S. & Magnusson, D. (1976). Toward an interactional psychology of personality. *Psychological Bulletin, 83,* 956–974.

Engel, G. (1970/1962). *Psychisches Verhalten in Gesundheit und Krankheit.* Huber, Bern (Psychological Development in Health and Disease. Saunders, Philadelphia).

Erikson, E. H. (1973/1959). *Identität und Lebenszyklus.* Suhrkamp, Frankfurt (Identity and the Life Cycle. Psychological Issues, Vol. 1. International University Press).

Ernst, C. & von Luckner, N. (1985). *Stellt die Frühkindheit die Weichen?* Enke, Stuttgart.

Feldman, L. B. (1992). *Integrating individual and family therapy.* Brunner/Mazel, New York.

Feuerbach, L. (1975). *Werke in sechs Bänden.* Hg. v. E. Thies, Suhrkamp, Frankfurt a. M.

Fischer, M. & Stephan, E. (1990). Biologische Ökologie und Ethologie. In L. Kruse, C. F. Graumann & E. D. Lautermann (Hrsg.), *Ökologische Psychologie. Ein Handbuch in Schlüsselbegriffen* (S. 17–24). Psychologie Verlags-Union, München.

Fischer, R. A. (1930). *The genetical theory of natural selection.* Clarendon Press, Oxford.

Fitzgerald, H. E., Davies, W. H., Zucker, R. A. & Klingler, M. T. (1994). Developmental Systems Theory and Substance Abuse: A Conceptual and Methodological Framework for Analyzing Patterns of Variation in Families. In L. L'Abate (Ed.), *Handbook of Developmental Family Psychology and Psychopathology,* pp. 350–372. Wiley & Sons, New York.

Flammer, A. (1988). *Entwicklungstheorien.* Huber, Bern.

Flammer, A. (1990). *Erfahrung der eigenen Wirksamkeit. Einführung in die Psychologie der Kontrollmeinung.* Huber, Bern.

Fretter, P., Bucci, W., Breitman, J., Silberschatz, G. & Curtis, J. T. (1994). How the therapist's plan relates to the concept of transference. *Psychotherapy Research, 4,* 58–72.

Frei, R., Begemann, E., Willi, J. (2000): Katamnestische Untersuchung der Ökologischen Kurztherapie. *Psychother. Psychosom. med. Psychol., 50,* 335–341.

Freud, A. (1930/1974). *Infantile amnesia and the Oedipus complex.* The Writings of Anna Freud, Vol. 1. International University Press, New York.

Freud, A. (1978). *Das Ich und die Abwehrmechanismen.* Kindler, München.

Freud, S. (1914). *Zur Einführung des Narzissmus.* Ges. Werke X, 138–170.

Furman, W. & Burhmester (1985). Children's perception of the quality of sibling relationships. *Child Development, 56,* 448–461.

Garfield, S. L. (1989). *The practice of brief psychotherapy.* Pergamon, New York.

Gause, G. F. (1934). *The Struggle for Existence.* Williams & Wilkins, Baltimore.

Gilbert, P. (1989). *Human nature and suffering.* Erlbaum, Hillsdale, NJ.

Goisman, R. M., Warshaw, M. G., Peterson, L. G., Rogers, M. P., Cuneo, P., Hunt, M. F., Tomlin-Albanese, J. M., Kazim, A., Gollan, J. K. & Epstein-Kaye, T. (1994). Panic, agoraphobia, and panic disorder with agoraphobia. Data from a multicenter anxiety disorders study. *Journal of Nervous and Mental Diseases, 182,* 72–79.

Goldman, H. H., Skodol, A. E. & Lave, T. R. (1992). Revising Axis V for DSM-IV: A Review of Measures of Social Functioning. *American Journal of Psychiatry, 149,* 1148–1156.

Goolishian, H. A. (1985). *Beyond family therapy: Some implications from systems theory.* Annual Meeting of the American Psychological Association, San Francisco.

Goolishian, H. A. & Anderson, H. (1987). Language systems and therapy. An evolving idea. *Journal of Psychotherapy, 24,* 529–538.

Grawe, K. (1987). Psychotherapie als Entwicklungsstimulation von Schemata. Ein Prozess mit nicht vorhersehbarem Ausgang. In F. Caspar (Hrsg.), *Problemanalyse in der Psychotherapie.* Forum für Verhaltenstherapie und psychosoziale Praxis, Tübingen, pp. 72–87.

Grawe, K. & Caspar, F. (1984). Die Plananalyse als Konzept und Instrument der Psychotherapieforschung. In U. Baumann (Hrsg.), *Psychotherapieforschung: Makro- und Mikroperspektiven.* Hogrefe, Göttingen, pp. 177–197.

Grawe, K., Donati, R. & Bernauer, F. (1994). *Psychotherapie im Wandel. Von der Konfession zur Profession.* Hogrefe, Göttingen.

Grawe, K., Grawe-Gerber, M., Heiniger, B., Ambühl, H. R. & Caspar, F. (1994/95). *Schematische Fallkonzeption und Therapieplanung.* Forschungsbericht aus dem Psychologischen Institut der Universität Bern.

Günay, E. & Haag, A. (1990). Krankheit in der Emigration – eine Studie an türkischen

Patientinnen in der Allgemeinpraxis aus psychosomatischer Sicht. *Psychothera-pie, Psychosomatik, medizinische Psychologie, 40,* 417–422.

Hahlweg, K. & Markman, H. J. (1988). Effectiveness of behavioral marital therapy: Empirical status of behavioral techniques in preventing and alleviating marital distress. *Journal of Consulting and Clinical Psychology, 56,* 440–447.

Hanson, V. (Hrsg.). (1992/1990). *Karma. Wie unser Tun zum Schicksal wird.* O. W. Bart/Scherz, Bern (Karma: Rhythmic Return to Harmony. Theosophical Publishing House).

Heckhausen, H. (1989). *Motivation und Handeln* (2. Aufl.). Springer, Berlin.

Hegel, G. W. F. (1955). *Philosophie der Weltgeschichte.* Meiner, Hamburg.

Heim, E. (1988). Coping und Adaptivität: Gibt es geeignetes oder ungeeignetes Coping? *Psychotherapie, Psychosomatik, medizinische Psychologie, 38,* 8–18.

Hetherington, E. M., Reiss, D. & Plomin, R. (1994). *Separate Social Worlds of Siblings.* Lawrence Erlbaum Associates, Hillsdale, NJ.

Hoffman, L. (1986). Beyond Power and Control: Towards a Second Order Family Systems Therapy. *Family Systems Medicine, 4,* 381–396.

Hutchinson, G. E. (1957). Concluding remarks. *Cold Spring Harbor Symposia in Quantitative Biology, 22,* 415–427.

Hutchinson, G. E. (1959). Homage to Santa Rosalia, or why are there so many kinds of animals? *American Naturalist, 93,* 145–159.

Kächele, H., Heldmaier, M. & Schytt, N. (1990). Fokusformulierungen als katamnestische Leitlinien. *Psychotherapie und Psychosomatik, 35,* 205–216.

Kahn, M. D. (1995). Vertraute Reisende in einer postmodernen Welt: Der Lebenszyklus der Geschwisterbeziehung. *System Familie, 8,* 234–242.

Kasten, H. (1993). *Die Geschwisterbeziehung.* Band I und II. Hogrefe, Göttingen.

Kelly, G. A. (1986/1955). *Die Psychologie der persönlichen Konstrukte.* Junfermann, Paderborn (The Psychology Of Personal Constructs. W. W. Norton & Co., New York).

Kernberg, O. (1988/1984). *Schwere Persönlichkeitsstörungen.* Klett-Cotta, Stuttgart (Severe Personality Disorders. Yale University Press, New Haven).

Kesselring, Th. (1988). *Jean Piaget.* Beck, München.

Klerman, G. L., Weissman, M. W., Rounsaville, B. J. & Chevron, E. S. (1984). *Interpersonal Psychotherapy of Depression.* Basic Books, New York.

Klerman, G. L. & Weissman, M. W. (1993). *New Applications of Interpersonal Psychotherapy.* American Psychiatric Press, Washington, DC.

Kohut, H. (1973/1971). *Narzissmus.* Suhrkamp, Frankfurt a. M. (The Analysis of Self. A Systematic Approach to the Psychoanalytic Treatment of Narcissistic Personality Disorders. International University Press, New York).

Krebs, C. J. (1985). *Ecology.* Harper & Row, New York.

Krebs, J. R. & Davies, N. B. (1984/1982). *Einführung in die Verhaltensökologie.* Thieme,

Stuttgart (An Introduction to Behavioural Ecology. Blackwell Scientific Publications, Oxford).

Kretschmer, E. (1967). *Körperbau und Charakter* (25. Auflage). Springer, Berlin.

Kruse, L., Graumann, C. F. & Lantermann, E. D. (Hrsg.). (1990). *Ökologische Psychologie. Ein Handbuch in Schlüsselbegriffen.* Psychologie Verlags-Union, München.

Kuhn, T. S. (1973). *Die Struktur wissenschaftlicher Revolutionen.* Suhrkamp, Frankfurt a. M.

L'Abate, L. (Ed.). (1994). *Handbook of Developmental Family Psychology and Psychopathology.* Wiley & Sons, New York.

Lachauer, R. (1992). Der Fokus in der Psychotherapie. *Leben lernen, 82.* Pfeiffer, München.

Laireiter, A. (Hrsg.). (1993). *Soziales Netzwerk und soziale Unterstützung.* Huber, Bern.

Lampart, W. & Sommer, U. (1993). *Limnoökologie.* Thieme, Stuttgart.

Langton, N. (1987). Niche Theory and Social Movements: A Population Ecology Approach. *The Sociological Quarterly, 28,* 51–70.

Leigh, H. & Reiser, M. F. (1982). A general systems taxonomy for psychological defense mechanisms. *International Psychosomatie Research, 26,* 77–81.

Leontjew, A. N. (1975). *Tätigkeit, Bewusstsein, Persönlichkeit.* Klett, Stuttgart.

Lerner, R. M. & Bush-Rossnagel, N. A. (Eds.). (1981). *Individuals as producers of their own development; a life-span perspective.* Academic Books, New York.

Lerner, St. & Meiser, H. Ch. (1991). *Lebensabschnittpartner. Die neue Form der Zweisamkeit.* Krüger/Fischer, Frankfurt a. M.

Levins, S. P. (1968). *Evolution in Changing Environments.* Princeton University Press, Princeton.

Lewin, K. (1963/1951). *Feldtheorie in den Sozialwissenschaften.* Huber, Bern (Field theory in social science. Harper, New York).

Lewin, K. (1969/1936). *Grundzüge der Topologischen Psychologie.* Huber, Bern (Principles of topological psychology. Harper, New York).

Lieberz, K. (1992). Möglichkeiten und Schwierigkeiten in der Psychotherapie «sozial schwacher» Patienten. *Praxis der Psychotherapie und Psychosomatik, 37,* 272–278.

Lockwood, B. & Frost, B. P. (1973). Studies of family relations test patterns. II. Most-mentioned family members and inter-sibling involvement. *Social Behavior and Personality, 1,* 137–143.

Luborsky, L. (1988/1984). *Einführung in die analytische Psychotherapie.* Springer, Berlin (Principles of psychoanalytic psychotherapy. Basic Books, New York).

Ludewig, K. (1992). *Systemische Therapie. Grundlagen klinischer Theorie und Praxis.* Klett-Cotta, Stuttgart.

Malan, D. H. (1963). *A Study of Brief Psychotherapy.* Plenum, New York.

Maturana, H. R. & Varela, F. J. (1987/1984). *Der Baum der Erkenntnis.* Scherz, Bern (El árbol del conocimiento).

Mentha, D. J. (1987). *Stützende Therapie. Literaturstudium zur Theorie und Abgrenzung einer psychotherapeutischen Methode.* Dissertation, Zürich.

Mentzos, St. (1976). *Interpersonale und institutionalisierte Abwehr.* Suhrkamp, Frankfurt.

Meyer, P. C. & Budowski, M. (Hrsg.). (1993). *Bezahlte Laienhilfe und freiwillige Nachbarschaftshilfe.* Seismo, Zürich.

Meyer-Fehr, P. C., Budowski, M., Rothlin, S. & Bösch, J. (1990). Sozialer Hintergrund und Bedeutung von organisierter, freiwilliger Nachbarschaftshilfe. *Das öffentliche Gesundheitswesen, 52,* 69–76.

Meyer-Fehr, P. C., Suter, Ch. & Willi, J. (1991). *Längsschnittstudie über den Zusammenhang von sozialer Unterstützung und Gesundheit.* Forschungsbericht der Abt. für Psychosoziale Medizin Nr. 4. Psychiatrische Poliklinik, Universitätsspital Zürich.

Meyer, P. C. (1995). *Konfigurationen und Funktionen sozialer Rollen.* Unveröffentlichtes Manuskript aus der Abt. für Psychosoziale Medizin, Psychiatrische Poliklinik, Universitätsspital Zürich.

Meyers kleines Lexikon (1987). *Ökologie.* Meyers Lexikonverlag, Mannheim.

Miller, G. A., Galanter, E. & Pribram, K. H. (1973/1960). *Strategien des Handelns.* Klett, Stuttgart (Plans and the Structure of Behavior. Holt, Rinehart and Winston, New York).

Miller, J. G. (1978). *Living Systems.* McGraw-Hill Books, New York.

Minuchin, S. (1978). *Psychosomatic Families. Anorexia Nervosa in Context.* Harvard University Press, Cambridge.

Mischler, W. (1973). Toward a cognitive social learning reconceptualization of personality. *Psychological Review, 80,* 252–283.

Müller, H. J. (Hrsg.). (1984). *Ökologie.* G. Fischer, Jena.

Papousek, M. (1989). Frühe Phasen der Eltern-Kind-Beziehungen. *Praxis der Psychotherapie und Psychosomatik, 34,* 109–122.

Papousek, H. & Papousek, M. (1987). Intuitive parenting: A dialectic counterpart to the infant's integrative competence. In J. D. Osofsky (Ed.), *Handbook of infant Development.* 2nd edition. Wiley, New York.

Piaget, J. (1989/1959). *Das Erwachen der Intelligenz beim Kind.* Klett-Cotta, Stuttgart (La naissance de l'intelligence chez l'enfant. Delachaux et Niestlé, Neuchâtel).

Piper, W. E., Azim, H. F., Joyce, A. S. & McCallum, M. (1991). Transference interpretations, therapeutic alliance, and outcome in short-term individual psychotherapy. *Archives of General Psychiatry 48,* 946–953.

Putman, R. J. (1994). *Community Ecology.* Chapman & Hall, London.

Reimer, C. (1991). Probleme beim Umgang mit schwierigen Patienten. *Schweiz. Rundschau Med., 80,* 157–163.

Riehl-Emde, A. (1988). Wechselwirkungen zwischen Psychotherapie und Partnerschaft

– Überlegungen zur Einbeziehung des Partners in die stationäre Psychotherapie. *Psychotherapie, Psychosomatik, medizinische Psychologie, 38,* 359–364.

Riehl-Emde, A. & Willi, J. (1996). Sich-Verlieben und die große Liebe: Eine Fragebogen-aktion und Überlegungen aus paartherapeutischer Sicht. *Psychotherapeut.*

Riemann, F. (1976). *Grundformen der Angst.* Reinhardt, München.

Rockland, L. R. (1992). *Supportive therapy for borderline patients: A psychodynamic approach.* Guilford Press, New York.

Rockland, L. R. (1995). Advances in supportive psychotherapy. *Current Opinion in Psychiatry, 8,* 150–153.

Roth, J. (1985). *Beichte eines Mörders.* Romane Bd. 2. Ex Libris, Zürich.

Rubinstein, S. L. (1958). *Grundlagen der allgemeinen Psychologie.* Deutscher Verlag der Wissenschaften, Berlin.

Rubinstein, S. L. (1963). *Prinzipien und Wege der Entwicklung der Psychologie.* Akademischer Verlag, Berlin.

Rudhyar, D. (1992). Die Umwandlung von Karma in Darma. In V. Hanson (Hrsg.), *Karma, wie unser Tun zum Schicksal wird.* Barth/Scherz, Bern, pp. 241–250.

Ruhmland, M., Margraf, I. (2001): Effektivität psychologischer Therapien von Panik und Agoraphobie: Meta-Analysen auf Störungsebene. *Verhaltenstherapie, 11,* 41–53.

Schachter, F. F. & Stone, R. K. (1987). Comparing and contrasting siblings: Defining the self. *Journal of Children in Contemporary Society 19,* 55–75.

Shear, M. K., Pilkonis, P. A., Cloitre, M. & Leon, A. C. (1994). Cognitive behavioral-treatment compared with nonprescriptive treatment of panic disorder. *Archiv of General Psychiatry, 51,* 395–401.

Silberschatz, G., Fretter, P. & Curtis, J. (1986). How do interpretations influence the process of psychotherapy? *Journal of Consulting and Clinical Psychology, 54,* 646–652.

Simon, F. B. (1994). Die Form der Psyche. Psychoanalyse und neuere Systemtheorie. *Psyche, 48,* 50–79.

Specht, E. K. (1977). Die psychoanalytische Theorie der Verliebtheit – und Platon. *Psyche, 31,* 101–141.

Spence, D. P. (1982). *Historical truth and narrative truth.* Norton, New York.

Spitz, R. A. (1967/1965). *Vom Säugling zum Kleinkind.* Klett, Stuttgart (The First Year of Life. International Universities Press, New York).

Stanton, M. D. (1992). The Time Line and the «Why Now?» Question: A Technique and Rationale for Therapy, Training, Organizational Consultation and Research. *Journal of Marital and Family Therapy, 18,* 331–343.

Stern, D. (1985). *The Interpersonal World of the Infant.* Basic Books, New York.

Strupp, H. H. & Binder, J. L. (1991/1984). *Kurzpsychotherapie.* Klett-Cotta, Stuttgart (Psychotherapy in a new key. A guide to time-limited dynamic psychotherapy. Basic Books, New York).

Sullivan, H. S. (1968/1953). *The interpersonal theory of psychiatry.* Norton, New York.

Svartberg, M. & Stiles, T. C. (1991). Comparative Effects of Short-Term Psychodynamic Psychotherapy: A Meta-Analysis. *Journal of Consulting and Clinical Psychology, 59,* 704–714.

Thomas, W. I. & Thomas, D. S. (1928). *The child in America.* New York.

Tomazewski, T. (1978). *Tätigkeit und Bewusstsein.* Beltz, Weinheim.

Tretter, F. (1987). Perspektiven einer psychiatrischen Ökologie der Sucht. In K. Dörner (Hrsg.), *Neue Praxis braucht neue Theorie* (S. 144–171). Van Haldis, Gütersloh.

von Foerster, H. (1981). *Observing Systems.* Intersystems, Seaside CA.

von Foerster, H. (1985). *Sicht und Einsicht.* Vieweg, Braunschweig.

von Glasersfeld, E. (1985). Einführung in den radikalen Konstruktivismus. In H. Gumin & A. Mohler (Hrsg.), *Einführung in den Konstruktivismus.* Oldenbourg, München, pp. 1–26.

Wallerstein, R. S. (1986). *Forty-two lives in treatment. A study of psychoanalysis and psychotherapy.* Guilford Press, New York.

Watzlawick, R. Weakland, J. H. & Fisch, R. (1974/1974). *Lösungen.* Huber, Bern (Change: Principles of Problem Formation and Problem Resolution. Norton, New York).

Weiner, B. (1988/1980). *Motivationspsychologie* (2. Aufl.). Psychologie Verlags-Union, München (Human Motivation. Holt, Rinehart and Winston, New York).

Weiss, J. (1993). Empirical Studies of the psychoanalytic process. *Journal of the American Psychoanalytic Association, 41* (suppl.), 7–29.

Weiss, J. (1995). Clinical applications of control-mastery theory. *Current Opinion in Psychiatry, 8,* 154–156.

Weiss, J. & Sampson, H. (1986). *The psychoanalytic process: Theory, clinical observations and empirical research.* Guildford Press, New York.

Werman, D. S. (1984). *The Practice of supportive Psychotherapy.* Brunner/Mazel, New York.

Willi, J. (1972). Die hysterische Ehe. *Psyche, 24,* 326–356.

Willi, J. (1972). Die angstneurotische Ehe. *Nervenarzt, 43,* 399–408.

Willi, J. (1975). *Die Zweierbeziehung.* Rowohlt, Reinbek.

Willi, J. (1978). *Therapie der Zweierbeziehung.* Rowohlt, Reinbek.

Willi, J. (1985). *Koevolution – Die Kunst gemeinsamen Wachsens.* Rowohlt, Reinbek.

Willi, J. (1987). Some Principles of an Ecological Model of the Person as a Consequence of the Therapeutic Experience with Systems. *Family Process, 26,* 429–436.

Willi, J. (1991). *Was hält Paare zusammen?* Rowohlt, Reinbek.

Willi, J. (1992). Psychoökologische Aspekte der Abwehr. *Zschr. psychosom. Med., 38,* 281–293.

Willi, J. (1994). Der Schutz der sozialen Ökologie des Menschen. *Neue Zürcher Zeitung, 19./20. 3. 1994.*

Willi, J. (1994). Arbeit als Grundlage gesunder Lebensbedingungen. *unizürich*, 1. April 1994.

Willi, J. (1996). *The Significance of Romantic Love for Marriage* (eingereicht in *Family Process*).

Willi, J., Limacher, B., Frei, R. & Brassel-Ammann, L. (1992). Die Technik der Konstruktdifferenzierung in der Paartherapie. *Familiendynamik, 17,* 68–82.

Willi, J., Frei, R. & Limacher, B. (1993). Couples Therapy Using the Technique of Construct Differentiation. *Family Process, 32,* 311–321.

Willi, J., Frei, R., Günther, E. *Psychotherapie von Paniksyndrom mit einem beziehungsökologischen Ansatz*: eine prospektive Follow-up-Studie (2005, zur Publikation eingereicht).

Willi, J., Toggar-Zurmühlen, A. & Frei, A. (1999). Die Erfassung der persönlichen Nische als Grundlage der supportiven Psychotherapie. *Nervenarzt, 70,* 847–854.

Willi, J., Frei, R., Günther, E. (2001). Paniksyndrom: Beziehungsökologisch orientierte Psychotherapie von Panikstörungen. *Psychotherapeut, 46,* 368–375.

Willi, J. (2002). *Psychologie der Liebe. Die Liebesbeziehung als Herausforderung persönlicher Entwicklungen.* Klett-Cotta, Stuttgart. Rowohlt Taschenbuch, Reinbek.

Winston, A., Pinsker, H. & McCullough, L. (1986). A review of supportive psychotherapy. *Hosp. Community Psychiatry, 37,* 1105–1114.

Wygotski, L. S. (1977). *Denken und Sprechen.* Fischer, Frankfurt a. M.

Autorenverzeichnis

Adler, A. 193
Alexander, F. 358
Allamand Mattmann, R. 19
Anderson, H. 96
Andresen, B. 206
Antonovsky, A. 105, 127, 271, 286

Bank, S. P. 190
Basoglu, M. 348
Beck, A. T. 32, 217, 222 f.
Begon, M. 43, 194
Bekoff, M. 199
Berger, P. L. 146
Binder, J. L. 79, 359
Blanes, T. 347
Blaser, A. 296
Boesch, E. 91
Bösch, J. 66
Boscolo, L. 96
Boszormenyi-Nagy, I. 370
Bowen, M. 165
Bowers, K. D. 92
Bowlby, J. 40
Brassel-Ammann, L. 95
Bronfenbrenner, U. 68, 93, 136, 287
Buber, M. 22, 38 f., 59
Budowski, M. 67
Bundesministerium für Familien und Senioren 137

Carter, E. A. 177, 189
Case, R. 87
Caspar, F. 91, 286
Cecchin, G. 96
Clark, D. M. 348
Conte, H. R. 215
Cramer, B. 50

Darwin, C. R. 45
Davanloo, H. 359
Davies, N. B. 43, 194
Dewald, P. A. 215
Dörner, K. 206
Duhl, F. M. 79
Dunn, I. 190

Eisenberg, L. 51
Elton, C. S. 69
Endler, N. S. 92
Erikson, E. H. 104
Ernst, C. 78

Feldman, L. B. 407
Feuerbach, L. 38
Fichte, J. G. 38
Fisch, R. 367
Fitzgerald, H. E. 178
Flammer, A. 56, 87
Foerster, H. von 96
Freeman, A. 32, 217
Frei, R. 19, 95, 301
French, T. M. 358
Fretter, P. 364
Freud, A. 111
Freud, S. 139
Frost, B. P. 190

Galanter, E. 91
Gause, G. F. 64, 194
Gilbert, P. 217
Glasersfeld, E. von 103
Goisman, R. M. 347
Goldman, H. H. 240
Goolishian, H. A. 96
Grawe, K. 91, 364
Gross, J. 206
Günay, E. 184
Gunther, E. 355, 357, 376

Haag, A. 206
Hahlweg, K. 144
Hänny, G. 19
Harper, J. L. 43
Heckhausen, H. 56, 91
Hegel, G. W. F. 38
Heim, E. 76, 296
Hetherington, E. M. 177, 190
Hoffman, L. 96
Holm-Hadulla, R. 313
Hotz, R. 19
Hutchinson, G. E. 69

Jung, C. G. 139

Kächele, H. 312
Kahn, M. D. 190, 197
Kasten, H. 189, 193, 195
Kellner, H. 146
Kelly, G. A. 22, 48, 73, 88, 103
Kernberg, O. 122, 213
Klerman, G. L. 93

Kohut, H. 104
Krebs, J. R. 43, 194
Kuhn, T. S. 97
Kunze, H. 67, 207

L'Abate, L. 177
Laireiter, A. 71
Lave, T. R. 240
Leigh, H. 111
Leontjew, A. N. 89 f.
Lerner, R. M. 90
Lerner, St. 138
Levins, S. P. 69
Lewin, K. 90, 93
Limacher, B. 19, 95
Lockwood, B. 190
Luborsky, L. 79, 359
Luckner, N. von 78

Magnusson, D. 92
Malan, D. H. 359
Markman, H. J. 144
Marx, K. 90
Maturana, H. R. 98,
    105, 166
McCullough, L. 213
McGoldrick, M. 177,
    189
Meiser, H. C. 138
Mentha, D. J. 213
Mentzos, St. 104, 117
Meyer-Fehr, P. 66
Meyer, P. C. 67

Miller, G. A. 91
Minuchin, S. 165
Müller, H. J. 43

Papousek, H. 40, 50
Papousek, M. 40, 50
Penn, P. 96
Piaget, J. 40, 50, 73, 81,
    86, 90, 103, 107, 191
Pinsker, H. 213
Piper, W. E. 364
Plomin, R. 177, 190
Pribram, K. H. 91
Putman, R. J. 69

Raven, P. H. 347
Reimer, C. 270
Reiser, M. F. 111
Reiss, D. 177, 190
Riehl-Emde, A. 19,
    139
Riemann, F. 128
Rockland, L. R. 215,
    264
Roth, J. 139
Rubinstein, S. L. 89

Sampson, H. 365
Shazer, St. de 223, 367
Shear, M. K. 348
Silberschatz, G. 364
Simon, F. B. 96, 105
Skodol, A. E. 240

Specht, E. K. 139
Spence, D. P. 359
Spitz, R. A. 40
Stanton, A. H. 215
Stanton, M. D. 79, 296,
    381
Stark, F. M. 206
Stern, D. 40, 50, 99
Strupp, H. H. 79, 359
Sullivan, H. S. 92
Suter, Ch. 66

Thomas, D. S. 74, 80
Thomas, W. I. 74, 80
Tomazewski, T. 89
Townsend, C. R. 43
Toygar, A. 231
Tretter, F. 206

Varela, J. F. 98, 105, 166

Wallerstein, R. S. 214
Watzlawick, P. 367
Weakland, J. H. 367
Weiner, B. 56
Weiss, J. 365
Werman, D. S. 213
Willi, J. 28, 39, 58, 66,
    95, 138 f., 157, 252,
    260
Winston, A. 213
Wüthrich, Ch. 19
Wygotski, L. S. 89

Sachwortverzeichnis

Abhängige Persönlichkeitsstörung
55 ff.
Abhängigkeit 41, 255
Abwehrmechanismen, psychische 110,
116
– Induktion durch Bezugspersonen
116
Adoleszenz 180
Akkommodation 62, 86
Aktivierungstherapien 29, 206
Ängstlich-vermeidende Persönlichkeits-
störung 255 ff.
Angstsyndrome 128
Anorexia nervosa 131
Anpassung
– strukturelle 99
– tätige 62, 87, 106
Anpassungsarbeit in Beziehungen 62
Ansprechbarkeit 23, 48
Arbeitslosigkeit 64, 104
Arbeitstherapie 29, 206
Assimilation 87
Asylbewerber 61
Asynchronie koevolutiver Entwicklun-
gen 152 f.
Autopoiese 98, 166

Beantwortetes Wirken 22, 48, 54–57
– als Stimulus der Persönlichkeitsentwicklung 102
– Bewahrenwollen 118, 124
– Dilemma 119, 124
– in Zeitachse 76
– inadäquates Wirken 108 f.
– Rückzug in Phantasie 108 f.
– Unterschied zu Handlungspsychologie 56

– Unterschied zu Kontrolltheorie
56
– Voraussetzungen 58
– wechselseitiges 57
– zur gesunden Regulation der
Person 102
Begegnungsphilosophie 22, 37, 41
Begrenzen 25, 142
Behausung
– äußere 145
– innere 147 f.
Beziehungsdilemma 118, 123
Beziehungsstabilisierung 28
Blockierung der Entwicklung 28
Borderline-Persönlichkeitsstörung
249 ff.
Bulimia nervosa 131

Circulus vitiosus 95
Cluster-A-Persönlichkeitsstörungen
225 ff.
Cluster-B-Persönlichkeitsstörungen
249 ff.
Cluster-C-Persönlichkeitsstörungen
255 ff.

Dauerhafte Beziehungen 136
Depression 130
Developmental systems theory 178
Dilemma im beantworteten Wirken
119, 124
Dipsomanie 132
Disposition zu psychischen Störungen
27
Dyadische Koevolution 134 ff.
– äußere Behausung 147 f.
– Begrenzen 25, 142

446 Anhang

- dyadische Nische 147 f.
- dyadischer Emanzipationsprozess 154
- dyadisches Konstruktsystem 26, 145 f.
- gemeinsame Geschichte 147
- gemeinsamer Erfahrungsschatz 146
- Herausfordern 25, 142 ff.
- innere Behausung 145
- Loslassen 144
- Unterstützen 142 ff.
Dysharmonie 90
Dysstress 28

Effizienz 57
Egozentrismus 106
Effektstärke 376
Ehe 138
Einsamkeit in der Liebe 151
Eltern-Kind-Beziehung 179
Emanzipationsprozess, dyadischer 154
Entwicklung in ökologischer Sicht 284
Epistemiologie, familiäre 95
Erfahrungsschatz, gemeinsamer 146
Evaluation 93, 346, 373 f., 403, 426, 433

Familiäre Koevolution 175
- als Familiengeschichte 179
- Übertragung elterlicher Hypotheken auf das Kind 186
- Unterschied zu dyadischer 176
Familiäre Kollusionen 187
- in Ablösungskonflikt 188
Familiäre Nische 180
- als Ressource 185
- Gerechtigkeitsrituale 195
- Nischenspezialisierung 194
- Rangordnung 194

Familiengeschichte 25
- als Herausforderung 186
- Berufswahl der Kinder 183
- Erziehung eigener Kinder 183
- Fortführung und Korrektur durch das Kind 182
- Partnerwahl der Kinder 183
- schwarzes Schaf 182
Flüchtlinge 61
Fokusformulierung, siehe Koevolutive Fokusformulierung

GAF: Global assessment of functioning 32, 70, 208
GARF: Global assessment of relational functioning scale 240
Geschichte, gemeinsame 147
Geschützte Arbeitsplätze 29, 206
Geschütztes Wohnen 29, 206
Geschwister
- unterschiedliche Charaktere 26, 189 f.
Geschwisterbeziehungen 176, 189 f.
Geschwisterrivalität 194 f.
- Gerechtigkeitsrituale 195
- Identifikation 201
- Koexistenz 196
- Nischenspezialisierung 194
- Rangordnung 195
- territoriale Abgrenzungen 199
- Zusammenschluss gegen gemeinsame Bedrohung 200
Gesundheit
- psychische 21–25, 106
- soziale 25
Grundannahmen der ökologischen Psychotherapie 21 ff.

Habitat 44
Handlungspsychologie 56 f., 90 f.

Heiraten 137 f.
Herausfordern 25, 142 ff.
Herausforderungen 102
Histrionische Persönlichkeitsstörung 249

Ich-Funktionen 22, 102
Identität 22, 104
Intention 56
Intentionale Korrespondenz 58 f.
– im Verliebtsein 139
– in Koevolution 152
– in Kollusion 60, 156
– in Kooperation 60 f.
Interaktionismus 92
Interpersonal Psychotherapy 93
Invalidenrenten 24

Katamnesen 15, 375, 377
Kausalität, zirkuläre 95
Koevolution 23, 48, 82, 134 f., 429
– Begrenzen 25, 142
– Dauerhaftigkeit 83, 136
– der Geschwister 26
– dyadische 134 ff., 145
– familiäre 25, 175
– Herausfordern 25
– in Arbeitsteams 82 f.
– in dauerhafter Lebensgemein- schaft 83
– Rivalität 194 f.
– Unterstützen 25
– Verliebtsein 139
– von Baby und Mutter 99
– von Geschwistern 189 f.
Koevolutive Fokusformulierung 32, 294
– als Fallkonzeption 32, 294
– ausführliches Beispiel 299 f.
– bei Panikattacken 347

– in Familientherapie 378 ff.
– in Ich-Form 314 f.
– in Paartherapie 349 ff.
– intersubjektive Überprüfbarkeit 204
– kritische Überlegungen 318
– Technik 32, 312
Kognitive Therapie 27 f., 79
Kollusion
– dyadische 156 ff.
– familiäre 28, 187
– narzisstische 122
– Partnerwahl 165
– Polarisierung des Verhaltens 163
– Revision des Konzepts von 1975 168
– vs. koevolutiver Fokus 402
Kompatibilität der Konstruktsysteme 48, 61, 152
– fehlende 61
Komplementärnarzissmus 122 f.
Konkurrenz, siehe auch Rivalität 44, 64, 193
Konkurrenzstrategien von Geschwis- tern 194 f.
Konstruktdifferenzierung 95, 373
Konstrukte, persönliche 56, 73, 88, 103
Konstruktivismus 96, 103
Konstruktsystem
– dyadisches 26, 145 f.
– familiäres 26, 181
– Inkompatibilität 62
– Kompatibilität 48, 61, 152
– persönliches 22, 26, 57
Ko-Ontogenese 98, 166
Korrespondenz
– der Entwicklungsbereitschaften 40, 48, 59
– der Interessen 40, 59
– im Verliebtsein 41, 139

- intentionale 22, 40, 59
- koevolutive 59, 82
- kollusive 156
- kooperative 82
- thematische 48, 59
Kränkung 28, 52, 108, 119 f.
Kybernetik 96

Lebensraum 93
Leiden 114
- an der Liebe 150
- geteiltes Leiden 114
Life-Events 126
Lizenzen, freie 48, 63

Maltherapie 29, 206
Migration 61
Musiktherapie 29, 206

Narzisstische Partnerbeziehungen 122
Narzisstische Persönlichkeitsstörung 249 ff.
Nische, persönliche 22, 26, 48, 64, siehe auch persönliche Nische
- dyadische 26
- familiäre 180
- ökologische 48
Non-shared environment von Geschwistern 177
Normen 61

Ökologie 43
- der menschlichen Entwicklung 93
- psychologische 93
Ökologisch-supportive Psychotherapie 213 ff., 431
- bei schizoiden Persönlichkeitsstörungen 241 ff.
- destruktives Agieren 280
- Einbezug der Angehörigen 281

- Gestaltung der therapeutischen Beziehung 265
- Kunst der kleinen Zielsetzungen 276
- Tatbestandserhebung 274
- therapeutischer Ansatz 223
- von Cluster-A-Persönlichkeitsstörungen 225 ff.
- von Cluster-B-Persönlichkeitsstörungen 249 ff.
- von Cluster-C-Persönlichkeitsstörungen 255 ff.
- zur Technik 264
Ökologische Fokaltherapie 32, 283, 431
- als Einzeltherapie 32, 283
- als Paar- und Familientherapie 33
- Arbeiten mit dem Fokus 371
- Evaluation 373
- im Einzelsetting 406 ff.
- im Familiensetting 422 f.
- im Paarsetting 416
- Indikation 355
- Settingwechsel 418
- therapeutische Beziehung 358
- Unterschied zu ökologisch-supportiver Psychotherapie 284 f.
- Widerstand 366
Ökologischer Fokus
- bei Panikattacken 347
Ökologische Grundannahmen 39
Ökologische Nische 43, 48, 69
Ökologisches Prozessschema 287
Ökologische Psychotherapie 21, 47, 53, 427
Ökologische Schutzmaßnahmen 110
- Splitting 122
- Unterschied zu psychischen Abwehrmechanismen 110, 117
Ökologischer Zirkel des beantworteten Wirkens 54

Ökologisches Modell
- in Einzelpsychotherapie 29 f.
- in Paar- und Familientherapie 29 f.
- in Sozialpsychiatrie 29 f.
- in stationärer Psychiatrie 29 f.
- theoretische Begründung 37 f.
Ökopsychiatrie 206

Panikattacken 128
Paranoide Persönlichkeitsstörung 225 ff.
Passung 86 f.
Pensionierung 24, 83
Persönliche Konstrukte 89, 103
Persönliche Nische 23, 26, 48, 64, 71, 428 f.
- als äußere Struktur der Person 73
- bei schizoider Persönlichkeitsstörung 31, 225 ff.
- Coping 75 f.
- im Unterschied zu persönlichen Konstrukten 74
- im Unterschied zu Rollenhaushalt 68
- im Unterschied zu sozialem Netzwerk 66
- im Unterschied zu sozialem System 68
- im Unterschied zu sozialer Ressource 69
- in Wechselwirkung zu persönlichen Konstrukten 88 f.
- Konfiguration 71
- latente 71
- Präzisierung des Begriffs 71
- subjektive Bestimmung 71
- Zeitstruktur 77
Persönlichkeitsstörungen

- abhängige 255 ff.
- ängstlich-vermeidende 255 ff.
- biologische Entstehungshypothesen 217
- Borderline 125, 249 ff.
- Cluster-A 225 ff.
- Cluster-B 249 ff.
- Cluster-C 255 ff.
- Eskalation in Circulus vitiosus 221
- histrionische 125, 249 ff.
- narzisstische 119, 249 ff.
- ökologisch-interaktionelle Entstehungshypothese 219
- paranoide 119, 225 ff.
- prozesshafte Entwicklung 219
- pseudopädagogische Reaktionen der Umwelt 219
- schizoide 225 ff.
- zwanghafte 255 ff.
Phobien 128
Plananalyse 90
Pläne 56, 90
Problemorientierte Psychotherapie 19, 296
Psychiatrie
- sozialpsychiatrische 29
- stationäre 29
Psychische Gesundheit 21–25
Psychodynamische Therapie 27
Psychogene Störungen 287 f.
Psychosoziales Funktionsniveau 31, 70, 208, 211

Randgruppen 75
Realitätsprüfung 22, 103
Regeln 61
Regulation
- gefährdete 111
- in Beziehungen 114 f.

- in Gruppe 122
- persönliche 101, 110
Rekursivität 95
Ressourcen 104
- Bezugspersonen als 114
- persönliche 23, 74, 77
- psychosoziale 71, 77
- von Geschwistern 26
Rivalität von Geschwistern 193 ff.
Rollen, soziale 124
Rückzug auf sich selbst 28, 106 ff.,
    225 ff.

Schemata (siehe auch Konstrukte) 73,
    86, 103
Schizoide Persönlichkeitsstörung
    225 ff.
Schutzmaßnahmen
- beziehungsstabilisierende 28
- ökologische 110
- vor Verletzung 28, 106, 225 ff.
Schwarzes Schaf 182
Schweregrad psychischer Störungen
    208, 211
Selbst
- Gruppen- 121
- personübergreifendes 121
Selbstorganisation 165 f.
Selbstverwirklichung
- individuumzentrierte 38 f.
- ökologisch-koevolutive 38 f.
Selbstwertgefühl 22, 104
Selektion 45
- der Ideen 45
- des geeignetsten Verhaltens 45
Sense of coherence 105, 127
Setting der koevolutiven Therapie
- Einzelsetting 406
- Familiensetting 422
- Paarsetting 416

- Settingwechsel in Einzel-, Paar-
    und Familientherapie 34, 406
Sexuelle Impotenz 133
Situation als Funktion der Person
    92
SOFAS: Social and occupational
    functioning assessment scale
    240
Soziale Unterstützung 66
Soziales Netzwerk 66
Sozialpsychiatrie 29, 207
Sprache 38, 41, 61
Stabilisatoren des Zusammenlebens
    145
Stereoskopisches Gedächtnis von
    Partnern 147
Strukturelle Koppelung 99
Strukturen
- äußere 27, 73
- innere 27, 73
Stützende Psychotherapie 213 ff.
Suizidversuche 132
Sündenbock 112
Supportive Psychotherapie 29,
    213 ff.
- ökologischer Ansatz 29
- psychodynamischer Ansatz 30 f.
Symbiose im Verliebtsein 150
Symptombildungen 29
- als Moratorium 127
- in ökologischer Sicht 126
System, soziales 66
- problemorganisierendes 97
- Regeln 95
- Regelung 95
- Strukturen 95
Systemische Therapie 98
Systemtheorie, angewandte 94 f.

Tatsachen 49, 74, 77, 79
– als Ausgangspunkt weiterer
  Entwicklungen 79
Tod von Angehörigen 77
– als Freisetzung neuer Entwicklungen 77
– als Geschichtsverlust 77

Übertragungsbeziehung, Kritik an
  359 ff.
Umfeld 65
Umwelt 39, 65
Ungleichgewichtszustand 90, 106
Unterstützen 25, 142

Verhaltensökologie 22, 37, 42 f., 47
– metaphorische Bedeutung 46
Verliebtsein 24, 41, 139
Vermeidung der anstehenden Entwicklung 28, 288, 294, 380

Werke 48, 75–82, 120
Wettbewerb, siehe auch Rivalität,
  Konkurrenz 44
Widerstand, therapeutischer 366
Wirksamkeit 45, 48, 50 ff.
– als Selbstverwirklichung 51
– beim Neugeborenen 50
– erzwungene Einschränkung 51
– im Alter 50
– in Gesundheit 52
– in Krankheit 52
– in Verhaltensökologie 45
Wirkungen 54 ff.
– als Werke 48, 75–82, 120
– Eigendynamik 91

Zeitachse 23, 49, 76
Zirkuläre Kausalität 95
Zwanghafte Persönlichkeitsstörung
  255 ff.

Liebe und Partnerschaft bei rororo

Warum wir aufeinander fliegen – und wie wir dabei Bruchlandungen vermeiden

Eric Berne
Spielarten und Spielregeln der Liebe
Psychologische Analyse der Partnerbeziehung
3-499-16848-0

Hassebrauck/Küpper
Warum wir aufeinander fliegen
Die Gesetze der Partnerwahl
3-499-61347-6

Lauster, Peter
Die Liebe *Psychologie eines Phänomens* 3-499-17677-7

Andrea Micus
Wenn Liebe Frauen krank macht
Geheime Mechanismen in der Partnerschaft und wie man sie erkennt 3-499-61443-X

Till Raether
Der kleine Beziehungsberater
3-499-61342-5

Wolfgang Schmidbauer
Die Angst vor Nähe
3-499-60430-2

Wolfgang Schmidbauer
Die heimliche Liebe
Ausrutscher, Seitensprung, Doppelleben. 3-499-61129-5

Katja Doubek
Das Geheimnis glücklicher Paare
Wie die große Liebe lange hält

3-499-60949-5

S 33/1

Friedemann Schulz von Thun

**Schweigen ist Silber,
miteinander reden ist Gold**

Friedemann Schulz von Thun

Miteinander reden 1
*Störungen und Klärungen
Allgemeine Psychologie der
Kommunikation*
3-499-17489-8

Miteinander reden 2
*Stile, Werte und
Persönlichkeitsentwicklung
Differentielle Psychologie der
Kommunikation*
3-499-18496-6

Miteinander reden 3
Das «Innere Team» und situationsgerechte Kommunikation
3-499-60545-7

**Schulz von Thun/
Ruppel/Stratmann
Miteinander reden:
Kommunikationspsychologie
für Führungskräfte**
3-499-60687-9

Miteinander reden: Praxis

**Thomann/Schulz von Thun
Klärungshilfe 1**
*Handbuch für Therapeuten,
Gesprächshelfer und Moderatoren
in schwierigen Gesprächen*
3-499-61476-6

**Karl Benien
Schwierige Gespräche führen**
*Modelle für Beratungs-, Kritik- und
Konfliktgespräche im Berufsalltag*
3-499-61477-4

**Christoph Thomann
Klärungshilfe 2:
Konflikte im Beruf** *Methoden
und Modelle klärender Gespräche
bei gestörter Zusammenarbeit.*
3-499-60462-0

**Maren Fischer-Epe
Coaching: Miteinander Ziele
erreichen** *Eingeleitet von
Friedemann Schulz von Thun*
3-499-61326-3

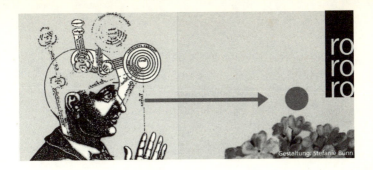

Psychologie bei rororo

Hilflos, unfähig, k.o. – oder doch lieber o.k.?

Eric Berne
Spiele der Erwachsenen
Psychologie der menschlichen Beziehungen 3-499-61350-6

Shakti Gawain
Stell dir vor
Kreativ visualisieren
3-499-18093-6

Thomas A. Harris
Ich bin o.k. – Du bist o.k.
Wie wir uns selbst besser verstehen und unsere Einstellung zu anderen verändern können. Eine Einführung in die Transaktionsanalyse 3-499-16916-9

Amy Bjork Harris/
Thomas A. Harris
Einmal o.k. – immer o.k.
Transaktionsanalyse für den Alltag 3-499-18788-4

Laurence J. Peter/
Raymond Hull
Das Peter-Prinzip
oder Die Hierarchie der Unfähigen
3-499-61351-4

Wolfgang Schmidbauer
Hilflose Helfer
Über die seelische Problematik der helfenden Berufe
3-499-19196-2

Raymond Hull
Alles ist erreichbar
Erfolg kann man lernen

3-499-61352-2

S 32/1

Foto: Tony Stone Images, Ken Scott

Lebenshilfe bei rororo

Stress, Depression, seelische Problemzonen – und die Kunst, sie zu überwinden

Wayne W. Dyer
Der wunde Punkt
Die Kunst, nicht unglücklich zu sein. Zwölf Schritte zur Überwindung unserer seelischen Problemzonen
3-499-17384-0

Eugene T. Gendlin
Focusing
Selbsthilfe bei der Lösung persönlicher Probleme
3-499-60521-X

Edward M. Hallowell/ John Ratey
Zwanghaft zerstreut oder Die Unfähigkeit, aufmerksam zu sein
3-499-60773-5

Frederic F. Flach
Depression als Lebenschance
Seelische Krisen und wie man sie nutzt
3-499-61111-2

Reinhard Tausch
Hilfen bei Streß und Belastung
Was wir für unsere Gesundheit tun können
3-499-60124-9

Laura Epstein Rosen/ Xavier F. Amador
Wenn der Mensch, den du liebst, depressiv ist
Wie man Angehörigen oder Freunden hilft

3-499-61331-X

S 30/1

rororo sachbuch

**Wie viel Erziehung braucht der Mensch?
Von Notständen und neuen Wegen**

**Jesper Juul
Das kompetente Kind**
*Auf dem Weg zu einer
Wertgrundlage für die ganze
Familie* 3-499-61485-5

**Jesper Juul
Grenzen, Nähe, Respekt**
Wie Eltern und Kinder sich finden
3-499-60751-4

**Joachim Braun
Jungen in der Pubertät**
Wie Söhne erwachsen werden
3-499-61407-3

**Judith Rich Harris
Ist Erziehung sinnlos?**
*Warum Kinder so werden, wie
sie sind* 3-499-61469-3

**Tim Rohrmann
Echte Kerle**
Jungen und ihre Helden
3-499-60947-9

**Herrad Schenk
Wieviel Mutter braucht der
Mensch?** *Der Mythos von der
guten Mutter* 3-499-60376-4

**Dieter Schnack/
Rainer Neutzling
Kleine Helden in Not**
*Jungen auf der Suche nach
Männlichkeit* 3-499-60906-1

**Petra Gerster/Chr. Nürnberger
Der Erziehungsnotstand**
*Wie wir die Zukunft unserer
Kinder retten*

3-499-61480-4

S 28/1